O rei do mundo

O rei do mundo

David Remnick

Muhammad Ali e a ascensão
de um herói americano

TRADUÇÃO
Celso Nogueira

POSFÁCIO
João Gabriel de Lima

JORNALISMO LITERÁRIO
COMPANHIA DE BOLSO

Grafia atualizada segundo o Acordo Ortográfico da Língua Portuguesa de 1990, que entrou em vigor no Brasil em 2009.

TÍTULO ORIGINAL
King of the World

CAPA E PROJETO GRÁFICO
Flávia Castanheira

FOTO DE CAPA
© Philippe Halsman/ Magnum Photos/ LatinStock. Nova York, 1963

PREPARAÇÃO
Otacílio Nunes

REVISÃO
Juliane Kaori
Renato Potenza Rodrigues

ÍNDICE REMISSIVO
Rodrigo Puelles
Gabriela Morandini

Dados Internacionais de Catalogação na Publicação (CIP)
(Câmara Brasileira do Livro, SP, Brasil)

Remnick, David
O rei do mundo : Muhammad Ali e a ascensão de um herói americano / David Remnick ; tradução Celso Nogueira. — 1ª ed. — São Paulo : Companhia de Bolso, 2011.

Tradução de: King of the World.
ISBN 978-85-359-1892-2

1. Ali, Muhammad, 1942 2. Boxeadores — Biografia I. Título.

11-05991 CDD-796.83092

Índice para catálogo sistemático:
1. Boxeadores : Biografia 796.83092

EDITORA SCHWARCZ S.A.
Rua Bandeira Paulista, 702, cj. 32
04532-002 — São Paulo — SP
Telefone: (11) 3707-3500
www.companhiadasletras.com.br
www.blogdacompanhia.com.br
facebook.com/companhiadasletras
instagram.com/companhiadasletras
twitter.com/cialetras

Para meu irmão Richard e para meu amigo Eric Lewis

SUMÁRIO

PRÓLOGO

Em Michigan

Cassius Clay entrou no ringue em Miami Beach vestindo um roupão branco curto, bordado nas costas com a inscrição "The Lip" [O Lábio]. Lindo como sempre. Rápido, esbelto, 22 anos. Mas, pela primeira e última vez na vida, sentia medo. O ringue estava cheio de pugilistas de futuro ou decadentes, de segundos e de empresários. Clay os ignorou. Começou a se aquecer, jogando o peso do corpo de um pé para o outro, arrastando-se desanimado no início, como um maratonista de dança às dez para a meia-noite, mostrando aos poucos mais velocidade e prazer. Após alguns minutos, Sonny Liston, campeão mundial dos pesos-pesados, atravessou as cordas e pisou na lona, cauteloso como se entrasse numa canoa. Usava roupão com capuz. Seus olhos baços não traíam preocupação, eram os olhos mortos de um homem que jamais recebera favores da vida e nunca dera moleza a ninguém. Não pretendia começar logo agora, com Cassius Clay.

Praticamente todos os cronistas esportivos presentes no Miami Convention Hall esperavam ver Clay terminar a noite beijando a lona. Robert Lipsyte, jovem repórter de boxe do *New York Times*, recebeu um telefonema do editor ordenando que estudasse bem o trajeto entre o ginásio e o hospital, para não se perder no caminho se tivesse de seguir Clay até lá. As apostas eram desfavoráveis a Clay na base de sete contra um, mas era quase impossível encontrar alguém disposto a aceitar uma aposta. Na manhã da luta o *New York Post* publicou um artigo de Jackie Gleason, o comediante de televisão mais popular do país, que dizia: "Prevejo que Sonny Liston vencerá aos dezoito segundos do primeiro round, e a estimativa inclui os três segundos que o Boca de Sino vai levar consigo para o ringue". Até os financiadores de Clay, o Grupo Patrocinador de Louisville, esperavam um fiasco; o advogado do grupo, Gordon Davidson, negociou duramente com a equipe de Liston, presumindo que aquela seria a última noite do rapaz num ringue. Davidson torcia apenas para Clay terminar "vivo e ileso".

Era a noite de 25 de fevereiro de 1964. Malcolm X, mentor e convidado de Clay, ocupava uma cadeira de ringue, a de número 7. Jackie Gleason e Sammy Davis Jr. estavam lá, assim como os gângsteres de Las Vegas, Chicago e Nova York. Uma nuvem de fumaça de charuto toldava os refletores do ringue. Cassius Clay socava a névoa esvoaçante e aguardava o gongo soar.

"ESTÃO VENDO? ESTÃO ME VENDO?"

Muhammad Ali, sentado numa poltrona estofadíssima, assistia a uma luta sua na televisão. A voz saía num sussurro gutural, o dedo tremia quando apontava para sua imagem quando jovem, preservada em videoteipe: 22 anos, aquecendo-se no corner, as mãos enluvadas pendendo na altura dos quadris. Ali mora numa fazenda no sul de Michigan. Corre que a terra pertenceu a Al Capone, nos anos 1920. Um dos melhores amigos de Ali, o segundo Drew "Bundini" Brown, chegou a vasculhar a área em busca do tesouro enterrado por Capone. Em 1987, quando vivia num hotel modesto da Olympia Avenue de Los Angeles, Bundini caiu na escada. A arrumadeira o encontrou deitado no chão, paralisado; ele morreu três semanas depois.

Ali sussurrava novamente: "Estão vendo? Estão me vendo?". E lá estava ele, ladeado por seu técnico Angelo Dundee e por Bundini, um rosto jovem e redondo a murmurar frases de incentivo no ouvido de Ali: "Não pare! Não pare! Voe feito uma borboleta, ferre que nem abelha! Vai, cara, acaba com ele!".

"Foi a única vez em que me apavorei no ringue", Ali disse. "Sonny Liston. Primeira vez. Primeiro assalto. Ele disse que ia me matar."

Agora Ali está pesado. Exibe o desdém dos atletas pelos exercícios e come mais do que seria saudável. A barba ficou grisalha, o cabelo começa a clarear também. Eu havia ido a Michigan para descobrir como ele se inventara no início dos anos 1960, como um rapaz enorme de Louisville conseguira se tornar um dos mais eletrizantes personagens norte-americanos, um modelo para sua época, bem como um reflexo daquele tempo. Como Cassius Clay, ele entrou para o mundo do boxe profissional num período no qual se esperava que um lutador negro se comportasse com absoluta deferência para com a sensibilidade dos brancos, bancando o nobre e grato guerreiro no mundo sulista de Jim Crow e da hipocrisia nortista. Como atleta, deveria se manter distante da comoção racial e política que explodira à sua volta: as manifestações estudantis de Nashville em 1960 (ano em que ele ganhou a medalha de ouro em Roma), as Marchas da Liberdade, a passeata de Washington, os protestos estudantis em Albany, na Geórgia e no Ole Miss (enquanto ele galgava os degraus na carreira de peso-pesado). Clay não apenas foi tocado pelo momento de rebeldia, ele reagiu de um modo que escandalizou todo mundo, dos racistas brancos aos líderes da Associação Nacional para o Progresso das Pessoas de Cor (National Association for the Advancement of Colored People, NAACP). Ele trocou de religião e de nome, recusou-se a assumir qualquer papel exemplar ou corresponder a expectativas. Cassius Clay tornou-se Muhammad Ali. Hoje, quase todos os norte-americanos pensam em Ali com uma afeição hesitante — paradoxalmente, ele foi um guerreiro que passou a simbolizar o amor —, mas a transformação de sua imagem popular só veio bem depois da época em que ele se lançou, no início dos anos 1960, o período abordado por este livro.

Ali e eu conversamos naquela tarde sobre os três maiores pesos-pesados de seu tempo — Floyd Patterson, Sonny Liston e o próprio Clay — e o modo misterioso como eles pareciam pontuar as mudanças políticas e raciais que ocorriam quando se enfrentavam pelo título. No início dos anos 1960, Patterson se apresentou como o Negro Bom, um sujeito acessível e curiosamente assustado, um humilde paladino dos direitos civis, da integração e da decência cristã. Liston, veterano da penitenciária antes de subir ao ringue, aceitou o papel de Negro Ruim ao descobrir que essa era sua sina e que não lhe permitiriam nenhum outro. Para a maioria dos cronistas esportivos, Liston era monstruoso, inexplicável, um Bigger Thomas, um Caliban além de sua capacidade de compreensão. Esta história começa com Patterson e Liston, suas vidas e as duas lutas curtas e dramáticas entre eles em 1962 e 1963. Cada um a seu modo, os dois homens representavam o mundo que Ali encontraria e depois transcenderia. Ali se considerava acima dos estereótipos que Patterson encarnava e se livraria dos mafiosos que durante muitos anos dominaram o boxe em geral e Liston em particular.

"Eu precisava provar que podia haver um novo tipo de negro", Ali me explicou, "tinha de mostrar isso ao mundo."

Por vezes, Ali se entusiasmava ao falar de si, mas em alguns momentos as pálpebras pesadas piscavam repetidamente e se fechavam. Ele dormia no meio da conversa, por cinco ou dez minutos. Costumava fazer isso desde menino, mas agora o sono era mais frequente. De repente, o mundo atual, a vida que levava — jantares em sua homenagem, lutas entre campeões, visitas ao rei do Marrocos ou ao prefeito de Chicago —, tudo isso o entediava. Ele pensava na morte o tempo todo, e dizia: "Faço coisas boas. Visito hospitais. O Dia do Juízo Final vem aí. A gente acorda e pronto, chegou o Juízo Final". Ali orava cinco vezes por dia, sempre com a morte na cabeça. "Pensando no *depois*. Pensando no paraíso."

A luta começou. De preto e branco, Cassius Clay deixou seu corner saltitante e imediatamente começou a circular no ringue, dançando, dando voltas e mais voltas no tablado, aproximando-se e afastando-se, a cabeça virando para um lado e para o outro, como se quisesse se livrar de um torcicolo no início da manhã, com leveza e fluidez — e então Liston, um touro imenso cujos ombros davam a impressão de bloquear o acesso à metade do ringue, deu o bote, soltando um jab de esquerda. Errou por cinquenta centímetros. Naquele momento, Clay começou a mostrar o que aconteceria naquela noite em Miami, e também algo que introduziria no boxe e nos esportes em geral — a união da massa com a velocidade. Um sujeito grande não tinha mais que se arrastar, podia socar como um peso-pesado e se mover como Ray Robinson.

"É uma graça, não é?"

Ali sorriu. Com muito esforço, ele sorriu. O mal de Parkinson é uma doença do sistema nervoso que endurece os músculos e imobiliza o rosto numa máscara impassível. O controle motor degenera. A fala sofre. Algumas pessoas alucinam ou têm pesadelos. Conforme a doença avança, até o ato de engolir torna-se uma provação terrível. O mal de Parkinson ataca a vítima erraticamente. Ali ainda caminhava direito. Seus braços e tórax ainda exibiam o antigo poder; bastava apertar sua mão para ver que um soco seu daria para nocautear alguém. Para ele, a tortura específica era a fala e a expressão, como se a doença quisesse acabar primeiro com uma característica que o agradava muito e encantava (ou irritava) o mundo. Ele odiava o esforço que falar lhe custava. ("Às vezes, você não vai me entender", disse quando nos conhecemos. "Mas tudo bem. Eu repito.") Raramente arriscava uma palavra diante de uma câmera. E dar um sorriso normalmente lhe custava um esforço enorme. Expliquei que sabia do que ele estava falando. Meu pai sofre do mal de Parkinson. Consegue dar somente alguns passos, e o ato de falar, dependendo da hora do dia, pode ser um sacrifício. Portanto eu sabia. Porém, não podia contar que meu pai tem mais de setenta anos. E fala melhor do que Ali. Só que meu pai não passou décadas levando centenas, milhares de socos dos melhores pesos-pesados de sua época.

Ali sorria ao ver sua figura jovem, Cassius Clay, soltando um jab de esquerda maldoso no supercílio de Liston.

"Você tá vendo isso? Muuuito rápido! Muuuito lindo!"

Liston parecia magoado, confuso. Não sabia como reagir àquela nova espécie de atleta.

Lonnie, quarta esposa de Ali, subiu a escada e pôs a mão em seu ombro. Ela é uma mulher vigorosa e bela, de rosto sardento. É quinze anos mais nova do que Ali. Cresceu no mesmo bairro que a família Clay, no West End de Louisville. Cursou a Vanderbilt e trabalhava como vendedora da Kraft em Los Angeles.

Quando o terceiro casamento de Ali, com Veronica Porsche, aproximava-se do final, ele a chamou para lhe fazer companhia. Ali e Lonnie acabaram se casando. Lonnie é exatamente aquilo de que Ali precisa. É esperta, calma, amorosa, e não o trata como seu paciente. Além do melhor amigo de Ali, o fotógrafo Howard Bingham, Lonnie talvez seja a única pessoa que deu a Ali mais do que recebeu dele. Em Michigan, cuida da casa e da fazenda, e quando viajam, o que fazem a maior parte do tempo, ela fica de olho em Ali, para garantir que ele durma bastante e tome os remédios. Ela conhece seu estado de espírito e seus hábitos, sabe o que ele pode e o que não pode fazer. Percebe quando está sofrendo e quando se esconde atrás dos sintomas para escapar das situações que o aborrecem.

Ali não tirou os olhos da televisão. Estendeu a mão e a levou às costas de Lonnie.

"Muhammad, você precisa assinar algumas fotos, tudo bem?", disse Lonnie. Ela colocou duas reluzentes reproduções tamanho 20 × 25 na frente dele. Cassius Clay dançava pelo ringue, parando apenas para fazer mais uma tatuagem no rosto deformado de Sonny Liston.

"Ali, esta é 'para o Mark'. M-A-R-K. E a outra 'para o Jim'. J-I-M. Mais tarde, você precisa assinar outras fotos e algumas luvas de boxe."

É assim que Ali praticamente ganha a vida hoje em dia. Ali recebeu muito dinheiro do boxe, mas não guardou o que poderia. Pagava pensões, aduladores, imposto de renda, farras e a Nação do Islã. De todo modo, a vantagem de ser a figura esportiva mais carismática do século é poder ir a um banquete ou a uma convenção e, mesmo combalido, lento, quase incapaz de falar, sair com um cheque graúdo. De todos os ídolos dos anos 1960 — os Kennedy, King, Malcolm X, John Lennon, Elvis Presley, Bob Dylan, Mickey Mantle —, só uns poucos ainda estão vivos, e entre eles Ali é de longe o mais adorado.

"Assino o nome, depois a gente come", ele disse, acanhado.

A fita continuou passando. Cassius Clay dominava completamente a luta. Liston exibia dois olhos roxos. Envelhecera uma década em quinze minutos. Ali havia adorado a cena na época, e continuava a adorá-la agora. "As pessoas gritavam cada vez que Liston dava um soco", ele sussurrou. "Estavam esperando. Mas não acreditavam no que viam. Achavam que Liston ia me atirar em cima do público. Mas olhe para mim!" Clay dançava e jabeava. No sexto assalto, mais parecia um toureiro cravando bandarilhas no cachaço do touro.

No final do sexto round, Liston sentou-se na banqueta e lá ficou. Desistiu. Ali sorriu ao se ver jovem, dançando pelo ringue, gritando, "Sou o rei do mundo! Rei do mundo!", subindo nas cordas e apontando para os cronistas esportivos: "Engulam suas palavras! Engulam suas palavras!". No dia seguinte, Clay anunciaria que não era apenas o campeão mundial dos pesos-pesados, mas também um membro da Nação do Islã. Mais algumas semanas e teria um novo nome. E em poucos anos o menino rápido e engraçado de Louisville, Kentucky, se transformaria por seus atos em um dos norte-americanos mais eletrizantes e atraentes de sua época. Tornou-se tão famoso que em suas viagens pelo mundo poderia espiar pela janela do avião — fosse em Lagos ou em Los Angeles, em Paris ou em Madras — sabendo que praticamente todos os seres humanos vivos sabiam quem ele era. Fantasiava viagens ao redor do planeta, de carona, ciente de que todos o hospedariam, alimentariam, adorariam. Nos primeiros tempos como Cassius Clay, ele era frequentemente atacado pelos jornalistas e outras pessoas, no entanto, com o passar dos anos essas vozes ficaram praticamente inaudíveis. Ele ganhava a vida batendo nas pessoas, mas na meia-idade passou a ser considerado um símbolo não só de coragem como também de amor, decência e mesmo de um tipo especial de sabedoria.

A faxineira entrou na sala, deixou de lado o aspirador de pó, sentou-se e ficou olhando para a tela. Cassius Clay continuava a gritar: "Rei do mundo!".

"Olha como eu era bonito!"

"Ah, Ali", ela disse, "você tinha uma boca enorme na época."

"Eu sei", ele retrucou, sorrindo. "Mas eu não era lindo? Tinha vinte... vinte e quantos? Vinte e dois. Agora tenho cinquenta e quatro. Cinquenta e quatro." Durante um ou dois minutos ele não falou nada. Depois, disse: "O tempo voa. Voa. Voa. Voa e vai embora".

Então, com extrema lentidão, Ali ergueu a mão e moveu os dedos, imitando as asas de um pássaro.

"Simplesmente vai embora", disse.

Parte um

1. Homem subterrâneo

25 DE SETEMBRO DE 1962

Na manhã da luta o campeão mundial dos pesos-pesados fez a mala do derrotado. Floyd Patterson, apesar da velocidade das mãos e de tantas horas gastas no ginásio, era o mais atormentado entre todos os detentores do título da história da categoria. Sempre houvera fracassados, perdedores profissionais, sujeitos que entregavam a luta, desconhecidos que sofriam como ele, sem sentir o prazer da vitória, exceto como fuga esporádica da derrota e da humilhação. Mas ele era campeão, o mais jovem a conquistar o título.

Nas semanas finais do treinamento Patterson ficava deitado na cama à noite, num chalé no meio do mato em Illinois, semidesperto, ouvindo sua gravação de "Music for lovers only" e, se tivesse sorte, vendo sua vitória; ele via o momento em que saía da posição abaixada e atingia Sonny Liston com seu famoso "soco canguru", um gancho de esquerda veloz desferido durante um salto tão decidido e impetuoso que sempre havia a chance de que Patterson voasse por cima do alvo e das cordas, pousando no colo flanelado dos cronistas esportivos da primeira fila. Se acertasse o soco, como acontecera tantas vezes, Patterson estava feito. Talvez esperasse um pouco para correr um risco alto assim, pelo menos alguns rounds até Liston sentir uma certa fadiga, mas saltaria em tempo hábil. Depois, completaria a sequência implacável, derrubando o oponente mais avantajado com um uppercut de direita, um cruzado, outro gancho. Patterson não podia se fiar no poder de um único soco contra Liston, cuja compostura indicava uma resistência férrea. Confiaria em seu dom, a velocidade.

Patterson sabia que precisava tomar cuidado: o jab de esquerda de Liston tinha a força do cruzado de um boxeador comum; numa luta, Liston castigara tanto com seu jab o adversário, o renitente Wayne Bethea, que ele precisou ser carregado para o vestiário no final da luta pelos segundos, que removeram sete dentes do protetor bucal. O sangue pingava do ouvido. O combate durara 58 segundos. Portanto, Patterson precisava manter a cabeça fria. Boxearia, penetrando na guarda de Liston para castigar o corpo.

"Eu realmente acreditava que podia derrotar Liston", Patterson me disse, quase quarenta anos depois. "Ainda penso nisso *agora*, e imagino que vou achar um jeito de ganhar. Engraçado, não é?"

Mas as perspectivas eram desfavoráveis para Patterson. Cus D'Amato, seu mentor desde que começara a boxear, aos catorze anos, passara anos evitando aquela luta, preferindo sempre lançar Patterson contra oponentes mais fáceis. D'Amato, que parecia um cruzamento do imperador Adriano com Jimmy Cagney, usava sua autoridade e seu prestígio entre os colunistas para pronunciar discursos moralistas sobre as ligações de Liston com a Máfia, falando na necessidade de reabilitação como se fosse assistente social. Sonny precisava provar que era civilizado e permanecer assim se quisesse ter a chance de disputar o título. Patterson, porém, sabia muito bem que D'Amato achava que ele não tinha muita chance contra Liston. E nisso D'Amato não estava sozinho. Alguns dos campeões predecessores de Patterson, como Rocky Marciano e Joe Louis, chegaram a Chicago para assistir à luta e mal desceram do avião já foram dizendo aos repórteres que o desafiante era forte e bom demais para perder para Patterson.

Quase todo mundo, claro, apoiava Floyd, torcia por ele. Mas era uma torcida puramente sentimental: os cronistas gostavam de Patterson porque ele sempre cooperava, era acessível e educado. A Associação Nacional para o Progresso das Pessoas de Cor queria a vitória de Patterson porque ele era ativista dos direitos civis e integracionista, um cavalheiro reformista, enquanto o ex--presidiário Liston dava um "péssimo exemplo para a juventude da América", como não cansavam de repisar os jornais. A previsão de Jackie Robinson de que Patterson ia "demolir" Liston tinha mais a ver com esperança política do que com habilidade no boxe.

Como sempre, Patterson queria ser justo, conciliar, fazer a coisa certa. Liston encabeçava a lista de desafiantes fazia tempo. Fora condenado por assalto à mão armada, é verdade, mas cumprira a pena e merecia uma chance. Patterson fazia a parte dele na luta pela mobilidade social. "Liston pagou por seus crimes", declarou. "Se for capaz de ganhar o título, suas qualidades aparecerão. Creio que vocês verão um novo Liston, completamente diferente do anterior."

Naquele momento, pelo menos, Liston não pretendia demonstrar a menor gratidão. "Quero passar por cima dele feito um caminhão", disse.

E assim, com a derrota a assombrá-lo, Floyd tomou as providências necessárias. Arrumou a mala e a pasta de executivo com cuidado, pegando roupas, comida e um disfarce — barba e bigode postiços, feitos sob medida. Claro, se ganhasse, receberia a imprensa e voltaria ao hotel para a festa da vitória. Se perdesse, deixaria Comiskey Park com a barba e o bigode postiços e seguiria de carro noite adentro, até seu campo de treinamento no norte do estado de Nova York.

Sempre foi assim, com Floyd. O medo, principalmente o medo de perder, o devorava. Ele tinha o direito de se considerar o homem mais rijo do planeta, mas não botava muita fé nisso. Era um campeão no sentido em que Chester A. Arthur havia sido presidente. "Não sou um *grande* campeão", costumava dizer, "sou apenas um campeão." Havia quem considerasse Floyd não um homem sensível, e sim um tipo neurótico. Alguns repórteres da Inglaterra chegaram a chamá-lo de *Freud* Patterson.

Ele tinha amplos motivos para duvidar de si. Até então, Patterson fora um sujeito de sorte, ganhando o título em novembro de 1956 contra Archie Moore. Moore era o mais técnico dos lutadores, embora, assim como Patterson, fosse pequeno para um peso-pesado, e um caso geriátrico aos quarenta e poucos anos, quando enfrentou Floyd. Após a conquista do título, Patterson jamais demonstrou a arrogância típica de um campeão dos pesos-pesados. Nunca teve a altivez necessária. Seus olhos eram tristes e vulneráveis, olhos sonhadores de um adolescente rejeitado pela namorada. Exibia um físico de trabalhador rural, um corpo perfeitamente *convincente* e rijo, que no entanto não passava a ideia de invencibilidade.

No máximo, Patterson era um bom peso meio-pesado, aumentado para disputar a categoria superior. Na época da luta, Liston pesava 97,068 quilos contra 85,728 quilos de Patterson. No boxe, se os dois lutadores são igualmente hábeis, ou quase, as regras da física costumam prevalecer, e, como ocorre na colisão frontal entre dois veículos, o menor dano é causado ao que tem maior força, ao caminhão, ao maior homem. A propensão natural de Patterson era encolher mais ainda. "Se o puséssemos numa dieta", disse Dan Florio, seu treinador, "em pouco tempo teríamos um peso médio nas mãos."

Patterson jamais defendera o título contra um pugilista que fosse nem de longe poderoso como Liston. D'Amato arranjara lutas com sujeitos como Pete Rademacher, um boxeador olímpico estreando como profissional, e Brian London, um desses ingleses gorduchos que sangram barbaridade sobre o peito pálido. É provável que o mais notável oponente de Patterson antes de Liston tenha sido Roy Harris, de Cut and Shoot, no Texas. Como os jornais gostavam de destacar (gostavam porque a luta em si não prometia muita coisa além de exotismo bucólico), Harris crescera lutando com crocodilos do pântano Big Thicket, perto de sua casa. Além disso, tinha um tio Cleve e primos chamados Hominy, Coon e Armadillo. Em resumo, Harris era uma jogada promocional, e apesar disso Floyd precisou de treze assaltos para liquidar a luta. Liston moeu Harris no primeiro round.

Portanto, por mais que sua mente criasse a cena da vitória e por mais que treinasse, Patterson estava totalmente preparado para perder. Mental ou fisicamente, não tinha nenhuma vantagem a seu favor. Perdera para sujeitos inferiores a Liston, sem dúvida — primeiro para Joey Maxim, em 1954, e depois como campeão para Ingemar Johansson, em 1959. Não reagira com fúria, a exemplo da maioria dos pesos-pesados, mas sim com depressão e retraimento prolongado. Depois da derrota para Maxim — uma decisão controversa —, Floyd se trancou em seu apartamento e lá permaneceu por vários dias. Contra Johansson a humilhação foi maior ainda, pois as atenções sobre o evento eram muito maiores. Defendendo o título no Yankee Stadium, fora derrubado seguidamente, numa luta que mais parecia uma briga de rua impiedosa. Patterson, um lutador veloz, não conseguiu se impor contra Johansson. Ficou parado e Johansson, um sueco forte tecnicamente medíocre, soltou o que sua assessoria chamava insolentemente de "raios e trovões". Depois do primeiro knockdown, Floyd se levantou da lona e começou a andar em direção ao seu corner, meio tonto. Johansson saiu do canto neutro e avançou contra Patterson, pegando-o de surpresa. Ele caiu de novo; o assalto não parecia uma luta de boxe e sim a cena de um bêbado furioso arrebentando a cabeça do outro sujeito a garrafadas. Lá pelo quarto knockdown, Patterson engatinhava pelo ringue, espiando através das cordas. Quando seus olhos cruzaram com os de John Wayne, que ocupava uma cadeira de ringue, Floyd sentiu vergonha do ator. O embaraço era a emoção básica de Patterson, e mais ainda naquele momento. A luta nem chegara ao fim e ele se perguntava se tudo por que batalhara — o título, o lugar num mundo maior do que o mundo em que crescera — não estava por um fio. Será que nunca merecera o reconhecimento, a posição que alcançara? O que John Wayne pensaria dele? O árbitro, Ruby Goldstein, interrompeu o combate quando Patterson caiu pela sétima vez.

Floyd queria se esconder, mas não havia buraco fundo o suficiente. Ele não tinha disfarce, por isso pegou emprestado o chapéu de um segundo e o enterrou na cabeça, como se quisesse desaparecer lá dentro. Deixou que a família e os amigos o consolassem e abraçassem, mas odiava a piedade. Não via a hora de ficar sozinho. Quando todos se foram, família, amigos e repórteres, Floyd voltou para casa, em Nova York. Passava dia após dia sentado na sala, com a cortina fechada. "Pensei que minha vida tinha acabado", Patterson me contou. Estava a um passo de onde começara, a um passo de Bedford-Stuyvesant, o cortiço de sua infância. Era como se ele esperasse o oficial de justiça bater à porta a qualquer momento com a ordem de apreensão para levar embora a televisão, o fogão e o sofá, mostrando aos vizinhos, a todos os vizinhos brancos, que ele não era mais ninguém.

Floyd não conseguia dormir, ou dormia mal. Naquela noite, mais tarde, como relata em sua autobiografia, ele pulou da cama e foi para o escritório. Pouco antes do amanhecer, Sandra o encontrou lá.

"Floyd", ela disse, "Floyd, de que adianta você ficar sentado aí no escuro, remoendo?"

"Seria melhor eu deitar lá em cima no escuro, para remoer?"

Quando acordou, ergueu os olhos do sofá e deparou com Jeannie, a filhinha de três anos, que o encarava. Seu rosto ainda estava coberto de hematomas, por isso tomou cuidado para não assustar Jeannie ao abraçá-la com força. Mais tarde, Sandra o convenceu a subir e dormir um pouco. Depois de algum tempo, porém, ela olhou para o marido e se apavorou.

"O que houve com sua orelha?", ela disse.

O travesseiro de Patterson estava encharcado de sangue. Os socos de Johansson haviam rompido o tímpano.

A depressão piorou. Ele passava dias inteiros sentado, sem ler nem falar, afastado de todos. Em três semanas, saiu de casa duas vezes. Mais tarde disse que estava chorando sua morte como campeão. "O papai está doente", Jeannie repetia constantemente. "O papai está doente." A depressão de Patterson durou quase um ano.

Lutadores, na opinião de Patterson, sempre sentem medo, todos eles, especialmente os que chegaram ao topo. "Não temos medo de apanhar, mas temos medo de perder. Uma derrota no ringue não se compara a nenhuma outra", ele disse certa vez. "Um campeão que é nocauteado ou sofre uma derrota humilhante nunca mais se esquece. Ele apanha debaixo dos refletores, na frente de milhares de testemunhas que o insultam e cospem nele. E ele sabe que está sendo observado por outros milhares de pessoas, na televisão e no cinema, e sabe que o pessoal do imposto de renda logo virá visitá-lo — eles sempre querem pegar sua parte antes que ele perca tudo —, e o lutador não pode pôr a culpa da derrota no técnico nem no empresário, nem em ninguém. Se ganhar, porém, com certeza o técnico e o empresário vão levar a fama. O lutador derrotado perde mais do que o orgulho e a luta; perde parte de seu futuro, recua um passo na direção do cortiço de onde havia escapado."

Jamais se vira um campeão dos pesos-pesados tão sensível, tão honesto em relação a seus medos quanto Floyd Patterson. Ele foi o primeiro atleta profissional a receber o tratamento que se consagraria como moderno, um estilo freudiano de crônica esportiva que ia além do ringue, mergulhando na psique. *Victory over myself*, a autobiografia de Patterson, ditada a Milton Gross, colunista do *New York Post*, assim como suas confissões a Gay Talese para o *New York Times* e depois para a revista *Esquire*, continham pelo menos um eco da obra de Richard Wright, "The man who lived underground" e de *Invisible man*, de Ralph Ellison.

Patterson não foi o primeiro lutador a conhecer o medo, sem dúvida. Entretanto, foi o primeiro a falar livremente a respeito, em público. Aprendeu a ser assim no ginásio. Cus D'Amato não treinou Patterson apenas nos jabs e no rechaço, mas também em introspecção. D'Amato foi o único psicanalista moderno a carregar um balde na mão e ter dicas espertas na ponta da língua. Nas preleções aos boxeadores, D'Amato dizia que as condições eram relativamente iguais e que o lutador capaz de entender seus medos e manipulá-los, usando-os em seu próprio benefício, sempre venceria; ele treinou jovens como Patterson e José Torres, o brilhante meio-pesado de Porto Rico, ensinando-os a considerar as lutas como se fossem psicodramas, confrontos entre duas vontades e não apenas entre músculos.

Patterson cresceu num conjunto de apartamentos sem água quente na área de Bedford-Stuyvesant, no Brooklyn, num cenário de pobreza decadente. Seu pai trabalhou como estivador, na construção civil e como carregador no mercado de peixe de Fulton. Ele chegava em casa à noite tão cansado que se esquecia frequentemente de comer e pegava no sono de roupa e tudo. Floyd tirava silenciosamente os sapatos do pai e os engraxava. Depois, lavava os pés dele. Quando a mãe de Floyd não estava cuidando da casa, fazia bicos de faxineira e operária numa engarrafadora de bebidas. Precisava alimentar onze filhos. Floyd dividia a cama com dois irmãos, Frank e Billy. Desde pequeno, Floyd se desprezava. Odiava poder fazer tão pouco para ajudar o pai e a mãe. Sentia-se estúpido, impotente. "Eu só queria ajudar meus pais", Patterson me contou, "mas dava tudo errado e eu só piorava as coisas." Costumava apontar para uma foto sua, aos dois anos de idade, e dizer à mãe, repetidas vezes, "Não gosto deste menino!". Aos nove anos, pegou a foto e rabiscou diversas vezes o X no rosto. Tinha pesadelos. Mais de uma vez os vizinhos o acharam na rua de noite, durante um ataque de sonambulismo. Era um menino que procurava a escuridão, só pensava em se esconder o tempo inteiro. Floyd perambulava pelos becos, pelos cantos escuros. Não procurava encrenca, só queria sumir. Entrava no cinema de manhã e ficava até o final da última sessão. Pegava o trem A, ida e volta, para o leste até Lefferts Boulevard, nos confins de Queens, passando de volta pelo Brooklyn e seguindo por East River, Manhattan e Washington Heights. Depois repetia a dose. Aos nove anos, Floyd costumava parar na estação de High Street, no Brooklyn. Descobriu ali o esconderijo perfeito. Andava pelo túnel até um barracão de ferramentas meio escondido que os operários do metrô usavam. Subia a escada de metal e se trancava no escuro. Assim ele se escondia do mundo. "Eu estendia o jornal no chão, dormia e me sentia em paz."

Durante o dia, começou a roubar pequenas coisas. Um litro de leite, uma fruta, tudo o que pudesse levar para a mãe, em casa. Ao atingir a adolescência, Floyd vivia no juizado de menores — por vadiagem, furto, fugas de casa. Passou pelo juizado trinta a quarenta vezes, calcula.

Finalmente, quando Floyd estava com dez anos, o juiz, que não suportava mais ver sua cara, o despachou para a Wiltwyck School for Boys, uma fazenda para meninos problemáticos no norte do estado de Nova York, em Esopus. Floyd partiu para

Wiltwyck em setembro de 1945. Achou que estava indo para a cadeia e ficou furioso com a mãe, que lhe deu a notícia aliviada. Wiltwyck, uma antiga fazenda com 140 hectares de terra cultivável, pertencera à família Whitney. Não havia cercas nem grades. Mas havia vacas e galinhas, um ginásio esportivo decente, um riacho onde nadar e pescar. Os funcionários eram professores, psiquiatras, terapeutas e assistentes sociais. Os rapazes não sofriam castigos físicos nem eram trancados nos quartos. Lentamente, Floyd aprendeu a ler, a falar com mais facilidade e a superar a vergonha que sempre o acompanhara. Ao conquistar o título de campeão, ele dedicou sua autobiografia à escola, "que me apontou o caminho certo". Wiltwyck era exatamente o tipo de ajuda que Sonny Liston nunca teria.

Dois anos em Wiltwyck transformaram Floyd completamente. Nunca foi bom aluno, mas pelo menos aprendeu a se virar no mundo. De volta a Nova York, Floyd entrou para a P.S. 614, uma das escolas "600" da cidade, para adolescentes difíceis. Depois, ele estudou um ano na Alexander Hamilton Vocational High School. Quando voltou à cidade, dois de seus irmãos estavam trabalhando no Gramercy Gym da East Fourteenth Street. O ginásio pertencia a Cus D'Amato, que dormia no quarto dos fundos, tendo como único companheiro o cachorro. D'Amato era um asceta do boxe. Ganhava a vida com o pugilismo, mas desprezava dinheiro e distribuía o que faturava. Dinheiro, costumava dizer, "é para ser jogado pela janela do trem". Quando Patterson ganhou o título, D'Amato pegou a maior parte de seu quinhão, mais de 30 mil dólares, e usou para encomendar um cinturão cravejado de pedras para seu pupilo. "Cus era doido em relação a tudo na vida, menos boxe", José Torres falou. D'Amato era um paranoico bem informado. O medo o impulsionava. Temia principalmente a Máfia, que comandava o boxe naquele tempo — e dormia com o revólver debaixo do travesseiro. Nunca andava de metrô, por medo de ser empurrado para os trilhos. Prevenia-se contra franco-atiradores. Desconfiava de comida e bebida de origem desconhecida. Dizia às pessoas que jamais se casara por medo de ser traído pelos "inimigos".

"Preciso manter os inimigos confusos", falou certa vez. "Enquanto estão confusos, posso cuidar de meus pugilistas."

Quando era menino, crescendo no Bronx, D'Amato passava dias sem se alimentar, para suportar melhor a dor quando alguém tomasse sua comida. É provável que tenha sido o mais jovem fatalista do bairro. Gostava de ver enterros passando na frente do prédio onde morava, e dizia: "Quanto mais cedo a morte, melhor". Era um moleque de rua briguento. Certa vez um garoto o atingiu na cabeça com um pau e ele perdeu a visão do olho esquerdo. D'Amato, contudo, acreditava na regeneração do tecido óptico, e passou a vida lutando para se curar, fechando o olho bom para "obrigar" o olho esquerdo a ver novamente. Depois que se tornou treinador, D'Amato dizia aos lutadores que a segurança, financeira ou outra qualquer, seria a morte para eles. A segurança embotava os sentidos, e o prazer era pior ainda. "Quanto mais prazeres você tem na vida", dizia, "mais medo tem de morrer."

Comparado à maioria dos técnicos e empresários, que descreviam ritualmente o que o lutador comia no café da manhã, quantos quilômetros corria por dia e outros detalhes entediantes, D'Amato, com sua filosofia suada e hábitos peculiares, dava declarações fabulosas. Os escritores iam ao Gramercy Gym atrás de uma boa história. D'Amato lia um pouco de tudo, de história militar a Nietzsche, e tirava de tudo isso sua filosofia de dor e resistência. Norman Mailer começou a frequentar o local pouco depois do sucesso de *The naked and the dead*. Jovens repórteres dos jornais — Gay Talese, Pete Hamill, Jack Newfield — iam lá mesmo quando não tinham uma pauta a cumprir. D'Amato, para eles, era o moralista da Babilônia, o único treinador importante do boxe que vociferava contra os gângsteres que dominavam praticamente todos os lutadores e ginásios esportivos do país. Escreviam a seu respeito, por vezes o idealizavam, descrevendo-o como um símbolo da autenticidade, o treinador decente no mundo *film noir* do boxe dos anos 1950. D'Amato, Mailer escreveu certa vez, "tinha os modos entusiasmados de um santo que é puro esforço e nenhuma contemplação... Ele me fazia lembrar de um tipo de garoto italiano muito duro que havia no Brooklyn. Eram rapazes cordiais, raramente malvados, mas eram destemidos, pelo menos na medida em que seus atos eram destemidos. Brigavam com qualquer um".

Patterson tinha catorze anos quando subiu os dois lances da escada de madeira do Gramercy Gym. D'Amato sempre gostava de ver o modo como os rapazes subiam a escada pela primeira vez. Observava as expressões, e depois esperava para ver como subiam no dia seguinte — caso voltassem. Cus não esperava muito para descarregar sua filosofia. Queria que Floyd e os outros começassem a fuçar dentro de suas cabeças no momento em que socassem o primeiro saco de areia. Para outros treinadores, dúvidas existenciais eram inimagináveis; para D'Amato, o boxeador precisava compreender a si mesmo, ou perderia. Um lutador não ia a nocaute, apenas. Ele *queria* ser nocauteado quando a força de vontade o abandonava. "O medo é natural, é normal", dizia. "O medo é seu amigo. Quando um cervo passeia pela floresta, sente medo. Foi o modo que a natureza encontrou para manter o cervo alerta, pois pode haver um tigre nas árvores. Sem o medo, ele não sobrevive."

Patterson revelou-se um boxeador rápido, com um estupendo gancho de esquerda. Era capaz de se esgueirar pela guarda do inimigo e derrubá-lo com uma sequência. Conquistou a medalha de ouro na Olimpíada de Helsinque, em 1952, como peso médio. Red Smith, colunista do *New York Herald Tribune*, impressionou-se. Patterson, escreveu, "tem mãos mais ágeis do que as de um batedor de carteira no metrô, e elas provocam muito mais sofrimento". Naquele mesmo ano Floyd tornou-se profissional, chamando muita atenção em Nova York ao derrotar uma série de adversários: Eddie Godbold, Sammy Walker, Lester Johnson e Lalu Sabotin. Apesar de seus medos, Patterson aprendera a ser disciplinado e conhecia pugilismo o suficiente para acabar com os melhores lutadores dos clubes de sua época, com todos os jovens rijos que lutavam no Eastern Parkway do Brooklyn e no St. Nick's do West Side. Frank, irmão mais velho de Floyd, disse a Lester Bromberg, colunista de boxe do *New York World Telegram & Sun*: "Gostaria de poder dizer que sempre soube que Floyd ia chegar lá, mas prefiro ser honesto. Não consigo me acostumar com o fato de meu irmão caçula ter virado um lutador famoso. Lembro-me dele como um menino que chorava quando levava um soco mais forte na época em que lutávamos boxe no ginásio, e como um rapaz que explodia quando a gente o provocava um pouco".

Floyd demonstrava uma preocupação incomum com seus oponentes. Quando se preparava para uma luta que seria mostrada no programa de televisão *Wednesday Night Fights*, contra um boxeador de Chicago chamado Chester Mieszala, D'Amato sugeriu que Patterson treinasse no mesmo ginásio de Chicago onde Mieszala se exercitava, uma semana antes do combate. Patterson recusou-se. Disse que não queria ter uma "vantagem injusta". Durante a luta Patterson arrancou o protetor bucal de Mieszala, que se abaixou para procurá-lo, meio grogue. Em vez de avançar e acertar Mieszala no corpo, Floyd abaixou-se para ajudá-lo a procurar o protetor. De todo modo, continuou em vantagem e liquidou Mieszala com um nocaute técnico no quinto round. Até mesmo numa luta pelo título Floyd era capaz de gentilezas. Contra Tommy "Hurricane" Jackson ele tentou seguidamente fazer com que o árbitro Ruby Goldstein interrompesse a luta, evitando o sofrimento desnecessário do desafiante. Goldstein, profundamente comovido, acabou concordando.

A estrutura emocional de Patterson não continha nem um grama sequer de regozijo com o infortúnio alheio. Mesmo na noite mais deliciosa da carreira de Patterson, em março de 1961 no Polo Grounds, quando ele retornou para se vingar da humilhante derrota depois de sete knockdowns para Johansson, ele não se divertiu com a dor do oponente. A caminho do ringue, Patterson sentiu raiva pela primeira vez. Havia odiado o modo como Johansson se gabara de ter tirado o título dele e queria o cinturão de volta. No quinto assalto, Floyd atingiu Johansson com dois ganchos poderosos, fazendo com que este apoiasse um dos joelhos no chão e aguardasse até a contagem de nove.

Quando Johansson se ergueu, Patterson o esperava com seu incrível golpe saltado, e o campeão desabou feito um pedaço de pau. Johansson ficou deitado na lona vertendo sangue pela boca, com o pé esquerdo a vibrar, como um sujeito que sofria de convulsões. Por um momento, Patterson ensaiou um sorriso, encarando a multidão. Mas, quando se voltou para ver Johansson, ainda desmaiado, com o pé balançando, sentiu repulsa e pavor por talvez ter matado um homem. Então livrou-se dos abraços entusiasmados dos segundos e ajoelhou-se na lona, pegando a cabeça de Johansson nos braços. Patterson beijou Johansson na face e lhe prometeu outra chance, uma terceira luta.

Mais tarde, Patterson admitiu ter levado a barba e o bigode postiços ao local da luta, por via das dúvidas. "Falta-lhe instinto assassino", D'Amato disse. "Ele é muito dócil, bom demais com seus oponentes. Tenho tentado todos os recursos psicológicos que conheço para instilar a fúria em seu sangue, mas ele não leva jeito para a maldade. Sobrou um serviço duro para mim."

No dia 4 de dezembro de 1961 o presidente John Kennedy assistiu a um programa duplo de boxe pela televisão, realizado em duas cidades diferentes: Patterson nocauteou Tom McNeely em Toronto, no quarto round, e Liston moeu logo no primeiro assalto um lutador chamado Albert "Quick Fall" Westphal, na Filadélfia. Como qualquer fã do esporte no país (e mesmo os desinteressados se envolviam na disputa do título de pesos-pesados), Kennedy andava dizendo que a luta de verdade seria entre Patterson e Liston. Depois da revanche contra Johansson, Kennedy convidara o campeão para ir à Casa Branca, em parte para congratulá-lo por ser o primeiro lutador a recuperar o título dos pesos-pesados, mas também para encorajá-lo. Aparentemente, era uma visita de rotina — astros esportivos visitavam presidentes havia décadas; ambos se beneficiavam da publicidade gratuita e inofensiva —, contudo o encontro deixou Patterson constrangido. O presidente perguntou ao campeão quem ele enfrentaria a seguir. Cassius Clay, o arrogante campeão olímpico, abria caminho para o topo do ranking, mas ninguém pensava numa luta, ainda. Clay não completara vinte anos. Patterson entendeu o que o presidente queria dizer.

"Liston", ele disse. "Vou lutar contra Liston."

Em vez de simplesmente desejar boa sorte a Patterson, Kennedy falou: "Bem, você tem de vencer aquele cara".

Liston, de sua parte, estava convencido de que o encontro na Casa Branca era a razão para Patterson finalmente aceitar a luta. "Francamente, não creio que Patterson teria me enfrentado se não tivesse prometido isso ao presidente", disse. "Creio que Floyd se viu numa posição na qual não podia faltar com a palavra dada. Afinal de contas, ninguém diz ao presidente dos Estados Unidos que vai fazer algo e depois recua."

Floyd admitiu sua perturbação no Salão Oval. "Senti-me sozinho lá, completamente aterrorizado", ele disse. "Você não pode esquecer que eu era muito jovem, de onde eu vinha, e que estava ali no Salão Oval, ouvindo conselhos. O que você acha que eu podia fazer? Discordar? Precisava aceitar o desafio. Sempre temi deixar as pessoas na mão, e agora estava numa situação em que me preocupava com a possibilidade de deixar o presidente na mão."

Patterson agora lutava pelo Bem, e Sonny, gostasse disso ou não, era do Mal: Liston compreendia bem seu papel. "Uma luta de boxe é que nem filme de caubói", dizia. "Tem de haver um cara bom e outro mau. É para isso que as pessoas pagam — para ver os malvados apanhando. Então, eu sou o cara mau. Só que mudo o final. Eu não apanho."

Nem de longe se poderia considerar inevitável que Liston conseguisse permissão para enfrentar Patterson. O Madison Square Garden, ainda o local mais prestigiado para lutas de boxe nos Estados Unidos, estava fora de questão. As autoridades de Nova York estavam convencidas (com razão) de que Liston jamais rompera seus laços com a Máfia e se recusaram a emitir sua licença. Para onde iriam? O dr. Charles Larson, presidente da Associação Nacional de Boxe dos Estados Unidos, disse que faria o possível para impedir a luta. "Na minha opinião, Patterson é um representante digno de sua raça, e acredito que o campeão mundial dos pesos-pesados deve ser um tipo de homem que as crianças possam olhar como sempre olharam, com adoração pelo seu herói", disse. "Se Liston se tornar campeão antes de se reabilitar, pode haver uma verdadeira catástrofe." O mesmo grupo dizia que uma vitória de Liston seria pior para o boxe do que a horrível noite de seis meses antes, quando Emile Griffith matou Benny "Kid" Paret no ringue. Foi preciso que Sir David Harrington Angus Douglas, 12º marquês de Queensberry, descendente do autor das regras do boxe, afastasse o moralismo do combate. "Eu diria que não chega a ser absolutamente relevante se Liston tem bom caráter. Como ele não se encontra na prisão no momento, legalmente deve estar apto. Se for um bom boxeador, deve ter o direito de lutar contra Patterson."

Patterson poderia suportar ou ignorar a política do boxe e suas diversas organizações, mas não as preocupações de pessoas como Ralph Bunche e Martin Luther King. O movimento dos direitos civis ganhava força no Sul, provocando uma reação contrária violenta, principalmente no Extremo Sul. Os líderes do movimento temiam perder de uma hora para outra um campeão que se destacava como bom exemplo, um valioso militante como Patterson, e ter de aturar Sonny Liston, o ex-presidiário. O movimento dos direitos civis já enfrentava problemas de sobra — a luta ocorreria em meio à tentativa de James Meredith de acabar com a segregação na Universidade do Mississippi e à batalha entre a Suprema Corte e o governador Ross Barnett, que jurou que seu estado "jamais beberia no copo do genocídio". A rebelião de Martin Luther King representava o movimento social de contestação mais poderoso desde a guerra. Para dezenas de milhões de norte-americanos a integração racial era inaceitável e qualquer avanço no movimento dos direitos civis, qualquer vitória nos tribunais, qualquer passeata ou manifestação, equivalia a um crime contra a natureza. Fosse justo ou não, a última coisa que os líderes do movimento desejavam era que o negro mais famoso dos Estados Unidos fosse um egresso do sistema penitenciário do Missouri, um bandido condenado por assalto à mão armada. Percy Sutton, diretor da seção de Manhattan da Associação Nacional para o Progresso das Pessoas de Cor, disse: "Ei, vamos parar de fingir. Torço por Patterson porque ele nos representa muito melhor do que Liston seria capaz". Eles viam Patterson como um igual, um homem negro que lutou para progredir (literalmente, no caso); era militante, mas tinha um perfil aceitável para os brancos liberais; com ele, dialogariam. Quando uma massagista de Long Island se recusou a atender a mulher de Patterson, perto da casa onde viviam, ele a processou com base no código contra discriminação. Quando Patterson comprou uma casa no norte de Yonkers, perto de Scarsdale, os vizinhos brancos passaram a atormentar sua vida; o dentista da casa ao lado mandou erguer uma cerca de dois metros. Patterson encomendou sua própria cerca e o dentista, um tal de dr. Morelli, gritou para os empregados contratados para fazer o serviço: "Se pisarem em meu terreno, vou chamar a polícia". Patterson acabou desistindo da briga e se mudou de lá.

"Faço parte da história social de nosso tempo e de nosso país; não posso ficar para trás nem correr muito à frente", disse mais tarde em sua biografia. "Se você insistir em andar por aí carregado de amargura, mais cedo ou mais tarde ela se transformará numa dor que o levará a querer reagir contra a injustiça. Jamais desejei isso. Se não posso entrar legalmente num lugar, não vou lá e pronto. Se for impedido de revidar pelos meios legais, não quero atacar criminosamente. Ao mesmo tempo, não se pode desviar o rosto e fingir que nada disso existe."

A fama não o protegia contra a humilhação. Na primavera de 1957, depois de ter se tornado campeão, Patterson e dois sparrings tentaram sem sucesso entrar em diversos restaurantes de Kansas City, num sábado à tarde. Acabaram comprando queijo e biscoitos salgados antes de voltar ao hotel. Ouviram dizer que Jersey Joe Walcott estava na cidade, para servir de árbitro numa luta livre profissional, e o visitaram em seu quarto de hotel. Ao chegar, notaram que Walcott também almoçava lá; só conseguira comprar um pacote de cookies e um litro de leite. Walcott ofereceu biscoitos a Patterson e seus amigos.

“Acabamos de comer”, Patterson disse, “do mesmo jeito que você.”

“Não é o fim da picada?” Walcott disse. “O ex-campeão mundial dos pesos-pesados e o atual campeão, e aqui nesta cidade isso não vale nada. O mais velho campeão e o mais novo: os dois obrigados a almoçar no quarto. Bela cidade. Não acontece nada se você andar com os olhos baixos e fingir que não escuta o que dizem. Por isso prefiro ficar no quarto. Assim há menos chances de ser mal compreendido.”

Liston e Patterson se prepararam por vários meses — Liston na Filadélfia, Patterson em seu campo de treinamento no norte de Nova York. Nas semanas que antecederam o confronto, os dois passaram a se exercitar na região de Chicago. Os locais escolhidos eram sintomáticos. O campo de Patterson, uma série de chalés conhecidos como Marycrest Farm, na cidade de Elgin, mais parecia um retiro monástico. Marycrest era uma colônia de férias para operários católicos e lembrava Wiltwyck. A casa adaptada para receber a imprensa era decorada com crucifixos e mosaicos religiosos. As duas portas da sala na qual os assessores de imprensa trabalhavam eram identificadas por palavras latinas: *Veritas* numa delas, *Caritas* na outra. Em tempos normais, *Veritas* e *Caritas* indicavam estábulos para as vacas. Patterson treinava numa tenda que tinha na entrada uma placa dizendo “Mesmo sendo muitos, somos um só corpo em Cristo”. As entrevistas coletivas aconteciam no refeitório, debaixo de um mural de santos. Ali Patterson sentia-se em casa. Convertera-se ao catolicismo romano e agora era anunciado como o são Francisco da luta de boxe.

Os promotores da luta ofereceram à equipe de Liston um local próximo à penitenciária de Joliet. Eles deduziram que o arame farpado e as torres de vigilância seriam o pano de fundo perfeito para as matérias sobre o passado de Liston. Mas o boxeador discordou. Preferiu treinar numa pista de corridas abandonada em East Aurora, com portões de ferro e policial uniformizado na porta. A parte interna da pista não passava de um descampado coberto de grama ressequida. O vento gelado fustigava as ruínas das arquibancadas. Liston esmurrava o saco e os sparrings numa arena improvisada, no local onde antigamente se situava o guichê de apostas. Era como se Johnny Appleseed* treinasse num lugar e o Anjo da Morte no outro, comentou um dos repórteres.

A imprensa se revezava entre os dois locais e reforçava o contraste entre o Bem e o Mal, entre o Negro Bom e o Negro Ameaçador. Era o ano de 1962, e os repórteres de jornal ainda eram maioria, principalmente os colunistas brancos de Nova York: Milton Gross, do *Post*, Jimmy Cannon, do *Post* (e depois do *World-Telegram*); Red Smith, do *Herald Tribune*; Dick Young, do *News*; Arthur Daley, do *Times*. Liston não confiava em nenhum deles. Não sabia decifrar uma placa de rua, muito menos um jornal, mas sua mulher, Geraldine, lia os artigos para ele. Não tardou a descobrir que tinha poucos fãs entre os jornalistas. Tampouco Sonny contava com muitos torcedores entre os escritores brancos que trabalhavam para as revistas: Budd Schulberg para a *Playboy*, A. J. Liebling para *The New Yorker*, Ben Hecht para um jornal de Nyack e Norman Mailer para a *Esquire*.

A preliminar literária da luta Patterson-Liston em Chicago destacava a rivalidade entre Norman Mailer e James Baldwin, que estava a serviço da *Nugget*, revista masculina que deixaria de circular em 1965. (Liebling, pelo jeito, não dava importância à presença de romancistas itinerantes. "As entrevistas coletivas realizadas antes da luta por vezes pareciam aqueles *pour-parlers* intelectuais das ilhas mediterrâneas", escreveu. "Se estivessem na frente de máquinas de escrever, os romancistas ali reunidos poderiam produzir uma edição da *Paris Review* em 42 minutos.") Mailer e Baldwin haviam sido amigos nos anos 1950, mas em

* Por 49 anos, John Chapman ("Johnny Appleseed") vagou pelos rincões dos Estados Unidos plantando macieiras. Suas razões eram desconhecidas, embora diga-se que ele sonhava com uma terra coberta por macieiras abençoadas; uma terra sem fome, pois haveria maçãs em abundância. A docilidade e a coragem de John tornaram-se lendárias já em seu tempo. (N. T.)

1961 não se entendiam mais. Baldwin sentiu-se insultado por Mailer, tanto pessoal como intelectualmente: pessoalmente, porque Mailer o classificara num ensaio crítico sobre os escritores contemporâneos de "encantador demais para ser importante"; e intelectualmente porque pensava que o ensaio de Mailer sobre o racismo, "O negro branco", era perigoso na medida em que retratava o homem negro como um mero aglomerado de impulsos violentos e sexuais incontroláveis. Num artigo para a *Esquire*, em 1961, intitulado "O homem negro olha para o homem branco", Baldwin escreveu que Mailer era obcecado pelo poder e que no fundo não passava de um adolescente. Chamou-o de beatnik, arrogante e ingênuo, um sujeito capaz de cometer a tolice de divulgar uma visão deturpada da cultura negra para excitar os radicais brancos burgueses.

Baldwin chegou a Chicago inseguro em relação ao tema. Ao contrário de Mailer, que se orgulhava de seu conhecimento de boxe e da amizade com inúmeros lutadores e técnicos, Baldwin ignorava o esporte. Jamais adquiriria o desembaraço de Mailer dentro de um ginásio, não podia contar com o conhecimento sobre a história do pugilismo e com as metáforas da glória esportiva. Baldwin contava apenas com sua empatia por Patterson e Liston, com a capacidade de compreender rapazes negros ambiciosos. "Não sei nada a respeito da Doce Ciência, da Cruel Profissão ou do Jogo dos Meninos Pobres", escreveu. "Mas sei muito a respeito do orgulho dos meninos pobres, uma vez que essa é a minha história e será, provavelmente, meu fim."

Baldwin, tendo como guia Gay Talese, do *Times*, visitou os dois campos e ficou atônito com o cenário na semana anterior à luta: os repórteres passavam a manhã fofocando e corriam para mandar suas matérias em cima do fechamento. Havia jantares gratuitos, a costumeira inimizade fabricada entre os dois lutadores, entrevistas coletivas insossas, festas na Mansão Playboy, ex-campeões — Louis, Marciano, Barney Ross, Johansson, Ezzard Charles — circulando à vontade, dando opiniões para os jornais como forma de reforçar sua importância. Na sala de imprensa, a impressão geral era de que Patterson se tornara campeão por acaso e, por mais penoso que isso fosse, tinha poucas chances contra Liston. Imagine, perder para um sujeito medíocre como Johansson! Cair sete vezes num único round — um verdadeiro ioiô humano!

Baldwin foi a Elgin, onde o assessor de imprensa de Patterson, Ted Carroll, o recebeu com enorme deferência e o levou para conhecer as instalações. Carroll dava a impressão de entender bem que Baldwin era novato em matéria de boxe.

"Senhor Baldwin, este é o nosso campo de treinamento", disse. "E este ambiente rural combina com a personalidade do campeão. Embora sua atividade seja violenta, senhor Baldwin, a personalidade dele é tranquila, *bucólica*. Seria uma boa palavra, senhor Baldwin?"

Baldwin balançou a cabeça. Sim, era boa.

Carroll marcou uma longa caminhada de Baldwin com o campeão, permitindo que ele o visse treinar. Patterson confessou que não lera nenhum livro de Baldwin, mas disse que o vira certa vez na televisão, discutindo a questão racial.

"Tenho *certeza* de que já o vi antes!", Patterson afirmou.

Baldwin sentiu algo por Patterson, sem dúvida — a ponto de apostar 750 dólares nele. Para Baldwin, Patterson era um guerreiro inverossímil, um rapaz complicado, vulnerável e atormentado que parecia ansiar por privacidade até quando dava mais uma entrevista a mais um grupo de repórteres. Baldwin observou Patterson pulando corda. "Ele deve fazer isso ouvindo uma música na mente, muito bonita, brilhante e distante, como um coroinha dançando desamparado, visto através da janela embaçada no térreo da igreja"; a cena fez com que Baldwin evocasse o menino beato Elisha, de seu romance *Go tell it on the mountain*.

Depois da sessão de treino, uma das últimas antes da luta, Baldwin observou Patterson conversando com alguns repórteres. Patterson bebia uma caneca de chocolate quente e exibia um sorriso tímido, tenso. Perguntaram, como perguntavam todos os dias, por que ia lutar contra Liston.

"Bem, foi uma decisão minha realizar esta luta" Patterson disse. "Os senhores discordaram, mas foram vocês que o colocaram em primeiro lugar, de modo que achei que seria justo. O passado criminoso de Liston está atrás, e não na frente dele."

"Você acha que foi aceito como campeão?"

"Não", ele disse. "Bem, tenho que ser aceito como campeão — mas talvez não um grande campeão."

"Por que você diz que a oportunidade de ser um grande campeão jamais surgirá?"

"Porque os senhores nunca permitirão que isso aconteça."

"Recordo-me principalmente da voz de Floyd, que falava sem parar, entusiasmado", Baldwin relatou depois, em seu artigo para a *Nugget*, "e do modo como seu rosto estava sempre mudando, e do modo como ele ria; lembro-me de ter vislumbrado, então, um homem mais complexo do que ele estava preparado para conhecer, o herói das muitas crianças ainda presas onde ele estivera, que talvez não tivesse sobrevivido longe da arena e que no entanto dava a paradoxal impressão de não pertencer àquele mundo."

Antes de ir embora, Baldwin deu a Patterson exemplares de *Another country* e *Nobody knows my name*, escrevendo na dedicatória, "Para Floyd Patterson... porque nós dois sabemos de onde viemos e temos alguma noção de para onde vamos".

Baldwin também visitou o campo de treinamento de Liston, e lá conheceu o Liston que ninguém conhecia. Alguns repórteres, inclusive Jack McKinney, do *Philadelphia Daily News*, Jerry Izenberg do *Star-Ledger* de Newark, e Bob Teague, do *New York Times* (um dos raros repórteres esportivos negros), haviam chegado a um bom relacionamento com Liston, quando ele ainda era desafiante. Mas o resto não. Os repórteres inevitavelmente faziam perguntas referentes às prisões e outros fatos constrangedores, a que Sonny respondia com um grunhido, um sim, um não, um olhar fixo.

Mesmo quando tentava brincar com um repórter, Liston acabava por intimidá-lo. A. J. Liebling foi visitá-lo certa vez no campo de treinamento, sendo informado de que a entrevista se realizaria num restaurante local, depois dos exercícios. Liston chegou ao restaurante e todos no bar pediram xícaras de chá quente. De repente, Liston fechou a cara e começou a gritar com seu segundo, Joe Pollino, a respeito de dois dólares que ele lhe devia. Os dois discutiram e Liston avançou para cima de Pollino.

"Você está mentindo, seu cachorro!", Liston berrou. "Me dá meus dois dólares!"

Liebling se recordava de que "um punho imenso surgiu, ouvi um barulho horrível e Pollino caiu no chão, cuspindo dentes para todos os lados". Em seguida, Liston sacou uma arma e começou a atirar no assistente. Pollino caiu da banqueta. Liston apontou o revólver para Liebling e disparou. "Ergui as mãos, e ao fazer isso derrubei o chá." Ao descrever sua atitude, Liebling insinua uma calma que na verdade não havia demonstrado. Ele quase morreu do coração ali mesmo. Ao se recuperar, com o casaco manchado de chá, Liebling ouviu Pollino explicar que os dentes eram apenas feijões-brancos. Liston contou que havia disparado balas de festim.

"Então, volte sempre. Passe aqui para fazer uma visita quando quiser, tá bom?", Liston disse a Liebling.

Essa tática de relações públicas, embora encarada com bom humor por Liebling ao contar a cena na coluna, nem sempre encantava a imprensa. Muitos repórteres abordavam Liston como se ele fosse um monstro. Os termos "gorila" e "gato do mato" eram comuns, mas as referências racistas ganhavam disfarces mais elaborados. Peter Wilson, do *Daily Mirror*, escreveu: "Por vezes, ele demora tanto a responder a uma pergunta e sente tanta dificuldade para encontrar a palavra desejada que parece estar conversando em língua estrangeira numa ligação interurbana. Mesmo assim, o sujeito é fascinante. Embora o rosto marcado permaneça imóvel e os olhos enormes como um pires pintado exibam o olhar fixo de um polvo, suas mãos chamam a atenção. As palmas são suaves e brancas, como a parte interna de uma casca de banana. Os dedos parecem bananas antes de descascadas".

Muitos repórteres consideravam as reticências de Liston sinal de estupidez ou coisa pior. Baldwin não. "Na verdade, de estúpido ele não tem nada", escreveu. "E, apesar de haver muita violência dentro dele, não sinto a presença da crueldade. Pelo contrário, ele me faz lembrar os negros enormes que conheci, sujeitos que buscavam fama de durões para esconder o fato de serem sensíveis. Quem se desse ao trabalho poderia reduzi-los a pó. Seja como for, gostei dele. Gostei muito. Ele se sentou à minha frente na mesa, de lado, com a cabeça baixa, esperando o golpe: pois Liston sabe, como só os sofredores desarticulados sabem, o quanto ele é desarticulado. Porém, eu gostaria de deixar uma coisa bem clara: digo sofredor porque me parece que ele sofreu muito. Vejo isso em seu rosto, no silêncio daquele rosto, no brilho curiosamente distante dos olhos — um brilho que raramente se revela, pois se acostumou à ausência quase total de respostas. E quando digo desarticulado não pretendo sugerir que ele não sabe falar direito. Ele é desarticulado num sentido que inclui todos nós, quando nos acontecem mais coisas do que somos capazes de expressar; e desarticulado de um modo particularmente negro — ele tem uma longa história a contar, mas ninguém quer ouvi-la."

Liston, no entanto, não teve problemas para conversar com Baldwin. Filho de um pastor do Harlem, com enormes olhos tristes arregalados, Baldwin não se parecia com nenhum outro repórter que o entrevistara. Os modos suaves de Baldwin contrastavam com o jeito arrogante da maioria dos jornalistas conhecidos de Liston. Por isso, ele falou a Baldwin num tom diferente, baixando a guarda. "As pessoas de cor dizem que não querem que seus filhos me considerem um exemplo", Liston disse a Baldwin, profundamente magoado. "Bem, eles também não estão ensinando os filhos a considerar Martin Luther King um exemplo." Liston dava a impressão de estar fazendo um pedido por intermédio de Baldwin. "Eu não seria um mau exemplo, se chegasse lá. Poderia dizer muitas coisas que as crianças precisam aprender, pois passei por tudo aquilo. Saberia fazer com que me *escutassem.*"

Baldwin saiu do encontro com Liston cheio de simpatia pelo boxeador, embora sentisse a cabeça pesada de contradições. No confronto Patterson-Liston, novamente a disputa pelo título dos pesos-pesados se transformava numa questão moral; desta vez, porém, os dois oponentes eram negros e representavam estilos diferentes de retórica, posicionamento e atuação política. O ensaio de Baldwin para a *Nugget* não está entre seus melhores textos, mas ele se mostrou capaz de esboçar alguns temas que iriam desembocar no ano seguinte em sua obra mais veemente sobre a questão racial, *The fire next time*. "Eu me senti terrivelmente dividido, como muitos negros se sentem hoje", escreveu ele a respeito de Liston, "uma vez que estamos todos tentando decidir, de um modo ou de outro, qual atitude, em nosso terrível dilema americano, é a mais eficaz: a doçura disciplinada de Floyd ou a intransigência assumida de Liston... Liston é um homem ansioso pelo respeito e pela responsabilidade. Às vezes estamos à altura de nossas responsabilidades e às vezes, é claro, não estamos."

O oponente de Baldwin naquela luta, seu ex-amigo Mailer, não demonstrou a mesma tristeza ou consciência da importância da questão ao fazer sua matéria. Baldwin receava a aproximação da noite da luta, enquanto Mailer a aguardava com prazer — o evento era, afinal de contas, uma oportunidade de testemunhar algo memorável e de se exibir. Apesar de toda a ambição, energia e promoção pessoal colocadas nos romances que se seguiram a *The naked and the dead* — *The deer park*, *Barbary shore*, *An American dream*, *Why are we in Vietnam?* —, suas reportagens para a *Esquire*, *Harper's* e *Life* eram muito mais do que um trabalho feito só pelo dinheiro. Escritos com muita rapidez, seus longos ensaios sobre pugilismo e convenções políticas ostentavam uma energia que jogou por terra a cordialidade convencional dos anos 1950. Em nenhum outro momento ele se dedicou tanto a uma cobertura quanto em Chicago, no confronto Patterson-Liston. Patterson, escreveu ele,

> era o liberal dos liberais. O pior que se poderia dizer a respeito de Patterson é que ele fala com o mesmo tom ruminante bovino de outros liberais. Imaginem o que acontece a um homem com os reflexos de Patterson quando o cérebro começa a depender dos sons de "introspectivo", "obrigação", "responsabi-

lidade", "inspiração", "incumbência", "frustrado", "reclusão" — dá para escolher mais uma dúzia, no livro dele. Fazem parte de seu orgulho; ele é um garoto dos cortiços de Bedford-Stuyvesant que adquiriu essas palavras como se fossem ações, títulos e propriedades rentáveis. Não há ninguém para lhe dizer que seria melhor ficar com a psicologia das ruas do que cultivar o desejo contraditório de ser um grande boxeador e um indivíduo íntegro, saudável, maduro, autônomo, sociável, integrado. Que gentileza rota resultou do empenho de Patterson...

Contudo, a razão mais profunda para os negros de Chicago preferirem Patterson é que eles não queriam mais assumir a lógica do mundo de Liston. O Negro viveu na violência, cresceu na violência, e mesmo assim desenvolveu uma visão de mundo que lhe deu vida. Mas o custo foi excepcional para o homem comum. A maioria é forçada a viver envergonhada. A exigência de coragem talvez tenha sido exorbitante. Agora, conforme o Negro começa a entrar no mundo do homem branco, ele quer a lógica do mundo branco: aposentadoria, higiene mental, jargão sociológico, comitês que resolvam os males do peito. Cansou-se da lógica das putas e dos gigolôs, não quer mais saber de *sabedoria popular, malandragem, resolver no grito* ou procurar o amor verdadeiro nos olhos de aço de todas as prostitutas e cafetinas da cidade. O Negro queria Patterson, que era a prova de que um homem poderia ser bem-sucedido e simultaneamente estar seguro. Se Liston ganhasse, o velho tormento recomeçaria. Um homem poderia ser bem-sucedido ou estar em segurança. Não tinha direito às duas coisas. Se Liston tinha uma saga, o negro comum não queria nada dela.

Para Mailer, Patterson era o "arquétipo do pobre-diabo, um príncipe empobrecido", e "Liston era Fausto. Liston era a luz de todos os apostadores que paravam para fazer o jogo a caminho do trabalho. Era o herói dos sujeitos capazes de lutar contra o destino enquanto tivessem seu consolo: o fumante de cigarro, o bêbado, o junkie, o maconheiro, o traficante, a puta, o veado, o que usa a faca ou a pistola, o executivo da multinacional, qualquer um com fixação pelo poder. Isso se devia ao estilo de luta de Liston, tanto quanto aos outros fatores".

Uma nota de rodapé literária sobre a presença de Baldwin-Mailer em Chicago foi o ensaio escrito pelo jovem poeta LeRoi Jones, que andava com Allen Ginsberg e os escritores beat em Greenwich Village e se tornava uma presença cada vez mais constante no movimento dos artistas negros. Ao contrário de Baldwin, que amava a *ternura* de Patterson, Jones sentia repulsa pelo campeão, chamando-o de branco "honorário" por buscar a aceitação no mundo burguês. Louvava Liston, a ameaça, "o Negro enorme no caminho de todo homem branco, esperando para assaltá-lo, para fazer com que pague por todo o sofrimento que o homem branco, por meio de leis arbitrárias, foi capaz de infligir ao mundo". Ele era o "'Negão', o 'negro ruim', uma réplica piorada do negro mais safado do mundo. Ele é o país subdesenvolvido, despossuído (politicamente ingênuo) e atrasado, o povo dominado que finalmente se levanta para recolher sua libra de carne". Quando Jones publicou o ensaio numa coletânea chamada *Home*, acrescentou uma nota de rodapé dizendo que seu coração estava com o jovem Cassius Clay, pois somente Clay poderia representar a nova militância, os negros verdadeiramente independentes.

Passados quase quarenta anos, depois de o boxe ter se tornado um evento marginal na vida norte-americana, essa montagem simbólica sobre os ombros de dois homens se socando no ringue em troca de dinheiro parece um tanto ridícula. Durante várias décadas, porém, o pugilismo foi um dos espetáculos centrais nos Estados Unidos e, por ser uma luta tão crua, um contra um, com as mãos e não com bolas, remos ou raquetes, as metáforas do conflito, e acima de tudo do conflito racial, surgiam com facilidade. Desde quando Jack Johnson conquistara o título dos pesos-pesados em 1908, os fãs brancos do boxe, e principalmente os promotores brancos de lutas, precisavam de uma esperança branca. Johnson evitou os desafiantes negros de sua época — Sam Langford, Joe Jeanette, Sam McVey —, preferindo lutar contra um caucasiano aposentado, o ex-campeão Jim Jeffries. Até o final de sua carreira, todos os oponentes de Joe Louis foram brancos: Schmeling, Billy Conn, Tony Galento. Sugar Ray Robinson lutou contra um branco atrás do outro — Bobo Olson, Paul Pender, Gene Fullmer, Jake LaMotta, Carmen Basilio; os promotores raramente ofereciam bolsas tão altas para desafiantes negros igualmente hábeis e fortes. Com Patterson-Liston, algo mudou. Os dois homens eram negros; ambos cresceram idolatrando o mesmo herói (Joe Louis) e no mesmo ambiente de privação e maus-tratos. A narrativa do boxe, contudo, exige uma oposição do tipo luz e sombra. A luta entre dois membros do mesmo grupo étnico sempre exigiu algum nível de diferenciação. Quando John L. Sullivan, o primeiro campeão moderno dos pesos-pesados, numa época em que ainda se lutava sem luvas, defendeu o título contra Jack Kilrain em 1889, Sullivan foi empurrado para o papel do imigrante irlandês cafajeste, que bebia e levava um monte de mulheres para a cama, enquanto Kilrain fazia o papel de imigrante bonzinho, de trabalhador esforçado. Até Patterson-Liston, a imprensa não se dera muito ao trabalho de estabelecer diferenças entre negros.

Agora as diferenças simbólicas entre os dois boxeadores eram óbvias, e as pressões decorrentes sobre Patterson, especialmente, estavam tornando sua vida impossível. O medo de Patterson era evidente até mesmo em sua postura durante a pesagem, um ritual que sempre exigiu dos pugilistas um olhar penetrante ou, no mínimo, uma calma imperturbável. Quando Liston encarou Patterson, porém, este olhou para os próprios pés. Nunca encarava um oponente antes da luta. Não podia correr o risco. Afinal, ele dizia, "Vamos lutar, o que não é uma coisa legal". Certa vez, ainda amador, ele cometeu o erro de olhar nos olhos de seu oponente e viu que ele tinha um rosto simpático. Os dois lutadores sorriram. A partir daí, Patterson passou a olhar para baixo. Só que agora ele tinha bons motivos para se preocupar. Sonny Liston queria passar feito um caminhão por cima dele, e ele sentia que estaria decepcionando sua família, sua pátria, seu presidente e sua raça, caso permitisse que isso ocorresse.

“Fiquei pensando nessas coisas até a hora da luta”, Patterson confessou depois. “Quando o gongo tocou e eu me levantei, em vez de ver Liston, tive uma espécie de visão de todas aquelas pessoas, do que me disseram e do que desejavam que eu fizesse. Só me lembro de que perdi completamente a capacidade de pensar na luta.”

2. Dois minutos, seis segundos

25 DE SETEMBRO DE 1962

O vento frio e a garoa na noite da luta impunham o uso de sobretudo. Fazia frio demais para setembro, mesmo em Chicago. Em Comiskey Park cabiam 50 mil pessoas, e embora aquela fosse a luta mais importante dos pesos-pesados desde que Rocky Marciano encerrara a carreira de Joe Louis, uma década antes, a lotação não chegava à metade do estádio. Havia ali cerca de 19 mil pagantes.

O locutor subiu ao ringue para apresentar o desfile de campeões do passado. Um a um, eles passaram pelas cordas: Louis, Marciano, Jim Braddock, Johansson, Ezzard Charles, Barney Ross, Dick Tiger. Archie Moore, que aos quarenta anos ainda ganhava a vida lutando, entrou na arena usando smoking e uma capa longa forrada de seda branca. "The Mongoose" [O Mangusto] portava uma bengala.

O único pugilista a não lutar e ser recebido com vaias foi o jovem postulante de Louisville, Cassius Clay. Depois ter conquistado a medalha de ouro da categoria meio-pesado, na Olimpíada de Roma em 1960, Clay ganhara fama imediata de fanfarrão. Naquela altura, ele já acumulava uma série de vitórias na categoria intermediária dos pesos-pesados e tinha luta marcada contra Archie Moore para dali a poucos meses. Acima de tudo, porém, ele era conhecido como o sujeito inconveniente que fazia versinhos prevendo o round no qual ganharia a luta. Quando Patterson visitou os atletas na Vila Olímpica de Roma, Clay informou ao campeão, num ataque de contentamento histérico, que logo tomaria a coroa de Floyd. "Não desanime", Patterson respondeu, rindo. E Clay afirmou ser o mais lindo, o maior, o rei do mundo. Os cronistas esportivos, principalmente os mais velhos, não viam graça nenhuma naquilo. Eles odiavam Clay.

Clay era um metido que lutava com a guarda baixa demais e cujo soco seria incapaz de esmagar uma uva. Tinha só uma língua muito comprida. Quem ele havia derrotado? Ele era uma afronta. Mesmo os repórteres liberais esperavam dos campeões a polidez de Louis e Patterson. O descaramento de Clay era inimaginável.

"Cassius ainda era um moleque, não passava de um bom pugilista, quando entrou na arena naquela noite", Patterson recordou, décadas depois. "Ele parecia ser um rapaz legal, mas quem poderia levá-lo a sério? Olhei para ele e não consegui conter um sorriso, do tipo que damos quando uma criança começa a se exibir para os parentes."

As primeiras fileiras em volta do ringue estavam cheias de escritores. Um assento vazio separava Mailer e Baldwin, mas eles se mostraram até cordiais. Não faltou o grupo habitual de atores e cantores. E, inevitavelmente, havia os gângsteres, os fumantes de charuto, os homens que cochichavam em vez de falar e os homens de nariz aquilino que controlavam o boxe desde sempre. E todos eles — os sujeitos que dirigiam os sindicatos e as empreiteiras de mão de obra, a loteria de números e as casas de apostas, as empresas de coleta de lixo e as pizzarias —, todos eles torciam por Liston. Em parte, por uma afinidade natural, um aceno na direção da penitenciária de segurança máxima em Alcatraz, onde seu chefe honorário, Frankie Carbo, o "sr. Gray", iniciava o cumprimento de uma longa sentença, primeiro por gerenciamento ilegal (especialmente pelo gerenciamento ilegal de Sonny Liston) e depois por extorsão. Carbo, pelo que se sabia, continuava comandando a carreira de Liston. Entretanto, a Máfia não estava por trás de Liston apenas por uma questão de simpatia. A lealdade é um aspecto retórico da Máfia, um código, mas só de vez em quando se torna um fato. Havia também uma questão estética. Como podia um campeão dos pesos-pesados se curvar diante do presidente, isso sem falar em engolir um cretino metido a santo como Cus D'Amato? E como um campeão era capaz de falar de seus medos, suas ansiedades, como... uma mulher? "Na cabeça deles", Mailer escreveu a respeito dos gângsteres presentes, "Patterson era um maluco, uma espécie de vegetariano."

Na condição de desafiante, Liston entrou primeiro no ringue. Usava roupão branco com capuz branco pontudo, como o de um monge. Seus ombros, que tinham o tamanho de melões-cantalupos, estavam ainda maiores; Liston havia posto toalhas por dentro do roupão. A multidão, atrás das fileiras da imprensa, vaiava. Liston começou o aquecimento, esticando o pescoço, flexionando os braços, soltando jabs lânguidos na direção da lona, como um almofadinha ajeitando as abotoaduras. Saltitou na ponta dos pés, jogando o corpo de um lado para o outro. Naquele momento, Sonny Liston transmitia uma sensação de integridade e preparo, como se nenhum pugilista pudesse ser mais forte do que ele.

Em seguida, chegou Patterson com sua equipe. Percorreram o corredor, um mar de cabeças ondulantes. D'Amato fora descartado da posição de técnico oficial — Patterson não podia aceitar a falta de confiança da parte dele e não gostara de ler os relatos na imprensa afirmando que D'Amato, a despeito de suas negativas, teria feito um acordo com "Fat Tony" Salerno para financiar a primeira luta contra Johansson, um tremendo escândalo em Nova York. Mas, apesar de tudo, o treinador estava ali, a seu lado, liderando o cortejo em direção à arena. D'Amato mantinha erguida a cabeça coberta de cabelos brancos cortados bem rente, exibindo seu queixo romano, não obstante sua intuição de que haveria um massacre naquela noite. Patterson, por sua vez, não conseguia ocultar o terror. Abaixou-se, passou pelas cordas e entrou no ringue furtivamente, nervoso, olhando para os lados, como um ladrão que invade uma janela no meio da noite, sabendo que mais cedo ou mais tarde será preso. Estava num estado lastimável. Seus olhos percorriam o ringue. Raramente o medo fora tão patente no rosto de um lutador. Anos depois, ele seria notado em Ken Norton, antes da luta contra George Foreman, e mais tarde em Michael Spinks antes de enfrentar Mike Tyson — duas lutas que duraram apenas alguns minutos. Os boxeadores sabem.

Liston permaneceu o tempo inteiro possuído por uma calma

quase inacreditável. Na manhã anterior os dois grupos de segundos haviam discutido a respeito das luvas que seriam usadas na luta; foi uma daquelas cenas grotescamente cômicas dos eventos esportivos, como de costume representada com expressões de raiva e olhares ameaçadores. Homens crescidos discutindo por causa do equipamento esportivo. Essas disputas dão aos repórteres material para a descrição do "ambiente", rendendo textos para o dia do confronto do tipo "obviamente um não vai com a cara do outro"? A certa altura o segundo de Liston, Jack Nilon, alegou que as luvas eram ligeiramente mais pesadas do que as oito onças (227 gramas) determinadas pelo regulamento. Uma diferença, insistia Nilon, capaz de tirar do boxeador uma pequena fração de sua potência. A gritaria prosseguiu até que, finalmente, Liston interferiu.

"O que está acontecendo?", disse ele.

Mostraram-lhe as luvas.

"Ah, essas servem muito bem", ele disse. "Vamos usá-las. Vou bater nele com tanta força que um quarto de onça a mais vai significar apenas que ele vai ser atingido com um quarto a mais."

Durante a preleção do árbitro, Liston olhou para baixo, fitando o campeão. O campeão fitava suas sapatilhas. Eles voltaram a seus corners e aguardaram. O gongo soou. A luta estava prevista para quinze assaltos.

"Você não faz ideia de como é no primeiro round", Floyd disse a seu confidente, Gay Talese. "Você está lá, com aquele monte de gente em volta, aquelas câmeras, o mundo inteiro assistindo, todo aquele movimento, aquela excitação, o hino nacional, e o país inteiro esperando sua vitória, inclusive o presidente. E sabe o que tudo isso provoca? Cega você, simplesmente cega. Aí o gongo toca e você vai em cima de Liston e ele vem em cima de você, que não percebe nem a presença do árbitro ali no ringue a seu lado."

Alguns grandes atletas vivem um round, um tempo ou mesmo o jogo inteiro em câmera lenta, como se sua velocidade superior, sua capacidade de julgamento e coordenação lhes desse uma percepção mais conveniente do tempo. O atleta que vê a competição dessa forma invariavelmente ganha; ele soca o oponente até nocauteá-lo, passa por cima da defesa, enxerga a costura de uma bola curva e a rebate para fora do estádio. Mas, para o derrotado, o tempo não se torna mais lento, ele perde a coerência. Floyd sentiu o tempo em Chicago como uma confusão de pressões e ruídos, como uma forma de ansiedade, de sufoco, como se caísse de um avião. Mais tarde, ele mal conseguia se lembrar do que ocorrera no intervalo de dois minutos e seis segundos. Até a dor demorou um pouco a chegar. Ele se queixaria de dores de cabeça terríveis, pois Liston batia com mais força do que qualquer outro peso-pesado vivo, mas as dores só viriam uma hora depois.

Patterson ficou pregado no chão desde o início. Como uma cantora que inicia uma ária em lá cantando em si bemol e não consegue realizar a transposição para a nota certa, Floyd fez tudo errado desde o soar do gongo. Esqueceu-se de todas as qualidades que o destacaram no passado: a rapidez, o jab, a capacidade de antecipar o movimento do oponente. Patterson ergueu as luvas na altura das têmporas, o sistema erguido que D'Amato lhe ensinara na adolescência, mas só o que fez foi esperar o soco. Sua estratégia era inexplicável. Patterson lutou a curta distância contra um pegador, um oponente que tinha uma incrível vantagem de 33 centímetros de alcance.

Liston começou soltando um jab de esquerda no rosto de Patterson, para testá-lo. A cabeça de Patterson pulou para trás como se ele tivesse sido atingido por um taco de beisebol. Depois de uma série de socos errados ou fracos, Patterson arriscou sua única experiência ofensiva, a única tentativa de ver se pelo menos tinha alguma chance. Arriscou um dos ganchos durante o salto. Liston pareceu surpreso com a facilidade que teve para se esquivar. Deu um passo para trás, como se evitasse uma poça d'água que acabara de notar sob seus pés. Nenhum perigo. Daí em diante, Liston simplesmente fez o que quis. Soltou os jabs; encaixou sequências de ganchos curtos, com as duas mãos, no fígado e nas costelas do oponente; depois começou a desferir seus potentíssimos ganchos e uppercuts. Nos clinches, castigava os rins. Ao tentar agarrar os braços de Liston, segurá-lo um pouco, Patterson só conseguia anular a direita, enquanto Liston o atingia duramente com a esquerda.

Apenas um minuto se passara. Os socos mais fortes já atingiam o alvo, primeiro um uppercut de direita que fez com que a face de Patterson parecesse, em quadro a quadro, deformada como uma bola de massa de vidraceiro ao bater no chão depois de cair da janela do quinto andar. Ele não conseguiu se recuperar do golpe. Aquele soco não o nocauteou, como era de se esperar, mas acabou com qualquer esperança de uma disputa. A partir daquele momento, parecia que seu cérebro estava tomado por borboletas voejantes. Para clarear a mente, descansar um pouco, Patterson tentou desesperadamente o clinch. Liston o empurrou para longe e o acertou com dois ganchos de esquerda. Os socos não foram muito ligeiros, não exibiram a rapidez surpreendente, densa, dos melhores golpes de Louis — Liston tinha mania de dizer "Hããã" e depois soltar o soco; não era lá muito ágil — mas isso não fez diferença alguma, não contra Patterson. Grogue, com os olhos semicerrados, Patterson seguiu em direção às cordas, tentando se apoiar com a mão esquerda, recuperar o equilíbrio, como se procurasse a ajuda de um amigo mais sóbrio. Foi uma péssima ideia. Com a mão apoiada nas cordas, estava pedindo o final; talvez D'Amato tivesse razão: o lutador que é nocauteado *quer* ser nocauteado. Liston jogou todo o peso num gancho de esquerda que pegou o oponente em cheio no maxilar, e de repente o corpo de Patterson formou um ângulo reto. As pernas endureceram, rijas, e ele se curvou na altura da cintura, mas manteve a posição apenas por um instante, pois as pernas cederam.

"Pelo jeito como ele caiu, percebi que não ia levantar mais", Liston revelou depois.

O árbitro, Frank Sikora, começou a contagem. Patterson rolou de lado. Quando a contagem chegou ao nove, ele estava apoiado num dos joelhos. Conseguiu ficar em pé, mas só depois de Sikora haver contado até dez e feito o gesto final com os braços.

"Num minuto, eu tinha uma luta, no seguinte não tinha mais", Sikora disse. "Estava preparado para o aquecimento... Aí veio aquele tremendo soco de direita na cabeça e eu tive de levantar o braço do novo campeão." Na beira do ringue os repórteres dos diários ditavam parágrafos de abertura aos berros pelo telefone ou datilografavam furiosamente, passando os textos aos mensageiros da Western Union. Todos já sabiam qual seria o segundo parágrafo: aquele fora o terceiro nocaute mais rápido na história da disputa do título de pesos-pesados. Em 1908, Tommy Burns nocauteou o desafiante Jem Roche em 1min28s, em Dublin; em 1938, Louis derrubou Max Schmeling em 2min04s, no Yankee Stadium.

Gay Talese tinha sua manchete daquele dia, mas não conseguia evitar a tristeza avassaladora pela derrota do amigo. Com frequência, jovens repórteres se concentram num único objeto de atenção e até de afeição — para Talese, foi Floyd Patterson. Ele passava horas com o pugilista, entrevistava-o em casa e no campo de treinamento, observava-o cochilar no vestiário antes da luta, conhecia seus medos e segredos. Agora, vira o amigo ser arrasado num ginásio. "Senti que uma parte de mim fora destruída", Talese disse, muitos anos depois. "Lutadores são muito solitários. Eles não podem pôr a culpa nos outros. Sua humilhação é testemunhada por milhões. Liston foi o ser humano mais ameaçador de minha época, um destruidor de pessoas nato. Duvido que alguém pudesse sobreviver a ele. Acho que Floyd teve muita coragem, e quase parecia querer o castigo. Ele se arriscou a ser aniquilado publicamente por um sujeito muito maior. Aí eu vi aqueles dois homens abraçados. Só no boxe existe esse ritual, de dois homens quase nus, exaustos, sentindo o cheiro e o gosto um do outro, após uma batalha da maior seriedade, na estranha intimidade do esporte..."

Quando Liston e Patterson se afastaram, os segundos de Liston atravessaram as cordas para abraçá-lo. O técnico Willie Reddish segurou o rosto de Liston entre as palmas das mãos.

Patterson andou até seu canto e, em seu torpor, percebeu que D'Amato vinha em sua direção. D'Amato estendeu os braços e as pernas de Patterson quase cederam novamente, desta vez de sofrimento, não de dor. Ele chegou até D'Amato e encostou a testa no ombro de seu mestre.

"O que aconteceu, Floyd?", D'Amato perguntou.

Patterson só conseguiu dizer que viu todos os socos, menos o último. Ainda estava tonto. Mal conseguia falar, de tão envergonhado. Aquele momento só começou a fazer algum sentido meses depois. "A sensação de ser nocauteado não é *ruim*", disse. "Na verdade, é uma coisa *boa*. Não dói, só dá uma tontura aguda. A gente não vê anjos nem estrelas: monta numa nuvem gostosa... mas aí a sensação agradável passa. Você se dá conta de onde está, do que faz ali, de tudo o que acabou de acontecer com você. E o que se segue é a dor, uma dor confusa — não é dor física —, mas sofrimento combinado com raiva; é o que as pessoas vão pensar que dói; é a vergonha da falta de capacidade que dói... e a única coisa que a gente quer naquela hora é achar um alçapão no meio do ringue pelo qual possa descer e sair no vestiário em vez de ter de descer da arena e encarar todas aquelas pessoas. A pior coisa na derrota é ter de sair andando do ringue e encarar todas aquelas pessoas..."

Não tardou e os pensamentos de Floyd se voltaram para seu plano de fuga, para o disfarce. Ele não conseguiria evitar totalmente a imprensa. Ao deixar o ringue, lembrou-se de dizer palavras gentis a respeito de Liston, pedindo para as pessoas deixarem o novo campeão mostrar que não era apenas um boxeador, mas também um homem. "Creio que Sonny tem muitas qualidades", disse. "Acho que o público deve lhe dar uma chance."

Ainda não acabara, porém. No vestiário, um repórter perguntou o que havia acontecido. O que eles achavam que havia acontecido?

"Fui atingido por um soco muito bom", Patterson disse.

"Um golpe de direita, não foi?"

"Creio que sim."

"Você ouviu a contagem do árbitro?"

"No início, não percebi com clareza. Mas acho que ouvi o oito, e quis levantar."

A certa altura, Patterson disse que sim, que gostaria de lutar novamente com Liston.

"Lutar com ele de novo?" um repórter disse. "Então, por que não lutou com ele esta noite?"

"Você tinha condições de prosseguir, Floyd?", outro repórter quis saber.

"Claro, eu pensei que tinha. No entanto, acho que todo lutador pensa assim."

Os repórteres queriam saber como Liston era realmente, se seria um grande campeão, se teria bravura.

"Isso veremos", Patterson disse. "Saberemos como ele é depois que alguém o derrotar. Vamos ver como ele lida com isso. Na vitória, é fácil fazer qualquer coisa. Na derrota, porém, um homem se revela. Na derrota, eu não aguento olhar na cara das pessoas. Não tenho coragem de dizer fiz o que pude, me desculpem e outras coisas do tipo."

Todas as pessoas próximas de Sonny Liston diziam que a melhor coisa da vida dele era a esposa, Geraldine. Ele não era o marido mais fiel do mundo, saía com mulheres quando viajava, bebia e jogava, mas quando Geraldine estava por perto Liston ficava tranquilo, gentil até.

Geraldine não suportou ir ao estádio ver o marido lutar. Preferiu ficar no quarto do Hotel Sheraton-Chicago, com o cabelo cheio de bobes e a cara lambuzada de creme. De robe, ela esperava o telefonema de um dos segundos de Sonny.

"Se dependesse de mim", ela disse, "jamais permitiria que Sonny fizesse aquilo. Eu preferia a pobreza ao pugilismo. Se tivermos filhos, também não vou deixá-los lutar. Claro, não teríamos dinheiro. Mas, se eu não tivesse, não saberia como é ter... Sei que Charles fez coisas erradas, mas, se não estivesse em evidência, isso teria sido esquecido. Os cronistas esportivos estão sempre tocando nesse assunto. Como se eles não quisessem que ele fosse bom. Como um sujeito pode ser bom, se os outros não permitem? Passamos noites e noites falando disso. Sonny se conhece, e sabe que, caso chegue a campeão, só vai querer mostrar a todos que é uma boa pessoa."

Era exatamente essa a intenção de Liston. No vestiário, os repórteres começaram a bombardeá-lo com perguntas.

"Esperem um pouco", disse um dos assessores de imprensa, silenciando os presentes. "Este é o campeão mundial dos pesos-pesados. Este é o senhor Liston. Tratem-no como tratariam o presidente dos Estados Unidos."

E foi o que aconteceu. O grupo passou a se comportar de acordo com o protocolo da Casa Branca. Liston intercedeu em seu próprio benefício, pedindo perdão. Cumprira sua pena. Tentaria não se meter em encrenca, fazer coisas boas. "Se o público me der uma chance de botar uma pedra em cima do passado, vou ser um campeão digno do nome", disse. "Se me aceitarem, vou provar isso a todos." Ele disse que havia agradecido a oportunidade a Patterson, depois da luta. "E eu disse a ele: 'Vou agir como homem em relação a você, assim como você agiu comigo. E você é um cara muito bom'."

Liston chegou até a defender Patterson como pugilista. Quando alguém perguntou se Patterson era frouxo, Liston disse: "Essa foi a coisa mais estúpida que eu já escutei na vida. Senti o impacto do rosto dele em minha luva, percebi que aquele soco bastaria para pôr qualquer um a nocaute. Olhei bem para ele quando estava caindo, e olhei de novo quando ele chegou ao chão. Tinha apagado. Ele me surpreendeu por um segundo, quando conseguiu se apoiar num dos joelhos. Mas aí eu vi que ele agia como alguém que estende a mão para desligar o despertador quando ainda está dormindo".

Então alguém perguntou se ele havia sido atingido durante a luta.

"Só uma vez", ele disse. "Foi quando o árbitro disse 'Nove', e pareceu que ele ia levantar antes do 'Dez'."

Quando todos saíram do vestiário, Patterson tomou uma ducha, vestiu a roupa e colocou a barba postiça. Esperou até achar que o ginásio estava calmo e vazio para procurar seu amigo Mickey Alan, o cantor que havia interpretado o hino nacional naquela noite. Ele e Alan entraram num carro emprestado que estava estacionado num lugar previamente acertado com o motorista de Patterson e seguiram para a via expressa — direto para o leste.

Patterson e Alan viajaram em silêncio. A umas duas horas de Chicago pararam na beira da estrada para esticar as pernas. Um carro de polícia parou e pediu a Patterson a carteira de motorista. Ele começou a arrancar a barba.

"Quem é você? Algum ator, por acaso?", o policial perguntou.

Aí ele olhou para a carteira de motorista e se deu conta de que havia parado Floyd Patterson. Desejou boa sorte ao lutador e foi embora.

Patterson não seguiu para casa, em Yonkers. Em vez disso, foi para o campo de treinamento no norte do estado, em Highland Mills. A viagem durou 22 horas. Quando chegaram, Patterson pediu a Alan que fosse embora. A cabeça dele zumbia. Liston o atingira com força, e ele estava sentindo as consequências. Começou a pensar que talvez fosse melhor treinar, preparar-se para a revanche contra Liston. Seguiu até o ginásio. Acendeu as luzes e se deu conta de que a maior parte do equipamento estava em Chicago.

A família e os amigos de Patterson também estavam em Chicago ainda. Não souberam de nada a respeito da fuga, até que a notícia saiu nos jornais. Quando os repórteres perguntaram à mãe de Patterson para onde o filho havia ido, ela respondeu que não sabia. "Floyd é muito orgulhoso, e eu imagino que ele só quer ficar sozinho", ela disse. "Acho que não quer encarar as pessoas, pois sempre gostou de dar o melhor de si." Cus D'Amato zanzava pelo saguão do hotel, sem saber o que havia sido feito de seu pupilo.

Não tardou muito e Floyd resolveu sumir de verdade. Foi até o aeroporto de Idlewild em Nova York, com o passaporte, uma mala e o disfarce. Antes de chegar ao guichê de passagens, pôs a barba e o bigode postiços. Olhou para o quadro de avisos, estudou as próximas partidas e comprou passagem para Madri. O destino não fazia diferença, desde que fosse longe dali. Quando chegou a Madri, pegou um táxi direto para o hotel e se registrou com o nome de Aaron Watson. Por vários dias, Patterson andou pelos bairros pobres da cidade, fingindo mancar. As pessoas olhavam para ele. Patterson teve a nítida impressão de que o consideravam louco. Fazia as refeições no quarto do hotel, em geral. Na única vez em que foi ao restaurante, pediu sopa, não por gostar do prato — odiava sopa —, mas porque achou que era o alimento mais indicado para um idoso.

"A gente precisa entender o que leva um homem a fazer coisas assim", Patterson disse a Talese, anos depois. "Bem, eu fico pensando nisso. E a resposta é que não sei... Mas creio que dentro de mim, dentro de cada ser humano, há uma certa fraqueza. É uma fraqueza que se revela melhor quando a gente está sozinho. E eu consegui entender parte dos motivos que me levam a fazer o que faço, e não posso conquistar aquele sujeito — *eu mesmo* — porque... porque... sou um covarde."

Enquanto Patterson estava na estrada, Liston permanecia em Chicago. Na manhã após a luta ele compareceu à costumeira coletiva do dia seguinte, para que os jornalistas tivessem citações novas para as reportagens e perfis do novo campeão.

Norman Mailer chegou quando a entrevista já havia começado. Passara a noite em claro, na Mansão Playboy, e quanto mais bebia mais atormentava as pessoas que estavam lá, obrigando-as a escutar seu esquema para promover uma revanche e ganhar milhões de dólares. Ele ajudaria a promover a luta, pessoalmente. Chegou a insistir em que poderia provar que Liston não vencera a luta em Chicago, que Patterson se levantara e derrotara Liston "existencialmente" no nono round. Mailer havia bebido muito além da conta.

"Era uma teoria revolucionária, devo admitir", disse Jack McKinney, colunista esportivo do *Philadelphia Daily News* e amigo íntimo de Liston. “Passamos praticamente a noite inteira na Mansão Playboy, e sempre que Mailer vinha com aquela história eu fugia para mais longe. Acho que ele me considerava um canal privilegiado para chegar ao pessoal de Liston. Eu não queria insultá-lo, mas o que poderia dizer?”

Em vez de dormir um pouco entre a festa e a entrevista coletiva, Mailer gastou horas cantando a arrumadeira do hotel e depois desceu para o salão de festas onde Liston daria a entrevista. Escolheu uma cadeira bem na frente. No entanto, os funcionários do hotel verificaram ou pensaram que ele não tinha a credencial exigida e pediram que saísse. Mailer insistiu em que havia sido convidado para falar na coletiva e começou uma discussão.

“Se você não sair, vamos tirá-lo daqui à força”, disse um dos seguranças.

“Então me tirem daqui à força”, Mailer desafiou. Antes que fizessem isso, um repórter do *Times* chamou Mailer (ajudando a reforçar o caráter inusitado da situação) para uma entrevista.

“Sim”, Mailer disse. “Vim para cá preparado para mostrar que sou o único homem neste país capaz de tornar a segunda luta Patterson-Liston um evento de 2 milhões de dólares de bilheteria, em vez de dar a miséria de 200 mil dólares em Miami. Quero assumir a assessoria de imprensa da segunda luta. Por motivos vários e particulares, preciso ganhar muito dinheiro nos próximos dois meses.”

Depois de ter ouvido isso, o segurança colocou a mão no ombro de Mailer e pediu: “O senhor quer fazer o favor de nos acompanhar?”

“Não.”

“Então vamos ser obrigados a carregá-lo.”

“Então me carreguem.”

Norman Mailer, portanto, foi carregado para fora do salão de festas numa cadeira, parecendo uma rainha do Egito. Quando conseguiu convencer os organizadores a deixar que voltasse, Liston já havia assumido seu lugar na tribuna e respondia às perguntas habituais sobre a luta. Estava machucado? (Não.) Enfrentaria todos os desafiantes? (Claro. Façam fila.) E quanto ao passado? (O que é que tem?) Jack McKinney sentiu que alguns repórteres tentavam provocar Liston, fazer com que assumisse o papel de valentão, de bandido. "Sonny tinha sido prejudicado por aqueles sujeitos muitas vezes", McKinney disse. "E lançou mão do que se poderia chamar de 'sabedoria materna', um conceito dos negros. Significa o bom senso nato, aquele que a gente tem desde que nasceu, herdado da mãe. Se houvesse um modo de medir o QI de Sonny com esse parâmetro, ele estaria entre os 2% mais inteligentes do país. Os brancos se escandalizariam, mas nos bilhares de West Philly todos saberiam que era verdade, embora ele pudesse bancar o estúpido às vezes, ou o ingênuo. Todas as perguntas lhe pareciam ardilosas, e ele tomava muito cuidado."

Então Mailer se levantou e falou. Alguns cronistas esportivos, conservadores empedernidos como Dick Young, do *Daily News* de Nova York, extremamente zelosos de suas prerrogativas como membros de uma confraria e incomodados com a projeção de Mailer no mundo da literatura, começaram a resmungar. Não consideravam Mailer um deles. Era um romancista, um artista, não tinha nada a ver com o boxe. Alguns achavam que ele era um pirado de Greenwich Village, um bobo, o sujeito que esfaqueara a mulher com um canivete havia apenas dois anos. Mas Mailer não seria dissuadido, e começou a repetir as propostas malucas da noite anterior, seu conceito de vitória de Patterson, seus planos para promover a revanche. As queixas no salão aumentaram. O campeão, que não conhecia Mailer, mostrou-se curioso, parecia até divertir-se.

"Bem, não sou repórter, mas gostaria de dizer..." Mailer falou.

Alguém tentou calá-lo.

"Cala a boca, otário!"

"Não", Liston disse. "Deixem o otário falar."

"Eu apostei que Floyd Patterson ganharia por nocaute, com um soco decisivo no sexto assalto", Mailer disse. "E ainda acho que estava certo."

"Você está é bêbado", Liston disse, mostrando bom senso.

Enquanto vários repórteres o vaiavam, Mailer se levantou e deu a volta por trás da tribuna, como se pretendesse continuar a conversa com Liston, em particular. Dois seguranças de Liston impediram sua passagem e o avisaram para nunca se aproximar do sr. Liston pelas costas. Mailer esperou enquanto Liston respondia a mais algumas perguntas. Depois, descrevendo um círculo para ficar na frente do campeão, prosseguiu de onde tinha parado.

"Aonde você foi?", Liston perguntou. "Lá fora tomar mais uma?"

"Liston, ainda afirmo que Floyd Patterson pode derrotá-lo."

"Ei, por que você não desiste de bancar o perdedor ressentido?"

"Você me chamou de otário", Mailer disse.

Liston riu. "Você é otário mesmo", disse. "Todo mundo é otário. Eu também sou. Só que sou um otário muito maior que você." Liston se levantou e estendeu a mão direita. "Toque aqui, otário", disse.

Mailer puxou Liston para mais perto, pela mão, e disse: "Estou lançando a ideia por um motivo. Sei de um modo para transformar a próxima luta de uma briguinha de 200 mil dólares em Miami num evento de 2 milhões de dólares em Nova York".

"Puxa, o último trago realmente deixou você com a corda toda", Liston disse. "Por que não vai buscar um para mim, otário?"

"Não sou seu empregado", Mailer disse.

Mailer acreditou ter conquistado o respeito de Liston, e o som da risada de Liston mexeu com ele. "Insinuou-se a ameaça de uma risada ancestral, sombria, vinda das profundezas dos algodoais para subir à garganta feito uma risadinha marota", disse Mailer em seu artigo para a *Esquire*.

Na verdade, Liston não ficou nem um pouco satisfeito com tudo aquilo. Depois que acabou, ele continuou a se referir a Mailer como "aquele bêbado" e "o filho da mãe que estava tentando estragar minha entrevista coletiva". Ele queria deixar uma boa impressão nos repórteres, mas, no final das contas, o caso memorável, a história que dominaria as reportagens seria a de Mailer, não a sua.

Liston passou o resto do dia descansando, comendo e assistindo à televisão na companhia de Geraldine, do amigo Jack McKinney e do resto da turma. McKinney não dizia nada, mas preocupava--se com o modo com que receberiam Liston na volta à Filadélfia. O prefeito, James H. J. Tate, enviara um telegrama de congratulações exageradas, que continha, no entanto, sinais inconfundíveis de condescendência, ou ameaça: "Seu feito mostra que o passado de um homem não precisa ditar seu futuro. Sei que todos os cidadãos da Filadélfia estão comigo quando desejo o melhor em seu reinado, e que você use a coroa conforme a fina tradição dos campeões da Filadélfia que o antecederam".

Liston não tinha motivos para esperar tremenda demonstração de afeto do povo da Filadélfia. Pouco antes da luta contra Patterson, ele se meteu numa encrenca que solidificou sua imagem de bandido. Tarde da noite, Liston dirigia seu carro, com um amigo de Fairmount Park. Viram uma mulher guiando um Cadillac preto, e o amigo de Liston presumiu que era uma prostituta. Liston acelerou e emparelhou com o Cadillac. A mulher, na verdade funcionária do comitê de educação, estacionou pensando que Liston fosse policial. Naquele momento uma viatura parou também. Liston entrou em pânico e saiu cantando pneus, a cem por hora. Repetidamente, desde sua mudança para a Filadélfia, Liston teve escaramuças com a polícia; chegou a ser preso por ficar parado numa esquina. Todos os policiais da cidade tinham um retrato dele no quebra-sol. No final da história, o processo contra Liston pela "brincadeira no parque" não deu em nada — as acusações foram retiradas ou ele foi considerado inocente. Mas a cobertura da imprensa, principalmente nos jornais locais, como o *Inquirer*, o *Bulletin* e o tabloide *Daily News*, o pintava mais uma vez como um criminoso incorrigível. Então, quando Liston ligou para casa a fim de saber a repercussão da vitória, depois da luta, um amigo leu para ele a coluna mordaz de Larry Merchant no *Daily News*: "Pois então, é verdade — num confronto entre o bem e o mal, o mal deve vencer... Uma homenagem ao primeiro campeão dos pesos-pesados da Filadélfia se faz necessária. Emily Post recomendaria um desfile em camburão aberto. E uma chuva de confete feito de mandados de prisão picados".

No dia seguinte Liston viajaria de Chicago para a Filadélfia. Enquanto ele dormia, McKinney passou metade da noite acordado ao telefone, tentando promover uma recepção decente. Mas McKinney se deu conta, após uma série de contatos com suas fontes na prefeitura, de que o prefeito Tate decidira ignorar Liston.

Na tarde seguinte, já no avião, Liston convidou McKinney a se sentar com ele, e enquanto almoçavam Liston contou como pretendia se comportar como campeão e o que diria ao povo e aos repórteres da Filadélfia. Contou que escutava as lutas de Joe Louis no rádio, quando era menino. O locutor dizia que Louis era um motivo de glória para sua raça, a raça humana — a famosa tirada de Jimmy Cannon —, e como isso o reconfortava. Disse que gostaria de conhecer o presidente e conquistar a Associação Nacional para o Progresso das Pessoas de Cor, embora todos lá tivessem torcido pela vitória de Patterson.

"Vou fazer um montão de coisas", Liston disse a McKinney. "Uma delas, porém, é a mais importante: quero me comunicar com meu povo. Quero me aproximar e dizer: 'Vocês não precisam temer que eu vá desgraçá-los. Não precisam se preocupar, porque não vou impedir seu progresso'. Quero ir aos bairros e igrejas dos negros. Sei pelos jornais que as pessoas de cor mais abastadas torciam para que eu perdesse, chegaram a rezar para isso, pois temiam que eu não soubesse me comportar... Não estou querendo dizer que eu seja um campeão de meu povo. Mas agora eu sou o campeão do mundo, e ninguém pode negar isso. Quero ir a muitos lugares — como orfanatos e reformatórios. Quero dizer: 'Rapaz, sei que a vida é dura para você, e pode ser que fique mais difícil ainda. Mas você não deve desistir. As coisas boas vão acontecer, se você deixar'."

Liston não ousava fazer reflexões como essas na frente de nenhum outro repórter, exceto McKinney. Os outros, em sua opinião, sempre lhe jogavam o passado na cara. Com McKinney, entretanto, ele relaxava. McKinney era uma figura famosa na cidade, uma espécie de renascentista filadelfiense que escrevia sobre esportes e música clássica, que praticava boxe e chegou a servir de sparring para Liston uma vez. Enquanto escutava as palavras de Liston, McKinney pensava que o lutador estava sendo sincero e ficava mortificado de pensar na decepção que esperava Liston em poucos momentos. Quando o avião se preparava para pousar, McKinney estava quase chorando de raiva e frustração.

O avião aterrissou. A porta se abriu. Liston saiu primeiro e olhou para a pista. McKinney viu o pomo de Adão de Liston se mover e seu ombro tremer. Não havia multidão na pista, ninguém para recebê-lo, apenas uma equipe de serviço alheia a tudo, cuidando de fazer seu trabalho. Liston ajustou a gravata e pôs o chapéu de feltro com a peninha vermelha na fita. "Dava para ver Sonny literalmente esvaziar como um balão furado", McKinney disse. "Ele precisou de 45 segundos a um minuto para digerir a cena toda, confirmando para si mesmo que não havia nada. Depois as costas dele se aprumaram, os ombros se ergueram novamente, como se ele dissesse a si mesmo: 'Bem, se vai ser assim...'. Foi incrível. Não havia nem um funcionário do terceiro escalão da prefeitura, muito menos o prefeito e a chave da cidade."

Liston conversou rapidamente com alguns repórteres dentro do terminal e foi para casa. A caminho de West Philly, ele se virou para McKinney e disse: "Acho que amanhã vou fazer as mesmas coisas que sempre fiz. Dar uma volta no quarteirão, comprar o jornal, parar na loja, bater papo com o pessoal da vizinhança. Assim verei como as pessoas reais se sentem. Talvez aí eu comece a me sentir como um campeão. Sabe, é muito parecido com uma eleição, só que ao contrário. Neste caso, eu já fui empossado, mas preciso ir à luta e fazer a campanha".

Depois de algumas semanas, ficou claro para Liston que não haveria apoio da Associação Nacional para o Progresso das

Pessoas de Cor. Não haveria desfile. Não haveria convite para ir à Casa Branca. "Eu não esperava que o presidente me convidasse para ir à Casa Branca e me deixasse sentar ao lado de Jackie, nem brincar com seus lindos filhos", ele disse ao sparring Ray Shoeninger, "mas certamente eu não esperava ser tratado feito um rato de esgoto."

3. Sr. Fury e sr. Gray

Anos depois, quando passava o tempo entre os capangas e jogadores dos cassinos de Las Vegas, Liston sentiu que sua vida caminhava para o esquecimento. A história dos boxeadores é a história de homens que saíram machucados: o grande Sam Langford, no início do século XX, foi impedido pela "linha da cor" de lutar pelo título e acabou cego e na miséria; Joe Louis usava cocaína e fugia do imposto de renda; Beau Jack engraxava sapatos no Hotel Fontainebleau; Ike Williams era explorado pela Máfia e devia ao governo; "Two Ton" [Duas Toneladas] Tony Galento lutava contra um polvo e boxeava com cangurus para ganhar a vida. Liston sabia que não poderia esperar nada melhor. "Algum dia vão compor um blues só para os boxeadores", disse certa vez. "Vai ser para guitarra lenta, trompete suave e sino." Do início ao fim, a vida de Liston foi dura, controlada por gente irresponsável, e um blues melancólico, com a instrumentação imaginada por ele, parecia perfeito.

O incidente no aeroporto de Filadélfia fez jus a seu reinado de campeão. Liston podia esquecer a adoração, podia esquecer o reconhecimento de todos, com exceção dos fanáticos pelo boxe, que agora o consideravam invencível. Muhammad Ali transcenderia o esporte depois de se tornar um mestre do boxe, mas Liston era puro boxe e, aos olhos do público, apenas boxe. Era também motivo de chacota, a vítima das charges cotidianas. Muitos se sentiram à vontade para usar o repertório inteiro de piadas racistas para divertir o público. Ele era o bruto, o gorila, a besta, o homem do saco; era a criatura perigosa que as pessoas pagavam para ver na jaula cercada de cordas. Jim Murray, colunista do *Los Angeles Times*, escreveu que ter Liston como campeão era "como encontrar um morcego vivo pendurado num barbante na sua árvore de Natal". Arthur Daley, colunista do caderno de esportes do *New York Times* e ganhador do prêmio Pulitzer como comentarista, queria mostrar aos leitores que Liston era mais horrível do que poderiam imaginar. "O público antipatiza com Liston instintivamente, o que é uma tremenda injustiça", Daley escreveu. "O fã comum nem sequer conhece o sujeito. A gente precisa conhecer Liston para poder antipatizar com ele no grau adequado. Ele é arrogante, mal-humorado, bruto, rude e em tudo ameaçador. O último cara com que alguém gostaria de encontrar num beco escuro." A *Esquire* brincou com a ideia de que Liston era o Anticristo quando George Lois, o diretor de arte, o fantasiou de Papai Noel carrancudo — uma imagem que se tornou a capa mais famosa da história da revista.

Por mais que Liston fosse temido no ringue (dois minutos e seis segundos!), era possível zombar dele sem medo de represálias. Ninguém se sentia mais à vontade para fazer isso do que a tribo que o controlava. Liston estava certa vez num hotel de Los Angeles e encontrou um conhecido, Moe Dalitz, um dos mafiosos mais poderosos de Las Vegas e depois da pirataria de música. Brincando, Liston mostrou o punho fechado a Dalitz e fingiu que ia acertá-lo. Foi um gesto amigável, um antigo costume cordial dos boxeadores. Mesmo assim, Dalitz dirigiu-se a Liston e disse: "Se você me acertar, seu preto, é melhor me matar, porque, se não fizer isso, dou um telefonema e você vai estar morto em 24 horas". Liston não respondeu. Dalitz era um chefão da Máfia de Las Vegas, envolvido com os Teamsters.* Em tal companhia, Liston sabia qual era o seu lugar.

Um dos poucos comentaristas que tentaram ver a ascensão de Liston até chegar a campeão sem considerá-la um ultraje à sociedade norte-americana e à extrema sensibilidade de seus cidadãos foi Murray Kempton, do *New York Post*. Kempton se destacava entre os colunistas, conhecia profundamente assuntos como mo-

* *Teamsters Union*, o maior e um dos mais poderosos sindicatos de trabalhadores dos Estados Unidos. Representa os caminhoneiros e trabalhadores de áreas afins (como os aviadores). (N. T.)

saicos etruscos e política interna das Cinco Famílias. Kempton descia ao esporte como um duque ia caçar no brejo; raramente tratava do assunto, mas o fazia com ousadia e conhecimento histórico. Viu em Liston um homem "cuja experiência na sociedade norte-americana se resumia ao sindicato dos Teamsters, prisão e boxe". Em seu estilo século XIX, Kempton lançava farpas para desmoralizar quem julgava o boxe e seus campeões com ares de moralista. "Os pesos-pesados negros, como costuma acontecer com os negros em geral, dão a impressão de serem maiores que sua profissão", escreveu. "Floyd Patterson soava como um cavaleiro da liberdade. Com Liston voltamos à realidade... Temos finalmente um campeão dos pesos-pesados no nível moral dos homens que o controlam. Essa é a fonte dos horrores que Liston desperta; ele é o símbolo perfeito do boxe. Ele nos conta a verdade sobre o esporte. Ser campeão dos pesos-pesados é, afinal de contas, uma condição bem ordinária..." Kempton não tinha ilusões de que Liston fosse um coroinha desencaminhado; mesmo assim, conseguiu ver esperanças reformistas na atitude hostil do campeão. Liston, escreveu, "já nos ajudou a crescer como país, pois foi o primeiro negro moralmente inferior a quem deram uma oportunidade igual, que eu saiba. Ele nos ajudará a crescer ainda mais se destruir a ilusão de que um homem cuja profissão é bater em outro por dinheiro encarna uma imagem que deve ser mantida pura a qualquer custo, em prol da juventude americana".

Ao contrário de muitos novos campeões, Liston não chegou ao título na condição de completo desconhecido do público. Aparecera frequentemente na televisão, batendo em gente como Eddie Machen, Cleveland Williams e Roy Harris, embora sua aparição pessoal mais retumbante tenha sido como testemunha, em 1966, no subcomitê do Senado que investigava monopólios e trustes, presidido por Estes Kefauver, democrata do Tennessee. A carreira política de Kefauver tomara um impulso gigantesco em 1951, depois de ele ter comandado uma série de audiências sobre o crime organizado. Como resultado da estrondosa publicidade obtida nessas sessões, Kefauver disputou a indicação para a candidatura a presidente pelo Partido Democrata em 1952, perdendo para Adiai Stevenson. Em 1956, Kefauver esteve ao lado de Stevenson na chapa democrata derrotada.

O boxe era um alvo mais limitado do que o crime organizado, certamente, mas era um alvo fácil, vistoso, difícil de errar. A perfídia que imperava no meio era amplamente conhecida. Durante os anos 1950, ler Dan Parker no *Daily Mirror* de Nova York, ou Jimmy Cannon no *Post* era mergulhar num mar de denúncias contra aquele jogo sujo totalmente dominado pelos gângsteres — principalmente italianos e judeus. Depois da guerra, não houve um único campeão que não houvesse, de alguma forma, tido contato com a Máfia. Em geral, eram inteiramente manipulados por ela. Kefauver (com substancial apoio de seu principal assessor, John Gurnee Bonomi) pretendia provar isso e realizar uma reforma no boxe.

O depoimento de Liston ao comitê foi significativo, não tanto pelos detalhes que ele forneceu a respeito de sua história específica — na maior parte do tempo ele fingiu ou demonstrou ignorância. O mais chocante foi Liston se apresentar como um sujeito limitado que veio do nada e que depois de chegar a personalidade pública tinha apenas um pouco mais de independência do que seus antepassados acorrentados na senzala. Até o mais implacável espectador das audiências entendeu que as opções de Liston ao sair da cadeia eram lutar sob o controle da Máfia ou enfrentar o mercado de trabalho de 1956 na condição de negro iletrado. "Eu precisava comer", ele costumava dizer, e lá estava a Máfia para oferecer um prato cheio.

Durante seu testemunho, perguntaram a Liston a respeito de uma carta que ele teria escrito ou ditado para o boxeador Ike Williams. Liston alegou não se lembrar de tal carta, e o senador Everett Dirksen, veterano republicano de Illinois, começou a pressioná-lo com seu inconfundível estilo bombástico. O advogado de Liston lembrou ao comitê que seu cliente não sabia ler.

"Você sabe distinguir números, não sabe?" Dirksen perguntou a Liston. "Conhece valores? Se vir um cifrão e o número cem, sabe que isso significa cem dólares?"

Liston fez que sim.

"Ou mil dólares?", Dirksen disse. "Bem, você conhece os números. Pensei ter visto seu nome assinado aqui, supostamente por você. É capaz de assinar seu nome?"

"Sim, senhor."

"Pode escrever seu endereço? Sabe qual é seu endereço?"

"Não, senhor", Liston disse.

"O número de sua casa? Você o conhece?"

"Bem, sei escrever '5785'."

"Pode escrever números?"

"Sim."

"Por exemplo, eis aqui uma assinatura que diz 'Charles Liston, 39 Chestnut'. Você seria capaz de escrever 'Chestnut'?"

"Não, senhor."

"Não seria. Mas conseguiria escrever seu nome?"

"Sim, senhor."

"E o número. Suponha que sua parte da bolsa, da bolsa de uma luta, seja 25 mil dólares. Eles lhe dão um cheque. Você poderia dizer se o cheque é mesmo de 25 mil dólares?"

"Não sei bem", Liston disse.

O nível de arrogância do comitê era tamanho (e por isso o abominável Dirksen merece menção especial) que Liston acabou sendo tratado como atração de parque de diversões: Sonny, o Homem Forte. Vejam como ele bate! Ouçam como ele fala! Parecia ser motivo de diversão para os senadores que Liston — um negro criado no Sul agrário durante a Depressão — não fosse um intelectual.

"Qual foi sua formação escolar?", Kefauver perguntou.

"Nenhuma", Liston disse.

"Você nunca frequentou uma escola?"

"Não, senhor."

"Não teve a chance, calculo."

"Muitos irmãos."

"Quantos irmãos você teve?"

"Bem, meu pai teve vinte e cinco."

"Vinte e cinco filhos?"

"No total."

"Vinte e cinco filhos no total", Kefauver disse. "O senador Dirksen deseja um aparte."

O senador Dirksen queria mesmo fazer um aparte. "Eu diria que o seu pai também foi um campeão, à sua moda." O comitê e a plateia presente ao edifício do Senado, sala 308, riram à vontade.

Charles Liston começou com menos que nada. Pode ter mentido ao comitê a respeito das ligações com o submundo, mas contou a verdade a respeito de suas origens, dando os detalhes que conhecia. Liston nunca soube, até o final da vida, o lugar e o ano exatos de seu nascimento. Ele insistia em 1932 ou 1933, e teria nascido numa das diversas vilas da região algodoeira a oeste de Memphis e a leste de Little Rock: Forrest City ou talvez Sand Slough, parte da fazenda Morledge, onde Tobe Liston, seu pai, trabalhava. Quando Liston se tornou profissional e precisava de documentos para tirar a licença de boxeador, os empresários arranjaram uma certidão de nascimento na qual constava o dia 8 de maio de 1932, embora os registros de suas primeiras prisões dessem uma data mais realista, 1927 ou 1928.

No decorrer de sua carreira Liston era pressionado pelas pessoas a respeito da idade (sempre pareceu bem mais velho do que declarava), e sua reação costumeira era a intimidação. Acusava o repórter impertinente de chamar sua mãe de mentirosa, o que bastava para encerrar o assunto. Nos raros momentos em que estava com alguém de confiança, Liston dizia que no dia de seu nascimento um membro da família comemorara o evento entalhando seu nome e a data numa árvore.

"O problema", Liston dizia, "é que derrubaram a árvore."

A família Liston era enorme. Helen Baskin teve onze filhos com Tobe Liston, antes do nascimento de Charles. Tobe Liston tinha tido doze filhos com outra mulher antes de conhecer Helen. Os Liston eram meeiros que mudaram do Arkansas para o Mississippi em 1916, quando Tobe tinha cinquenta anos e

Helen, dezesseis. Eles arrendaram um pedaço de terra de um proprietário negro chamado Pat Heron e plantavam algodão, principalmente, além de amendoim, milho, sorgo e batata-doce. "O dono", Helen Liston contou, "ficava com três quartos da colheita." A casa era um barraco precário e superlotado, gelado no inverno e quentíssimo no verão.

Em vez de mandar Sonny para a escola, Tobe o mandou para o campo, aos oito anos. Acreditava que os filhos com idade suficiente para sentar à mesa tinham idade também para trabalhar na lavoura. Tobe era brutal com os filhos, inclusive com Sonny. Batia tanto nele que Sonny, caso o pai se esquecesse de espancá-lo um dia, perguntava: "Por que você não me bateu hoje?". As marcas de espancamento continuaram visíveis nas costas de Sonny durante sua vida toda.

"Posso entender a razão de meus erros", Sonny disse, anos depois. "Quando eu era garoto, não tinha nada além de um monte de irmãos e irmãs, uma mãe desamparada e um pai que não dava a mínima para nós. Crescemos como pagãos. O que comíamos mal dava para enganar a fome, não tínhamos sapatos, só umas poucas roupas, e não havia ninguém que nos ajudasse a escapar daquela vida terrível."

Durante a guerra e por algum tempo depois dela, as colheitas foram ruins nas fazendas do leste do Arkansas. Helen Liston foi trabalhar numa fábrica de sapatos em St. Louis, levando consigo alguns filhos. Deixou o caçula para trás. Mas Sonny, ao completar treze anos, achou que não aguentava mais colher algodão e apanhar, e pensou em procurar a mãe.

"Acordei cedo um dia, colhi pecãs na árvore do meu cunhado e levei as nozes para a cidade, para vender", ele contou ao cronista esportivo A. S. "Doc" Young. "Consegui dinheiro suficiente para comprar a passagem de ônibus para St. Louis. Imaginava que a cidade fosse igual ao interior, e que bastaria perguntar a alguém onde minha mãe morava para me dizerem que era ali adiante, em tal rua. Mas quando eu cheguei à cidade tinha gente para todo lado e eu fiquei vagando, perdido." Liston acabou dormindo algumas noites numa delegacia, onde ganhou sanduíches de salame e outros cuidados. "Certa manhã, contei minha história a um bêbado e ele disse que conhecia minha mãe. Ela morava ali perto. Fui até a casa, bati à porta e meu irmão Curtice abriu. Dali em diante, fiquei morando com minha mãe."

No começo, Sonny trabalhou honestamente, por um salário, mesmo patético. "Vendia carvão. Vendia gelo. Vendia lenha. Ganhava quinze paus por semana no mercado, limpando galinha... Nos dias melhores, comia. Nos outros, mandava meu estômago calar a boca. Eu vivia metido em encrenca. Um menino negro, se quiser sobreviver, precisa aprender logo uma coisa — ninguém vai tomar conta dele, a não ser ele próprio." Liston frequentou a escola por algum tempo, no entanto sofria por ser analfabeto, apesar do tamanho. Seus pais eram baixos — Tobe media um metro e sessenta e cinco e Helen um e sessenta —, mas ele não. No início da adolescência, Liston já era do tamanho de um adulto, com mãos enormes e físico desenvolvido em vários anos de trabalho na terra. "Os outros meninos me viam sair da classe dos menores e zombavam de mim. Eu batia neles", Liston contou. "Aí comecei a matar aula, e isso levou a outras coisas. Fui parar na escola errada — no reformatório."

Quando completou dezesseis anos, Liston já media mais de um metro e oitenta e pesava cerca de cem quilos. Andava com a turma mais pesada do bairro, furtando comida de quitandas e restaurantes. "Quando eu era garoto, não tinha nada a meu favor além de minha força e de meus punhos", Liston disse. "Não tinha o que comer. Comia um dia ou outro, e comer é um vício difícil de largar. Bem, uns garotos tiveram a brilhante ideia de assaltar uma loja. O que eu via no final daquela história era só um prato de comida enorme e, se precisasse usar uma arma para consegui-lo, por mim tudo bem." Sonny foi um criminoso descuidado. Usou uma camisa xadrez amarela e preta tantas vezes que se tornou conhecido como "o Bandido da Camisa Amarela".

Sua primeira aparição numa delegacia de polícia de St. Louis aconteceu logo depois do Natal de 1949. Liston e dois colegas assaltaram um balconista perto da margem do Mississippi. Na lista de procurados, Liston ficou conhecido como o "Negro Número 1".

Seu prontuário mostrava um assalto por seis dólares; em outros, sua gangue espancou um sujeito no beco por nove dólares; constavam roubos de postos de gasolina e lanchonetes. Um dos crimes de Liston rendeu exatamente cinco centavos. Ele foi preso, finalmente, no dia 14 de janeiro de 1950, depois de ter assaltado um estabelecimento chamado Unique Cafe, na Market Street. O roubo rendeu 37 dólares.

Vinte e cinco minutos depois do assalto um jovem policial chamado David Herleth prendeu Liston ao vê-lo à uma da manhã correndo de uma churrascaria para casa. A única arma que Liston portava era um saco de moedas. Claro, usava a camisa amarela.

Liston foi condenado por dois assaltos à mão armada e dois roubos. Pegou cinco anos de cadeia na Penitenciária Estadual do Missouri, uma enorme prisão de tijolos na margem do rio Missouri, em Jefferson City. Ele começou a cumprir a sentença em junho de 1950. Pela contagem de Liston, ele tinha vinte anos. O *St. Louis Globe-Democrat* afirmava que tinha 22.

Mesmo nos momentos mais dramáticos, Liston nunca se queixou da prisão. Sempre disse que a comida no xadrez era a melhor que já experimentara — uma declaração ainda mais surpreendente se lembrarmos que as rebeliões no estado do Missouri em 1954 tiveram como causa a qualidade da alimentação. Liston não teve muitas oportunidades de aprimorar seu gosto à mesa. Quando finalmente saiu, em liberdade condicional, um amigo comprou um frango para comemorar sua soltura com um jantar. Liston olhou para o prato como se observasse os mistérios impenetráveis do universo.

"Por que você não come o frango?", o amigo perguntou.

"Porque eu não sei como comer", Liston disse.

Exceto por algumas brigas no pátio, Liston foi um prisioneiro relativamente bem-comportado. Trabalhou na lavanderia e de mensageiro. Seu golpe de sorte foi atrair a atenção dos capelães da prisão, primeiro o pastor Edward Schlattmann e depois o padre Alois Stevens. Na Penitenciária Estadual do Missouri, o capelão acumulava a função de diretor de esportes. Schlattmann levou Liston ao ginásio e o introduziu na prática do boxe. Quando foi transferido, poucas semanas depois, o padre Stevens o substituiu. Stevens imediatamente impressionou-se com a força de Liston — ele era capaz de nocautear um sujeito usando apenas o jab de esquerda —, mas temia não ser capaz de conseguir liberdade condicional para ele com certa rapidez. Liston mal conseguia se expressar, só sabia encarar as pessoas, ameaçador. Usava um X para assinar o nome. "Sonny não passava de um rapaz enorme, ignorante e boa gente", Stevens disse. "Tentei ensinar o alfabeto a ele, mas não consegui inculcar nele a importância da leitura. 'Você vai querer ler o que os jornais dirão a seu respeito', falei, mas ele não punha muita fé. Era parco em matéria de vocabulário."

Liston tornou-se rapidamente o campeão da penitenciária, na categoria dos pesos-pesados. Recebeu treinamento de Sam Eveland, ladrão de automóveis e campeão das Luvas de Ouro de St. Louis. "Ele mostrou jeito para a coisa desde o início", Eveland me disse. "Se a gente ensinasse um soco ou uma técnica nova, no final do dia ele já havia dominado tudo. Coitado do Sonny. Ele sabia lutar, mas era só. Tinha a cabeça de um menino de onze anos, um menino gigantesco. Sabia ser o sujeito mais doce deste mundo, e de repente pirava, saía do eixo. Mas, ninguém pode negar — seu soco parecia um coice de mula. Em pouco tempo não havia mais ninguém disposto a entrar com ele no ringue da prisão."

O padre Stevens percebeu o potencial de Liston, pelo menos como atleta, e chamou o editor de esportes do *St. Louis Globe-Democrat*, Bob Burnes, para se aconselhar sobre a melhor maneira de treinar Liston como lutador. O padre via com ingenuidade o mundo do boxe profissional e perguntou a Burnes se ele poderia conseguir que Liston enfrentasse o principal peso-pesado da época, Rocky Marciano. Burnes riu e mandou que Stevens procurasse dois amigos seus: Monroe Harrison, antigo sparring de Joe Louis que no momento trabalhava como zelador numa escola, e Frank Mitchell, editor de um semanário de St. Louis dirigido aos negros, o *Argus*. Harrison e Mitchell se interessaram o bastante para organizar uma luta-treino e contrataram um peso-pesado local muito respeitado, chamado Thurman Wilson.

No carro, a caminho da penitenciária, Wilson perguntou a Mitchell: "Quantos rounds?".

"Quantos quiser", Mitchell disse, "mas não queremos estragar o rapaz."

Naquela altura, Liston ainda estava longe de ser o grande boxeador que se tornaria mais tarde. Só tinha mão esquerda. Na linguagem do boxe, era incapaz de limpar a bunda com a direita. Mas a esquerda foi mais do que suficiente para Thurman Wilson; o jab era uma cacetada e o gancho era mortífero. Quando Liston treinava no saco de areia do ginásio, deixava ao sair uma mossa do tamanho de uma bola de basquete. No ringue, ele trabalhou Wilson, acertando jabs e ganchos em série. Ao final de quatro assaltos terríveis, Wilson cambaleou de volta a seu corner sentindo dores insuportáveis e disse a Mitchell: "Acho melhor você me tirar do ringue. Ele vai me matar".

Harrison foi até a sala de Burnes para agradecer a dica.

"Finalmente, você achou um que presta", disse.

Restava ainda o espinhoso problema da sentença de Liston. Após um ano de campanha com o comitê da condicional, em outubro de 1952 o padre Stevens conseguiu tirar Liston da cadeia, assumindo o compromisso de cuidar dele, juntamente com Frank Mitchell e Monroe Harrison. O acordo se mostraria precário. Mitchell, como St. Louis inteira sabia, mantinha uma sólida amizade com o maior mafioso da cidade, John Vitale — e quanto mais Liston chamava a atenção, mais interessava a John Vitale e seu grupo.

Inicialmente, a relação de trabalho mais constante era com Harrison, conhecido como um sujeito honesto e dedicado. Harrison desejava muito ver Liston no caminho do bem. Arranjou-lhe um quarto na YMCA de Pine Street e emprego na siderúrgica local. Durante algum tempo, pelo menos, o arranjo lhe deu estabilidade. De noite, após o trabalho, Liston treinava no Templo Maçônico ou no Ringside Gym da Olive Street. Desde o começo ele se exercitava ao som de "Night train", uma das melodias favoritas das dançarinas de striptease, composta e gravada com sucesso por Jimmy Forrest, saxofonista de St. Louis. (Mais tarde, Liston a trocaria pela versão de James Brown para "Night train", uma interpretação mais sombria e agressiva da canção.) Com Harrison no corner, Liston começou a vencer lutas — primeiro nas competições pelas Luvas de Ouro, em vários estados, e depois, a partir de setembro de 1953, contra pesos-pesados profissionais. Os jornais começaram a comentar suas vitórias. Liston era uma promessa.

"Sonny é o tipo de pessoa que precisa de compreensão", Harrison disse a um repórter que o visitou em seu escritório no porão da Carr Lane Branch School de St. Louis. "Ele é perigoso em todos os aspectos. Mas muito jovem. Precisa de alguém que o ajude a controlar as emoções. Precisa se distrair até que a juventude e a força o abandonem, como acontece com todos nós. No momento, ele é um leopardo, um animal solto na selva... Precisa de treinamento. Precisa de amor. As pessoas certas precisam se interessar pelo rapaz e tratá-lo como membro da família. A gente tem de conversar com ele sobre o que ele conversa. Caso contrário, não rola."

Harrison tentou manter Liston ocupado e longe da rua, quando não estava treinando no ginásio. Eles ouviam rádio, jogavam xadrez. De vez em quando, Harrison levava Liston até o *Globe-Democrat*, para ser entrevistado por Burnes.

"Diga ao senhor Bob que você tem sido um bom rapaz", Harrison sugeria a Liston.

"Você tem sido um bom rapaz?", Burnes perguntava.

"Sim, senhor Bob."

Monroe Harrison ajudou Liston em oito lutas como profissional. Depois Sonny conheceu um pugilista brigador chamado Marty Marshall, um trabalhador braçal rijo que fraturou o maxilar de

Liston e o derrotou numa decisão apertada, no oitavo assalto. Liston alegou que Marshall o surpreendera de boca aberta — "Eu estava rindo!". Mas as perspectivas de Liston murcharam, pelo menos no momento. Harrison, por seu lado, precisou se afastar. A esposa estava muito doente. Ele não tinha dinheiro. Liston não era mais uma aposta garantida, longe disso. A Harrison não restou escolha senão vender sua parte no futuro de Sonny Liston. Frank Mitchell a comprou por seiscentos dólares.

Poucos anos depois, Mitchell também daria seu depoimento nas audiências de Kefauver, mas não se mostraria tão aberto em relação ao passado quanto Liston, e por bons motivos. Sua ficha listava 26 detenções. Tinha fama de jogador e, pior ainda, testa de ferro de Vitale. Quanto a Vitale, já fora preso 58 vezes e condenado em três ocasiões. Quando perguntaram a Mitchell sobre seu relacionamento com Vitale, ele disse que era apenas uma questão de etiqueta no golfe, durante encontros casuais num campo público, e um desejo ardente de ser educado. "Sabe, nós jogávamos em duplas. Eles começaram pela dupla de Vitale, depois chamaram a minha. Eu não poderia discriminar ninguém num campo de golfe público. Imaginem, logo eu." Claro que não.

As duas principais organizações criminosas de St. Louis estavam nas mãos dos sírios e dos sicilianos. John Vitale reinava sobre os negócios sicilianos. O centro do controle criminoso sobre o Meio-Oeste era Chicago — território de Bernard Glickman e do chefão supremo de Glickman, Sam Giancana. Vitale, como chefe de St. Louis, não podia se esquecer dos tributos devidos a Chicago. Oficialmente Vitale era o presidente da Anthony Novelty Company, uma empresa de máquinas de fliperama e vitrolas automáticas cuja direção ele deixava aos subalternos. O ramo da construção civil e os sindicatos já lhe davam trabalho suficiente.

Graças a Frank Mitchell, Vitale logo conheceu Liston e lhe deu emprego na usina da Union Electric em South County, para descarregar tijolos refratários. Liston não precisava ir lá descarregar os tijolos com muita frequência. Sua verdadeira função era outra. Agindo em parceria com um brutamontes de 150 quilos chamado Barney Baker, Liston recebeu a missão de manter os operários negros na linha. Baker era nova-iorquino e circulava por diversos sindicatos e organizações ligadas à Máfia, entre elas a quadrilha de Meyer e Jake Lansky, sediada em Washington, D. C.

"Ao menor sinal de perigo eles mandavam Sonny para olhar feio ou simplesmente quebrar a perna do sujeito", contou Sam Eveland, companheiro de prisão de Liston. "Naquele tempo, ninguém se preocupava em manter essas coisas em segredo." Liston tornara-se uma "britadeira de cabeças", no jargão dos Teamsters da época. Mais tarde Liston admitiu que muitos de seus novos amigos haviam estado na cadeia ou iriam para lá logo. "Eu nunca soube que existia outro tipo de gente", ele disse. "Tinha ouvido falar de médicos, advogados e empresários negros importantes, claro, mas onde eu poderia conhecê-los? Eram todos gente educada, refinada. Eu não era instruído nem refinado."

Os policiais de St. Louis que testemunharam nas audiências de Kefauver estavam mais interessados nos assaltos do que na sociologia da situação. "Ele apavorou um bocado de gente no mato", disse o sargento Joseph Moose. "E não precisava fazer nada — bastava olhar para o sujeito."

Liston também fez serviços duvidosos para um sócio de Vitale, Raymond Sarkis. "O que eu mais fazia era guiar o carro dele, um Cadillac branco", Liston disse. "Sei que eles eram invejosos e também queriam que eu estivesse no meio."

O capitão John Doherty, um policial tarimbado, comandava o "esquadrão caça-bandidos", e não demorou a reconhecer em Liston exatamente isso, um bandido. Resolveu cortar os vínculos de Liston com o pessoal de Vitale e ordenou que os policiais iniciassem uma campanha de pressão constante. "Sempre que podíamos dar um aperto em Liston, assustá-lo um pouco, fazíamos isso", ele disse. "Não podíamos tolerar que ele espancasse e roubasse os cidadãos, como costumava fazer. Devo ter conversado com Liston umas vinte vezes. 'De onde você está vindo?' 'Não sei.' 'Para onde vai?' 'Não sei.' Tentamos tratá-lo bem. Eu disse a Liston que ele tinha um imenso potencial, mas se vivesse metido com Vitale e outros chefões não ia conseguir ganhar a vida decentemente. Ele nunca aceitou meus conselhos. Ele é burro. Tem temperamento ruim."

Liston disse que não só era detido a todo momento, passando às vezes a noite no xadrez, como o ameaçavam de morte. Contou que o capitão Doherty acabou ordenando que ele saísse de St. Louis. Se desobedecesse, "vão achar você caído no beco". A polícia negou os detalhes da história, mas não o sentido geral. James Chapman, chefe assistente, disse: "Doherty pisou na bola naquela vez. Eu mesmo disse isso a ele".

Além de trabalhar para o sindicato, Liston seguia espancando pugilistas no ringue. Mal podia esperar a revanche contra Marty Marshall, aquele que se aproveitou de uma risada sua. Na verdade, vingou-se duplamente, nocauteando o oponente duas vezes, com violência. Anos mais tarde, Marshall disse: "Ninguém deveria apanhar daquele jeito. Penso naquilo agora e ainda dói... Duas partes de meu corpo se lembram bem de Sonny Liston — o ouvido e o estômago. Ele me acertou no estômago com uma esquerda, no sexto. Não foi um knockdown. Não poderia ser. Fiquei paralisado. Não conseguia me mexer. Só cairia se conseguisse me mover um pouco".

Apesar de todo o sucesso, Liston continuava a enfurecer a polícia local por causa de seu emprego diurno. Qualquer pessoa, ao ler os jornais da cidade na época, percebia que era óbvio que as escaramuças constantes entre Sonny e a polícia só podiam piorar, e os policiais não tinham medo de dizer isso em público. O sargento James Reddick, ex-campeão das Luvas de Ouro, disse a respeito de Liston: "Ele anda com um bando de cães. Gostaria de lhe mostrar o quanto ele é ruim. Se ele cruzar meu caminho, vou *batizar* sua bunda".

Uma das poucas coisas boas que aconteceram na vida de Liston ocorreu durante uma tempestade, em 1956. Uma operária da fábrica de munições local chamada Geraldine estava esperando o ônibus na calçada, encharcada até a alma. Liston passou de carro e a viu. A sequência de eventos pode ser considerada, no caso de Liston, um ato de cavalheirismo: ele parou o carro, deu ré, desceu, pegou Geraldine nos braços e a depositou no banco da frente, dizendo: "Você é uma moça muito atraente. Não devia ficar aí na chuva, se molhando". Eles se casaram naquele mesmo ano.

Contudo, 1956 foi também um ano desastroso. Na noite de 5 de maio os Liston foram a uma festa. A noitada terminaria com Liston batendo num policial, um crime que o fez passar quase um ano numa casa de correção.

Mas Liston e seu antagonista, o policial Thomas Mellow, concordaram nos respectivos depoimentos que a briga começou num beco, por causa de um táxi. Mellow disse que viu o táxi parado no beco e advertiu o motorista, um sujeito chamado Patterson, que seguisse em frente ou seria multado. Liston apareceu e defendeu o motorista, que era negro: "Você não pode dar multa nenhuma a ele".

"Não posso uma ova", Mellow disse, sacando o bloco de multas.

De acordo com Mellow, Liston o imobilizou com um golpe e o ergueu no ar. "Não me dei conta do que estava acontecendo até ele me pegar. Ele me surpreendeu de guarda baixa. Depois que eles me levaram para o beco, Patterson disse: 'Pegue a arma dele'. Lutamos e nós três caímos. Liston conseguiu puxar meu revólver. Aí Patterson disse: 'Atire nesse filho da mãe'. Liston me soltou e apontou a arma para a minha cabeça. Peguei o cano com as duas mãos e tentei afastá-lo do rosto. Eles me cercaram. Gritei: 'Não atire'. Liston desistiu de repente e me atingiu no olho esquerdo, com a mão ou com o revólver. Levei sete pontos." Mellow sofreu fratura no joelho e no braço, "na queda, ou quando alguém me pisou".

Em sua versão, Liston alega que protestou contra o modo como Mellow tratou o motorista e então o policial se dirigiu a ele, dizendo: "Você é um preto muito metido". "Quando falo 'Não sou metido', ele estica a mão para pegar o revólver e tenta sacar, mas eu o tomo dele", Liston disse. "Mais tarde, o policial disse que eu estava bêbado. Como é que um bêbado ia conseguir dominar um policial sóbrio, treinado para prender gente e sacar uma arma?"

No início de 1958 Liston já havia terminado de cumprir a

pena e estava lutando de novo. Vencia num ritmo suficiente para atrair a atenção de gângsteres mais importantes que Vitale, ou mesmo Bernie Glickman. Liston aceitou um novo esquema de gerenciamento organizado por gângsteres de Nova York (como se tivesse alguma escolha) e se mudou para a Filadélfia, para se aproximar do boxe de verdade, o que nos anos 1950 equivalia a dizer Nova York e adjacências.

O novo contrato destinava 52% a Frank Carbo, a figura mais poderosa do boxe; 12% a Vitale e outros 12% a um capanga de Carbo, Frank "Blinky" Palermo; e 24% a Joseph "Pepe" Barone, outro "colaborador" de Carbo que serviria, aos olhos do público, de empresário para Liston. Segundo um investigador do FBI, William Roemer, os mafiosos do Meio-Oeste se indignaram com a perda de um boxeador com tamanho potencial. Alguns anos após o acordo, segundo a *Vanity Fair*, Sam Giancana pegou um avião em Chicago e seguiu para Atlantic City para se reunir com a Comissão, o organismo controlador do crime organizado. Giancana apelou a Thomas "Three-Finger Brown" Lucchese e Carlo Gambino, de Nova York, entre outros, mas não conseguiu nada. Carbo era membro da família Lucchese. Um campeão potencial dos pesos-pesados era um patrimônio grande demais para permanecer em St. Louis.

Liston foi, em essência, o último de uma longa linhagem, o último grande campeão a ser entregue de bandeja nas mãos da Máfia. Seria necessário surgir Cassius Clay, que ainda iniciava sua carreira de boxeador, para romper o controle do crime organizado. Para ele, a Nação do Islã daria a proteção necessária.

Muito antes da ascensão de Frankie Carbo, uma geração de gângsteres da época da Lei Seca controlava boxeadores, promovia lutas, fabricava resultados e apostava nas lutas. Entre eles, Owney Madden, Frenchy DeMange, Bill Duffy, Frankie Yale, Al Capone, Lucky Luciano, Boo Boo Hoff, Kid Dropper, Frankie Marlow, Legs Diamond e Dutch Schultz. O submundo gostava do pugilismo porque os próprios boxeadores eram marginais. Dizem no mundo do esporte que só loucos ou desesperados aceitam ganhar a vida levando socos na cabeça. E, como os lutadores vinham das camadas excluídas, eram abordados pelos homens de negócios ilícitos. Não se queixavam em voz alta, pois a vida lhes dava poucas opções. Boxeadores não ganham bolsas de estudos; não há clubes de ex-alunos esperando na saída, com a mão agradecida estendida.

Paul John Carbo nasceu no Lower East Side de Nova York, em 1904, e cresceu principalmente no Bronx. Passou boa parte da adolescência cometendo pequenos crimes. Aos dezoito anos, foi preso por agressão e furto qualificado. Aos vinte, foi acusado de matar um açougueiro a tiros num bilhar da East 160th Street. Carbo e o açougueiro, chamado Albert Weber, discutiram a respeito da posse de um táxi roubado. Na época, Carbo era conhecido como Frankie Carbo, Frank Fortunato, Frank Martin, Jimmie the Wop e Dago Frank. (Sua escolha de apelidos se expandiria em sintonia com o aumento de seu poder. Nos anos 1950, as alcunhas incluiriam, de acordo com o cartaz da polícia, sr. Fury e sr. Gray.)

Para evitar a detenção pelo assassinato, Carbo mudou-se para Filadélfia, mas acabou sendo preso por assalto e mandado de volta a Nova York para enfrentar as consequências da morte de Weber. Foi condenado por homicídio em primeiro grau e enviado para Sing Sing. Não conseguiu se reabilitar. Quando conseguiu liberdade condicional em 1930, Carbo tornou-se pistoleiro nas guerras da Lei Seca, trabalhando ostensivamente para a divisão do Brooklyn da Murder Incorporated.

Evitando processos com facilidade, Carbo se mostrou um sujeito de talentos sinistros. No dia 12 de abril de 1933, Max Hassel e Max Greenberg, dois capangas de um chefão da cerveja conhecido como Waxie Gordon, foram encontrados mortos a tiros no Hotel Carteret na cidade de Elizabeth, em Nova Jersey. Várias testemunhas reconheceram Carbo. A polícia interrogou Carbo e o indiciou pelo crime. Ele foi solto mediante o pagamento de 10 mil dólares de fiança, e o inquérito deu em nada, mais uma vez.

O mais notório homicídio de Carbo (e seu momento

de maior risco) ocorreu na véspera do dia de Ação de Graças de 1939, em Los Angeles. A vítima foi Harry "Big Greenie" Greenberg, também ex-membro da Murder Incorporated e da quadrilha de Louis (Lepke) Buchalter no Brooklyn. Big Greenie levou cinco tiros quando estava ao volante de seu carro, numa sossegada rua residencial. O grande júri aceitou o indiciamento de Carbo como pistoleiro, de Bugsy Siegel como motorista do carro usado na fuga e de Emanuel "Mendy" Weiss e Louis Lepke, que estava na época preso por tráfico de drogas, como cúmplices. O caso parecia razoavelmente forte, especialmente contra Carbo. Albert "Tick Tock" Tannembaum, capanga de Lepke, jurou ter visto Carbo atirar em Big Greenie; outro bandido, Abe "Kid Twist" Reles, afirmou ter visto Carbo a caminho da cena do tiroteio e depois fugindo do local. O primeiro problema para a promotoria, contudo, surgiu quando Kid Twist, sob proteção da polícia no Hotel Half Moon de Coney Island, foi jogado pela janela do quarto em que estava, no quinto andar, e morreu em consequência da queda. Até hoje é um mistério quem defenestrou Kid Twist, pelo menos para o Departamento de Polícia da cidade de Nova York. Carbo, de todo modo, não pretendia reivindicar o crédito pela façanha. O caso foi a julgamento em 1942 (naquela altura, Carbo já era o único réu) e os membros do júri decidiram que, da mesma forma como duvidavam dos protestos de inocência de Frankie Carbo, também não podiam confiar inteiramente na sinceridade de Tick Tock Tannenbaum como testemunha, e após 53 horas de deliberação Carbo foi considerado inocente.

Finalmente, segundo o famoso delator da Máfia Jimmy Frattiano, Carbo recebeu a incumbência de liquidar Bugsy Siegel em 1947, pois Siegel deixara de pagar uma dívida com os chefões italianos. "Bugsy tinha construído o Hotel Flamingo em Las Vegas", Jack Bonomi me contou, "mas cometeu um erro ao enrolar seus credores. A gente não pode fazer uma coisa dessas. Aí eles deram a Meyer Lansky o contrato para receber a dívida ou matar Bugsy. Frank Carbo foi chamado."

Entre uma audiência e outra, Carbo tornou-se o sujeito mais poderoso do pugilismo. Com o final da Lei Seca, o boxe se revigorou, tornando-se uma oportunidade magnífica. Em grandes cidades como Nova York, Chicago, Boston e Los Angeles, realizavam-se lutas de boxe praticamente todas as noites da semana, e com a chegada da televisão um anunciante como a Gillette, que vendia lâminas de barbear, patrocinava as noites de luta, assim como investiria no futebol americano profissional na geração seguinte. O chefão Gabe Genovese dera a Carbo sua primeira oportunidade real ao chamá-lo para ser seu sócio no gerenciamento de Babe Risko, campeão dos pesos médios em 1936. Carbo não inventou o estilo mafioso de empresariar boxeadores, mas refinou os detalhes e estabeleceu tamanho domínio sobre o esporte, principalmente nos anos seguintes à Segunda Guerra Mundial, até sua prisão em 1959, que acabou conhecido como "o Cartola da Máfia".

O relacionamento profissional mais importante de Carbo era com James Norris, presidente da Comissão Internacional de Boxe (International Boxing Comission, IBC), formada originalmente para controlar os contratos dos principais pesos-pesados depois que Joe Louis se aposentou, em 1949. A IBC conseguiu controlar os principais boxeadores de cada categoria, bem como a Madison Square Garden Corporation. No papel, pelo menos, Norris e seu sócio, Truman Gibson, eram os donos do pugilismo. Para Norris, dirigir a IBC era uma espécie de hobby; ele herdara do pai uma fortuna nos ramos de grãos e imóveis que chegava a centenas de milhões de dólares. Mesmo assim, Norris raramente marcava uma luta sem aprovação de Carbo. Quando Norris tinha problemas com empresários de boxeadores que se opunham a seu controle sobre o esporte, pedia ajuda a Carbo.

"Entre outras coisas, Jim Norris adorava cavalos", Truman Gibson me contou. "Ele tinha um haras chamado Spring Hill Farms e vivia nos hipódromos de Nova York. Conhecia os banqueiros de apostas italianos. Era um jogador inveterado. No mundo do turfe ele cruzou com Frank Carbo. Lenta e inexoravelmente, Jim aproximou-se de Carbo. O grande mistério, que ninguém jamais conseguiu resolver, foi ele ter se tornado tão íntimo de Carbo."

"No fundo, não há mistério algum, independentemente do que Truman Gibson possa achar", disse Jack Bonomi, assessor do Congresso. "Norris e Carbo se aproximaram porque Norris tinha dinheiro e mandava no Madison Square Garden e no estádio de Chicago. Carbo tinha os lutadores e empresários no bolso. Precisavam um do outro, e juntos seu poder no boxe era absoluto."

Com violência ou ameaça de violência, Carbo se impôs a centenas de lutadores. Nomeava empresários de araque (como Herman "Hymie the Mink" Wallman, Willie "the Undertaker" Ketchum, Al "the Vest" Weill, Joseph "Pep" Barone) e depois ficava com parte dos lucros. Se um boxeador se recusasse a obedecer, via que as lutas boas rareavam. Disputa do título, nem pensar. A pena para a rebeldia era selvagem e inevitável. Ray Arcel, conhecido empresário veterano, com mais de oitenta anos, recusou-se a tratar exclusivamente com Carbo e recebeu como recompensa uma surra de cano de chumbo que por pouco não o matou. Carbo não deixava nada ao acaso. Ofereceu-se para arrancar pessoalmente os olhos de um promotor de lutas na Costa Oeste que o desafiou. Se não controlasse os dois boxeadores numa luta, mandava um capanga subornar um dos juízes e apostava na vitória certa. Carbo controlou sozinho os títulos dos pesos leves, meio-médios e médios durante vinte anos, mandando em lutadores como Joe Brown, Jimmy Carter, Virgil Akins, Johnny Saxton, Kid Gavilan e Carmen Basilio. Também exerceu graus variados de influência sobre muitos outros boxeadores; seus tentáculos tocaram e arrancaram lucros de Sugar Ray Robinson, Jake LaMotta e Rocky Marciano. Melhor do que listar os lutadores controlados por ele seria citar os poucos que ele não dominava.

"Carbo tinha uma casa em Miami, mas vivia viajando a maior parte do tempo", Bonomi disse. "Estava constantemente em trânsito, indo de uma cidade a outra, de um hotel a outro. Chegava a um lugar, reunia amigos e capangas, umas dez ou quinze pessoas, e seguia para o night-club de sua preferência." Carbo usava sempre terno escuro, camisa imaculadamente branca e sapato de salto, além de gravatas que insinuavam sua vida clandestina: uma das favoritas exibia dados e cinco ases. Tinha um metro e setenta de puro músculo. Adorava exibir maços de notas de cem dólares e ameaçar os companheiros de mesa de assassinato. "O que você prefere?", perguntava. "Um tiro na cabeça?"

Carbo explorava os lutadores ao máximo e depois, quando entravam em decadência, os abandonava. No dia 5 de março de 1959, Johnny Saxton, ex-campeão mundial dos pesos meio-médios, um dos primeiros boxeadores de Carbo a chegar ao título, foi levado a julgamento em Nova York, acusado de arrombamento e furto, um crime que lhe rendeu exatos cinco dólares e vinte centavos. Saxton, que ganhara durante a carreira de pugilista mais de um quarto de milhão de dólares em bolsas, estava na miséria e devia 16 mil dólares para o imposto de renda.

"Johnny, onde foi parar o seu dinheiro?", o juiz perguntou.

"Nem vi a cor dele", Saxton disse.

"Por que você parou de lutar?"

"Eles não precisavam mais de mim."

Tempos depois, Saxton tentou o suicídio e foi internado no Ancora State Hospital de Nova Jersey. Enlouquecera. "Eu devia ter ganhado um dinheirão dos direitos de transmissão das lutas pela televisão, mas nunca vi nada", contou a um repórter que o visitou em Ancora. "Ninguém me dava mais do que algumas centenas de dólares depois de cada luta. Agora estou aqui, no hospital. Foi isso que eu ganhei lutando boxe."

Quando os empresários fantasmas de Carbo assumiram o controle sobre Sonny Liston, no final dos anos 1950, Carbo estava em sua fase maneirista. Mantivera o poder por tanto tempo que as pessoas já começavam a se perguntar quando viria o declínio. "Por vezes, não se trata de ter ou não o poder", Kefauver diria mais tarde sobre Carbo, "mas sim de os Outros *pensarem* que você o tem."

Carbo reunia sua corte, formada por empresários e capangas, em locais como o Goldie Ahearn's, um restaurante de Washington, D. C., que havia sido totalmente infiltrado por investigadores disfarçados sob as ordens de Frank Hogan, promotor distrital de Nova York em guerra contra o crime organizado. Num jantar no Goldie Ahearn's, em 1957, Carbo presidiu uma reunião à qual compareceram vários figurões do boxe: Tony Ferrante, empresário do campeão dos médios Joey Giardello; Benny Magliano (conhecido como Benny Trotter), promotor de lutas de Baltimore; Sam Margolis, sócio de Blinky Palermo num restaurante da Filadélfia; e um jovem treinador chamado Angelo Dundee, irmão de Chris Dundee, que se consagrara como o mais importante promotor de lutas da região de Miami. Em poucos anos, Angelo treinaria o mais importante lutador de sua carreira, ou de qualquer carreira, Cassius Clay.

Enquanto os policiais infiltrados reuniam provas contra a IBC, Norris e, principalmente, contra Carbo, a organização inteira mostrava sinais de deterioração, embora tênues no início. A recusa de Cus D'Amato em tratar com Carbo talvez tivesse laivos de hipocrisia — D'Amato não se considerava superior a seu amigo presidiário e banqueiro de apostas Charley Black —, mas mostrava que Carbo não era completamente invulnerável. Num dos jantares do clube de cartolas de Carbo, Blinky Palermo anunciou, em tom desesperado: "O problema com o boxe atual é que os empresários oficiais estão se metendo no nosso negócio".

Em julho de 1958 a equipe de Hogan indiciou Carbo por empresariar "clandestinamente" os lutadores e fabricar resultados de lutas. Levando-se em conta a biografia de Carbo, o indiciamento, centrado nas armações ilegais para a luta realizada em março no Madison Square Garden, entre Virgil Akins e Isaac Logart, poderia parecer insignificante. Mas, segundo Alfred J. Scotti, principal promotor assistente de Hogan, a acusação "inequivocamente consagrava Carbo como a figura mais poderosa do boxe. Não só ele exercia controle sobre os lutadores, como determinava onde e em que termos a luta seria realizada".

Carbo deve ter percebido os riscos da situação, pois foi imediatamente para a clandestinidade. A polícia o procurou até achar uma pista que conduziu em maio de 1959 à cidadezinha de Haddon, em Nova Jersey, perto de Trenton. Carbo estava escondido numa casa que pertencia a um gângster. Policiais à paisana cercaram o local. Carbo, pensando que a Máfia pretendia matá-lo, tentou pular pela janela dos fundos. Foi capturado e seguiu algemado para a cadeia local. Os policiais chamaram Jack Bonomi, do departamento de Hogan.

"Não vou falar nada a respeito do boxe", Carbo disse a Bonomi, assim que ele chegou.

"Já imaginava", Bonomi disse. E os dois conversaram sobre beisebol.

"Os policiais ficaram abismados com Carbo", Bonomi recordou. "Eles perguntaram se podiam levá-lo para tomar café da manhã. Acho que eles pensaram que tinham uma celebridade nas mãos. Tive de dizer que Carbo não teria direito a serviço de restaurante. Deveria permanecer algemado e sob guarda armada constante. Passara um ano foragido. Eu só conseguia pensar na famosa foto de Dillinger, pouco antes de escapar, ao lado do promotor sorridente. Era o tipo de publicidade que eu dispensava."

Depois de muitos anos escapando das acusações, Carbo viu que não teria chances de ser inocentado. Declarou-se culpado de três acusações de "controle ilegal e fabricação de resultados" em lutas de boxe e foi sentenciado a dois anos de prisão. Os julgamentos estavam apenas começando. Em novembro de 1959, agentes federais o algemaram e levaram de avião a Los Angeles para enfrentar as acusações de tentativa de extorsão, com uso de força bruta, de parte da bolsa de Don Jordan, campeão dos pesos meio-médios. Carbo e seus comparsas Joe Sica e Louis Tom Dragna, membros proeminentes da Máfia de Los Angeles, ameaçaram o empresário de Jordan, Donald Nesseth, e alguns promotores da Costa Oeste.

"Eu era uma espécie de escravo deles", Jordan declarou anos depois, a respeito do crime organizado. "Quando eles me repudiaram, falei: 'Vocês não são meus amigos. Não passam de um bando de cachorros. Agora, são meus inimigos'. E eles retrucaram: 'Abra a boca e você morre'."

Carbo foi condenado a 25 anos de prisão; cumpriria pena em Alcatraz e na penitenciária de McNeil Island, ao largo da costa de Seattle. Blinky Palermo também foi mandado para a cadeia, acusado dos mesmos crimes. Palermo, ao que parece, divertiu-se em sua temporada na prisão. Foi técnico do time de beisebol de Leavenworth.

Com a prisão de Frank Carbo, Jack Bonomi aceitou o convite de Estes Kefauver para assumir a direção de uma investigação federal sobre o pugilismo. Bonomi passou a reunir provas sobre os suspeitos de sempre, especialmente quem ainda não estava preso. Em pouco tempo descobriu que um dos setores do boxe mais comprometidos com o crime era a imprensa esportiva.

Durante os anos 1930, 1940 e 1950, muitos cronistas de boxe formavam fila no Madison Square Garden nas manhãs de sábado para apanhar o envelope semanal recheado de dinheiro — nenhuma fortuna, apenas o bastante para dar ao promotor das lutas tranquilidade suficiente de que os repórteres cobririam os combates sem fazer perguntas inconvenientes. Conforme a luta, os mesmos jornalistas encontravam um envelope nas cadeiras de ringue reservadas a eles. A prática das gorjetas periódicas não se limitava ao boxe, nem era considerada um grande problema. Fazia parte do negócio. Times de beisebol pagavam as viagens dos repórteres que os acompanhavam durante o campeonato; donos de hipódromos e ginásios distribuíam presentes de Natal: televisores, lavadoras de roupa, serviços de chá. Em eventos importantes, como uma disputa de título, agentes e promotores chegavam a oferecer uma seleção de prostitutas: grátis para colunistas, com desconto para repórteres. Bonomi também ouvira dizer que alguns dos nomes mais famosos da imprensa, em geral colunistas, aceitavam comer e beber de graça em lugares como "21", Toots Shor's e Stork Club.

"Eu tinha muitas informações, mas decidi não usá-las", Bonomi disse. "Opção da promotoria. Achei que precisava da imprensa do meu lado, se quisesse chegar a algum lugar com aquelas audiências, e a imprensa não esquece fácil. Eles só levavam uns trocados, em comparação com os chefões. Concentrar as investigações na imprensa seria deixar de lado as prioridades, além de contraproducente."

Previsivelmente, nem todas as vozes na imprensa se convenceram da necessidade de realização de audiências plenas no Congresso. "Além da tarefa rotineira de governar o país", Red Smith escreveu em dezembro de 1959, "o Senado dos Estados Unidos não tem nada com que se preocupar, exceto a corrida espacial, a guerra atômica, o custo de vida disparado, o avanço mundial do comunismo, Fidel Castro, a opinião do bispo Pike sobre o controle da natalidade, a dívida externa, a crise siderúrgica e a eleição de 1960. Nessas circunstâncias, qualquer pessoa pode entender por que o senador Estes Kefauver, um batalhador incansável, considera necessário combater o tédio investigando o pugilismo." Smith descreveu Carbo como "um déspota relativamente benevolente do Império Invisível do boxe".

Carbo também tentou minar a empreitada, tratando Kefauver com condescendência similar. Na audiência, respondeu às perguntas de Kefauver durante quase duas horas, repetindo a frase escrita para ele num papel pelo advogado, Abraham Brodsky.

"Qual é sua ocupação?" começou Kefauver.

"Respeitosamente, recuso-me a responder à pergunta, com base no direito de não testemunhar contra mim", Carbo recitou.

"Apesar de sua alegação, o presidente determina que responda à pergunta."

"Respeitosamente, recuso-me a responder à pergunta, com base no direito de não testemunhar contra mim."

Depois de um certo tempo nesse jogo, Kefauver ergueu os olhos e encarou a testemunha: "Você é um sujeito inteligente. Está entendendo as perguntas que faço?"

"Respeitosamente, recuso-me a responder à pergunta, com base no direito de não testemunhar contra mim", Carbo disse.

Pouco antes de ser dispensado, Carbo saiu do roteiro. "Eu gostaria de dizer só uma coisa, senhor senador", falou.

"Sim?"

"Parabéns pela sua reeleição."

"Muita gentileza de sua parte", Kefauver disse. "Muito grato, senhor Carbo."

O advogado de Carbo perguntou se seu cliente, que era diabético, poderia tomar um copo de suco de laranja.

"Suco de laranja?", Kefauver repetiu.

"Não tomei café da manhã", Carbo revelou.

"Tudo bem. O senhor estava para ser dispensado, senhor Carbo."

"Tentei aguentar o máximo possível", Carbo disse.

"Muito bem", o presidente comentou. "O senhor parece ser uma pessoa agradável, senhor Carbo."

"Obrigado", Carbo disse.

Kefauver não exigiu revelações de Frankie Carbo nem as esperava. Iniciou as audiências do inquérito com a confissão de Jake LaMotta, que facilitou a vitória de Billy Fox quando os dois se enfrentaram em 1947. LaMotta declarou ter recusado um pagamento de 100 mil dólares; perdeu a luta, alegou, porque, de acordo com as regras mafiosas para o boxe, era o único jeito de continuar na luta pelo título mundial. E era verdade. Depois de ter feito sua parte, LaMotta pôde enfrentar Marcel Cerdan no Briggs Stadium em Detroit e vencer.

LaMotta, claro, estava aposentado do boxe havia muito tempo quando confessou tudo isso ao comitê Kefauver. Sonny Liston, ainda um pugilista em ascensão, controlado e dirigido pelos últimos membros da quadrilha de Carbo que estavam livres da prisão ou do indiciamento, mostrou-se menos disposto a colaborar.

No fundo, o governo federal não pretendia fazer muita coisa com as investigações do comitê. De 1958 a 1961, o departamento de Hogan, promotor federal em Los Angeles, e o comitê Kefauver conseguiram descrever publicamente a situação do boxe e indiciar todos os principais envolvidos no escândalo, com exceção de

James Norris, da Comissão Internacional de Boxe. Para regenerar o esporte, Kefauver argumentou, o Departamento de Justiça deveria montar um sistema federal de controle, com apoio do FBI. Robert Kennedy era procurador-geral na época e encontrou-se várias vezes com Kefauver e Bonomi, mas acabou deixando bem claro que nem seu departamento nem seu irmão, o presidente, pretendiam se envolver. O boxe era muito sujo; tentar controlar o esporte equivalia a um convite ao escândalo.

Kefauver, portanto, não tinha meios de lidar com um caso como o de Sonny Liston, exceto por seu dom de persuasão. Depois de Liston haver terminado o depoimento a Kefauver, Dicksen e o resto do comitê, Kefauver pediu a palavra para fazer um discurso paternalista, aconselhando o peso-pesado a retomar o contato com seu antigo treinador na penitenciária, o padre Stevens, "ou outro sujeito decente do clero... Diga a ele que você deseja um empresário limpo, sem ficha na polícia, plenamente capacitado; alguém em quem possa confiar sem pensar e que possa aconselhá-lo direito".

"Você precisa se livrar dos Palermo, dos Vitale, pois essa gente se aproveitou de você", Kefauver prosseguiu. "Eles se aproveitaram de você e isso tem de parar, caso você queira uma chance."

Mais tarde, Liston zombou da audiência, dizendo: "Vou arranjar um empresário que não seja tão visado — alguém como Estes Kefauver". Claro, jamais fez isso. Liston nunca se afastou da sombra projetada por Frankie Carbo, representado por uma série de empresários de fachada. O mais engraçado na história toda, Geraldine Liston dizia, era que eles "continuavam pobres, mesmo que Sonny estivesse metido com a Máfia".

4. Despido

22 DE JULHO DE 1963

Liston pegou um avião e voou até o deserto, para treinar para a revanche de Patterson. A luta havia sido originalmente marcada para a Flórida, mas acabou transferida para Las Vegas quando Liston precisou de um tempo para se recuperar de uma torção no joelho que sofrera ao jogar golfe. Las Vegas, naquela época, ainda era a cidade da churrascaria rodízio: nada de Spago, pirâmides ou esfinges; nada de estátua da liberdade ou ponte do Brooklyn. Não havia "praças de alimentação" nem carrinhos de bebê. Havia hotéis como Dunes, Tropicana, Hilton, Desert Inn, Stardust e Thunderbird. Com exceção das garçonetes e dos lavadores de prato, dos gângsteres e dos iguanas, quem moraria lá? Os promotores viram uma oportunidade em Las Vegas precisamente porque era um lugar desabitado. A televisão estava acabando com os ginásios menores: Laurel Gardens e Meadowbrook Bowl em Newark, St. Nick's, Eastern Parkway e Sunnyside Gardens em Nova York. A lei, porém, dizia que uma luta só poderia ser transmitida para a cidade onde se realizaria depois que a lotação do ginásio estivesse esgotada. As redes não pretendiam deixar de fora mercados como Nova York ou Chicago. Se o combate acontecesse em Las Vegas, quem ficaria de fora? Os tatus? Em troca da publicidade gratuita, os cassinos forneceriam apartamentos a preços reduzidos, local para treinamento e uma arena improvisada num estacionamento qualquer. Las Vegas era um ótimo negócio.

O mais recente empresário de Liston, Jack Nilon (mais tarde envolvido com uma empresa concessionária de alimentação da Filadélfia), preferia que seu lutador treinasse em isolamento, de preferência num local calmo do deserto, afastado da cidade. Liston não quis nem ouvir falar. Já havia superado a fase em que desejava ser um campeão-modelo, um cavalheiro bem-educado e comportado como Joe Louis e Floyd Patterson. Em Las Vegas, Liston conheceu um jogador de má fama chamado Irving "Ash" Resnik, "diretor de atletismo" do Hotel Thunderbird. Resnik crescera no Brooklyn e fora um astro do basquetebol. Mas era o tipo de jogador que praticava *errar* arremessos, caso um dia precisasse perder os pontos discretamente. Segundo um de seus melhores amigos, Resnik foi para Las Vegas por dever mais de 7 mil dólares para Albert Anastasia e ter atrasado o pagamento. A dívida era tão antiga que Anastasia pusera sua cabeça a prêmio. Ele acabou sendo salvo quando um amigo dono de frigorífico, Milton Berke, pagou o débito e outro amigo, Charlie "the Blade" White, sócio do Capri em Havana, ajudou a arranjar emprego para ele em Las Vegas — primeiro no El Rancho, depois no Thunderbird. Os cassinos, naquele tempo, eram quase todos dirigidos pela Máfia.

Resnik era grande, pesava mais de 120 quilos e acalmava a frustração quando perdia nos dados levantando e jogando a mesa longe. "Ash era um grande sujeito, só que tinha um péssimo gênio", como me disse seu amigo e conhecido cronista de Las Vegas, Lem Banker. Por publicidade e por satisfação de seu ego, Resnik queria que Liston se hospedasse e treinasse no Thunderbird. Por isso, fez tudo para seduzi-lo. Num dos primeiros encontros com Liston, Resnik combinou com um de seus funcionários para que ele o procurasse, interrompesse a conversa e dissesse que o alfaiate o esperava na suíte, para uma prova.

"Puxa vida, eu me esqueci completamente", Resnik disse para Liston. "Sonny, você poderia me acompanhar? Preciso experimentar uns ternos. Podemos continuar a conversa lá."

Ao chegar à suíte, Resnik convidou Liston a examinar as amostras de tecidos, sentir a maciez das casimiras e sedas, escolher alguma coisa.

"Não se acanhe", Resnik disse. "Mande fazer uns ternos. É tudo por minha conta."

Naquela altura, Liston já estava tão revoltado com o tratamento recebido em sua cidade e com a atitude da imprensa que aceitou, considerando o presente uma justa homenagem ao campeão do mundo.

Quando Resnik e Liston terminaram a sessão de alfaiataria, voltaram para o salão do cassino onde encontraram Geraldine, que dava pulos de pura alegria.

"Charles! Charles! Você não vai acreditar no que aconteceu! Tirei o jackpot! Duas vezes!"

Um dos capangas de Resnik estava ao lado de Geraldine, sorridente.

Liston entendeu o que estava ocorrendo. No entanto, quem mais tinha uma oferta a fazer? Quando Nilon insistiu em que partisse para o deserto e começassem os treinos em ascético isolamento, Liston o cortou.

"Cala a boca, porra", disse a Nilon. "Vamos ficar aqui mesmo."

E assim Sonny Liston aceitou a hospitalidade de Ash Resnik. Tendo arrasado com Patterson em dois minutos e seis segundos, ele não mostrou muito empenho nos treinos para a revanche. Passou pelos rituais de costume, no ginásio — pular corda ao som de "Night train", esmurrar o saco de areia e a bola suspensa —, mas não usava muito o sparring. Se um pugilista treina demais para cada combate, não dura muito tempo, e Liston, embora ainda não tivesse defendido o título, queria se divertir um pouco. Liston costumava jantar a mesma coisa todas as noites: coquetel de camarão, pelo menos um filé grande, batata assada e cheesecake. Ele adorava cheesecake.

Não seria fácil despertar o interesse do público pela revanche. Jerry Izenberg, um colunista sério do *Star-Ledger* de Newark, conseguiu desenvolver um relacionamento surpreendentemente baseado na confiança mútua com Liston. Ele ousou formular a pergunta que estava na mente de todos os repórteres.

"O cara não acertou você na primeira luta", Izenberg disse. "Você acha que agora ele vai lutar melhor?"

Liston fez uma longa pausa, característica de suas conversas, e depois disse, sem rodeios: "Quem gastar dinheiro para assistir a esta luta é estúpido. Vai ser pior do que a primeira".

Quanto mais Liston andava com Resnik, menos se mostrava

disposto a cumprir as promessas que fizera à imprensa no voo de Chicago a Filadélfia. Mostrou-se mais mal-humorado do que nunca e cruel com os empregados do hotel. Robert H. Boyle, repórter do *Sports Illustrated* enviado para cobrir a luta, escreveu: "Bem, Liston está quase completando um ano como campeão e tornou-se inatingível no decorrer do período. Resolveu se vingar de todos os maus-tratos que recebeu na vida. Considera boas maneiras sinal de fraqueza ou covardia e aceita presentes e favores com o bom humor de um sultão que exige tributos. Vive de cara fechada. Um grunhido de desprezo substitui a fala. Age assim com todo mundo, praticamente. Claro, pode justificar a atitude no caso da imprensa, alegando que recebeu um tratamento injusto por causa de seu passado. O que conta, entretanto, é o jeito como se comporta em relação a engraxates, carregadores, camareiras e garçonetes. Como ele próprio já foi uma nulidade, deveria se importar com o que essas pessoas sentem. Contudo, transportou para sua atitude pública a arrogância e a intimidação que usa contra os adversários no ringue". O repórter citou um mensageiro negro do Hotel Thunderbird: "Sonny Liston é ruim demais para circular no meio de pessoas decentes. Eles deviam mandá-lo de volta para a África num navio. Melhor ainda, para o Mississippi".

Liston não cedia nem às convenções do pugilismo tradicional. Certa noite, em Nova York, quando comia um filé no Toots Shor's, o relações-públicas Harold Conrad acompanhou Shor até a mesa do campeão. Durante várias décadas, Shor recebera os colunistas e os atletas mais famosos: Jimmy Cannon e Joe DiMaggio, Earl Wilson e Joe Louis eram seus amigos íntimos. Além disso, antes de abrir sua própria casa, Shor trabalhara num bar clandestino chamado Five o'Clock Club, propriedade dos gângsteres Owney Madden e George "Big Frenchy" LaMange. Ele e Liston certamente tinham muito em comum. Mesmo assim, Liston não levantou a cabeça do prato.

"Não cumprimento ninguém quando estou comendo", Liston disse.

Shor afastou-se, furioso. Era o proprietário de Meca sendo desprezado por um peregrino descarado. Shor voltou-se para Harold Conrad e disse: "Não me traga esse pilantra aqui outra vez".

Poucos dias antes da luta, Cassius Clay seguiu para Las Vegas com seu técnico, Angelo Dundee. Ex-campeões e desafiantes costumam assistir às lutas pelo título. Clay, contudo, não cumpria um ritual tradicional. Estava ali com o espírito que levara Jack Johnson a perseguir Tommy Burns até a Austrália. Johnson queria constranger um campeão relutante, forçá-lo a lutar de tanta vergonha. Clay queria provocar Liston e apresentar-se como principal desafiante, mesmo que a maioria da imprensa ainda o considerasse pouco mais que um fanfarrão sem pegada.

Certa tarde, Jack McKinney, amigo de Liston, estava no ringue com um dos sparrings do campeão, Leotis Martin. Liston estava parado ao lado do ringue, observando McKinney, quando Clay entrou.

"Ei, Sonny", ele gritou, do outro lado do ringue. "Você não consegue ganhar nem de McKinney!"

"Aquilo fez o coração de Liston gelar", McKinney contou. "Todo mundo caiu na gargalhada e Sonny fechou a cara, contrariado. Não achou a tirada nem um pouco engraçada."

Uma ou duas noites depois, Liston jogava dados num dos cassinos. Do outro lado do salão, Clay o viu e foi direto para a mesa. Liston perdia quatrocentos dólares. Clay adorou ver Liston frustrado.

"Olhem só esse urso enorme, ele não consegue nem jogar dados", Clay anunciou para todos e para ninguém.

Liston só olhou. Jogou novamente e perdeu.

"Olhem só o urso feio! Ele não sabe fazer nada direito!"

Liston largou os dados e andou na direção de Clay.

"Escuta aqui, seu preto veado", disse, "se você não cair fora daqui agora mesmo vou arrancar a língua da sua boca e enfiar no seu rabo."

Algum tempo depois, Liston viu Clay no salão do cassino.

"Preste atenção", Liston disse ao amigo McKinney.

O campeão aproximou-se de Clay e o esbofeteou com força. A bofetada surpreendeu mais do que machucou.

Clay arregalou os olhos.

"Por que você fez isso?" Clay achava que era tudo uma brincadeira, uma charada, um chamariz para aumentar a futura venda de ingressos. Liston não.

"Por quê?", Liston disse. "Porque você é um puta fresco." E afastou-se, dizendo: "Acabei com a panca desse panaca". Era verdade. Clay admitiu isso a Dundee e aos amigos. Ficou apavorado.

Foi um momento de confronto, como ocorre na cadeia. Pelo menos para um ex-presidiário, é o momento em que ele se mantém firme e o outro recua. Ele mostra quem é o melhor e o outro vira seu escravo, perde a moral. Ele passa a ser dono do outro, o tempo inteiro. Ou, pelo menos, Liston acreditava nisso.

Para o campeão, a cena no salão do cassino foi mais difícil do que a segunda luta contra Patterson. Liston passou os primeiros trinta segundos esperando para ver se Patterson teria algo de novo a apresentar. Considerando seu treinamento, suas longas *vacances au soleil*, ele logo se cansou de esperar. Convencido da falta de inspiração do desafiante, derrubou-o com um terrível uppercut no queixo e um direto de direita.

Num momento de calma, Liston era capaz de teorizar sobre a potência de seu golpe e o estrago que causava. Ele focalizava mentalmente um rosto humano macio, seu tenro equilíbrio e o modo como seria alterado para sempre com o poder de seu punho: "Sabe, as diferentes partes do cérebro ficam dentro de xícaras pequenas, como esta. Quando a gente leva um golpe terrível — *pop!* —, o cérebro sai das xícaras e aí a gente apaga. Depois o cérebro volta para as xícaras e a gente volta. Mas, se isso acontecer muitas vezes, ou uma só, se o soco for bem forte, o cérebro não volta para o lugar certo, e aí você passa a precisar das outras pessoas para fazer as coisas".

A julgar pelos olhos inexpressivos de Patterson, seu cérebro pulou para fora das xícaras e só quando a contagem chegou a nove voltou para o lugar. Ele conseguiu se levantar, escapando por pouco do nocaute mais rápido da história da disputa do título mundial dos pesos-pesados.

Pouco mais de um minuto se passou e Liston desferiu uma série que transformou Patterson num monte inerte caído na lona. Liston calculara tudo muito bem. Não precisava mesmo treinar com afinco. A luta durou quatro segundos mais do que a anterior. A bem da verdade, incluiu duas contagens até oito depois dos knockdowns. Patterson havia entrado no ringue decidido a seguir os conselhos de seus técnicos desta vez. Pretendia boxear, aquecer, testar a resistência de Liston — e mais uma vez se esqueceu de tudo.

"Foi igual à outra luta", Cus D'Amato disse. "Teríamos dito algo para corrigir sua atitude, no corner, entre um assalto e outro, mas ele foi nocauteado antes que tivéssemos qualquer chance."

"Eu me sentia bem, até ser atingido", Patterson disse. Mas, assim que levou o soco, na revanche, perdeu temporariamente a capacidade de distinguir entre a fantasia e a realidade. A sensação de nocaute, o abalo, deu-lhe a impressão de que todos os presentes ao ginásio estavam no ringue com ele, que o rodeavam como se fossem da família. "Você se sente amado por todas as pessoas", ele disse a Talese. "E quer abraçar e beijar todo mundo — homens e mulheres..." Depois de ter recobrado a consciência e ido para o vestiário, Patterson disse que adorava o boxe e que tinha apenas 28 anos. Podia começar "do nada e subir tudo de novo". Não adiantaria nada desafiar Sonny Liston, por enquanto. Quem pagaria para ver a terceira luta Liston-Patterson?

Patterson enfrentou os rituais da derrota: abraços de amigos e familiares, entrevista coletiva para a imprensa. No entanto, não pretendia se demorar muito por ali. Desde que perdera o primeiro combate para Liston, Patterson se dedicava a voar, tendo adquirido um Cessna pequeno. Seguiu de carro até o aeroporto, esperando voltar logo para casa. Mas, assim que Patterson e o copiloto, um ex-pulverizador de lavouras chamado Ted Hanson, decolaram e começaram a sobrevoar o deserto de

Nevada, os instrumentos avisaram que o motor estava superaquecido, pois havia peso demais no compartimento de bagagem. Eles retornaram ao aeroporto de Las Vegas, e Hanson procurou um avião para alugar. Patterson se escondeu dos fãs do boxe que esperavam o voo para ir embora. A barba postiça estava perdida no meio da bagagem. Por isso, como fazia na infância, nos becos de Bed-Stuy, ele se escondeu no escuro, no barraco da estação de metrô de High Street.

Na longa viagem de volta para Nova York (com escalas no Novo México e em Ohio), Patterson tentou se concentrar no ato de pilotar, nos instrumentos à sua frente, mas Hanson precisava tirá-lo repetidamente do mundo da fantasia. Patterson pensava: "Como a mesma coisa pode acontecer duas vezes?... Como?... Enganei toda aquela gente durante tantos anos?... Algum dia fui mesmo campeão?" E ele se lembrou de que se trancara no banheiro por alguns minutos, depois da luta, enquanto os repórteres esmurravam a porta, e os segundos esmurravam a porta, gritando: "Vamos logo, Floyd, vamos logo", e ele só conseguia se perguntar: "O que houve?". Meses de corrida, distante dos filhos, todo o treinamento no ginásio, a ansiedade, a dor, e tudo acabou num estalo.

"O que houve?"

A performance mais memorável da noite começou antes da luta e terminou depois dela. Patterson, afinal, se desmanchara no ringue. Liston desempenhara o papel do adulto que chuta um cachorro — convincente, mas pobre como diversão.

Antes de soar o gongo, quando os lutadores do passado e do futuro eram convidados a subir no ringue para a saudação, Clay apareceu usando um paletó xadrez vistoso. Apertou a mão de Patterson com respeito, mas, quando chegou ao corner de Liston, ergueu as mãos fingindo terror. Se o incidente no cassino o assustara, ele fez questão de mostrar que não sentia mais medo algum: seus olhos estavam arregalados demais para que o terror fosse real, e não uma piada. Liston o encarou. Patterson riu como se tivesse visto Chaplin escorregar numa casca de banana.

Patterson mal se levantara quando Clay invadiu o ringue, no final da luta. Seguiu direto para os microfones das emissoras de televisão e para o microfone da rádio de Howard Cosell.

"Essa luta foi uma desgraça!", Clay gritou. "Liston é um vagabundo! Eu sou o campeão. Quero acabar com aquele urso feio!"

Quando Clay começou a correr para o corner de Liston, três policiais o seguraram.

"Vou acabar com ele no oitavo!", gritou, mostrando oito dedos. "Não me façam esperar! No oitavo eu acabo com ele!"

Clay aparecera na luta para fazer propaganda. Puxou um jornal falso com a manchete: "Clay é a boca grande que Sonny vai calar". Sonny Liston o olhou do outro lado do ringue, com os olhos apertados. Puxou o treinador, Willie Reddish, e disse: "Dá para acreditar nesse cara? Ele vai ser o próximo". Depois disso, quando um repórter perguntou a Liston quanto tempo ele levaria para derrotar Clay, ele disse: "Dois assaltos. Um e meio para pegá-lo e meio para derrubá-lo".

Parte dois

5. O ladrão de bicicleta

Sendo pugilista e ator, um sujeito independente e original para os padrões norte-americanos, Cassius Clay transcenderia o mundo de Sonny Liston e Floyd Patterson. Ele iniciou a vida com uma vantagem econômica. O boxe nunca foi esporte de classe média. É coisa de pobre, para apostadores de loteria, jovens sem nada a perder capazes de arriscar a saúde pela chance infinitesimal de atingir a fortuna e a glória. Todos os adversários proeminentes de Cassius Clay — Liston, Patterson, Joe Frazier, George Foreman — nasceram pobres, a maioria deles em famílias enormes nas quais o pai, quando estava presente, vivia desempregado. Na infância, todos fizeram parte do que os sociólogos e jornalistas chamariam de despossuídos. Um dos traços mais desagradáveis do personagem criado por Ali era seu modo de tentar ser "mais negro" do que sujeitos como Frazier, a quem chamava de Pai Tomás e "branco honorário", quando na verdade Frazier crescera miserável na Carolina do Sul. Se Ali estava brincando, Frazier nunca achou graça.

Cassius Clay nasceu no dia 17 de janeiro de 1942 e, de acordo com os padrões do local e da época, Louisville no pós-guerra, era um filho da classe média negra. "Mas classe média *negra*, classe média negra *sulista*, o que não tem nada a ver com a classe média branca", disse Toni Morrison, que trabalhou na autobiografia do lutador quando era uma jovem editora. Era verdade, mas mesmo assim Clay nasceu em condições melhores do que seus rivais eventuais. O pai, que também se chamava Cassius Clay, era pintor de placas e artista esporádico: desenhava murais religiosos e paisagens. Sempre trabalhou, como empregado ou por conta própria. A mãe, Odessa Clay, fazia faxina e cozinhava de vez em quando nas casas dos brancos ricos de Louisville.

("*Adorávamos* Odessa! Como se fosse da nossa família!") Na maior parte do tempo, cuidava da casa e dos filhos. Os Clay tiveram dois filhos — Cassius Marcellus e Rudolph, nascido em 1944. Os Clay compraram uma casa na Grande Avenue, no West End, ainda jovens, por 4500 dólares. A casa era pequena e simples, com quintal minúsculo, e ficava num bairro negro, embora distante de Smoketown, a área negra mais pobre do sudoeste da cidade. (A elite de Louisville residia no East End, na área de River Road, em Indian Hills ou no Mockingbird Valley; a pequena elite negra de pastores, comerciantes e donos de funerárias em geral morava no East End.) Naquela época, algumas ruas do West End não eram pavimentadas e muitas casas não passavam de barracos. Embora os Clay nunca tenham nem sequer vislumbrado bens de luxo até o filho se tornar campeão do mundo, nunca lhes faltou o básico. Os dois meninos tinham roupas quentes e comida boa. De vez em quando, Cassius e Rudy ajudavam o pai a pintar placas nos finais de semana ou após as aulas, e faziam outros serviços para ganhar um dinheiro extra (Cassius varria o chão para as freiras da biblioteca do Nazareth College), mas, ao contrário de Sonny Liston e Floyd Patterson, eles não sofreram a terrível ansiedade de acompanhar a desgraça dos pais.

"Aquele menino nunca passou o dia sem comer", disse Lamont Johnson, colega de escola dos Clay. "Naquela época, não havia outra maneira de classificar a condição deles: eram classe média negra."

Quando se converteu ao islamismo, Ali disse que Clay era seu nome de escravo — o que era verdade, claro. Mas era também um nome pelo qual a família sentia certo orgulho. Cassius Clay ganhou esse nome em homenagem a um abolicionista, um fazendeiro do Kentucky do século XIX que herdou quarenta escravos, junto com a fazenda White Hall, na cidade de Foxtown, na comarca de Madison, no Kentucky. Clay, que media dois metros, comandou tropas na guerra contra o México. Ao voltar para casa, tornou-se abolicionista e passou a publicar um jornal contra a escravatura em Lexington, chamado *The True American*. Foi um dos primeiros proprietários do estado a libertar os escravos de sua fazenda. Clay ignorou ameaças de morte e viajou pelo Kentucky discursando contra a escravidão. "Para quem respeita as leis de Deus, tenho este argumento", dizia, apresentando dramaticamente um exemplar da Bíblia encadernado em couro. "Para quem acredita nas leis do homem, tenho este argumento." E mostrava a constituição estadual. "E para aqueles que não acreditam nem nas leis de Deus nem nas leis dos homens, tenho este argumento", dizia, mostrando dois revólveres e uma faca de caça. Durante uma discussão com um candidato escravocrata, Clay foi apunhalado no peito; por sorte, portava sua faca Bowie e esfaqueou seu atacante. Abraham Lincoln o mandou para a Rússia, representando o governo americano, mas depois de um ano ele retornou de São Petersburgo para se dedicar novamente à causa abolicionista. Manteve a coragem física até o final. Quando tinha 84 anos, casou-se com uma moça de quinze.

Cassius Clay — o filho, o boxeador — cresceu ouvindo histórias sobre seu bisavô, que havia sido criado na fazenda do abolicionista Clay. "Meu avô trabalhava para o velho, mas não na condição de escravo, nada disso!", disse o pai do lutador a Jack Olsen, que entrevistou longamente os pais de Clay (eles morreram nos anos 1990).

Pelo lado da mãe, Odessa, o sangue era mestiço, um fato que causaria momentos de constrangimento a Ali durante sua conversão à Nação do Islã. Ali alegou que o sangue branco em sua família provinha de "estupro e violência". A realidade era mais complicada. Um dos avôs de Odessa Lee Grady Clay era Tom Moorehead, filho de um branco com uma escrava chamada Dinah. Seu outro avô, Abe Grady, era branco, um imigrante irlandês de County Clare que se casou com uma mulher negra; o filho deles também se casou com uma negra, e uma das filhas foi Odessa.

Odessa Clay era uma mulher doce, de pele clara e rosto redondo. Levava os filhos à igreja todos os domingos e insistia em que andassem limpos, estudassem e respeitassem os mais velhos. Clay chamava a mãe de Bird, e ela o apelidou de *Gee Gee* [Gê Gê], as primeiras "palavras" que o filho pronunciou. (No futuro, seu pai consideraria o nome um presságio, um sinal de que o filho ganharia os campeonatos das Luvas de Ouro [Golden Gloves].) A família Clay era grande, e nas reuniões Cassius era admirado por ser a criança mais bonita, sempre falando, contando piadas e exigindo a atenção de todos, o que conseguia facilmente.

"Ele sempre foi falador", Odessa Clay disse. "Esforçava-se muito para falar, desde pequeno. Era tagarela, sabe? As pessoas riam, ele balançava a cabeça e falava ainda mais rápido. Não sei como alguém consegue falar tão depressa, ele era um corisco. Nunca parava quieto. Quando tinha seis meses, estávamos na cama e ele se espreguiçou, do jeito que os nenéns costumam fazer. Seus bracinhos eram musculosos, ele me acertou na boca quando se espreguiçou e amoleceu o dente da frente e afetou o vizinho. Precisei arrancar os dois. Sempre digo que seu primeiro soco de nocaute foi na minha boca."

"Ele adorava falar", o pai de Clay disse. "Eu voltava para casa e via uns cinquenta meninos na varanda — isso era quando ele tinha uns oito anos —, e ele estava falando com eles, fazendo um discurso, e eu dizia: 'Por que você não entra e vai dormir?'. Os meninos do bairro todo se reuniam ali, e ele ficava falando. Assunto não lhe faltava."

Cassius Clay pai era exibido, fanfarrão, sedutor, ator, um sujeito cheio de histórias fantásticas e lábia à toda prova. Para quem quisesse escutar, o que incluía os repórteres que passaram a frequentar Louisville anos depois, Clay pai alegava ter sido xeque árabe ou nobre hindu. Como Ralph Kramden, o motorista de ônibus sonhador de Jackie Gleason, Clay pai explicava suas jogadas para ficar rico, o esquema de marketing para a ideia ou produto que encheria os Clay de dinheiro para sempre, livrando-os de Louisville para conduzi-los a um nirvana suburbano qualquer. Sua grande fraqueza, contudo, era a bebida. Quando se embriagava, costumava ficar violento. Os registros da polícia de Louisville mostram que ele foi preso quatro vezes por dirigir temerariamente, duas por conduta desordeira, duas por agressão e espancamento. Em três ocasiões, Odessa chamou a polícia porque estava apanhando do marido. "Gosto de tomar umas e outras, de vez em quando", disse Clay pai. Com frequência, passava a noite indo de um bar a outro, pegando mulheres sempre que possível. (Muitos anos depois, Odessa finalmente se cansou das escapadas do marido e ficou um tempo separada dele.) John "Junior Pal" Powell, dono de uma loja de bebidas no West End, contou ao repórter do *Sports Illustrated* que certa noite o velho homem apareceu em seu apartamento cambaleando, com a camisa empapada de sangue. Uma mulher o esfaqueara no peito. Quando Powell se ofereceu para levá-lo ao hospital, Clay pai recusou-se, dizendo: "Ei, Junior Pal, a melhor coisa que você pode fazer para mim é agir como os caubóis. Arranje algo para eu beber e também para despejar no peito. Vou ficar bom".

Na infância, Clay parece ter dado um jeito de bloquear esses incidentes caóticos em sua mente; mesmo depois de ter se tornado a figura mais visível e acessível da face da terra, para a imprensa ele evitava questões sobre o pai. Brincava com o fraco que o pai tinha pelas mulheres — "Meu pai é um playboy. Usa sapato branco, calça rosa e camisa azul, e diz que nunca vai envelhecer" —, mas nunca deixava a conversa se aprofundar mais do que isso. "Sempre achei que Ali sofreu um profundo trauma psicológico quando era menino, por causa do pai, e como consequência ele se fechou", disse um de seus melhores amigos. "Em muitos aspectos, por mais brilhante e encantador que seja, Muhammad é um adolescente retraído. Há muito sofrimento nele. Embora tente deixar tudo para trás, tirar isso da cabeça, sofre com a lembrança do pai, das bebedeiras, da violência ocasional, das discussões intermináveis."

O pai de Cassius dava duro para sustentar a família, e naquela época suas placas estavam por Louisville inteira:

BARBEARIA JOYCE
LOJA DE MÓVEIS KING KARL
DR. A. B. HARRIS: PARTOS E DOENÇAS DE SENHORAS

Apesar disso, Clay pai era um artesão ressentido. Sua grande frustração foi não conseguir ganhar a vida fazendo murais e painéis. Seu talento não era excepcional — pintava paisagens berrantes e cenas religiosas que resvalavam no kitsch —, mas faltou-lhe formação adequada. Clay pai abandonou a escola na nona série,* um fato que ele atribuía, com bons motivos, à falta de oportunidades para os negros. Costumava dizer aos filhos que o homem branco o boicotara, impedindo-o de se tornar um verdadeiro artista, de se expressar. Embora um dia fosse acusar a Nação do Islã de "lavagem cerebral" e de se aproveitar de seus filhos, vivia vociferando na mesa de jantar e nos bares da cidade sobre a necessidade de autodeterminação dos negros. Admirava profundamente Marcus Garvey, o líder nacionalista negro que surgiu logo depois da Primeira Guerra Mundial e um dos inspiradores ideológicos de Elijah Muhammad. Ele jamais chegou a fazer parte da organização de Garvey, mas, a exemplo de muitos negros dos anos 1920, admirava seus apelos em prol do orgulho racial e da autossuficiência negra, mesmo que a ideia de voltar para a África não o entusiasmasse.

Assim como qualquer criança negra de sua geração, Cassius Clay aprendeu logo que se aventurar para fora de seu bairro — por exemplo, até a área branca de Portland — significava ouvir gritos de "crioulo" e "Volta para casa, crioulo". Não precisou dos discursos de seu pai à mesa de jantar para tomar consciência da questão racial, desde cedo. O Kentucky era e continua sendo um estado limítrofe. Não ficou com o Sul na guerra da Secessão, embora a maioria simpatizasse com os Confederados. Viveu sob a lei de Jim Crow, apesar de ela não ser tão severa ali quanto no Mississippi ou no Alabama. No centro, os negros só podiam frequentar as lojas de Walnut Street, entre a Quinta e a Décima. Os hotéis eram segregados. As escolas também, na prática, ainda que houvesse tentativas esporádicas de integração, mesmo antes de *Brown contra o Comitê de Educação*. Havia "lojas

* Equivale ao início do ensino médio no Brasil. (N. T.)

para negros" e "lojas para brancos", assim como "parques para negros" e "parques para brancos". Na maioria dos cinemas grandes da cidade, como o Savoy, os brancos ocupavam os lugares na plateia e os negros, os do balcão; os demais — Loew's, Mary Anderson, Brown, Strand e Kentucky — eram só para brancos; o Lyric, só para negros. No transporte público, os negros sentavam no fundo e os brancos, na frente. Chickasaw Park era negro, Shawnee Park misto e o resto, branco. "Era assim que vivíamos", revelou Beverly Edwards, outro colega de classe de Cassius. "Kentucky era conhecido como o Portal do Sul, e não havia grande diferença em relação ao resto do Sul, quando o assunto era raça."

Blyden Jackson, escritor negro de Louisville, estava na casa dos quarenta quando Clay era criança. Ele escreveu que, sob as regras de Jim Crow, só "através de um véu eu podia ver a cidade proibida, a Louisville na qual os brancos viviam. Era a Louisville dos hotéis centrais, da plateia dos grandes cinemas, dos colégios sobre os quais eu lia nos jornais diários, das restrições de acesso que eu sofria às vezes nos restaurantes e clubes de campo brancos, o outro lado dos guichês nos bancos e, claro, o santuário das firmas nas quais eu só poderia entrar como freguês humilde ou serviçal. Do meu lado do véu tudo era negro: casas, pessoas, igrejas, escolas. Um parque negro com polícia negra... Eu sabia que havia duas Louisville e dois países nos Estados Unidos. Também sabia qual dos países era o meu. Sabia que não podia fazer certas coisas, nem buscar certos benefícios. Não podia nem sequer falar com determinadas pessoas, nem mesmo pensar certas coisas. Eu era negro". Portanto, Cassius Clay teve algumas vantagens que outras crianças negras nunca tiveram, mas essas vantagens não eram nada perto das liberdades que lhe negavam.

Aos quatro anos, Cassius perguntou à mãe: "Mamãe, quando você sobe no ônibus, as pessoas pensam que você é uma senhora branca ou uma senhora de cor?". Aos cinco, perguntou ao pai: "Papai, vou ao armazém e o homem do armazém é branco. Vou à farmácia e o homem da farmácia é branco. O motorista do ônibus é branco. O que as pessoas de cor fazem?". Cassius foi agredido pelas sutilezas acumuladas do *apartheid* norte-americano da metade do século: viu quando recusaram um copo d'água à mãe, numa lanchonete no centro; viu brancos passando na sua frente na fila para a exposição estadual do Kentucky, como se tivessem direito divino. Sentiu vergonha de ver a mãe atravessar a cidade para limpar o chão e o banheiro das famílias brancas. A posição dos Clay na classe média negra não os poupava de tais indignidades. Clay dizia que desde os dez anos se deitava na cama à noite e chorava, sem entender por que sua raça tinha de sofrer tanto.

O incidente racial que marcou Cassius mais profundamente foi o assassinato de um rapaz de catorze anos chamado Emmett Till, no verão de 1955, um acontecimento que deu grande impulso ao movimento dos direitos civis. Emmett Till vivia em Chicago, mas costumava passar o verão com parentes em Money, uma cidadezinha do Mississippi. O estado era o centro da reação contrária à decisão do caso *Brown contra o Comitê de Educação*, em 1954, e contra a integração como um todo. Dois senadores pelo Mississippi, James O. Eastland e John Stennis, destacavam-se entre os racistas mais furiosos de Washington. O governador J. P. Coleman declarou que os negros não sabiam votar. Mais de quinhentos negros foram linchados no Mississippi desde que o governo começou a contagem, em 1882. As viagens de Emmett no verão preocupavam tanto sua mãe que ela repetidamente instruía o filho a respeito da etiqueta racial do Sul de Jim Crow, da necessidade de responder aos brancos com "Sim, senhor" ou "Não, senhor". Por puro medo, ela tentou fazer com que ele aprendesse todas as mesuras e rapapés que estavam desaparecendo na nova geração nascida nas cidades do Norte, como Chicago.

No final de agosto, Emmett Till chegou a Money. Certo dia, na porta de um armazém, ele contou aos amigos a respeito da escola integrada que frequentava em Chicago e mostrou um retrato de sua namorada branca, que levava na carteira. Um dos rapazes disse a Emmett que havia uma caixa branca na loja e o desafiou a entrar e falar com ela. Emmett entrou e fez isso. Ao sair, despediu-se dizendo "Tchau, broto". Alguns dias depois o marido da caixa, Roy Bryant, acompanhado de seu meio-irmão J. W. Milam, invadiu a casa do tio-avô de Till, Mose Wright, e arrancou o menino da cama, desaparecendo com ele na noite. Eles o espancaram violentamente, deram-lhe coronhadas e exigiram que confessasse o que tinha feito e pedisse perdão. Till recusou-se e eles o mataram com um tiro na cabeça. Amarraram em seu pescoço, com arame farpado, um pesado ventilador de separar algodão e jogaram o corpo no rio Tallahatchie. A imprensa negra, inclusive o *Jet* e o *Chicago Defender*, publicaram fotos do rosto mutilado de Till, e a imprensa branca cobriu o julgamento. A presença dos jornalistas, porém, não foi o bastante para garantir justiça. Um júri branco absolveu Bryant e Milan após 67 minutos de deliberação. "Se a gente não tivesse dado uma parada e tomado refrigerante", um jurado disse, "não teria demorado tanto."

Como muitos outros, Clay pai ficou enfurecido com o incidente. Contou tudo aos filhos e mostrou as fotos. Cassius identificou-se pessoalmente com o crime: Till era apenas um ano mais velho que ele. O assassinato ajudou a reforçar nele a noção de que um rapaz negro de Louisville enfrentaria um mundo que o rechaçaria, desprezaria e até odiaria. Por vezes, especialmente no início da carreira, os repórteres perguntavam a Clay por que ele se tornara boxeador, e a resposta saía sem hesitação: "Comecei a lutar boxe por achar que seria a maneira mais rápida de um negro ser bem-sucedido neste país", dizia. "Eu não era genial nem rápido na escola, não poderia jogar futebol nem basquetebol sem entrar na faculdade e tirar boas notas e passar nos exames. Para um boxeador, basta entrar num ginásio, treinar, tornar-se profissional, ganhar umas lutas e pronto, está no ramo. Se for bom mesmo, ganhará mais dinheiro do que os jogadores de basquete ganham a vida inteira..."

"Não vi futuro em fazer colegial ou faculdade", ele disse a outro repórter. "Não vi futuro nenhum porque conheci muita gente que fez isso e está jogada por aí. Um boxeador tem o que fazer todos os dias. Ir ao ginásio, pôr as luvas, lutar... Não havia nada para fazer nas ruas. Os rapazes jogavam pedras e matavam o tempo debaixo da luz do poste a noite inteira. Entravam e saíam dos bares, fumavam, bebiam, sem ter nada para fazer. Tentei isso, por algum tempo, pouco tempo, pois não tinha com que me ocupar até aparecer o boxe."

No início dos anos 1970, os assessores de Elijah Muhammad fecharam um contrato editorial. A época era propícia, decidiram, para o lançamento de uma autobiografia de Muhammad Ali, e por isso, liderados pelo filho de Elijah Muhammad e empresário de Ali, Herbert Muhammad, os muçulmanos venderam o livro para a Random House por 250 mil dólares (direitos mundiais incluídos). Escolheram um redator, Richard Durham, editor do jornal da Nação do Islã, *Muhammad Speaks*. Durham não era muçulmano — seu credo político era vagamente marxista. Embora fosse um escritor talentoso, Durham acabou forçado a fazer por Ali o que Parson Weems fizera por George Washington. Assim como Weems descrevera um Washington mítico derrubando cerejeiras e atirando moedas no Potomac para incentivar a pureza moral e os feitos físicos admiráveis, Durham retratou Ali como um campeão movido unicamente pela raiva e pela injustiça racial. Os financiadores iniciais da campanha de Ali, o Grupo Patrocinador de Louisville, foram descritos como um bando sanguinário de empresários brancos que consideravam o lutador apenas mais uma propriedade a ser explorada, um puro-sangue Churchill Downs com pernas fortes e bons dentes. Na cena mais famosa do livro, intitulado *The greatest*, Ali atirava a medalha olímpica no rio Ohio, ao voltar de Roma, revoltado por ter sido impedido de entrar num restaurante e provocado por uma gangue de motoqueiros brancos.

Claro, havia muita coisa verdadeira no livro. Contudo, o incidente com a gangue de motoqueiros jamais aconteceu, e Clay não jogou a medalha no rio, ele a perdeu. Clay só se tornaria ativista anos depois. Numa passeata pelos direitos civis a que compareceu no final dos anos 1950, em Louisville, uma mulher branca jogou um balde d'água nos manifestantes, ensopando Clay. "Foi a última vez que compareci a uma passeata", ele disse, e por muito tempo cumpriu a promessa. Assim como as biografias de Joe Louis e Jack Johnson, *The greatest* mistura fato e folclore — neste caso, folclore a serviço do projeto político de Elijah Muhammad.

Para escrever a autobiografia e mito de Ali, Durham teve independência criativa limitada. Aquele era um momento crucial para a Nação do Islã. Na época inicial da Nação, Elijah Muhammad declarara que o boxe era uma diversão especialmente perniciosa, um espetáculo medonho no qual homens brancos observavam dois negros lutando feito idiotas, mas com Ali ele obteve um príncipe exemplar, um símbolo magnífico da masculinidade muçulmana, um cartaz de recrutamento ambulante. Toni Morrison, editora da Random House antes de deixar a empresa para se tornar romancista em tempo integral, surpreendeu-se com o modo pelo qual Herbert Muhammad exigia mudanças constantes no original — sobretudo alterações que levavam a crer que a figura central na ascensão de Ali era, invariavelmente, Herbert Muhammad. Ali nunca apreciou palavrões, mas Herbert proibiu completamente palavras vulgares. Qualquer conversa de vestiário era cortada. A certa altura, numa versão inicial, a primeira mulher de Ali, Sonji, disse que ele precisava ser mais firme com os muçulmanos: "Porra, você é o *campeão*, cara!". Isso foi cortado, claro.

"Minha preocupação no projeto Ali era sempre Herbert, que constantemente ameaçava fazer coisas horríveis", Morrison disse. "No final, o livro acabou saindo razoavelmente preciso. Mas foi desacreditado porque Ali parou de divulgá-lo, depois de um tempo. Ele queria fazer tardes de autógrafos em lojas, mas as lojas morriam de medo de ser invadidas pelos negros selvagens. Imaginem! Queriam manter Ali longe do centro das cidades, e ele não se conformava com isso."

"Quanto à história da medalha de ouro, Ali negou sua veracidade quando o livro foi publicado. Numa coletiva de imprensa, se não me engano, alguém perguntou a respeito da medalha e ele disse: 'Não me lembro de onde a guardei'. Afirmou também que não tinha lido o livro. Assim, de certo modo ele desacreditou o livro injustamente, negando uma história que ele mesmo havia contado a Richard e as histórias que Richard inventou para ilustrar uma ideia."

"A história da medalha olímpica não era verdadeira, mas tínhamos de aceitar tudo de boa-fé", disse James Silberman, na época editor-chefe da Random House. "Depois de algum tempo, como acontece a muita gente, Ali passou a acreditar nela. Quando era jovem, levava tudo na brincadeira, inclusive fatos de sua própria vida."

Embora *The greatest* tenha passado dos limites ao tentar criar uma história como a de Paul Bunyan* para a Nação do Islã, há realmente um mito da criação na carreira de boxeador de Cassius Clay. O mito tem a virtude adicional de ser verdadeiro. Trata-se da história da bicicleta roubada.

Numa tarde de outubro de 1954, quando tinha doze anos, Cassius saiu de bicicleta com um amigo para ir ao Columbia Auditorium, sede do bazar anual do Louisville Service Club, um evento organizado pelos comerciantes negros. Os meninos estavam à toa naquele dia, interessados na pipoca e no sorvete gratuitos que os comerciantes distribuíam. E Cassius queria muito mostrar a bicicleta nova, uma Schwinn vermelha e branca de sessenta dólares. Os dois garotos circularam pelas barracas por algumas horas, comeram e beberam e resolveram voltar para casa. Mas, quando chegaram ao local onde haviam deixado as bicicletas, a Schwinn nova havia sumido.

Cassius começou a chorar. Alguém lhe disse que havia um policial no porão do prédio, no ginásio de boxe, o Columbia Gym. Cassius desceu ao porão, furioso, querendo uma caçada estadual para pegar o ladrão da bicicleta, ameaçando moer de pancada o moleque que a furtara.

O policial, um sujeito de cabelos brancos chamado Joe Mar-

* Paul Bunyan é um legendário herói dos lenhadores da região noroeste dos Estados Unidos, dotado de força prodigiosa, visão acurada, velocidade, humor e astúcia. De acordo com a lenda, Paul Bunyan e seu boi azul gigante, Babe, criaram, entre outros, o Grand Canyon. (N. T.)

tin, sorriu quando Cassius proferiu as ameaças. Martin o escutou. Não tinha nada para fazer. Era um sujeito tranquilo. Os amigos o chamavam de Sargento de brincadeira. Depois de 25 anos como policial, nunca quisera prestar o exame para sargento. Vivia bem, andando de Cadillac pela cidade, passando férias anuais na Flórida. Seu serviço era recolher as moedas dos parquímetros. Nas horas livres, cuidava do ginásio e produzia um programa de boxe amador local, chamado *Tomorrow's Champions*, que ia ao ar nas tardes de sábado pela afiliada local da NBC, a WAVE-TV.

Depois de ouvir as ameaças de vingança de Cassius, Martin disse: "Bem, e você por acaso sabe lutar?".

"Não", Cassius disse, "mas vou brigar assim mesmo."

Martin disse que a melhor coisa a fazer era treinar um pouco no ginásio.

"Por que você não aprende a lutar um pouco, antes de sair desafiando os outros com tanta pressa?"

Cassius começou a frequentar o ginásio de Martin na South Fourth Street e, depois de seis semanas aprendendo os rudimentos do boxe, realizou sua primeira luta. O oponente era outro adolescente, Ronnie O'Keefe. Os dois meninos pesavam menos de cinquenta quilos. Usavam luvas enormes de catorze onças e trocaram socos até ficar com dor de cabeça. Cassius encaixou uns golpes a mais e ganhou por pontos. Ao ouvir isso, começou a gritar que em breve seria "o maior lutador de todos os tempos".

No início, Cassius "não sabia distinguir um gancho de esquerda de um pé na bunda", Martin disse mais tarde. Mas, conforme crescia e ficava mais forte, conforme aprendia os macetes do ringue, ele começou a desenvolver um estilo de boxear que enfurecia os puristas. A exemplo de Sugar Ray Robinson, Clay mantinha as mãos baixas, soltava o jab de esquerda inesperadamente e circulava pelo ringue na ponta dos pés. Sua melhor defesa era a rapidez, a espantosa habilidade de calcular o alcance do golpe do oponente e se desviar dele apenas o suficiente para não ser atingido — e aí revidar. Clay tinha olhos notáveis. Dava a impressão de que nunca se fechavam, nunca piscavam, nunca davam uma dica ao adversário. Seus olhos nunca deixavam escapar nada. E no instante em que os olhos registravam uma brecha, uma oportunidade para o ataque, as mãos se mostravam à altura. Isso acontecia praticamente desde o início. Martin também percebeu que Clay não era só ágil. Era corajoso, frio durante as crises. Mesmo entre lutadores profissionais, o perigo costuma reduzir um homem a seus instintos mais brutos: o perigo levou Floyd Patterson a avançar inconscientemente na direção do punho esquerdo de Sonny Liston; o perigo levou George Foreman a entrar em pânico e soltar os golpes aleatoriamente contra Muhammad Ali até não ter mais força alguma nos braços. Um boxeador de verdade consegue pensar durante uma crise, e essa também foi uma habilidade revelada desde o início por Clay. "Cassius sabia lutar bem quando estava encrencado", Martin disse a Jack Olsen, autor de *Black is best*. "Ele nunca entrava em pânico nem se esquecia do que eu lhe dizia. Quando o acertavam, nunca ficava furioso e avançava sem pensar, como tantos rapazes. Ele levava um soco forte e imediatamente voltava a boxear, dava um jeito de prosseguir a luta, como eu o havia ensinado."

Seria forçar os limites da história alegar que Cassius mostrou um talento especial em sua luta contra Ronnie O'Keefe. Mas, nos dois anos seguintes, ele não só provou que era extraordinariamente bem-dotado para o pugilismo, com pés e mãos rápidos, além de reflexos sobrenaturais que impressionaram os primeiros adversários amadores e juízes, como se revelou um dos atletas mais dedicados que já surgiram em Louisville. Do momento em que ganhou a primeira luta em diante, Clay voltava para casa à noite e dizia aos pais que se tornaria campeão do mundo, que ia comprar carros novos e um lugar melhor para viver, e dizia tudo isso sem o fatalismo místico apreciado pelos biógrafos esportivos ("Aquele ponto vai para você, Mamãe!"), preferindo o humor inesperado. E ele não falava, apenas. Cassius praticamente morava no ginásio. Nunca fumava nem bebia. Por vezes, com os amigos, cheirava vapores de tanque de gasolina — foi sua única experiência com alucinógenos. Era um maníaco pela nutrição saudável. Levava consigo uma garrafa d'água com alho

— uma solução, dizia ele, que mantinha a pressão sanguínea baixa e a saúde perfeita. No café da manhã, preparava sua própria mistura nutritiva, composta de um litro de leite e dois ovos crus. Insistia em que os refrigerantes eram tão letais quanto os cigarros.

A disciplina de Clay, desde os doze anos, convenceu Martin de que o menino tinha futuro no boxe. Cassius acordava entre quatro e cinco da manhã, corria vários quilômetros e depois ia ao ginásio à tarde para treinar, ficando até a hora em que os outros lutadores já estavam em casa jantando. "Ele só pensava em correr, treinar e lutar", disse Jimmy Ellis, contemporâneo dele no Columbia Gym e campeão dos pesos-pesados pela WBA quando o título foi tomado de Ali em 1967, por sua recusa em ir para o Vietnã. "Enquanto houvesse alguém para lutar boxe, ele ficava por lá."

"Desde menino ele costumava dizer que seu corpo era puro, um templo", contou seu colega de classe Beverly Edwards. "Na lanchonete, ele usava duas bandejas para pegar o almoço: seis garrafinhas de leite, uma pilha de sanduíches, um prato de comida quente. Cara, como ele comia! Mas era tudo nutritivo — combustível para o boxe."

Havia uma doçura, uma inocência em Cassius. Apesar de sua força e da fama local que conquistara por aparecer cada vez mais no *Tomorrow's Champions*, ele nunca brigava. Não era encrenqueiro. O técnico de futebol americano se interessou por ele, mas Cassius não queria saber de futebol. "A gente pode se machucar jogando futebol!" dizia. "E isso seria ruim para meu boxe." Embora bonito, não era exatamente um sucesso quando se tratava de meninas. Flertava, dava o broche da Luva de Ouro para alguma garota e falava em casar e ter filhos, mas se perdia nas questões mais elementares. Quando entrou no colégio, Cassius saía com uma moça chamada Areatha Swint, bonita e inteligente, que usava o cabelo cortado igual ao de Dorothy Dandridge em *Carmen Jones*.

"Cassius costumava usar um paletó vermelho e cinza com um bordado das Luvas de Ouro", ela escreveu num artigo para o *Cou-*

rier-Journal de Louisville. "Ele não dizia se gostava do meu cabelo. Naquela época, andava mais interessado em Floyd Patterson. Em alguns momentos, porém, dizia que eu era a moça mais bonita que ele conhecia. O problema era que Cassius não conhecia muitas moças."

Depois de três semanas de namoro, ele pediu um beijo. "Fui a primeira moça que ele beijou. Ele nem sabia como era. Precisei ensiná-lo. Quando nos beijamos, Cassius desmaiou. Sério, desmaiou mesmo. Como vivia brincando, pensei que era gozação. Mas ele caiu com tudo no chão. Saí correndo para pegar um pano molhado."

Quando Cassius voltou a si, disse: "Estou bem, e ninguém vai acreditar nisso".

Os momentos mais tensos de Clay costumavam acontecer no colégio. Ele entrou na principal escola para negros, o Central High da West Chestnut Street, em 1957, para fazer a décima série, mas suas notas eram tão baixas que repetiu de ano. Apesar de seu desempenho acadêmico, ele caiu nas graças do diretor do colégio Central, Atwood Wilson. Clay não era o estudante ideal imaginado por Wilson. Vivia saltitando pelos corredores, praticando golpes de boxe, correndo para o banheiro para treinar na frente do espelho. Na sala de aula devaneava, desenhando quando deveria copiar a lição. Contudo, a disciplina precoce de Clay impressionou Wilson, pois o rapaz acordava antes de clarear o dia, corria pelo Chickasaw Park de sapato com ponta de metal e agasalho esportivo, sempre se gabando, mas sempre transformando suas palavras em realidade. Quando disse aos amigos que iria ao *Tomorrow's Champions* para derrubar Charley Baker, o rapaz mais forte do West End, cumpriu sua palavra, embora Baker pesasse dez quilos a mais. Clay era um rapaz gentil que só usava os músculos no ringue. Por isso, Wilson resolveu encorajá-lo. Nas reuniões escolares, costumava abraçá-lo e anunciar: "Eis aqui, senhoras e senhores, Cassius Clay! O próximo campeão mundial dos pesos-pesados. Esse menino vai ganhar um milhão de dólares!". Se recebia relatos de confusão em alguma classe, Wilson ligava o sistema de som do colégio e anunciava em voz jocosamente ameaçadora: "Se a bagunça não parar agora vou mandar Cassius Clay dar um jeito em vocês!".

Quando o encerramento do curso se aproximou, alguns professores acharam que Clay não deveria receber o diploma, pois deixá-lo concluir o curso daria uma impressão errada aos técnicos. Eles exigiriam um tratamento especial para todos os atletas maus alunos. Finalmente, Wilson reuniu os professores na sala de música da escola e disse: "Um dia, nosso maior momento de fama será ter conhecido e ensinado Cassius Clay... Vocês acham que pretendo ser o diretor da escola que Cassius Clay não terminou? Ora, ele vai ganhar mais dinheiro numa noite do que o diretor e todos os professores ganham num ano. Mesmo que todos os professores daqui o reprovem, ele não vai ser reprovado. Ele não será reprovado na minha escola. Vou dizer: 'Eu fui professor dele'".

Depois que Wilson terminou o discurso que se tornaria conhecido no folclore do colégio como "Direito à Fama", os professores cederam, relutantes. Clay finalmente terminou o colegial no Central em junho de 1960, ficando na posição 376 entre 391. Recebeu o diploma mínimo, um "certificado de frequência". A formatura de Clay foi um ato de generosidade, o tradicional gesto de gratidão da escola para com sua estrela esportiva. Atwood Wilson não tinha ilusões a respeito de Clay. Décadas depois, na meia-idade, Ali ainda teria dificuldades de leitura. Não escreveriam tanto sobre nenhum outro atleta do século, e no entanto esse atleta pediria aos amigos e segundos que lessem as reportagens para ele. "A verdade é que Cassius só vai precisar saber ler o formulário do imposto de renda, e eu estou disposto a ajudá-lo nisso", declarou Wilson.

Justiça seja feita, Clay treinava como profissional desde a adolescência. Aos dezoito anos, já batera recordes como amador: cem vitórias e apenas oito derrotas, dois campeonatos nacionais da Luva de Ouro e dois títulos da Liga Atlética Amadora.

Christine Martin, esposa de Joe Martin, levava em sua perua Ford Cassius e outros rapazes do ginásio para torneios em Chicago, Indianápolis e Toledo. "Naquele tempo, rapazes negros não podiam entrar em restaurantes. Por isso, ninguém ia comigo", ela disse a um repórter de Louisville. "Eu entrava e pedia tudo o que eles queriam, vários sanduíches para cada menino, e levava para o carro. Era muito fácil lidar com Cassius. Ele era muito educado e solícito. Se a gente pedisse alguma coisa, ele fazia na hora. Graças à mãe, tenho certeza. Ela era uma pessoa admirável. Nas viagens, os meninos ficavam olhando tudo, procurando algo para fazer, assobiando para as moças. Mas Cassius não se preocupava com nada disso. Levava a Bíblia a todos os lugares e, enquanto os outros meninos passeavam, ele sentava e lia a Bíblia."

Martin ajudou (assim como outro treinador local, Fred Stoner), mas não importava quem estivesse em seu corner — Ali era dono de si, seu próprio estrategista, desde a adolescência. Muito antes de encantar a imprensa com seus versinhos e ataques psicológicos a um adversário após o outro, ele já havia começado a se inventar. Suas performances serviam a um duplo propósito: levar o oponente ao pânico e despertar interesse pelas atividades de Cassius Clay. Ele enfiava a cabeça pela porta do vestiário do oponente e anunciava em voz alta que era melhor ele se preparar para tomar uma tremenda surra. No torneio da cidade, quando ainda tinha doze anos, começou a atormentar um lutador chamado George King, desferindo jabs no ar e perguntando, insistente: "Você acha que consegue evitar este jab?". King era casado, tinha 21 anos e um filho. Quem era aquele moleque de doze anos? Quando ele se gabava e zombava dos adversários na tevê local, a plateia nos ginásios de Louisville se revoltava contra ele, gritando: "Cala a boca!", "Quebra o nariz dele!".

"Não me importava o que diziam, desde que viessem me ver lutar", disse Clay. "Eles pagavam, tinham direito a se divertir um pouco. Até parecia que eu era um profissional conhecido, dez anos mais velho."

Clay já fazia os versinhos que se tornariam a marca registrada de Ali nos anos seguintes:

Nesse cara vou dar uma lição:
*No primeiro vou jogá-lo no chão.**

dizia o poema recitado para um repórter do *Courier-Journal*.

O mundo se chocaria com as provocações histéricas na pesagem antes de Clay encarar Liston pela primeira vez, mas ele já ensaiava o número antes de se tornar profissional. Num torneio em Chicago, em março de 1960, Clay foi para a pesagem com o oponente Jimmy Jones, que era o detentor do título dos pesos-pesados na competição.

"Senhor Martin, o senhor precisa ir para casa logo, esta noite?", Clay disse ao técnico bem alto, para que Jimmy Jones escutasse.

"Acho que não", Martin disse. "Por quê?"

"Posso derrubar aquele cara ali em um round, se o senhor estiver com pressa", disse, apontando para Jones. "Mas, se não estiver com pressa e quiser que eu lute um pouco, espero até o terceiro assalto."

Martin disse: "Não tenho pressa".

Naquela noite, Clay foi mais devagar. Nocauteou o adversário no terceiro assalto.

Quando completou quinze anos, em 1957, Clay já mostrava plena noção de seu destino. Naquele ano o famoso peso meio-pesado Willie Pastrano chegou a Louisville, vindo de Miami, acompanhado do técnico Angelo Dundee, para lutar contra John Holman. Certa noite, Dundee estava no quarto do hotel com Pastrano quando Clay ligou.

"Eu sempre ficava no mesmo quarto que Willie, para tomar conta dele, garantir que não desse suas escapadas", Dundee se recorda. "Queria estar sempre de olho. Cassius disse, palavra por palavra: 'Sou Cassius Marcellus Clay, campeão da Luva de Ouro, ganhei tal e tal título'. Depois ele disse que ia vencer a Olimpíada. Tapei o fone com a mão e perguntei a Pastrano se ele aceitava conhecer o rapaz."

* This guy must be done./ I'll stop him in one.

"Por mim, tudo bem", Pastrano disse. "Não tem nada que preste na tevê."

Cassius e o irmão Rudy subiram e passaram horas no quarto, conversando com Dundee e Pastrano. Cassius disparou uma série de perguntas sobre treinamento, outros boxeadores, técnicas. Dundee ficou surpreso e impressionado. "O rapaz era tão *vivo* e dedicado." Anos depois, Dundee e Pastrano voltaram à cidade para outra luta, dessa vez contra Alonzo Johnson. Clay tinha dezessete anos, ainda era amador, mas não queria mais apenas conversar. Queria ser sparring de Pastrano. Dundee confiava em seu pupilo, mas preferiu evitar encrenca.

"Eu não queria que ele treinasse com Willie", Dundee disse, "mas ele ficava lá no ginásio, rodeando. Me atormentava o dia inteiro, insistindo: 'Por que você não me deixa subir no ringue com o cara?'. Sabe, eu não gosto de amadores servindo de sparring para profissionais, e já estávamos na semana da luta de Willie. Mas o rapaz esbanjava entusiasmo e eu acabei aceitando que ele fizesse dois rounds. Pensei, o que pode acontecer, afinal? Bem, Willie não conseguia acertar o menino. Muhammad — Cassius, na época — era muito ágil. Saltitante. Achavam que ele era rápido, nas últimas lutas, porém era lento em comparação ao que fora na juventude. Batia, batia, batia e escapava. Se golpeava? Qualquer um sabe socar. Um sujeito de quase cem quilos bate forte. O segredo é acertar o outro cara quando ele menos espera. Willie desceu do ringue, e falei: 'Puxa vida, Willie, você está muito cansado, chega de treino por hoje'. Willie respondeu: 'Uma ova. Aquele menino acabou comigo'."

6. Exuberância do século XX

No verão de 1960, pouco antes das Olimpíadas de Roma, um jovem jornalista chamado Dick Schaap saiu de sua sala na Madison Avenue em Manhattan e foi para um hotel conhecer dois dos mais promissores membros da equipe norte-americana de boxe, Cassius Clay e um lutador de Toledo chamado Wilbert "Skeeter" McClure. Schaap era editor de esportes da *Newsweek* e, embora não pretendesse ir a Roma cobrir o evento, queria conhecer os atletas mais promissores da equipe norte-americana, para ter uma boa noção de como a revista deveria cobrir os Jogos.

Schaap conhecia todo mundo e circulava à vontade; os atletas o adoravam. Ele se ofereceu para levar Clay e McClure até o Harlem para encontrar seu amigo Sugar Ray Robinson, uma ideia que encantou Clay, principalmente. Clay desenvolvera seu estilo de boxear a partir do princípio de que um homem grande poderia imitar as táticas de um lutador menor, como Robinson; também se inspirava em seus sonhos de luxo nos legendários Cadillacs de Sugar Ray: rosa-choque um ano, lavanda no ano seguinte. Clay idolatrava Robinson, mas não demonstrou nervosismo no caminho para o Harlem. Quadra após quadra, ele descrevia como arrasaria todos os lutadores da categoria pesos meio-pesados e depois contou resumidamente como derrotaria Floyd Patterson. Ele se tornaria campeão mundial dos pesos-pesados, afirmou, antes de chegar à idade de votar.

"Serei o maior lutador de todos os tempos", Clay disse.

"Não ligue para ele", McClure disse a Schaap enquanto o táxi avançava pela Seventh Avenue. "Ele é assim mesmo."

Schaap não se incomodou nem um pouco. "Mesmo aos dezoito anos, Clay era o sujeito mais vivo e animado que eu já tinha visto", Schaap disse. "Foi como conhecer um ator carismático ou um político eletrizante, uma dessas figuras que brilham, cheias de energia interior. Dessas que a gente vê logo de cara que vai ouvir falar muito nos anos seguintes."

Clay, McClure e Schaap pararam no bar de Sugar Ray na Seventh Avenue com a 124th Street, mas Robinson ainda não havia chegado. Eles resolveram matar o tempo jantando e passeando pelo Harlem. A uma quadra do bar viram um jovem bem vestido em cima de um caixote de madeira. Ele pregava a compra de produtos feitos e vendidos por negros e a doutrina da solidariedade entre os negros, um tema que Clay conhecia dos discursos do pai (via Marcus Garvey) e que ecoaria nas propostas de Elijah Muhammad e Malcolm X. Não havia nada de radical no rapaz — nada de exortações ao separatismo ou descrições do homem branco como um "demônio de olhos azuis" —, no entanto Clay ficou atônito ao encontrar alguém na rua discursando sem medo da polícia ou dos racistas brancos.

"Ele não vai se meter em encrenca?", Clay perguntou.

Schaap garantiu que não. Pregadores como ele discursavam no Harlem havia muito tempo. Clay ouviu as palavras do rapaz com atenção, balançando a cabeça em sinal de aprovação.

Robinson finalmente chegou, no modelo da estação — um Caddy roxo. Schaap temia pelo comportamento de Clay, ele era bem capaz de enfrentar Robinson e contar vantagem. Na verdade, Clay comportou-se de maneira humilde, quase hesitante. Robinson dedicou apenas alguns segundos a eles. Com um ar entediado e superior, Sugar Ray os cumprimentou e seguiu em frente, entrando no bar. Clay arregalou os olhos. "Puxa vida, Sugar Ray é o maior. Um dia vou ter *dois* Cadillacs — e um Ford para andar por aí."

Só mais tarde, quando repassou o encontro, Clay sentiu-se ignorado por Robinson. "Fiquei tão *magoado*", confessou anos depois. "Se Sugar Ray soubesse como eu o adorava e há quanto tempo acompanhava sua carreira, talvez não tivesse feito aquilo... mas eu disse a mim mesmo, naquele dia: 'Se eu ficar rico e famoso e as pessoas quiserem tanto meu autógrafo a ponto de passarem o dia me esperando, juro que vou tratá-las de um jeito muito diferente'."

O único obstáculo para Clay, como atleta olímpico, era seu medo de andar de avião. Ele ascendera no ranking amador usando trens e a perua de Martin. Por que não poderia fazer o mesmo no trajeto para ser campeão mundial dos pesos-pesados? Joe Martin precisou de quatro horas de conversa, sentado com Clay no Central Park de Louisville, para convencê-lo de que seria impossível pegar um trem para Roma. Ele que agarrasse o braço da poltrona, tomasse um calmante, chorasse e gritasse. Tinha de voar. "Ele finalmente concordou em pegar o avião", contou o filho de Martin, Joe Junior, ao *Courier-Journal* de Louisville. "Mas foi até uma loja de saldos do exército e comprou um paraquedas, que acabou usando durante o voo. Foi uma viagem difícil, e ele ficou no corredor ajoelhado, rezando de paraquedas."

Em Roma, Clay se divertiu um bocado, dentro e fora do ringue. Como de costume, tinha feito versos para recitar, dessa vez para comemorar a vitória de Floyd Patterson sobre Ingemar Johansson:

Podem falar da Suécia
De Roma podem falar.
Mas é no centro de Rockville
Que Floyd Patterson tem seu lar.
Muita gente andou dizendo
Que Floyd não lutava nada,
Mas na revanche ele acabou
*Mostrando uma força danada.**

Clay passeava pela Vila Olímpica, conhecendo gente do mundo inteiro, encantando a todos com as previsões sobre seu grande futuro. Ele ficou tão à vontade que acabou conhecido

* You may talk about Sweden/ You may talk about Rome./ But Rockville Centre's/ Floyd Patterson's home./ A lot of people said/ That Floyd couldn't fight,/ But you should have see him/ On that comeback night.

como prefeito da Vila Olímpica. "Os atletas o adoravam", disse Wilma Rudolph, velocista que ganhou três medalhas de ouro para os Estados Unidos. "Todos queriam vê-lo. Todos queriam estar perto dele. Todos queriam conversar com ele. E ele falava sem parar. Eu ficava sempre de lado, sem saber o que ele ia dizer." Clay sentiu-se atraído por Wilma, mas ela namorava um corredor. E tudo bem. Quando Clay viu McClure escrevendo uma carta de amor para a namorada, perguntou a ele se poderia ditar a sua. Queria mandar uma carta de amor para uma moça de Louisville, mesmo que fosse só de brincadeira.

A experiência de Clay no ringue também foi divertida. Ele passou facilmente pelos três primeiros adversários e depois, na final contra um gerente de lanchonete parrudo da Polônia, chamado Zbigniew Pietrzykowski, teve um primeiro assalto desajeitado, mas recuperou a vantagem e conquistou a medalha de ouro por decisão unânime. No final da luta, o polonês havia manchado o short de cetim branco de Clay com sangue.

Em Roma, Clay cumpriu sua missão, porém adotara um estilo que ofendia a sensibilidade de alguns cronistas esportivos mais velhos. Os pesos-pesados deviam lutar como Joe Louis e Rocky Marciano, avançando para esmagar o adversário. O conhecimento histórico de A. J. Liebling sobre o boxe abrangia o compêndio de Pierce Egan, do século XVII, *Boxiana*, bem como o relato do cronista tunisiano Ibn Khaldun, do século XIV. Ele considerou Clay interessante, mas deficiente no aspecto histórico. Liebling escreveu na *New Yorker* que Clay, embora proporcionasse um espetáculo divertido, não tinha o aspecto ameaçador indispensável a um sujeito gigantesco. Liebling não se ofendia com as pretensões poéticas de Clay — ele imediatamente lembrou aos leitores que Bob Gregson, o Gigante de Lancashire, costumava divulgar versinhos pugilísticos como "Quando a turma inglesa chegou/ o pessoal de fora chorou". Era o estilo de boxear de Clay que enchia Liebling de incertezas. "Observei a performance de Clay em Roma e a considerei atraente, mas não convincente", escreveu. "Clay tem um estilo ágil, parece uma pedra pulando na superfície da água. Vale a pena vê-lo, mas ele parece fazer contato apenas superficial. É verdade que o polonês terminou o combate de três assaltos completamente perdido e cansado, contudo acho que ele ficou sem fôlego de tanto correr atrás de Clay, e este aproveitou a chance para moer o outro de pancada... Um boxeador que usa as pernas com a intensidade que Clay usou as suas em Roma corre o risco de perder velocidade numa disputa mais longa."

Apesar das reservas de Liebling, Clay ganhou a medalha de ouro com a inscrição PUGILATO. "Ainda posso vê-lo circulando pela Vila Olímpica exibindo a medalha de ouro", Wilma Rudolph contou. "Ele dormia com ela. Ia à lanchonete com ela. Nunca a tirava. Ninguém comemorava como ele." Clay usaria a medalha durante as semanas seguintes até na cama. "Pela primeira vez na vida, dormi de costas", Clay disse. "Era o único jeito, caso contrário a medalha machucaria meu peito."

Depois da cerimônia de entrega das medalhas, um repórter da União Soviética perguntou a Clay, em resumo, como ele se sentia ao conquistar uma vitória para um país que não lhe dava o direito de comer no Woolworth de Louisville.

"Diga a seu povo que temos gente qualificada lidando com esse problema, e que o desfecho não me preocupa", Clay disse. "Para mim, os Estados Unidos são o melhor país do mundo, ganhando inclusive do seu. Pode ser difícil conseguir o que comer, às vezes, mas eu não preciso lutar contra crocodilos e viver numa choupana." A declaração foi publicada em dezenas de jornais norte-americanos como prova de que Clay era um bom cidadão. Mais de uma década depois, o autor de *The greatest* fez questão de dizer ao leitor que tudo não passara de um equívoco. Mesmo assim, Clay havia dado a declaração; não se tratava exatamente de um equívoco, e sim de um reflexo de sua juventude, uma amostra de quanto ele se transformaria nos anos subsequentes.

Na manhã seguinte, quando circulava pela Vila Olímpica, Clay notou que a multidão o abandonava para perseguir um homem mais velho.

"Quem é?", Clay perguntou a um amigo.

"Aquele ali é Floyd Patterson", o amigo respondeu. "Campeão mundial."

"Puxa, quero falar com ele."

Clay aproximou-se de Patterson e se apresentou.

Depois, Clay disse que foi desprezado. "Floyd me cumprimentou com a mão mole", disse. "Aquilo me magoou. O sujeito me insultou, e um dia vai pagar caro por isso."

Clay retornou a Nova York, e Dick Schaap o esperava em Idlewild. Schaap se entusiasmara com a performance de Clay na televisão e mais do que nunca tinha certeza de que o futuro do boxe, se houvesse, se chamava Cassius Clay. Schaap e Clay fizeram uma peregrinação por Manhattan, começando de noite para encerrá-la apenas na manhã seguinte. Em Times Square eles encomendaram uma manchete de jornal falsa, com o título "CASSIUS ENFRENTARÁ PATTERSON".

"Na minha terra, vão pensar que é de verdade", Clay disse. "Ninguém vai notar a diferença."

Jantaram no restaurante de Jack Dempsey, onde Clay pediu um sanduíche de rosbife e um pedaço de cheesecake, espantando-se com a conta altíssima (2 dólares e meio). Depois atravessaram a rua para ir ao bar Birdland, onde Clay tomou seu primeiro drinque: Coca-Cola com uma gota (literalmente) de uísque. O tempo inteiro, Clay apreciava quando era reconhecido e cumprimentado, fosse no restaurante, fosse na rua ("Eles me conhecem! Eles me conhecem!"). Ajudava bastante o fato de ele estar usando a jaqueta oficial do time olímpico e a medalha de ouro no pescoço. Após um passeio no Harlem, para fazer a digestão, a noite terminou no quarto de Clay no Waldorf-Astoria, onde ele ocupava uma suíte por cortesia do magnata do alumínio de Louisville, William ("Pode me chamar de Billy") Reynolds. A intenção de Reynolds era montar um esquema para a profissionalização de Clay, tendo Joe Martin como técnico e ele como empresário encarregado de levantar os fundos necessários para a carreira. No final do curso colegial de Clay, Reynolds lhe dera um emprego leve durante o verão, como jardineiro em sua propriedade próxima a Louisville. Agora, em Nova York, Reynolds providenciara acomodação gratuita e um monte de dinheiro para ele gastar na Tiffany's, onde Clay adorou comprar relógios para a mãe, o pai e o irmão. "Nunca vi ninguém tão nas nuvens na volta para casa quanto Cassius Clay ao retornar com a medalha de ouro no pescoço", Schaap disse. "Ele estava tão ligado que poderia passar uma semana acordado." Por volta das duas da manhã, quando Schaap só pensava em ir para casa dormir, Clay insistiu em que voltassem ao Waldorf.

"Vamos lá", ele disse. "Podemos subir até o meu quarto e dar uma espiada no meu livro de recortes." E foi o que os dois fizeram.

Clay finalmente voltou para casa, em Louisville, e de avião. Foi recebido como herói no aeroporto de Standford. Ele era o maior fenômeno pugilístico de Louisville desde 1905, quando um lutador local, Marvin Hart, vencera Jack Root e conquistara o título dos pesos-pesados. O prefeito Bruce Hoblitzell, seis garotas da torcida uniformizada e trezentos fãs o saudaram na pista. A cidade organizou uma carreata com 25 carros. Clay se encarregou da poesia.

Minha meta é que a América seja o máximo.
Para isso, bati no russo e no polaco.
Ganhei a medalha de ouro para meu país
*E pros italianos o Cassius clássico era mais fraco**

Versos terríveis, mas ninguém se importava. Viaturas policiais escoltaram a caravana, que parou na frente do colégio Central. Um grupo de moças segurava uma faixa enorme com os dizeres "Bem-vindo ao lar, campeão!". Atwood Wilson, o diretor que salvara Cassius do constrangimento e da reprovação

* To make America the greatest is my goal./ So I beat the Russian, and I beat the Pole/ And for the USA won the Medal of Gold./ Italians said "You're greater than the Cassius of old".

tantas vezes, aproximou-se do microfone e disse: "Quando pensamos em todos os esforços realizados para minar o prestígio dos Estados Unidos, só podemos sentir gratidão por contar com um embaixador tão capaz quanto Cassius para mandar à Itália". O prefeito Hoblitzell também se entusiasmou: "Você é um exemplo para Louisville e para o esporte", afirmou, e a multidão de mais de mil estudantes, professores e moradores locais aplaudiu. "Você serve como inspiração para os jovens desta cidade."

Na casa da Grande Avenue, o pai de Clay cantou "God Bless America" e exibiu os degraus de acesso recém-pintados de branco, azul e vermelho. Odessa Clay decretou que era Dia de Ação de Graças e a família jantou peru assado.

Por um período, a vida de Cassius virou festa. Semanas após a volta ele resolveu desfilar pelas ruas novamente. Em pé no banco de trás de um Cadillac conversível rosa, gritava: "Eu sou Cassius Clay! Eu sou o maior!". Depois dirigiu-se a Wilma Rudolph, que viera do Tennessee para visitá-lo, e proclamou: "Esta é Wilma Rudolph. Ela é a maior!".

"Sente-se", Wilma disse, encolhendo-se no banco.

"Vamos, Wilma. Levante-se."

"Não posso fazer isso."

Depois de Clay ter declarado algumas vezes que Wilma também era a maior, ela acabou aceitando o chamado e se levantou, acenou e sentou de novo. Claro, quem gostava de atenção era Cassius.

As comemorações ocultavam uma ambivalência de Louisville em relação a Clay que se aprofundaria com o tempo. A Câmara de Comércio de Louisville deu a Clay um diploma, mas negou-se a patrocinar um jantar em sua homenagem. "No momento, não temos tempo", explicou o secretário executivo K. P. Vinsel. Mais tarde, residentes de Louisville — brancos, em sua maioria — condenariam as atitudes do boxeador, que se converteu ao islamismo e mudou de nome, recusou-se a prestar serviço militar e se manifestou em termos radicais, principalmente na questão política. Em 1978, no auge da fama, a câmara municipal aprovou a mudança de nome de Walnut Street para Muhammad Ali Boulevard por estreita margem, seis votos a cinco.

Embora tivesse ficado na defensiva na questão racial quando interpelado pelo repórter soviético em Roma, Clay já sabia que a medalha de ouro não mudaria nada em Louisville. As mesmas atitudes Jim Crow do passado prevaleciam. Pouco tempo depois de ter voltado para casa, ele entrou numa lanchonete e pediu um copo de suco.

"Não posso servi-lo", o dono respondeu.

"Mas ele é campeão olímpico!", um dos garçons comentou.

"Não me interessa quem ele é", o dono disse. "Ponha o cara pra fora daqui!"

Como era de se esperar, Clay declarou-se pronto para se tornar profissional. Precisava de um empresário e de apoio financeiro, mas após a vitória olímpica e o sucesso nacional ele se tornara um bem valioso. Poucos anos antes, Clay pousaria na palma suave da Máfia, com quase toda a certeza; nem bem sairia de Roma e um dos capangas de Frankie Carbo o levaria para jantar, fazendo ofertas esplêndidas. No novo quadro, as figuras de sempre do crime organizado estavam presas ou na clandestinidade, e, talvez pela primeira vez desde o início do século, um boxeador com o potencial de Cassius Clay podia escolher quem seria seu empresário e quem o financiaria. O ex-presidiário Liston caíra nos braços da Cosa Nostra; desde o início, Clay fora abençoado com mais recursos, tanto internos como externos.

A família Clay contratou uma advogada do West End chamada Alberta Jones e tentou fechar negócio com o advogado de William Reynolds, Gordon Davidson. "Billy Reynolds já tinha todo o dinheiro de que precisava, sua motivação real era se divertir um pouco apoiando um rapaz local", Davidson disse. "Esboçamos um contrato que incluía um salário para Cassius, o que foi inusitado para a época, bem como um fundo. Finalmente, chegamos a um acordo. Mas Alberta me ligou e disse que o negócio estava desfeito. Não entendi o motivo."

O principal obstáculo era o pai de Clay, que se opunha à presença de Joe Martin como segundo. Ele rejeitou ostensivamente

Martin com a alegação de que este jamais treinara um boxeador profissional antes. O mais importante, porém, era Clay pai ver Martin como a encarnação da polícia branca de Louisville que o prendera mais de uma vez. O negócio acabou com ressentimentos de parte a parte. Martin achava que Clay pai queria receber o crédito pelo sucesso do filho sem ter feito nada. "De repente, parecia que o pai dele tinha feito tudo", Martin disse, amargurado. "O sujeito nem sabia o que o filho andava fazendo, até que Clay ficou famoso. Ele é um idiota, isso sim. Tem o cérebro que Deus deu a um ganso — cerca de uma colher de chá."

Logo todos souberam em Louisville que Martin havia sido despedido, e em poucos dias William Faversham Jr., ex-consultor de investimentos, ex-ator e filho de um ídolo inglês das matinês, preencheu a vaga. (Reynolds, de sua parte, mostrou-se leal a Martin e não quis saber de Clay sem a presença de Martin no esquema.) Faversham era vice-presidente de uma das maiores empresas da região, a Brown-Forman Distillers (fabricantes de Old Forester e Early Times). Ele e alguns amigos empresários de Louisville convidaram Clay para uma reunião. Faversham ofereceu-se para financiar Clay em nome de uma sociedade que reunia os onze homens mais ricos do estado; o contrato era quase igual à proposta original feita por William Reynolds.

Os membros da sociedade eram os oligarcas da cidade: Patrick Calhoun Jr., criador de cavalos e ex-presidente da American Commercial Barge Line, aposentado, que admitiu: "O que eu sei a respeito de boxe cabe no seu olho"; William Sol Cutchins, neto de um soldado confederado e presidente da Brown & Williamson Tobacco; Vertner DeGarmo Smith, ex-gerente de vendas da Brown-Forman e vendedor de tudo o que se podia imaginar, de ações a alfinetes de lapela, de uísque a sal; William Lee Lyons Brown, presidente do conselho da Brown-Forman e praticamente a caricatura de um cavalheiro sulista ("Sabiam que a tia de Cassius Clay é cozinheira de meu primo-irmão?"); Elbert Gary Sutcliffe, fazendeiro aposentado com investimentos vultosos na U. S. Steel; George Washington "Possum" Norton IV, secretário-tesoureiro da WAVE-TV, afiliada local da NBC, que transmitia o

Tomorrow's Champions; Robert Worth Bingham, comandante do conglomerado Bingham de publicidade e comunicação, que na época incluía a afiliada local da CBS, o *Courier-Journal* e o *Louisville Times*; J. D. Stetson Coleman, diretor de uma empresa de ônibus da Flórida, de um laboratório farmacêutico da Geórgia, de uma fábrica de doces de Illinois e de uma empresa petrolífera de Oklahoma; James Ross Todd, o mais jovem do grupo, com 26 anos, descendente de uma antiga linhagem de milionários do Kentucky que fizera fortuna, como ele mesmo admitia, "levando e vendendo"; e Archibald McGhee Foster, vice-presidente sênior de uma agência de publicidade de Nova York, Ted Bates, que tinha a conta da Brown & Williamson. Faversham contratou ainda Gordon Davidson para "melhorar" o contrato original de Reynolds e usá-lo como base para o novo acordo.

O Grupo Patrocinador de Louisville era composto obviamente só de brancos e representava as famílias tradicionais que mandavam os filhos para colégios internos e faculdades bem conceituadas para que fossem bem educados antes de retornarem para assumir o lugar do papai nos negócios. No conjunto, os membros do grupo representavam os principais ramos da cidade: cigarro, uísque, transporte, bancos. Em sua maioria, pertenciam ao Pendennis Club da Walnut Street, só para brancos, e jogavam golfe nos clubes de campo exclusivos para brancos. (Quando Bill Cutchins levou Clay ao Pendennis Club, recebeu uma carta de advertência.) Esses homens residiam nas mansões de Louisville, passavam férias na Flórida e em Nassau, conversavam sobre negócios e cavalos. Raramente se encontravam com os moradores do West End, exceto quando estes os serviam como empregados, cozinheiros, domésticas. Em sua maioria, os membros do Grupo de Louisville se opunham ao movimento pelos direitos civis. Os Bingham, porém, eram os liberais brancos mais importantes da cidade. Pagavam por seus editoriais integracionistas enfrentando piquetes racistas e pedradas nas janelas. Nos esportes, preferiam golfe e caça. Pugilismo não era seu mundo, para dizer o mínimo. Faversham tinha alguma familiaridade com o boxe: quando trabalhava na Broadway, mantinha a forma treinando com outro ator, Spencer Tracy. William Lee Lyons Brown lutara em Annapolis como peso-pesado, quando era calouro na academia militar. Mas o resto não sabia nada a respeito de boxe profissional, ou quase nada. Além do dinheiro, sua força estava em ter acesso aos principais canais de comunicação e publicidade de Louisville, graças ao contato com Possum Norton e Robert Bingham.

Para eles, Cassius Clay era uma brincadeira, uma demonstração de envolvimento com a comunidade, um investimento paralelo, uma folia. Cada sócio contribuiu com 2800 dólares, dedutíveis do imposto de renda. O custo total de lançamento do lutador, pela estimativa deles, ficaria entre 25 mil dólares e 30 mil dólares. Eles não tinham nada a perder, no fundo. Um dos membros menos idealistas do Grupo de Louisville declarou ao repórter do *Sports Illustrated*, num momento de franqueza, que a motivação coletiva para apoiar Clay era, na melhor das hipóteses, metade cívica e metade mercenária. "Vou lhe dar a versão oficial — estamos apoiando Cassius Clay para melhorar o nível do boxe, para fazer algo em prol de um rapaz de Louisville que é bem-comportado, esforçado e merece ajuda. Isso o salvará das garras dos chacais da Máfia", disse. "Acho que isso é 50% verdade e 50% cascata. O que eu quero, assim como os outros, é encher o bolso de dinheiro. Sabe que uma luta Clay-Liston pode dar ao vencedor 3 milhões de dólares? Divida ao meio e teremos um milhão e meio para Cassius e outro milhão e meio para o grupo. O melhor de tudo é que sobrariam 150 mil para mim."

Todavia, por mais cínica que fosse a avaliação, ela não chegava nem perto do cinismo costumeiro da turma do boxe. Em comparação com os empresários mafiosos de Sonny Liston e centenas de lutadores antes dele, o grupo de investidores de Louisville era uma congregação missionária, uma aventura sob a bandeira do paternalismo Jim Crow. Ao aceitar o acordo, Clay recebeu imediatamente um bônus de 10 mil dólares (mais do que suficiente para comprar um Cadillac para os pais), uma garantia de 4800 dólares por ano nos dois primeiros anos de contrato e um adiantamento de 6 mil dólares por conta das bolsas dos quatro anos seguintes, até a expiração do contrato, em 1966. O grupo e Clay combinaram dividir os ganhos brutos em partes iguais, e o grupo assumiria as despesas de treinamento e viagens. Quinze por cento dos ganhos de Clay iriam para um fundo que ele não poderia usar antes de completar 35 anos. Essa cláusula final, destinada a impedir que Clay se tornasse mais um boxeador falido no final da carreira, entregue a problemas de saúde e a uma memória turva, seria muitas vezes um fator de irritação para ele.

"Não quero ver meu dinheiro no banco", Clay diria, mais tarde. "Quero investir em imóveis, poder apontar para um terreno ou apartamento e dizer: 'Olhem, isso é meu'. Quero ver o que tenho. O banco pode queimar meu dinheiro, sei lá. Não quero me preocupar com ações, ou ter muitos investimentos e perder meu tempo conferindo tudo." Considerando o modo como ele gastava dinheiro e sua generosidade para com a família, os amigos e os oportunistas durante vários anos, o fundo foi provavelmente a parte mais benéfica do acordo.

Durante os primeiros dois anos de contrato, as perdas superaram os ganhos e, por mais promissor que Clay pudesse parecer nas noites de luta, os membros do Grupo de Louisville não viam seu boxeador como futuro campeão, e muito menos como o homem mais idolatrado de sua era. Já em 1963, Cutchins disse: "Se alguém me dissesse há um ano que Cassius se tornaria uma personalidade internacional, eu responderia que o sujeito tinha andado fumando maconha". Gordon Davidson disse: "Não há como ver a empreitada como um bom negócio, ou um empreendimento financeiramente viável. Aqueles milionários investiram, em seis anos, mais de 10 mil dólares cada — em boa parte, deduzindo os valores do imposto de renda — e saíram com 25 mil, aproximadamente, que foram pingando".

Depois de ter fechado negócio para o apoio a sua carreira profissional, Clay a iniciou no dia 29 de outubro de 1960, derrotando Tunney Hunsaker, chefe de polícia de Fayetteville, West Virginia, numa luta que durou seis assaltos e foi disputada no Freedom Hall de Louisville. Clay se preparou para a estreia treinando com Rudy, seu irmão; seu técnico para o combate foi Fred Stoner, morador local experiente em pugilismo. Clay pai o preferiu a Martin, principalmente por Stoner ser negro. Contudo, para um ambicioso campeão olímpico como Clay, Stoner não seria uma opção a longo prazo, com o que concordavam os membros do Grupo de Louisville. Clay deveria ter sido capaz de nocautear Hunsaker. Não iria longe se dependesse dos juízes para obter vitórias contra policiais de West Virginia.

Um dos primeiros telegramas recebidos por Clay após a vitória em Roma foi de Archie Moore, que ainda detinha o título dos pesos-pesados e dirigia um campo de treinamento na serra perto de San Diego. Moore atraía Clay como boxeador e como personagem. E agradou ao Grupo Patrocinador de Louisville, pois assim que Clay fixasse residência na Califórnia o contrato seria validado. Ao contrário de outros estados, a Califórnia aprovara uma lei pela qual menores residentes no estado poderiam assinar contratos e nomear um juiz para acompanhar seus ganhos até que atingissem a maioridade. (A lei foi feita principalmente para proteger atores infantis.) Nos outros, os menores podiam ignorar contratos à vontade; ao mesmo tempo, os ganhos não recebiam proteção alguma contra parentes gananciosos ou qualquer pessoa que detivesse a guarda. As duas partes gostaram da opção californiana.

Moore sempre fora um boxeador inteligente, mas com a idade e a perda de potência tornara-se o Euclides do pugilismo, um mestre nos ângulos, especialista em se esquivar dos socos dos jovens ansiosos até encaixar um golpe que acabasse com a luta. Ele também adorava conversar. A verborragia de Clay fora herança do pai e da turma da rua — ele foi o primeiro rapper, precursor de Tupac Shakur e Puff Daddy —, no entanto Moore imitava a fala afetada dos ingleses do vaudeville, salpicando a sintaxe elaborada com o sangue de seu esporte. (Havia pouco mistério em torno da preferência de A. J. Liebling por Moore. Este último ao falar parecia Liebling escrevendo, e dava para imaginar que os dois, conscientemente ou não, mantinham um relacionamento literário simbiótico.)

Clay convidou Ray Robinson para ser seu técnico, mas Robinson, menos acessível, o evitou. Assim, poucos dias depois de ter derrotado o chefe Hunsaker, ele seguiu para Ramona, na Califórnia, onde ficava o campo de treinamento que Moore batizara de Salt Mine. Clay adorou o jeito do local. O ginásio, conhecido como "Balde de Sangue", era um celeiro grande com uma caveira pintada na porta de entrada. Na parte externa havia pedras enormes espalhadas, monumentos a grandes lutadores do passado; os nomes de homens como Jack Johnson, Ray Robinson e Joe Louis haviam sido pintados nas pedras. Anos depois, quando Muhammad Ali montou seu próprio campo, em Deer Lake, Pensilvânia, erigiu monumentos semelhantes.

Moore impressionou-se imediatamente com a seriedade de Clay. Espantava-se com suas corridas morro acima, nas colinas que rodeavam o campo, visto que ele só parava quando Moore ordenava. Sendo ele mesmo um inovador, Moore não via nada de errado no estilo pouco ortodoxo de Clay no ringue, nas mãos baixas e nos movimentos. Percebeu um imenso potencial em Clay e queria segurá-lo ali. "Eu amava seu estilo rápido, embora ele ainda não fosse tão ágil quanto seria dentro de um ou dois anos", Moore disse. "Lá no fundo, eu ficava pensando, finalmente apareceu alguém que poderia nocautear Joe Louis, pois Deus sabe que eu não conseguiria." Entretanto, faltava a Moore a flexibilidade psicológica que Clay precisava encontrar num técnico. Ele ainda conservava a vaidade de lutador, e a vaidade de Clay o incomodava. Quando Moore tentava sugerir modos de conseguir um nocaute no início das lutas — "Encaixe um golpe de surpresa, entre na guarda e apague o cara! E se mexa depressa!" —, Clay se rebelava, embora verbalmente, dizendo que não queria ser outro Archie Moore. Pretendia ser um peso-pesado com o estilo de Sugar Ray.

Salt Mine era um campo espartano sem equipe de apoio. Os jovens lutadores ajudavam, fazendo faxina, lavando roupa, rachando lenha para o fogão e realizando outras tarefas braçais necessárias. Mas Clay, que fora mimado pela mãe em casa, não se sentia disposto a fazer nada. Queria treinar e lutar.

"Archie, eu não vim para cá lavar louça", dizia. "Não vou fazer serviço de mulher."

Clay acabou aceitando cumprir as tarefas, mas deixou claro que não gostava nem um pouco. O esquema, em resumo, estava condenado ao fracasso. Moore queria manter Clay por perto, não apenas pela taxa de treinamento que o Grupo de Louisville pagava, mas também pelo desafio esportivo. Ali estava um boxeador precisando de orientação, de uma chance para conquistar o título. Após algumas semanas, porém, Moore ligou para Faversham em Louisville.

"Acho que vou ser obrigado a lhe pedir que chame o rapaz de volta", Moore disse. "Minha mulher adora o garoto, os outros rapazes o adoram, eu também o adoro, mas ele se recusa a fazer o que eu mando. Acha que quero mudar o estilo dele, mas só estou tentando aprimorá-lo."

Faversham, porta-voz e principal responsável pelo negócio dos empresários de Louisville, declarou que Clay precisava de "umas boas palmadas".

"Não tenha dúvida", Moore disse. "Só não sei quem seria capaz de fazer isso. Não conte comigo."

Em público, os membros do Grupo de Louisville tentavam mostrar que não se importavam caso seu boxeador se comportasse mal. "Cassius é um rapaz dedicado", Faversham disse. "Seu entusiasmo é um tanto excessivo, às vezes ele fala demais, mas não pretendemos desencorajá-lo. Ele resolveu criar uma imagem e está trabalhando nisso."

Depois de procurar técnicos disponíveis, Faversham persuadiu Angelo Dundee a aceitar Clay. Dundee tinha boas lembranças dos encontros com Clay quando estivera na cidade com Pastrano e outros pugilistas, como Ralph Dupas, Luis Rodriguez e Joey Maxim.

"Eu queria que Cassius esperasse alguns meses, mas você já

ouviu dizer que ele aceitou um não como resposta?" Dundee disse.

Angelo Dundee era o quinto de sete filhos de imigrantes calabreses iletrados. O nome familiar original era Mirena, porém, quando um dos irmãos de Angelo começou a lutar com o nome de Joe Dundee em homenagem a um campeão italiano dos pesos-pena dos anos 1920, Angelo e o irmão Chris adotaram o nome. Durante a guerra, Angelo trabalhou como inspetor de aviação e depois prestou serviço na Marinha; em 1948, foi para Nova York encontrar-se com Chris, que se tornara empresário de boxe. Chris Dundee tinha ligações com o mundo subterrâneo do boxe daquela época e conseguiu autorização para montar um campo de treinamento em Miami, além de promover lutas. "Tenho certeza de que os Dundee, principalmente Chris, tinham amizades suspeitas naquele tempo", disse Gordon Davidson, "mas quando saímos para procurar um técnico sabíamos que não encontraríamos ninguém virgem. O boxe naquele tempo era assim mesmo. Comparado ao resto, Angelo Dundee era um dos melhores." A televisão estava acabando com os clubes pequenos no Noroeste, e os donos do esporte calcularam que Miami Beach, com a receita do turismo, poderia se tornar um centro de boxe. Chris Dundee passou a promover noitadas de boxe e luta livre no Convention Hall e em outros locais. Angelo se uniu a ele no início dos anos 1950. Tendo anos de experiência em Nova York e o irmão como cartola local, Angelo conseguiu pegar boxeadores rapidamente, em especial refugiados de Cuba e outros latinos.

A sede dos Dundee era uma sobreloja infestada de ratos e cupins em Miami Beach, na esquina da Washington Avenue com a Fifth Street. O lugar se chamava Fifth Street Gym. Para entrar lá, a pessoa passava pela porta ao lado da farmácia e subia uma escada bamba até o andar de cima, onde em geral era recebida por Emmett "the Great" Sullivan, um velho encurvado de roupas folgadas e um charuto enfiado na boca desdentada. Pagava-se cinquenta centavos para entrar, e se alguém tentasse evitar o pagamento Sullivan o chamava de "tartaruga da lama" e recusava seu sorriso impagável. Dentro havia duas janelas sujas e um par de luvas de boxe com as palavras "Fifth Street Gym" pintadas. O piso de madeira era liso, polido, graças ao esfregar de milhares de sapatilhas de boxe. Havia um ringue, bolas e sacos suspensos, mesas para massagem, algumas lâmpadas presas a fios que pendiam do teto e alguns cartazes de luta. A mesa de Chris Dundee ficava num canto. O ginásio recebia na época lutadores como Sugar Ramos, Mantequilla Napoles e Luis Rodriguez, todos campeões, bem como desafiantes do porte de Florentino Fernandez, Baby Luis e Robinson Garcia. Durante a tarde, os assíduos (conhecidos como Colégio de Cardeais do Pugilismo) ficavam em volta do ringue julgando a qualidade do soco dos lutadores. Eram, em sua maioria, velhos gordos que fumavam charuto e tinham apelidos como Sellout, Chicky e Evil Eye. "Os caras todos diziam a mesma coisa a respeito de Muhammad, a mesma coisa que os cronistas esportivos escreviam, que ele mantinha as mãos baixas demais, que não tinha pegada, que só ia na cabeça e descuidava do corpo. O de sempre", Dundee contou.

Dundee arranjou para Clay um hotel no gueto negro, o Mary Elizabeth, quartel-general dos gigolôs, prostitutas, cafetães e bêbados. Cassius, tendo sido bem educado, jamais sucumbiu às tentações do Mary Elizabeth. Na verdade, depois que os malandros locais descobriram que ele era pugilista, o conheceram e se encantaram com ele, passaram a levá-lo ao Sir John, o maior nightclub local, onde se podia ouvir a melhor música da cidade. Enquanto farreavam, Clay tomava suco de laranja. E voltava cedo para casa. Seu dia começava por volta das cinco, com uma longa corrida por Biscayne Boulevard, perto de Bay Point, e depois até Miami Beach, para treinar com Dundee na Fifth Street.

"Lembrem-se de que estamos falando de Miami antes da integração racial, do Sul, e Muhammad corria pela MacArthur Causeway até o ginásio, e eu recebia ligações da polícia dizendo que um negro alto fora visto correndo, se eu sabia de alguma coisa", Dundee disse. "Eu falava que era um pupilo meu, Cassius Clay. Ele era o sujeito mais tranquilo do mundo. Comia no Famous Chef e assinava a nota. Nunca reclamava de nada. Só queria treinar e lutar, treinar e lutar."

Como todo bom treinador, Dundee queria ensinar Clay devagar, com delicadeza, fazendo com que ganhasse experiência a cada luta, expondo o rapaz a novos desafios, novos problemas físicos e mentais. Desde o início, Clay aceitou o que lhe era oferecido com confiança serena. Isso ofendeu o Colégio de Cardeais do Pugilismo. Antes de nocautear um tal de Herb Siler em sua segunda luta, Clay disse à multidão: "Vou derrotar Floyd Patterson! Serei campeão!". Lendo isso agora, tantos anos depois de sua ascensão e queda, achamos que as palavras fazem sentido, têm certa lógica com a qual nos familiarizamos carinhosamente, como uma velha canção de sucesso ouvida repetidas vezes no rádio do carro. Mas naquela época, em 1960, Clay não passava de um moleque de dezoito anos, um lutador sem história, uma promessa — não mais que isso. Era como se um jogador da liga da Legião Americana ligasse para o diretor-geral dos Giants de San Francisco e exigisse o lugar de Willie Mays.

Parte da atração inicial que Dundee exerceu em Clay se deve ao fato de ele não tentar moldá-lo, obrigá-lo a mudar seu estilo de lutar. Em vez disso, Dundee estimulava o exibicionismo de Clay, pensando que seria no mínimo inofensivo, e na melhor das hipóteses um recurso promocional e psicológico. Naquele ano, Clay lutou quatro vezes em Miami Beach — contra Siler, Tony Esperti, Jim Robinson e Donnie Fleeman —, e a cada luta atraía mais gente que ouvira falar do novo boxeador de mãos rápidas, o rapaz da medalha de ouro e da língua afiada.

"Uma das lutas, contra Fleeman, ocorreu no início dos treinos de primavera, e por isso os pesos-pesados do meio literário — Shirley Povich, Doc Greene, Al Buck, Dick Young, Jimmy Cannon — estavam por ali, sem muito o que fazer", Dundee disse. "Eram meus amigos e queria promover meu pupilo. Bem, Muhammad saiu do chuveiro. Vencera. Mas não foram os cronistas que fizeram seu nome como boxeador — eles achavam que ele pulava muito e fazia tudo errado. Pensavam que fosse só conversa fiada, sem talento algum. Estávamos na era em que os lutadores achavam indispensável ter nove caras falando por eles. Joe Louis costumava dizer: 'Meu empresário fala por mim. Eu me manifesto no ringue'. Marciano também era assim. Mas Muhammad desde o início mostrou ser diferente, achei espetacular. Muhammad esperava que eles abrissem os blocos de anotações. 'Vocês não vão falar comigo? Vocês não vão falar comigo?' E assim ele os cansou. Todos começaram a ouvi-lo."

Um dos frequentadores da Fifth Street era Ferdie Pacheco, médico que clinicava nos guetos negros e hispânicos. Por diversão, para aliviar as tensões da medicina, Pacheco trabalhava com Dundee no corner de vários pugilistas. Mesmo antes de Pacheco entrar para a equipe de Clay, ele observava o modo como Dundee estimulava o novo lutador, o modo como permanecia em segundo plano e usava truques psicológicos sutis para extrair o máximo da capacidade do rapaz.

"Angelo tinha uma reputação, e Ali respeitava muito isso", Pacheco disse. "Era forte quando precisava ser forte, fraco quando precisava ser fraco. Angelo tinha o instinto dos sobreviventes, algo que vinha de seu irmão Chris, uma figura tarimbada do mundo do boxe. Para trabalhar com Chris, um sujeito duro, era preciso saber quando se esquivar e quando lutar. Na época em que Ali — Clay — passou a circular na área, já sabia fazer tudo direitinho. Em geral, Angelo era sempre subserviente no trato com o lutador, sempre. Nunca foi egomaníaco, como a maioria dos técnicos, que dizem: 'Vou lutar contra fulano, vou nocauteá-lo'. Isso era especialmente verdadeiro naquele tempo. Angelo achava que seu papel no espetáculo era secundário. A atração era o lutador, mesmo que fosse um idiota. Isso era perfeito para Ali. Embora Ali não fosse egomaníaco, era impossível controlá-lo."

"Gosto de Angelo Dundee porque ele é meio negro", Ali disse certa vez, de brincadeira. "Tem um bocado de sangue negro correndo em suas veias. Ele é italiano e passa por branco, mas seu lado negro é forte. Eu me dou bem com ele. Não é autoritário, nunca me diz quando correr nem que tenho de lutar. Faço o que bem entendo. Sou livre. Vou aonde quero. Ele é um sujeito legal. Todo mundo gosta dele. Tem o jeito e a capacidade de me dar a proteção adequada, que leva à afeição."

Mesmo nas primeiras lutas, Dundee não via Clay como seu projeto exclusivo, como seu Frankenstein. A ideia era refinar o que já existia, torná-lo mais malandro, prepará-lo para os truques — mas ensiná-lo sempre indiretamente, por inferência. "Todo lutador precisa aprimorar alguma coisa", Dundee disse. "No início, eu queria reduzir um pouco sua movimentação. Mas a gente não podia mandar nele diretamente. Era preciso moldá-lo com cuidado. Ele se ressentia quando recebia uma ordem direta. Queria sentir sempre que era inovador, e eu encorajava isso. Aprendi a agir assim com um dos grandes mestres, Charlie Goldman, que costumava dizer que era preciso diminuir um sujeito se ele fosse pequeno, e aumentá-lo se fosse grande."

Como um tradicionalista do esporte, Dundee teria preferido que Clay castigasse o corpo do adversário, em vez de buscar atingir a cabeça constantemente. "O ataque ao corpo é o principal investimento", diziam os especialistas no boxe. Clay, porém, não queria saber de nada. "Acerte sempre a cabeça de um sujeito", dizia, "e a mente dele fica confusa."

Portanto, Dundee viu que não chegaria a lugar algum tentando mudar o estilo de Clay e resolveu tirar o máximo proveito disso. "Tentei fazer Muhammad sentir que inovava em tudo", disse. "Por exemplo, se ele estava treinando com um sparring e parava, eu dizia: 'Puxa vida, seu jab está entrando que é uma beleza. Graças ao uso correto do joelho esquerdo, você obrigou o outro a ficar na defensiva'. Na verdade, ele não estava usando o joelho esquerdo coisa nenhuma. Mas, na próxima vez, se concentraria nisso. No geral, porém, estava tudo nele. A rapidez, a capacidade de ataque e de defesa, desde o início eram notáveis. Era um grande entusiasta da corrida. Luis Sarria, preparador físico e massagista de Muhammad, mandava que ele fizesse calistênicos intermináveis, o que é importante para o boxeador. Por isso o corpo dele cresceu tão depressa, passando de um corpo de rapaz para aquele corpo impressionante. Ele chegou aqui com 95 quilos e logo passou de cem. Pura musculatura. Foi uma transição impressionante, mas era normal. Nada de pesos. Só bola suspensa, saco de areia e corrida, no mínimo cinco quilômetros. Ele corria feito uma gazela."

A velocidade de Clay obscurecia sua força e sua envergadura; em parte por isso, ele foi desvalorizado por muito tempo, inclusive pela imprensa especializada. Mas Pacheco, que se tornou médico de Clay assim que ele chegou a Miami, disse: "Em 1961, 1962 e 1963, ele foi o espécime mais perfeito fisicamente que eu já vi, tanto do ponto de vista artístico como do anatômico ou atlético. Não dava para melhorar aquele sujeito. Se alguém chegasse de outro planeta e pedisse: 'Entreguem seu melhor espécime', eu daria Ali. Perfeitamente proporcionado, bonito, reflexos rápidos como um raio e uma mente perfeita para o esporte. Até quando ele pegava uma gripe, ela sumia de um dia para o outro".

Os fãs de boxe de Miami, contudo, não se apaixonaram por Clay imediatamente — só quando Ingemar Johansson esteve na cidade para a segunda luta contra Patterson. O encarregado de divulgar o combate era Harold Conrad, um boêmio agitado cujo charme inegável o tornara figura constante no circuito das casas noturnas "21", Stork Club e Toots Shor's. Conrad era o elo com a época de Damon Runyon e Walter Winchell, da antiga turma da Broadway, embora preferisse o baseado ao martíni. Era fã da maconha desde antes da invenção do rock and roll. Além disso, tinha um instinto fantástico para a promoção. Conrad ouvira falar em Clay — especialmente, nas bravatas de Clay — e achou que venderia mais ingressos para a luta de Patterson se Clay fosse sparring de Johansson numa demonstração aberta ao público. Faltavam sparrings para Johansson, que aceitou a jogada. Clay, claro, estava ávido por atenção e sua resposta imediata não foi um simples "Sim", mas "Vou dançar com Johansson".

Johansson, que havia destruído Patterson no primeiro confronto, de repente descobriu que não conseguia acertar um rapaz de dezenove anos cujo cartel como profissional continha apenas algumas vitórias. O sueco nunca foi um lutador gracioso, mas naquele dia se tornou uma marionete de fios embaraçados. Tropeçava no encalço de Clay, tentava acertá-lo, e Clay soltava o jab de esquerda em seu rosto seguidamente, dizendo: "Quem deveria estar lutando contra Patterson era eu, e não você! Pode vir, trouxa. O que foi? Não consegue me pegar?". Quanto mais Clay soltava os jabs e as provocações, mais furioso e frustrado Johansson ficava, até que finalmente seu técnico, o legendário Whitey Bimstein, encerrou a luta ao final de dois assaltos exaustivos.

"Eu já tinha ouvido falar bastante em Clay, mas quando me peguei ali sentado, assistindo àquela exibição estonteante, pensei: 'Meu Deus, o que está acontecendo aqui?'", disse Gil Rogin, cronista da *Sports Illustrated* na época. "A revista ainda era relativamente nova — havia sido lançada em 1954 — e eu tinha na mão a matéria mais importante de sua história. Em larga medida, fizemos a revista a partir disso."

Para sua estreia como profissional, Clay pegou Lamar Clark, um peso-pesado rijo, com 45 nocautes seguidos em seu cartel. Para sua primeira luta profissional, Clay fez a seguinte previsão: Clark ia cair no segundo. Foi o que aconteceu. No segundo round Clay fraturou o nariz de Clark e o derrubou duas vezes. O árbitro encerrou a luta. "Quanto mais confiança ele ganhava, mais era tomado por seu entusiasmo natural", Pacheco disse. "Tudo era divertido, para ele. Talvez não tivesse sido tão divertido se alguém o nocauteasse, mas isso não aconteceu. Ninguém calou sua boca. E ele continuou prevendo e ganhando, prevendo e ganhando. Era como Cândido: ele não acreditava que nada de ruim pudesse acontecer naquele mundo, o melhor mundo imaginável."

A luta seguinte de Clay seria em Las Vegas, contra um havaiano gigante, Duke Sabedong. Foi seu primeiro combate difícil. Sabedong nunca teve chance de derrotar Clay — a diferença de habilidade ficou clara no primeiro minuto da luta —, mas tentava acertá-lo com golpes na linha de cintura e ganhar por pontos. Clay venceu depois de dez assaltos, em sua luta mais longa até então. O que ele aprendeu, porém, foi ainda mais instrutivo.

Uma das tarefas promocionais de Clay antes da luta era aparecer num programa de rádio com Gorgeous George, o mais famoso lutador de luta livre da época. Gorgeous George (cujo nome de batismo era George Raymond Wagner) foi o primeiro lutador da era televisiva a explorar as possibilidades do narcisismo teatral e da identidade sexual ambígua — era um Liberace de malha. Usava cabelo loiro comprido e entrava no ringue com bobes. No corner, tirava os bobes e um dos segundos escovava os cabelos dourados que caíam pelos ombros. Vestia roupão de lamê prateado e pintava as unhas. Um ajudante espirrava inseticida na lona, enquanto outro aspergia água-de-colônia em Gorgeous George.

Na entrevista para o rádio Clay não ficou exatamente silencioso. Já era conhecido por diversos apelidos na imprensa (Gaseous Cassius, the Louisville Lip, Cash the Brash, Mighty Mouth, Claptrap Clay etc.) e logo previu uma vitória fácil sobre Duke Sabedong. Mas, comparado a Gorgeous George, era tímido.

"Vou matá-lo!", Gorgeous proclamou. "Vou arrancar um braço! Se aquele panaca bater em mim, juro que atravesso o ringue de quatro e corto o cabelo! Mas não tem perigo de acontecer uma coisa dessas, pois sou o maior lutador do mundo!"

Gorgeous George já tinha 46 anos — fazia aquele papel havia muitos anos —, mas Clay ficou impressionado, e mais ainda quando o viu se apresentando. Todos os lugares do ginásio estavam ocupados e praticamente todos os fãs gritavam, exigindo o escalpo dourado de George. O importante era o ginásio lotado. "Muita gente pagará para ver alguém calar a sua boca", ele disse a Clay no vestiário, depois do programa. "Por isso, continue se gabando, não pare de contar vantagem, procure sempre chocar as pessoas."

Clay seguiu o conselho à risca. "Vi 15 mil pessoas pagando para ver aquele sujeito apanhar", ele disse. "Ele as atraiu com suas palavras. E eu falei, eis aí uma belíssima ideia!"

Conforme a imprensa prestava mais atenção em Clay, primeiro em Louisville e Miami, depois no país inteiro, graças a publicações de alcance nacional como a *Sports Illustrated*, surgiu a ideia de que nenhum rapaz de vinte anos poderia ter montado aquele esquema, uma combinação bizarra de flexibilidade atlética e exibicionismo gritante. Propuseram teorias de todos os tipos, que durariam anos: o estilo de lutar copiava Ray Robinson, com um pouco de Billy Conn; a boca enorme vinha de Cassius Clay pai; a exuberância se devia à influência de Jack Johnson, Archie Moore e Gorgeous George. Clay, na verdade, era o exemplo mais recente de uma forte tradição norte-americana de narcisismo promocional, um descendente de showmen como Davy Crockett e Buffalo Bill, entre muitos outros. Clay deu crédito a seus predecessores quando os identificou, mas insistia em sua originalidade — com todo o direito.

"Conheço uns caras de Louisville que me davam carona de carro até o ginásio, quando minha motoneta quebrava", ele disse. "Agora andam dizendo que devo tudo a eles, que não posso me esquecer disso quando ficar rico. Meu pai também quer tirar sua casquinha. Ele diz: 'Não dê bola para os outros, rapaz, eu fiz você'. Ele diz que me fez porque me dava sopa de legumes e filé quando eu era pequeno, e não tinha sapato porque precisava do dinheiro para pagar a conta do armazém e discutia com minha mãe, que não queria que eu comesse aquelas coisas quando era bebê. Meu pai também diz que me fez porque eu não precisava trabalhar, podia treinar boxe à vontade — eu nunca trabalhei nem um dia sequer de minha vida —, e ele me fez por causa disso e daquilo... Mas quero que entendam bem. Quando quiserem falar com quem me fez, falem comigo. Quem me fez fui *eu*."

Em 1961 e 1962, Clay ganhou rapidez no ringue e aperfeiçoou seu espetáculo. Derrotou uma série de pesos-pesados bem colocados no ranking — Alonzo Johnson, Alex Miteff, Willie Besmanoff, Sonny Banks, Don Warner, George Logan, Billy Daniels, Alejandro Lavorante — e mesmo no momento mais perigoso, quando ele se descuidou no primeiro assalto, por excesso de confiança, e Banks conseguiu um knockdown, ele mostrou uma capacidade inédita de absorver golpes, recuperando-se rapidamente para ganhar a luta no quarto assalto. Depois disso, Harry Wiley, segundo de Banks e figura legendária do boxe nova-iorquino, descreveu o fenômeno pugilístico Clay: "As coisas vão piorando gradual e simultaneamente. Ele desvia e bate, bate e desvia, até que você não sabe mais onde está".

Havia finalmente um jovem impulsionado por suas fantasias de força, grandeza e presença de espírito, que possuía os recursos necessários para realizar tais fantasias. Acima de tudo, ele era um grande pugilista. "Vendo Muhammad se levantar do chão na luta contra Sonny Banks, aguentar o resto do round e se recuperar logo, para conquistar a vitória — naquela noite fiquei apaixonado pelo garoto", Dundee disse. Nos intervalos entre os vários testes no ringue, Clay aproveitava a vida. Por quinhentos dólares ele fez uma ponta em *Requiem for a heavyweight*, a história de um lutador cansado, representado por Anthony Quinn, que é forçado a continuar lutando por Jackie Gleason. Clay, evidente, fazia o papel do desafiante novato.

Em novembro de 1962, Clay assinou um contrato para uma luta que parecia saída do filme: lutaria contra Archie Moore, que tinha na época 47 anos (ou mais), um veterano de duzentos combates. "Eu não sou idiota, sabia que era velho e conhecia Clay, pois o treinara por algum tempo", Moore me contou, décadas depois. "Mas eu me sentia bem em relação a Clay e pensei que poderia cansá-lo, derrotá-lo. Superar sua técnica ou esperar a vez. Ele era muito novo, e a gente nunca sabe o que um jovem vai fazer numa luta de boxe."

A verdade era que Moore precisava desesperadamente da bolsa da luta. Sua única chance era que Clay abrisse a guarda, por falta de experiência, e lhe permitisse encaixar um golpe de direita e conseguir o nocaute. Isso era improvável, a julgar pelos apostadores. Clay era favorito, na base de três por um, e previa uma luta curta: "Quando vocês vierem para cá, não fechem o corredor, não fechem a porta. Vocês vão para casa após o quarto round de uma luta curta".

Clay contra Moore lotou o ginásio em Los Angeles, principalmente pela batalha verbal que eles travaram em todas as oportunidades, sobretudo pela televisão. Os dois pugilistas chegaram a encenar um arremedo de debate com meia hora de duração.

"O único modo de eu cair no quarto assalto, Cassius, vai ser tropeçando em seu corpo inerte", Moore disse.

"Se eu perder", Clay disse, imitando Gorgeous George, "vou cruzar o ringue de quatro e beijar seus pés. Depois vou embora do país."

"Não se humilhe", disse o veterano. "Nosso país precisa dos jovens. Só não sei como você se aguenta. Estou aqui para conversar, não para falar bobagem. Quero dialogar, mas você só sabe gritar."

Moore bancou o tio experiente lidando com um arrivista arrogante. Depois do debate, ele se referiu ao adversário mais jovem em tom professoral: "Vejo aquele rapaz com sentimentos contraditórios", disse. "Por vezes, soa humorístico, mas em alguns momentos parece a poesia de Ezra Pound. Ele é como um homem capaz de escrever muito bem, embora seja incapaz de pontuar. Revela uma exuberância típica do século XX, mas no fundo há muita amargura... Ele certamente apareceu quando precisávamos de uma cara nova no mundo do boxe, no horizonte pugilístico. Porém, sua ansiedade para ser o escolhido o leva a exagerar na dose e incomodar as pessoas... Não me importo com o que Cassius diz. Ele não consegue me irritar. Meu único interesse é nocauteá-lo."

Quando os lutadores subiram na arena, tiraram os roupões e encerraram as poses promocionais, foi impossível ignorar a diferença física. Clay era esguio como uma lontra, lindo, e não atingira ainda o auge de sua força. Moore era um sujeito de meia-idade. O cabelo começava a branquear. A banha balançava em seu braço. O calção estava quase na altura dos mamilos.

No primeiro assalto, Clay fez o reconhecimento. Moore tinha fama de rápido (já perdida) e de traiçoeiro, o rei do soco rápido inesperado. Conforme desferia os jabs no rosto de Moore, Clay parecia se convencer de que não haveria resposta alguma. Cada jab que ele acertava na cabeça de Moore lhe mostrava a crueldade do tempo — uma descoberta que trouxe alívio para ele, mas não para Moore.

No segundo round, Moore pegou Clay com um golpe de direita. Muita gente levantou o braço, Clay sentiu o impacto, mas não passou disso. No terceiro, Moore já estava tão exausto que seus braços começaram a baixar. Sua intenção de nocautear Clay dera em nada. Moore se encolhia, mais e mais, como se quisesse sumir na lona, contudo a envergadura de Clay era grande e ele encaixava um soco em cima do outro, principalmente ganchos de esquerda na cabeça calva de Moore. Anos depois, Moore diria que aqueles socos seguidos o aturdiram. "Eles confundiram minha mente."

Clay fazia o que bem entendia. Os socos entravam — os jabs, os ganchos, os rápidos diretos de direita —, e Moore mal se aguentava em pé, encolhendo-se cada vez mais. Na metade do terceiro assalto, Clay acertou Moore com um direto no queixo. Moore balançou. Depois deu alguns passos para trás, na direção das cordas, encostou-se e esperou. Clay recusou-se a castigá-lo, aparentemente mais por motivos estéticos do que por falta de disposição. Previra um nocaute no quarto assalto, e queria manter imaculada sua visão da luta.

Clay parou de saltar no quarto assalto e manteve os pés no chão, para dar mais força aos golpes, e, depois de alguns jabs preliminares para aquecer os ombros, começou a buscar o nocaute. Moore vergou a cintura novamente, como se rezasse, mas não adiantava se abaixar. Ele ainda tentou desferir alguns socos a esmo, de modo a preservar seu bom nome, e Clay revidou com jabs, furioso com a demora. Clay rodeava o adversário, e de repente pulou e soltou um uppercut que tirou Moore da posição encolhida, desferindo uma sequência de diretos que pareciam marteladas num prego, para derrubá-lo. Clay parou sobre o corpo prostrado, esperando que o outro se levantasse, depois esfregou os pés no chão e se retirou, relutante, para o corner neutro. Ele detestava aquela retirada obrigatória; significava abandonar o centro do palco.

Moore, enquanto isso, rolou para o lado esquerdo e tentou se levantar, como um velho ao acordar de seu sono inquieto. Conseguiu ficar em pé logo antes do "dez" da contagem, orgulhosamente. Com um ar aborrecido (ele pensou que a luta estava acabada), Clay encarou Moore novamente, no centro do ringue, e começou a golpeá-lo. Moore soltou um soco no ar, como se quisesse afastar acusações de covardia, e lentamente voltou ao chão, fulminado por um soco de Clay na cabeça. A hora chegara, e Moore sabia disso. Ficou deitado de costas, sem se mover.

Assim que a luta acabou, Clay abraçou Moore carinhosamente, como alguém abraçaria o avô.

Mais tarde, Moore respondeu com seu aval. “Definitivamente, ele está pronto para Liston”, disse aos repórteres que o rodeavam. “Sonny vai ser difícil para ele, e eu hesitaria em afirmar que Clay pode derrotar o campeão. Mas garanto que ele é capaz de dar a Liston uma noite interessantíssima.”

7. Segredos

Em 1962 Clay já era um dos principais candidatos ao título dos pesos-pesados, mas sua reputação se baseava tanto em seu personagem quanto na competência esportiva. “Comentavam que eu era algo jamais visto antes no mundo”, ele disse, décadas depois. Apesar dos devaneios em sala de aula, da dificuldade para ler um livro ou um extrato bancário, Clay provavelmente era um dos jovens de 21 anos mais conscientes do país. A exemplo dos comediantes, atores ou políticos mais inteligentes, Clay mantinha o controle absoluto, mesmo nas performances mais alucinadas. “Onde você acha que eu estaria na semana que vem, se não soubesse gritar e uivar e fazer com que o público me notasse?”, ele disse. “Seria pobre, estaria na minha cidade lavando janelas, operando elevador, dizendo ‘Sim, senhor’ e ‘Não senhor’, sabendo qual era o meu lugar.”

As referências de Clay à divisão racial norte-americana da época eram frequentes, porém tímidas. Na verdade, Clay guardava um segredo. Mesmo antes de ir a Roma conquistar o ouro olímpico, ele já estava fascinado por uma seita chamada Nação do Islã, mais conhecida como Muçulmanos Negros. Ouvira falar do grupo pela primeira vez em 1959, quando viajara a Chicago para um torneio das Luvas de Ouro. Chicago era a sede da Nação e de seu líder, Elijah Muhammad. Clay encontrou por acaso os muçulmanos no South Side. Sua tia se lembra de ele ter voltado para casa, em Louisville, com um disco contendo sermões de Muhammad. Depois, na primavera, antes de partir para as Olimpíadas, Clay leu um exemplar do jornal oficial da seita, *Muhammad Speaks*. Ele ficou obviamente impressionado com o que lia e ouvia da retórica muçulmana do orgulho e do separatismo. “Os muçulmanos eram praticamente desconhecidos em Louisville naqueles dias", disse Lamont Johnson, colega de classe de Clay no colegial. "Eles tinham uma pequena sede, um templo, tocado por um cara negro com manchas brancas na pele, mas ninguém dava a menor atenção. Ninguém sabia a respeito de seus gorros pretos, do modo como eles viviam e pensavam. Em 1959 não chegava a ser grande o bastante para assustar."

Clay surpreendeu a professora de língua inglesa no Central High quando disse que pretendia usar os Muçulmanos Negros como tema de seu trabalho final. Ela o proibiu. Ele nunca deixou transparecer que seu interesse pelo grupo era mais do que uma curiosidade estudantil passageira. Mas algo tocara sua mente, algo a respeito da disciplina e da postura dos muçulmanos, de seu senso de hierarquia, masculinidade e amor-próprio, do modo como se recusavam a beber e farrear, do seu orgulho racial.

Depois de ter voltado de Roma, Clay compareceu a reuniões em várias cidades, promovidas pela Associação Nacional para o Progresso das Pessoas de Cor, pelo Congresso de Igualdade Racial e pela Nação do Islã. Outros atletas, como Curt Flood e Bill White, dos St. Louis Cardinals, haviam se interessado em ouvir pregadores muçulmanos, também, mas desistiram depois de alguns minutos de conversa sobre os "demônios de olhos azuis". Clay, entretanto, impressionou-se com os muçulmanos como jamais se impressionara com outros grupos ou cultos. "A coisa mais concreta que eu encontrei nas igrejas foi a segregação", ele disse, anos mais tarde. "Bem, agora aprendi a aceitar meu povo e ser eu mesmo. Sei que somos os homens originais e que formamos o maior povo da terra e que, portanto, nossas mulheres são as rainhas."

Em março de 1961, depois de ter se mudado para Miami, Cassius conheceu um homem na rua que era conhecido como Capitão Sam — Sam Saxon, um frequentador de bilhares e cafetão das prostitutas de rua que se transformara na metade dos anos 1950, após ter ouvido a pregação de Elijah Muhammad e entrado para a Nação. Depois de viver um período em Chicago, Capitão Sam foi para Miami pregar. O principal ministro muçulmano na cidade era Ishmael Sabakhan, e Saxon disse que o "mensageiro", Elijah Muhammad, queria que ele fosse o capitão de Sabakhan. Quando não estava recrutando adeptos ou vendendo o *Muhammad Speaks* na rua, era vendedor ambulante nas corridas de cavalos de Miami: Hialeah, Gulfstream, Tropical Park. Nos banheiros, ganhava gorjetas oferecendo toalhas aos brancos, bem como serviço de engraxate e Bromo-Seltzer.

O Capitão Sam e Clay começaram a conversar sobre Elijah Muhammad. Saxon ficou surpreso ao perceber que o jovem havia ouvido falar no grupo, conhecia suas atividades.

"Ei, você já recebeu os ensinamentos", ele concluiu.

"Bem, ainda não estive no templo, mas sei do que você está falando", Clay disse. Cassius se apresentou e contou a Sam (como fazia com quase todo mundo) que logo seria campeão mundial dos pesos-pesados. Convidou Saxon a ir até sua casa para ver o livro de recortes. Saxon o acompanhou, e na conversa confirmou o interesse de Clay pelos muçulmanos. Por menos que Clay soubesse, sua sede de aprender era grande, e por isso Saxon o chamou para um encontro na mesquita local.

O pregador, um sujeito chamado Irmão John, despejou um sermão sobre a identidade negra que se tornaria, palavra por palavra, ou quase, um bordão para Muhammad Ali. "Por que somos chamados de Negros?", perguntava Irmão John. "Porque esse é o modo como o branco rouba nossa identidade. Você vê um chinês chegando, sabe que ele veio da China. Se vir um cubano, sabe que ele veio de Cuba. Se vir um canadense, sabe que ele veio do Canadá. Qual país se chama Negro?" Irmão John falava dos nomes dos negros americanos, que eram nomes de escravos, nomes que não davam noção nenhuma de ancestralidade, nomes que na verdade *apagavam* os ancestrais dos negros.

"Aquilo era claro, para mim", Ali disse ao escritor Thomas Hauser muitos anos depois, quando trabalharam numa biografia oral. "Eu poderia estender o braço e tocar o que irmão John dizia. Não era como os ensinamentos da Igreja, que exigiam que eu tivesse fé naquilo que o pastor pregava. E eu disse a mim mesmo: 'Cassius Marcellus Clay. Ele foi um branco do Kentucky, dono do meu bisavô, e deu seu nome ao meu bisavô. Depois meu avô herdou o nome, aí meu pai e agora é a minha vez'."

A partir daí, Clay mergulhou cada vez mais fundo na Nação do Islã, lendo *Muhammad Speaks*, ouvindo um disco chamado *A white man's heaven is a black man's hell* [O paraíso do branco é o inferno do negro] e, acima de tudo, andando em companhia de muçulmanos que viam nele um recruta precioso. Jeremiah Shabazz, ministro regional da Nação, sediado em Atlanta, viajou até Miami para conhecer Clay. Ele disse que na China o Buda parece chinês, e que os europeus e norte-americanos adoravam um Cristo branco. Por que os negros americanos não adoravam um deus negro? Por que um homem negro como Cassius Clay pai passava os dias pintando murais com Jesus branco? Na verdade, Shabazz disse a Clay, Deus era negro, segundo a Nação do Islã. Ele deu a Clay aulas orais de história da escravidão, dizendo que não poderia haver nas profundezas demônio pior do que o existente sobre a face da terra que oprimia o homem negro, o aprisionava e acorrentava para construir a América, fazendo dele e de seus filhos escravos. Disse-lhe que a Igreja na qual ele cresceu também era um tipo de escravidão, uma forma sofisticada de pacificação, um modo de manter o negro cantando e chorando aos domingos, em vez de marchar pelas ruas em busca de sua liberdade. Explicou ao jovem como o movimento dos direitos civis era tolo, como seria estupidez dos negros permitir que os sufocassem com gás e espancassem nas ruas, que soltassem cachorros contra eles, esguichassem água com mangueiras de incêndio, tudo para impressionar os brancos; era bobagem *implorar* pela liberdade e por outros direitos naturais. Os pregadores da Nação exigiam oposição sem tréguas, oposição por todos os meios necessários. "Qualquer um pode se sentar", dizia Malcolm X, discípulo de Elijah, criticando os Freedom Riders de Martin Luther King e as manifestações pacíficas de protesto. "Um idoso pode se sentar. Um covarde pode se sentar... mas é preciso ser homem para se levantar." A Nação do Islã, pregava Malcolm, recusava-se a apanhar sentada. Ele dizia aos brancos: "Talvez vocês vejam esses negros que acreditam na não violência e nos confundam com um deles e ergam a mão contra nós, pensando que vamos dar a outra face — mas nós vamos é matar vocês sem hesitar".

Essas mensagens de pura força ecoaram em Cassius Clay. Ele havia crescido numa cidade segregada como Louisville, agora morava segregado em Miami, onde nem mesmo Joe Louis podia ficar num quarto do Hotel Fontainebleau. Clay, ademais, ansiava por conhecimentos e era impressionável. Os dramas dos muçulmanos calaram fundo nele, junto com a noção de que o negro era o homem original, que erguera grandes civilizações quando os brancos ainda viviam nas cavernas. Cassius e o irmão Rudy iam à mesquita ou à barbearia Red de Overtown para ouvir as leituras do Corão e relatos do mito da criação.

Gradualmente, Clay aprendeu mais a respeito dos muçulmanos e do homem estranho e complicado que se proclamava "mensageiro". Elijah Muhammad nasceu em 1897, no interior da Geórgia. Seu nome então era Elijah Poole, neto de escravos. A Geórgia da juventude de Poole fazia a Louisville de Clay parecer um lugar benigno. A pobreza era desesperadora, os linchamentos de jovens negros tão comuns que frequentemente não chegavam às páginas dos jornais locais. Em 1923, Poole participou da grande jornada migratória para o Norte, fixando residência numa das áreas mais pobres do centro de Detroit. A pobreza em Detroit era, em muitos aspectos, pior que a da Geórgia. Os postos de trabalho na indústria automobilística surgiam e desapareciam, sempre com salários miseráveis — e Poole logo se viu nas filas da assistência social, desperdiçando a vida.

Poole também buscava uma crença, e como muitos outros negros pobres de Detroit ouviu falar num pregador chamado W. D. Fard, vendedor de porta em porta que havia desenvolvido uma teologia, uma história e uma visão de mundo para o homem negro. Fard era um sujeito de pele clara que alegava ter nascido perto de Meca. Na verdade, nunca estivera em Meca e chegara a Detroit em 1930, vindo da Califórnia e de Chicago. Fundou sua seita, a Nação do Islã, colocando-se como seu centro, sua luz e a encarnação de Alá. Pregava a recuperação da antiga herança islâmica e a superioridade cultural do negro. Propunha uma ética de respeito e ajuda mútua, de higiene e dedicação ao trabalho. Fard não era original. Suas ideias provinham de uma série de fontes norte-americanas e de uma rica história de nacionalismo negro. O tema da ajuda e do comportamento moral superior se baseava em Booker T. Washington e em incontáveis sermões nas igrejas negras. Sua versão do islamismo tinha raízes no Moorish Science Temple of America de Noble Drew Ali, uma seita popular entre os negros nas décadas de 1910 e 1920, que proibia totalmente jogo, esporte, bebida e qualquer atividade libertina. A ênfase no orgulho negro vinha da pregação da volta à África de Marcus Garvey, que formou a Universal Negro Improvement Association [Associação Universal para o Avanço do Negro] em 1914 e foi da Jamaica para os Estados Unidos dois anos depois, iniciando uma carreira espetacular como editor do semanário *Negro World* e divulgador de ideais nacionalistas. Garvey era descendente espiritual dos nacionalistas do século XIX, como Edward Wilmont Blyden, Bishop Henry McNeal Turner (que afirmava que Deus era negro), Martin R. Delany (que explorava a possibilidade de repatriação maciça dos negros norte-americanos para a África Oriental ou mesmo para a América do Sul) e os utopistas Isaiah Montgomery e Edward P. McCabe. Mas foi Garvey, filho de um pedreiro jamaicano, quem realmente popularizou as questões essenciais que inflamariam a consciência de Cassius Clay.

"Onde está o governo do negro? Onde estão seu rei e seu reino? Onde estão seu presidente, seu país, seu embaixador, seu exército, sua marinha, seus estadistas?"

Garvey, como fizera Blyden antes dele e como fariam os muçulmanos depois, procurava inocular o orgulho em seu povo argumentando que o homem branco ainda era selvagem e vivia nas cavernas quando "nossa raça erguia uma civilização majestosa nas margens do Nilo". (Garvey é caricaturado no *Invisible man* de Ralph Ellison como o personagem Ras, o Exortador.) Como Garvey granjeou enorme popularidade nos anos 1920, em Nova York — uma manifestação dos seus adeptos foi realizada no Carnegie Hall —, o FBI passou a persegui-lo implacavelmente, e por fim conseguiu uma condenação por fraude contra o correio. Garvey passou dois anos na prisão e foi deportado para a Jamaica em 1927, não retornando mais para os Estados Unidos — exceto como influenciador de vários grupos, entre os quais indubitavelmente se incluía a Nação do Islã.

Elijah Poole foi uma das 8 mil pessoas que seguiram Fard nos anos 1930. (Ele havia sido membro da organização de Garvey em Chicago, antes disso.) A devoção de Poole à seita era tão intensa, tão disciplinada, que Fard fez dele um de seus principais assessores. Eles já se conheciam havia alguns anos quando Poole pressionou Fard a respeito de quem ele realmente era. Fard respondeu: "Sou aquele por quem o mundo esperou 2 mil anos. Vim para guiá-los até o caminho correto". Fard se dizia muçulmano e considerava o Corão o livro sagrado, mas criara uma cosmologia bem diferente da praticada pelo mundo islâmico fora de Detroit. Seu universo religioso costurava coisas do islamismo, do cristianismo, do Livro dos Mórmons, das necessidades políticas e outros elementos. Para muitos negros pobres de Detroit, homens e mulheres cujos avós haviam sido escravos e que se encontravam nas condições mais degradantes, a narrativa de Fard oferecia esperança, orgulho e significado histórico.

Segundo Fard e os sermões e livros publicados por Elijah Muhammad nos anos seguintes, há 76 trilhões de anos o universo não tinha vida, era só vácuo, antes do conceito de tempo. Um único átomo começou a girar, e desse átomo surgiu a terra e depois um homem, um negro, o "Homem Original", que hoje conhecemos como Alá. Este, por sua vez, criou o universo conhecido e depois a raça negra. O homem negro, portanto, teve primazia no universo e era divino. A vida para ele era um paraíso de fartura e justiça.

Fard declarou que há 6600 anos uma criança negra chamada Yacub nasceu com um crânio inusitadamente grande e ficou conhecida como "o cientista da cabeça grande". O sr. Yacub era um prodígio, um gênio diabólico, que terminou a faculdade aos dezoito anos. Como ele também pregava ideias teológicas perigosas, foi exilado com 59 999 de seus seguidores na ilha de Patmos, no mar Egeu. Ali, o sr. Yacub passou a matar seus semelhantes negros para criar uma "raça maldita" nascida da mentira, do logro e do homicídio. Ele sabia que o negro tinha um "germe" ou gene negro dominante e um gene marrom mais fraco, mas foi capaz de criar pessoas mais claras dando os negros para as feras comerem (ou enfiando agulhas em seus cérebros) e acasalando homens e mulheres mais claros. Depois de duzentos anos, o sr. Yacub morreu e não havia mais negros em Patmos. Cerca de seiscentos anos mais tarde, os homens e as mulheres de Patmos já haviam passado de negros a marrons, depois a amarelos e a brancos — brancos com cabelo claro e olhos azuis. Fard os chamava de "demônios brancos", um povo doente, com sangue ralo e ossos fracos, propenso a doenças e incapaz de retidão, em parte devido ao cérebro insuficiente de 170 gramas. Os brancos foram impedidos de retornar ao Oriente pelo Fruto do Islã e mandados para a Europa. Por muito tempo, os brancos degeneraram e se tornaram primitivos, vivendo como animais, chegando a ter relações sexuais com os animais, até que Moisés foi enviado para civilizá-los. Finalmente, os brancos passaram a ser dominantes, primeiro na Europa e depois no Novo Mundo, onde importaram escravos da África e os trataram com brutalidade — obrigando-os a aceitar carne de porco e cristianismo, fazendo com que perdessem contato com a radiante civilização de seus ancestrais, os Homens Originais.

Essa era a versão da história para a Nação do Islã. Seu mito da redenção inclui uma espaçonave em forma de disco com oitocentos metros de diâmetro, chamada Nave-Mãe. A nave é pilotada pelos melhores negros, que usam seu poder psíquico para conduzi-la. Oito a dez dias antes do dia da retribuição de Alá, a Nave-Mãe despejará sobre o planeta panfletos em árabe e inglês, ensinando a todas as pessoas íntegras onde se esconderem do iminente ataque dos céus. O ataque será brutal e completo: 1500 naves decolarão da Nave-Mãe e descarregarão as bombas. Como na história da Arca de Noé, só os justos escaparão. Inspirando-se na retórica do Apocalipse de João, a história diz que os Estados Unidos queimarão num lago de fogo por 390 anos e depois passarão 610 anos esfriando. Finalmente, o homem negro, o homem íntegro, erguerá uma nova civilização sobre as cinzas da anterior.

Clay fascinou-se com os contos dos muçulmanos, embora entendesse certos aspectos apenas superficialmente. Bem, não chega a surpreender que pessoas não familiarizadas com os princípios de Fard os considerassem estranhos, na boca de Ali. Certa noite, Ferdie Pacheco passeava por Miami em seu Cadillac conversível de luxo, com Clay e duas moças. Clay, no banco traseiro, inclinou-se para a frente e tocou o ombro de Pacheco.

"Está vendo aquilo?", disse, apontando para o céu. "É a nave espacial."

"Que nave espacial?" perguntou uma das moças.

Clay olhou para ela, surpreso.

"Um dia, há cerca de 7 mil anos, um cientista louco malvado chamado sr. Yacub criou a raça branca, a partir da negra... O doutor maluco fez os brancos superiores e atirou os negros na escravidão. O final desse período está próximo."

"E o que isso tem a ver com uma nave espacial?"

"Bem, a nave decolou com 26 famílias amarelas a bordo e gira em torno da Terra. Eles a chamam de Nave-Mãe. As raças não brancas são oprimidas pelos brancos, e logo eles virão à Terra para acabar com a raça branca."

Uma das moças sorriu, incrédula.

"E o que eles estão esperando, amor?"

"Uma vez por ano", Clay prosseguiu, "eles descem no polo norte, estendem uma mangueira enorme de plástico e sugam oxigênio e gelo suficientes para um ano."

No início, Clay não distinguia muito o que era e o que não era útil para ele na ideologia muçulmana, mas com o passar do tempo parou de mencionar essas histórias. O que mais o encantava era o islamismo "com os pés no chão", a identidade dos muçulmanos, seu comportamento militarizado e orgulhoso. Em Elijah Muhammad ele encontrou um pai substituto, uma fonte de sabedoria mística que sentava em sofás revestidos de plástico e explicava o mundo em termos de santos negros e demônios brancos. Elijah Muhammad, contudo, no início mostrou-se profundamente ambivalente em relação a Clay. A Nação do Islã considerava o boxe tão ruim quanto a bebida, uma indulgência inútil para divertir o homem branco. Quando Clay o conheceu no início dos anos 1960, Elijah Muhammad já se tornara um líder respeitado, apesar de pouco conhecido entre os brancos. Em 1934, Fard desapareceu e Poole, já com o nome de Elijah Muhammad, assumiu a liderança dos muçulmanos como mensageiro de Fard. Depois de ter sido preso em Detroit por contribuir para a delinquência de menores, pois se recusara a mandar os filhos para escolas reconhecidas pelo governo, ele se mudou com a família e a seita para Chicago. Um de seus gestos lendários foi a recusa a prestar o serviço militar. Preferiu passar um tempo na cadeia.

"Para Ali, havia algo na noção de superioridade negra e na nave espacial que servia de consolo e alimento espiritual", disse Robert Lipsyte, repórter do *New York Times* que o conheceu bem, no início dos anos 1960. "Afinal de contas, o pai apoiava as ideias de Marcus Garvey. Ali afastou-se do pai, mas sofreu influência dele, sentindo que a sociedade branca era opressora. Além disso, o que seria de Ali sem a Nação? A seita lhe deu uma identidade, uma ligação com algo maior e mais importante. Estávamos na época da reação branca virulenta contra a integração, e a Nação do Islã pregava a autossuficiência."

"Ali buscava uma crença, era jovem e estava cheio de dúvidas, dores e curiosidade. Procurava respostas específicas", Ferdie Pacheco revelou. "Ele queria um mestre que lhe dissesse o que fazer, e a resposta muçulmana era definitiva e clara: não confie em nenhum branco. Negro é melhor, negro é lindo, não precisamos dos brancos para nada. Pouco importava se ele tinha a mim, se havia o Grupo de Louisville e Angelo, além de outros brancos em torno dele. O negócio dele não era odiar. Porém, ele sempre andou em seu próprio ritmo. Vendo as coisas que queria ver. Adotando o que era melhor para ele, qualquer ideologia, qualquer programa que considerasse próprio para seu modo de pensar e de viver. Desde a viagem para Detroit em 1962, quando conheceu Elijah Muhammad, Ali ficou obcecado por ele, que fez sua cabeça. Ali considerava que a única pessoa a quem realmente devia ouvir era o velho mestre.

"Ali compreendia o que era força. Assim como Sonny Liston entendeu a Máfia, Ali entendeu que não dava para brincar com os muçulmanos. Ele gostava da força deles. Preferiu virar a cabeça para não ver que a Nação, principalmente no início, estava cheia de ex-presidiários, pessoas violentas que quando se sentiam traídas saíam em busca de vingança."

Em 1962, Clay convidou Capitão Sam e outros muçulmanos para irem ao Fifth Street Gym ajudar em algumas tarefas e dar apoio espiritual. Clay aceitava as restrições alimentares do Islã, e a Nação providenciava seus cozinheiros. Algumas pessoas do ginásio, como Pacheco, sabiam que Cassius e o irmão Rudy passavam boa parte do tempo livre com os membros da Nação, mas Cassius não se mostrava ansioso para divulgar suas novas crenças. Ele sabia muito bem que os raros brancos que conheciam algo a respeito da Nação do Islã a consideravam uma seita assustadora, formada por muçulmanos radicais com discurso separatista e cheia de criminosos. "Eu temia não poder disputar o título, caso eles soubessem", ele disse anos depois.

Quando Clay foi a uma manifestação muçulmana no South Side de Chicago, alguns repórteres perguntaram se ele era membro. Clay, que geralmente atendia aos repórteres com boa vontade, considerou rude a insistência e se fechou. Os muçulmanos, declarou, são pessoas limpas e trabalhadoras, que não traem as esposas, não bebem nem tomam drogas. Novamente, perguntaram se Ali era membro.

"Não, ainda não", ele disse. "Mas, se vocês continuarem me pressionando, vou acabar entrando. Eles são as pessoas mais limpas do mundo, depois de Deus."

Inteligente, Cassius Clay dividia suas devoções. Conforme crescia sua dedicação à Nação do Islã, aumentava a atenção ao boxe. No dia 24 de janeiro de 1963, ele foi a Pittsburgh enfrentar Charlie Powell, ex-jogador de futebol americano, famoso pela cabeça quente. Powell provocou Clay na pesagem, e pela primeira vez Clay deu a impressão de que lutava com raiva. Ele boxeou sem o costumeiro estilo arte-antes-do-soco e Powell, por sorte, caiu no terceiro assalto, passando uma hora a vomitar sangue no vestiário, após a luta.

No que dizia respeito a Clay, ele já havia derrubado um número de candidatos e desafiantes suficiente para chamar a atenção de Sonny Liston. Na verdade, não derrotara nenhum lutador importante. Archie Moore, o mais conhecido dos oponentes, subiu ao ringue parecendo uma baleia de ressaca. Sonny Banks conseguiu uma queda de Clay. O truque era manter-se em atividade e continuar aprendendo. O tempo estava ao lado de Clay, afinal; Liston arrasara Patterson duas vezes, mas atingira o auge como boxeador dois ou três anos antes disso. O título não ajudou a melhorar os hábitos do campeão. Liston treinava esporadicamente e, embora estivesse longe de encrencas pesadas, bebia e passava a noite na farra. Desistira havia muito da ideia de ser um paradigma para sua edificante profissão.

Clay assinou contrato para enfrentar um boxeador esperto chamado Doug Jones, no Madison Square Garden, em março de 1963. O evento seria mais importante para as atividades promocionais de Clay do que para o esporte. Algum tempo antes da luta, os jornais da cidade iniciaram uma greve de 113 dias. Clay, Jones e o Garden foram obrigados a promover a luta na televisão e em todos os canais "alternativos" disponíveis.

"Isso é injusto para com os inúmeros fãs do boxe existentes em Nova York", queixou-se Clay. "Agora eles não poderão ler a respeito do grande Cassius Clay."

Ele compareceu a todos os programas de televisão que o aceitaram, mas seu golpe de mestre aconteceu no Bitter End, uma extensão chique do Greenwich Village para cantores folk, comediantes e outros badalados do momento. O evento era uma noite de poesia, e Clay subiu ao palco com seis mulheres e um homem, embora fosse óbvio que ele era a atração do programa. Robert Lowell não estava na disputa, muito menos Allen Ginsberg. Era tudo arranjado. O primeiro poeta a se apresentar foi um barbudo chamado Howard Ant, que recitou seu imortal poema "Sam, the gambler, talks to a losing horse" ["Sam, o jogador, fala a um cavalo derrotado"]. Ficou patente que a noite seria dedicada ao boxe quando uma das mulheres, Doe Lindell, recitou seu "Poema para Cassius". Finalmente, Clay aproximou-se do microfone e recitou uma ode a si mesmo:

Marcellus conquistou Cartago
Cassius fez Júlio César cair,
E Clay vai arrebentar Doug Jones
Quando soltar um golpe de explodir.
Quando o gongo soar na arena
E o árbitro chamar o vencedor,
Cassius Marcellus Clay
*Será de todos os romanos o maior.**

Felizmente para a poesia e para a autopromoção, a performance no Bitter End não foi televisionada. Nova York ansiava por uma boa luta, pois as disputas de títulos começavam a migrar para Las Vegas, e o Garden (o antigo Garden, na Fiftieth Street) lotou. Na noite da luta, Clay se desdobrou para compensar a greve dos jornais. Convidou o grande cronista de boxe do *Newsday*, Bob Waters, para subir a seu quarto no Hotel Americana, e disse a ele: "Essa correria está me matando. Na semana passada, era só 'Cassius, você vem ao meu programa de tevê?', 'Cassius, dá para gravar alguma coisa para o rádio?', 'Cassius, você precisa posar para as fotos'. Cara, estou cansado. E tenho de falar o tempo inteiro, sabe? As pessoas esperam isso. Os repórteres dizem: 'Não vamos fazer perguntas, cara. Pode ir falando'. Minha boca está cansada".

A única coisa que energizou Clay antes da luta foi ele ter en-

* Marcellus vanquished Carthage,/ Cassius laid Julius Caesar low,/ And Clay will flatten Doug Jones/ With a mighty, muscled blow./ So when the gong rings/ And the referee sings out, "The Winner",/ Cassius Marcellus Clay/ Will be the noblest Roman of them all.

contrado um novo amigo, um sujeito místico com uma cicatriz comprida na face, chamado Drew Brown. Conhecido pelos apelidos de Bundini e Fastblack, Brown passara sete anos na equipe de Ray Robinson como chefe da torcida organizada e bobo da corte. (No auge da carreira de Robinson, a equipe incluía instrutor de voz, professor de teatro, barbeiro, técnico de golfe, massagista e secretário, além do anão mascote.) Bundini era um judeu convertido casado com uma mulher chamada Rhoda Palestine. Chamava Deus de "Shorty" e acreditava intensamente na majestade Dele. Certo dia, Brown subiu ao apartamento de Clay no hotel e imediatamente o acusou por prever os finais das lutas.

"Deve ser tudo arranjado, senão você não poderia saber quando Archie Moore ia cair. Você é uma farsa!", exclamou. "Ou é um lutador de araque, ou Shorty está no seu corner. Trabalhei com Sugar Ray. Trabalhei com Johnny Bratton. Nunca ouvi falar em alguém prever com semanas de antecedência o round em que ele ganharia. Conte a verdade!"

"Sabe qual é a verdade?" Clay disse, no final de uma longa conversa. "A verdade é que morro de medo cada vez que subo no ringue."

Bundini, que chorava à toa, chorou baldes.

"Eu sabia que Shorty estava do seu lado", disse. "Shorty tinha de estar com você. Quer dizer que você fica lá morrendo de medo? Por quê?"

"Tenho medo porque depois de tanta falação, de prever o resultado, de ver um monte de gente torcendo para que eu apanhe, sei que estou encrencado. Se perder, vão me chutar para fora do país. Estou na corda bamba, sei que preciso ganhar. Mas esse é um fato que só você e eu sabemos."

"Você, eu e Shorty", Bundini disse.

A partir daí, Clay decidiu que precisava de Bundini a seu lado, para motivá-lo e diverti-lo. Bundini era negro, mas defendia a integração, os direitos civis. Clay não se importava. Adorava Bundini, gostava da maneira como este o superava verbalmente e levantava seu moral; gostava de conversar sobre astronautas e filmes de terror com ele, de trocar insultos jocosamente. E apreciava o fato de Bundini ter experiência, conhecer um pouco do mundo.

Drew Brown nasceu em 1929 e cresceu pobre na zona rural da Flórida. Ele disse que começou a pagar seu próprio aluguel antes dos dez anos e que entrou para a Marinha, como grumete, aos treze. "Enfrentei as campanhas do Pacífico e do Atlântico, conheço os mistérios da vida", disse certa vez com sua eloquência característica. "Sei tudo a respeito de homens e mulheres e amor e morte e poder e glória." Ele deixou a Marinha depois de ameaçar um oficial com um cutelo de carne. Em seguida, vagou pelo país, fazendo biscates e trabalhando para boxeadores. Com o passar dos anos, Bundini cairia em desgraça junto a Clay — entre outras razões, por ter vendido o cinto do campeão a um barbeiro do Harlem por quinhentos dólares —, mas os dois homens se comunicavam de um modo mágico e amoroso muito diferente da maneira ordeira com que Dundee tratava o lutador. Bundini chorava quando acertavam Clay, derramava lágrimas de alegria na vitória. Anos mais tarde, tendo assistido Clay no corner em muitas oportunidades, ele disse: "Fico enjoado antes da luta. Eu me sinto como uma mulher grávida. Passo toda a minha força ao campeão. Ele dá um soco, eu dou um soco. Ele apanha, dói em mim. Não sei explicar, mas às vezes sei o que ele vai fazer antes mesmo dele".

Clay precisava de toda a força que Bundini pudesse lhe dar para a luta contra Doug Jones. No dia do confronto, a cotação das apostas era de dois a um a favor de Clay, mas ele não só viu que era impossível cumprir a previsão de nocaute no sexto assalto como nem chegou a machucar Jones. No final, só contava com as preferências estéticas dos juízes e sua boa vontade para ter um futuro, pois Jones, que pesava apenas 85,3 quilos, quase sete a menos que Clay, era ardiloso, hábil e rápido. Clay passou a noite inteira perseguindo um caranguejo na areia.

Clay deveria ter dominado a luta, como imaginava a maioria da plateia. Porém, round após round, Jones entrava por entre os jabs de Clay. A única vantagem de Jones era a experiência, e ele a usou para equilibrar a luta, revidar os golpes. Com o passar dos minutos, o público começou a perceber que Clay não conseguiria cumprir a promessa; na verdade, seria uma sorte se ganhasse. A excitação da multidão, seu barulho ensurdecedor, tinha menos a ver com a qualidade da luta do que com a expectativa de uma virada. "O tempo inteiro eu vi uma luta comum — a que mal valia a pena assistir", disse Liebling, "enquanto os outros, a julgar pelo barulho que faziam, testemunhavam um confronto largamente alegórico entre o humilde pobre-diabo e o poeta gabola."

No final, dois juízes, Frank Forbes e Artie Aidello, deram a vitória a Clay por cinco a quatro (com empate em um dos rounds), e o outro, inexplicavelmente, marcou oito a um a favor de Clay, além de um empate. A multidão, que se tornara antipoética na metade do combate, começou a vaiar no instante em que a decisão foi anunciada. Os mais revoltados encheram o ar de latas de cerveja amassadas, pontas de charuto e aviões de papel. Clay tirou as luvas e pegou alguns amendoins atirados nele. Tirou a casca e os comeu, dramaticamente. Ergueu as mãos em sinal de vitória e desafio, entretanto, considerando seu nível costumeiro de exuberância, o gesto foi burocrático. Ele sabia que havia falhado. Depois da luta, Clay foi ao Harlem para a festa da vitória no Small's Paradise, mas estava tão enjoado de exaustão que quase apagou na frente do bolo da vitória. Com a ajuda dos amigos, voltou ao hotel para uma longa noite de sono.

"Não sou o Super-Homem", disse, atipicamente. "Se os fãs acham que eu posso fazer tudo o que digo que posso, são mais loucos do que eu."

Quando os jornais voltaram a sair, muitos cronistas esportivos estavam ansiosos para comentar a luta do jovem escandaloso. Pete Hamill, do *New York Post*, bem mais jovem e liberal do que os colunistas da época, registrou sua impaciência e sua rejeição pela nova sensação. "Cassius Clay é um jovem cheio de charme", escreveu, "que corre o risco de se tornar um chato insuportável."

Na luta seguinte, três meses depois, contra Henry Cooper, no Wembley Stadium de Londres, em junho, Clay não se saiu muito melhor. Mais uma vez ele era favorito, e encontrou dificuldade para manter a concentração. Mais uma vez a promoção antes da luta foi mais do que qualquer promotor poderia sonhar: ele desfilou pela cidade de Londres numa carruagem aberta, usando bengala e declarando que o palácio de Buckingham era um "apê legal". Contudo, ele brincou demais no ringue e arriscou suas chances de disputar o título.

Cooper era conhecido como lutador de um soco só, possuidor do que seus compatriotas chamavam de "marreta de Henry". Mas Clay pelo jeito não se importava. Cooper iniciou a luta obrigando Clay a fincar o calcanhar no chão. Clay era mais ágil e seus jabs resvalavam na testa de Cooper, que estava lutando na frente de 55 mil ingleses e se inspirou. Foi mais difícil cansá-lo do que a um veterano como Archie Moore. No quarto assalto, Cooper levou Clay às cordas e encaixou um soco terrível, que fez Clay cair no chão, de costas. A boca de Clay formou um "O" de dor e surpresa. No entanto, ele se levantou logo e o assalto acabou.

No corner, Angelo Dundee notou uma pequena falha na costura da luva de Clay. Caso seu pupilo estivesse em vantagem, se não precisasse de um tempo extra, Dundee a teria ignorado, mas ele aproveitou a oportunidade e enfiou o dedo no furo, abrindo mais a costura. Depois chamou o árbitro para mostrar o local descosturado. Durante a pausa, Dundee cuidou de Clay com esponjas molhadas e sais. Quando o gongo finalmente soou para o quinto assalto, a névoa sumira de sua vista e ele estava novamente em forma. Como previra uma vitória no quinto round, Clay atacou com vigor, castigando Cooper com jabs rápidos e ganchos que de repente transformaram o rosto do inglês num rio de sangue tão copioso que descia em cascata da sobrancelha pela face.

Finalmente, o árbitro Tommy Little aproximou-se de Cooper e o afastou.

"A luta acabou, cara", disse.

"Até que para um vagabundo aleijado eu não me saí tão mal, né?", Cooper disse, ao ir embora.

Clay alegou que abriu a guarda para o poderoso soco de Cooper no quarto assalto porque estava de olho em Elizabeth Taylor, que assistia à luta numa cadeira de ringue. Os mais céticos entre os repórteres que cobriam a luta discordaram. O rapaz, disseram, era surpreendente e tinha potencial, mas ainda não estava pronto. Até o senador Kefauver, que parecia se considerar um professor de pugilismo, declarou solenemente à imprensa que ainda seriam necessários "alguns anos" até que Cassius Clay estivesse maduro o bastante para enfrentar o campeão.

Só o próprio campeão discordava. Ele não teria de esperar muito. Liston enviara seu empresário, Jack Nilon, para Londres, como emissário. Depois da luta, Nilon foi ao vestiário de Clay e lhe deu a notícia. "Voei mais de 4 mil quilômetros para lhe dizer que chegou a hora", Nilon disse.

Nilon, obviamente, tinha certeza de que era o embaixador do leão na corte da ovelha declarando guerra. Depois da luta contra Jones e do desempenho irregular contra Henry Cooper, Cassius Clay parecia apenas uma forma fácil de Liston e seu grupo ganharem dinheiro. Liston não lutava desde a revanche contra Patterson. Sua imagem de destruidor fora construída em cima dos dois minutos que levara para conquistar o título e dos dois necessários para defendê-lo. Agora, esperava por Clay. Apesar do desempenho sofrível do desafiante contra Jones, em Nova York, e contra Cooper em Londres, nenhum outro lutador do ranking atrairia tanto público — e, na mente de Liston, poucos boxeadores seriam tão fáceis de derrotar.

Clay sabia que Liston acreditava que o tinha assustado na mesa de dados em Las Vegas. Agora, precisava alterar o equilíbrio psicológico de forças. Portanto, antes mesmo que os dois lutadores se encontrassem para iniciar a negociação, Clay resolveu tirar o urso da hibernação e acabar com sua sensação de beatitude complacente.

"Estudo Liston atentamente, há muito tempo, desde que ele começou a subir no ranking, quando Patterson tentava evitar a luta", Clay disse a Alex Haley numa entrevista à *Playboy*. "Seu estilo de boxear, sua força. O soco. E outras coisas. Mas isso era apenas uma parte do que eu estava analisando. Qualquer boxeador estuda essas coisas nos sujeitos que pretende enfrentar. Contudo, o mais importante para mim era observar como Liston agia fora do ringue. Li tudo o que encontrei, todas as entrevistas. Conversei com pessoas próximas a ele, ou que trocavam ideias com ele. Aí eu me deitava na cama e tentava formar um quadro e pensar no conjunto, ter uma noção de como sua mente funcionava. Foi aí que tive a ideia de que, se lidasse com o caso direito, poderia usar a psicologia contra ele — sabe, espicaçá-lo e atormentá-lo tanto que abalaria seus nervos a ponto de acabar com ele antes que subisse ao ringue comigo. E foi exatamente isso que eu fiz... Dediquei-me a fazer com que ele pensasse o que eu queria que ele pensasse; que eu não passava de um palhaço, que ele não precisava se preocupar, pois eu não seria capaz de fazer uma luta de verdade quando subisse no ringue. A imprensa, todo mundo — eu não queria que pensassem nada além de que eu era uma tremenda piada."

Como se fugisse para o Oeste para se afastar das complicações com a polícia da Filadélfia, Liston se mudara para Denver e declarara: "Prefiro ser um poste de luz em Denver a prefeito em Filadélfia". Clay resolveu visitá-lo. Ele havia comprado um ônibus Flexible 1953 para trinta passageiros, da mesma cor que a Schwinn de sua infância, vermelho e branco. Como Toro Molino em *The harder they fall*, ele transformou o ônibus em sua casa ambulante e instrumento promocional. Pintou uma placa em que se lia: "O lutador mais versátil do mundo: Liston vai cair no oitavo". Acompanhado de um de seus amigos muçulmanos, Archie Robinson, e do homem que se tornaria seu melhor e mais leal amigo, o fotógrafo Howard Bingham, Clay partiu para Denver com a ideia de atormentar Sonny Liston.

Quando chegaram à periferia de Denver, por volta das duas da manhã, Clay telefonou para os jornais locais e para as sucursais das agências de notícias e sugeriu que fossem para a frente da casa de Liston ver seu show. O ônibus estacionou às três horas, quando a imprensa já estava a postos. Clay mandou Howard Bingham bater na porta.

Liston atendeu, usando robe de seda e pijama curto.

"O que você quer, seu negro filho da puta?", o campeão disse, à guisa de cumprimento.

No meio da rua, Clay e os amigos gritavam: "Venha até aqui! Vou dar um pau em você agora mesmo! Saia e proteja sua casa! Se você não sair, vou botar a porta abaixo!"

Liston hesitou. Tinha plena consciência dos problemas passados com a polícia. Uma briga na rua poderia provocar outra prisão e mais publicidade negativa nos jornais.

"No começo, não consegui enfurecê-lo de verdade, pois ele tinha uma ideia fixa na cabeça", Clay se recorda. "Mas continuei insistindo. Um sujeito com a mente como a de Liston é muito curioso. Não se pode dizer que ele pensa rápido como eu. Ele se parece com um buldogue."

Antes que algo pudesse acontecer, porém, os vizinhos chamaram a polícia, que mandou Clay e seus amigos circularem. Liston fechou a porta e ficou dentro de casa. De acordo com seu sparring Foneda Cox, ele estava furioso e confuso. Perfeito. Clay voltou para casa satisfeito com o sucesso obtido na empreitada.

"Enquanto eu lutava contra Jones e Cooper", disse, "Liston vivia mergulhado até o pescoço no ritual luxuoso e sedentário dos campeões. Eu quase batia palmas cada vez que lia ou ouvia falar em alguma festa ou cerimônia importante, na qual ele passava metade da noite acordado, bebendo e farreando. Eu levava em conta a idade de Liston, também... O que melhorava mais as coisas para o meu lado era que ele não treinara direito para a revanche contra Patterson, e Patterson, por sua vez, estava pior ainda — e quando Liston fechou contrato para lutar comigo estava em pior forma do que na época da luta contra Patterson. Ele achava que ia começar a ganhar uma série de lutas contra quem quer que fosse a bola da vez, como fizera Joe Louis. Em mim, ele só via uma boca."

A verdade era que quase ninguém via muito mais que isso. O pessoal de Liston tinha certeza do nocaute, assim como o Grupo de Louisville. “Tenho de ser honesto: até o último minuto, eu tinha certeza de que Cassius não poderia derrotar Sonny Liston em hipótese alguma. Quando chegou a hora de fazer os contratos, minha orientação partia do princípio de que aquela seria sua última luta”, confessou o advogado do grupo Gordon Davidson. “E eu rezava para que Cassius não se machucasse.”

No dia 5 de novembro de 1963, os representantes de Liston assinaram os contratos em Denver para a defesa do título contra Cassius Clay. A luta foi marcada para o dia 25 de fevereiro de 1964, em Miami, e seria transmitida ao vivo em circuito fechado para diversos locais do país.

8. Sensação

O promotor da luta Liston-Clay foi William B. MacDonald, ex-motorista de ônibus que fizera uma fortuna enorme e andava em dois Rolls-Royces e num iate de cinquenta pés chamado *Snoozie*. MacDonald nascera em Butte, em 1908. Descendia, alegava, de várias gerações de ladrões de carneiros. Restavam poucos carneiros para roubar em Butte e ele foi para Miami, onde ganhou dinheiro com estacionamentos, lavanderias, lavagem a seco, gerenciamento de restaurantes, caminhões, trailers e uma firma de hipotecas sediada em San Juan. Casou-se com uma polonesa chamada Victoria e só de farra comprou um haras em Delray Beach para criar garanhões e um timeco de beisebol chamado Tampa Tarpons. MacDonald distribuía abotoaduras de ouro como quem dava chicletes. Vivia numa casa de 250 mil dólares em Bal Harbour e conservava como principal assessor um ex-barman chamado Sugar Vallone. Sua generosidade como pai era incomparável. Construiu uma casa na árvore para a filha, com cortina e carpete iguais aos da casa principal, e no oitavo aniversário da menina instalou uma *jukebox* na árvore. Bill MacDonald sabia gozar a vida. Fumava charuto, comia filé. Jogava golfe e decorava as paredes com marlins empalhados que pescava no Atlântico. No campo de golfe, dirigindo seu carrinho, equilibrava uma Coca numa das mãos e uma *ginger ale* na outra. Virava o volante com os antebraços e a barriga. Era muito gordo.

MacDonald já tinha alguma experiência no mundo do boxe. Ganhara algum dinheiro, não muito, promovendo a terceira luta Patterson-Johansson. Quando falou pela primeira vez com Chris Dundee sobre a disputa do título entre Liston e Clay, a ideia parecia seguramente lucrativa. Poderiam ganhar muito dinheiro, ainda mais com os turistas ricos e a multidão que descia para a Flórida no inverno, em fevereiro. O que poderia dar errado? Liston já era a presença mais temida no ringue desde Louis e Marciano, e Clay, com sua boca enorme, faria com que vendessem quantos ingressos a legislação contra incêndios de Miami permitisse. Lucro certo. E MacDonald, que investira 800 mil dólares na luta, tranquilamente estabeleceu o preço do ingresso mais alto em 250 dólares, um valor sem precedentes.

MacDonald previa uma grande noite, um ringue rodeado de celebridades do cinema e dos figurões suspeitos, os caras dos maços de dinheiro. Queria todos os badalados ali perto. "Um sujeito me telefona e pede um lugar de cem dólares para Andy Williams, por exemplo", ele disse a um repórter do *Sports Illustrated*. "Eu respondo que Andy Williams tem de estar na frente, com os maiorais. Não posso imaginá-lo sentado lá no fundo, com a moçada. Ele precisa ficar na frente, ao lado dos tubarões, e não com as sardinhas."

Embora MacDonald não fosse exatamente um especialista em boxe, era esperto o bastante para dizer aos repórteres que não se surpreenderia nem um pouco se desse zebra na luta. "Aposto que Clay vai ganhar", ele disse. "Conquistará o título se mantiver distância, soltar os jabs e correr, mas aquele moleque se acha o máximo — está ficando histérico — e acha que pode acertar o nariz de Liston pela lateral. Talvez seja uma luta sanguinária, mas, se Clay chegar ao sétimo ou oitavo assalto, pode muito bem ganhar." Dá para entender o envolvimento de MacDonald, que não era muito dado a sutilezas. Não venderia ingressos se Davi não tivesse nenhuma chance contra Golias.

MacDonald não esperava que Liston travasse um duelo verbal com Clay antes da luta. Liston se acostumara tanto a ouvir falar de si como o campeão imbatível, favorito na base de sete para um, no mínimo, que treinou no Surfside Civic Auditorium em North Miami Beach com uma atitude para lá de complacente. Em contraste com o ambiente gloriosamente despojado de Clay no Fifth Street Gym, Liston treinava com ar-condicionado. Um locutor anunciava a etapa seguinte da via-sacra: "O campeão no saco de areia". Liston passava um tempo socando. Depois seus segundos, liderados por Willie Reddish, corriam até ele e o enxugavam como se fosse Cleópatra. Reddish jogava uma bola pesada para condicionamento na direção da barriga de Liston uma dúzia de vezes e depois Liston pulava corda ao som de "Night train", como fizera no *Ed Sullivan Show*.

"Notem que os calcanhares do campeão jamais tocam o solo", ressaltava o locutor. "Ele faz tudo na ponta dos pés."

Liston treinava como Liberace tocava piano; tudo não passava de uma *encenação* espalhafatosa de um pugilista se exercitando. Era difícil saber se Liston levava Clay a sério. Ele não se dava ao trabalho de fingir que odiava o desafiante. "Não odeio Cassius Clay", disse. "Eu o amo tanto que darei a ele 22,5% da renda. Clay significa muito para mim. Ele é meu garoto, meu menino de 1 milhão de dólares. Torço para que ele esteja bem e principalmente para que apareça no dia da luta." A única preocupação com sua saúde, Liston admitiu, dizia respeito ao destino de sua mão esquerda. "Ela vai descer tão fundo na garganta dele que precisarei de uma semana para puxá-la de volta."

Os cronistas esportivos não gostavam de Liston, mas o respeitavam como pugilista. Apostavam numa vitória fácil contra Clay. Lester Bromberg, do *New York World-Telegram*, disse que a luta "seguiria o padrão" dos dois confrontos Liston-Patterson, com diferença apenas na duração. Desta vez, a luta seria mais longa. "Vai chegar quase ao final do primeiro round." Quase todos os cronistas eram homens de meia-idade crescidos na era de Joe Louis e antipatizavam com Clay mais do que com Liston. Jim Murray, do *Los Angeles Times*, previu que a luta Liston-Clay seria "o confronto mais popular desde Hitler e Stalin — 180 milhões de norte-americanos torcendo por um nocaute duplo. Clay só é capaz de derrotar Liston em leitura de dicionário... Suas declarações públicas têm a modéstia de um ultimato alemão contra a Polônia, mas sua performance mais se parece com a da Marinha de Mussolini".

No Fifth Street Gym, Clay dedicava esforço considerável às entrevistas coletivas após as sessões de treinamento. Dia após dia ele descrevia como passaria os primeiros cinco rounds circulando em torno do "urso feio", para cansá-lo, e depois o faria em pedaços com ganchos e uppercuts, até que finalmente Liston caísse de quatro em sinal de submissão. "Vou jogar aquele urso feio no chão e depois da luta vou erguer uma bela casa e usá-lo como tapete de urso. Liston fede que nem um urso, aliás. Vou levá-lo para o zoológico quando acabar com ele. As pessoas acham que eu estou brincando. Não estou. Falo sério. Essa vai ser a luta mais fácil da minha vida." Ele disse aos repórteres que o procuravam que agora era a hora de "subir no barco". Estava anotando os nomes, disse, acompanhando os derrotistas, e quando ganhasse teria "uma pequena cerimônia, na qual haveria comilança — gente engolindo suas palavras". Todos os dias, ele repetia a homenagem a Gorgeous George ao descrever o que faria caso Liston vencesse: "Diga isto a sua câmera, a seu jornal, a seu diretor de tevê ou de rádio, diga isto ao mundo: se Sonny Liston ganhar de mim, vou beijar seus pés no ringue, direi que ele é o maior e pegarei o primeiro jato para fora do país". Para a ocasião, ele preparou aquele que foi indubitavelmente seu melhor poema. Com o passar dos anos, Clay encomendaria alguns poemas. "Todo mundo faz seus versinhos", disse Dundee. Mas aquele era puro Clay. Ostensivamente, era uma visão profética do oitavo assalto, e nenhum poema, anterior ou posterior, o superava em força narrativa, ritmo e presença de espírito. Foi sua "Canção de mim":

Clay sai para enfrentar Liston
E Liston bate em retirada.
Se ele recuar mais um pouco,
Vai acabar na arquibancada.
Clay gira e solta a esquerda,
Clay gira e solta a direita.
Vejam como o jovem Cassius
Exige uma luta bem-feita!
Liston só faz recuar,
Mas não pode se esconder
Dos golpes de Clay para sempre:

Ele bate para valer.
Clay gira e solta a direita:
Como ele é lindo pulando.
O soco despacha o urso
Para fora do ringue voando.
Liston segue sua rota
E o árbitro franze a testa,
Pois só pode abrir a contagem
Se Sonny voltar para a lona.
E Liston some de vista,
A multidão ensandece,
Mas a estação de radar
Já o encontrou, me parece,
Perdido no meio do Atlântico.
Não podia imaginar
Que na verdade veria
Um satélite decolar
Quem veio ver esta luta.
Ninguém sonhava ao pagar
Que o total eclipse do Sonny
Iria hoje testemunhar!
*Eu sou o maior!**

* Clay comes out to meet Liston/ And Liston starts to retreat/ If Liston goes back any further/ He'll end up in a ringside seat./ Clay swings with a left,/ Clay swings with a right,/ Look at young Cassius/ Carry the fight./ Liston keeps backing/ But there's not enough room/ It's a matter of time./ There, Clay lowers the boom./ Now Clay swings with a right,/ What a beautiful swing,/ And the punch raises the bear,/ Clear out of the ring./ Liston is still rising/ And the ref wears a frown,/ For he can't start counting,/ Till Sonny comes down./ Now Liston disappears from view./ The crowd is getting frantic,/ But our radar stations have picked him up/ He's somewhere over the Atlantic./ Who would have thought/ When they came to the fight/ That they'd witness the lauching/ Of a human satellite?/ Yes, the crowd did not dream/ When they laid down their money/ That they would see/ A total eclipse of the Sonny!/ I am the greatest!

Quase todos os cronistas consideravam as bravatas em prosa e verso de Clay meros delírios de um lunático. Contudo, além de saber como preencher o bloco de anotações de um repórter, e consequentemente os lugares vendidos pelo promotor da luta, Clay sabia quem era. A verdade (uma verdade que ele não compartilhava com quase ninguém) era que Cassius Clay sabia que jamais havia enfrentado um boxeador como Sonny Liston. Apesar de toda a sua habilidade, ligeireza e astúcia, Clay tinha pela frente um sujeito que não se contentava em derrotar os oponentes. Liston os machucava, arrebentava, envergonhava com nocautes rápidos e humilhantes. Era capaz de apagar um sujeito com seu jab; não dançava muito no ringue, mas Joe Louis também não. Liston era o protótipo do campeão dos pesos-pesados: soltava uma bomba atrás da outra, impiedosamente. Quando atingia um oponente no plexo solar, a luva parecia afundar até o punho; era poderoso demais para agarrar e buscar o clinch — nada o machucava. Clay era bem inteligente, vira muitos filmes e não poderia ignorar isso. "Por isso, eu sempre soube que todas as fanfarronices de Clay eram um modo de ele se convencer de que poderia cumprir o que prometia", Floyd Patterson me disse, muitos anos depois. "Nunca apreciei aquelas bravatas. Levei muito tempo para entender o que Clay dizia. Clay falava com Clay."

Muito pouca gente sabe quanto isso era verdade e quanto Clay temia Liston. Certa noite, pouco antes de assinar o contrato para a luta, ele visitou a redação do *Sports Illustrated* no vigésimo andar do edifício Time-Life no centro de Manhattan. Clay parou na janela que dava para as luzes da Sexta Avenida, às sete e meia, e permaneceu algum tempo em silêncio.

Finalmente, o repórter Mort Sharnik perguntou: "Cassius, você fala sério, quando diz aquelas coisas a respeito de Liston? Você acha mesmo que consegue derrotar o homem?".

"Sou Cristóvão Colombo", ele disse, lentamente. "*Acredito* que vou ganhar. Nunca subi num ringue com ele, mas acredito que o mundo é redondo, e todos acham que é chato. Talvez eu caia do mundo ao chegar no horizonte, mas acredito que seja redondo."

Clay tinha lá suas dúvidas, porém as usava como um judoca

faixa preta usa o peso do oponente. Semanas antes do combate ele procurou o empresário de Liston, Jack Nilon, e disse: "Sabe, eu andei contando vantagem só para garantir o sucesso da luta. Mas o dia do acerto de contas está próximo. Se o pior acontecer, quero dar o fora daqui depressa. Por mim, eu abasteço o ônibus e caio fora rapidinho". Então ele pediu 10 mil dólares a Jack Nilon para abastecer o ônibus.

"Ninguém sabia o que se passava na cabeça do rapaz", Sharnik disse. "Era difícil dizer se ele era o sujeito mais maluco ou o mais inteligente que eu já tinha conhecido."

Bill MacDonald nunca pretendeu convencer o público de que Clay era um sujeito humilde ao estilo Louis, mas esperava que os cronistas esportivos o considerassem capaz de lutar. Eles duvidavam. Segundo uma pesquisa, 93% dos jornalistas destacados para a cobertura da luta previam uma vitória de Liston. No entanto, a pesquisa não registrou a firmeza dos palpites. Arthur Daley, colunista do *New York Times*, parecia ter objeções morais ao combate, como se se tratasse de um crime hediondo contra crianças e animais: "O tagarela de Louisville vai engolir um bocado de bravatas, marteladas goela adentro pelo punho poderoso de Sonny Liston...".

Na fase posterior de sua carreira, Muhammad Ali ocuparia seu lugar no firmamento televisivo e seu arauto seria Howard Cosell. Entretanto, nos dias que precederam a luta contra Sonny Liston em Miami, Cassius Clay ainda não era Muhammad Ali e Howard Cosell não passava de um sujeito fanhoso e calvo do rádio que irritava os colegas com suas perguntas pomposas e seu gravador enorme, com o qual vivia atingindo a barriga alheia. Os jornais ainda eram a força dominante nos esportes; os colunistas — colunistas *brancos* — eram as vozes dominantes; e Jimmy Cannon, do *New York Post* e, desde 1959, do *New York Journal-American*, era o rei dos colunistas. Cannon foi o primeiro a ganhar mil dólares por semana, era o favorito de Hemingway, amigão de Joe DiMaggio, autor do perfil de Joe Louis. Red Smith, que escrevia para o *Herald Tribune*, preferia um estilo mais contido que lhe dava a preferência dos leitores mais intelectualizados, mas Cannon era o preferido das massas, a voz tarimbada da cidade. Cannon era um rei, e não demonstrava a menor simpatia por Cassius Clay. Nem sequer acreditava que o desafiante sabia lutar.

Certa tarde, pouco tempo antes da luta, Cannon estava sentado com George Plimpton no Fifth Street Gym, observando Clay treinar com um sparring. Clay esvoaçava pelo ringue, como uma pluma na correnteza, e de vez em quando soltava um jab no rosto do companheiro. Plimpton estava absolutamente fascinado com a movimentação de Clay, com sua agilidade, mas Cannon não conseguia nem assistir àquilo.

"Veja só", Cannon disse. "Isso é terrível. Assim ele vai se dar mal, posso jurar." Era simplesmente inimaginável que Clay pudesse derrotar Liston correndo, pondo as mãos na cintura e se defendendo com balanceios.

"A velocidade dele pode pesar na balança", Plimpton sugeriu, esperançoso.

"Ele é o quinto Beatle", Cannon disse. "Ou nem isso. Os Beatles não são uma farsa."

"Seria um ótimo nome", Plimpton disse. "O quinto Beatle."

"Seria impróprio", Cannon retrucou. "O sujeito é pura pretensão e pose... Falta honestidade."

Clay ofendia a noção de certo e errado de Cannon, assim como as máquinas de voar ofenderam a geração de seus pais. Aquilo tirava seu universo do eixo.

"De certo modo, Clay é uma aberração", escreveu Cannon antes da luta. "Um peso-galo que passou dos cem quilos."

As objeções de Cannon transbordavam para fora do ringue. Seu herói era Joe Louis, e para Joe Louis criou uma frase imortal, ao dizer que ele era "um motivo de glória para sua raça — a raça humana". Admirava a "majestade bárbara" de Louis, seu silêncio no sofrimento, a satisfação muda na vitória. Quando Louis finalmente envelheceu, e já meio decadente enfrentou Rocky Marciano, ele louvou o velho lutador cansado como os poetas metafísicos louvariam a musa sacrificada: "O coração, batendo dentro do corpo como um pássaro feroz, cego e prisioneiro, parecia incapaz de fazer circular sangue fresco pelas artérias do corpo rebelde de Joe Louis. Seus 37 anos foram a doença responsável por sua imobilidade".

Cannon nasceu em 1910, no que chamava de "a parte careta de Greenwich Village". Seu pai era um funcionário público subalterno de Tammany Hall. A família morava num apartamento sem água quente no Village, e Cannon conheceu o bairro e seus trabalhadores, que carregavam gelo e entregavam carvão. Abandonou a escola na nona série e conseguiu uma vaga no *Daily News*. Nunca mais largou o jornalismo. Quando era um jovem repórter, chamou a atenção de Damon Runyon com as matérias sobre o julgamento do sequestro do filho de Lindbergh para o International News Service.

"O melhor jeito de ser vagabundo e ganhar a vida é escrever sobre esporte", Runyon disse a Cannon, e o ajudou a conseguir emprego num jornal do grupo Hearst, o *New York American*. A exemplo de seus heróis, Runyon e o colunista Mark Hellinger, Cannon passou a gravitar no mundo da "nobreza das delicatéssen", formada por banqueiros de apostas e olheiros, jogadores e agentes que batiam cartão no Toots Shor's e no Lindy's, no Stork Club e no El Morocco. Quando Cannon foi para a Europa como correspondente de guerra para o *Stars and Stripes*, desenvolveu seu estilo inconfundível: floreado e piegas, com um toque de sabedoria popular, um jeito urbano de escrever composto do que ouvia nos bares e cafés e do que escreviam sujeitos como Runyon, Ben Hecht e Westbrook Pegler. Depois de ter atuado junto ao Terceiro Exército de George Patton, Cannon voltou para casa e foi trabalhar no *Post*. Sua coluna esportiva, que seria a mais lida da cidade durante um quarto de século, começou em 1946 e se chamava "Segundo Jimmy Cannon".

Cannon era obcecado pelo trabalho, um alcoólico regenerado que tomava mais café que Balzac. Morava só — primeiro, no Hotel Edison, depois no Central Park West e finalmente na Fifty-Fifth Street. Era um egomaníaco desequilibrado cujo ego só fez crescer conforme ele envelhecia. Cada coluna era um parto doloroso. Quando não estava assistindo a um jogo ou trabalhando na redação, passava a noite em claro, indo de uma casa noturna para outra, sempre em busca de dicas e fragmentos de conversas que pudessem ser aproveitados em sua coluna. "A coluna era a vida dele", disse W. C. Heinz, seu colega do *New York Sun*. "Ele não tem família, não pratica esportes nem se dedica a nenhuma outra atividade. Concentra-se e põe toda a sua alma no que escreve. Ele se esgota emocionalmente. Não tenho ideia do que Jimmy faria se não tivesse a coluna. Seria muito solitário."

Para sua época, Cannon era considerado um sujeito arejado em questões raciais. Isso quer dizer que ele, ao contrário de muitos colunistas, não zombava dos atletas negros sobre os quais escrevia, não transformava suas falas num simulacro de *Amos'n'Andy*.* Respeitava-os. Por mais que adorasse DiMaggio, um boxeador como Archie Moore tocava seu coração sentimental com a mesma facilidade.

"Alguém deveria compor uma canção sobre Archie Moore, que em Polo Grounds nocauteou Bobo Olson em três rounds. Não me refiro a compositores famosos como Harold Arlen ou Duke Ellington. Basta que seja uma canção nascida nos fundos de um bar suspeito numa rua transversal mergulhada na noite, daquelas que ficam nas partes da cidade que temem o nascer do dia. O autor precisa ser um pianista que não perde a dignidade nem quando se abaixa para pegar uma moeda no chão sujo de serragem e bebida derramada. No entanto, eles estão mortos, esses pianistas, em sua maioria têm a boca cheia de terra e não de canções. Mas aposto que Archie seria capaz de desenterrar um em cada cidade que já visitou."

Cannon também era o mestre das pérolas de boteco. Com frequência intitulava sua coluna "Ninguém me perguntou, mas..." e alinhava dúzias de frases lapidares:

* *Amos'n'Andy* foi um programa de quinze minutos criado em 1928, de extraordinário sucesso, que ficou no ar por quase trinta anos. O quadro explorava estereótipos raciais. (N. T.)

"Boto mais fé em médicos rudes do que nos afetados refinados."

"Você sabe que chegou à meia-idade se ainda se recorda de Larry Semon, o cômico."

"El Morocco ainda é a casa noturna mais animada do país."

"Vocês não acham que Marty Glickman, o locutor esportivo, mais parece um leiloeiro de calçada de Atlantic City?"

"Pessoas que usam o pires alheio como cinzeiro deveriam ser expulsas de locais públicos."

Ele iniciava algumas crônicas pondo o leitor dentro da cabeça e do uniforme de um jogador ("Você é Eddie Stanky. Correu menos do que o outro cara..."), ou usava aquela voz de El Morocco às três da matina para oferecer conselhos sábios sobre o assunto do qual menos entendia — mulheres. "Qualquer homem se mete numa encrenca quando se apaixona por uma mulher que ele não consegue nocautear no primeiro soco." Ou, "Dá para perceber quando uma dona começa a dirigir um lutador. O que transforma repentinamente uma mulher burra num gênio? Eles nem deixam entrar mulheres num lugar como Yale. Mas elas ficam espertas quando o sujeito começa a ganhar uns trocados".

Não há muitos cronistas, de qualquer área, cujos textos não fiquem datados rapidamente. O texto jornalístico, com raras exceções, envelhece tão depressa quanto a página em que foi escrito. Mesmo textos de Mencken envelhecem, e Cannon não era nenhum Mencken. As piadas rápidas e o sentimentalismo exacerbado tiveram seu lugar e sua hora. Cannon envelheceu resistindo aos modismos da nova crônica esportiva e do comportamento dos atletas. Nas cabines de imprensa ele encontrou uma nova geração de escritores e colunistas beat, sujeitos como Maury Allen e Leonard Schecter, do *Post*. Ele não gostava muito do que os novos faziam. Cannon chamava os mais jovens de "Esquilos", pois estavam sempre tagarelando nas cabines. Odiava a ousadia e a irreverência deles e sua pretensão de transcender o esporte, invadindo a cabeça das pessoas sobre as quais escreviam. Cannon sempre dizia que sua intenção, como cronista esportivo, era levar o mundo "para o outro lado do alambrado", mas foi incapaz de ver que a nova geração estava tentando fazer o mesmo. Ele não aguentava a falta de respeito pelos princípios consagrados. "Eles avançam e desafiam as pessoas com perguntas importunas", Cannon disse certa vez, referindo-se aos Esquilos. "Eles acham que são os maiores por chegarem perto de um atleta para insultá-lo com uma pergunta. Consideram isso uma espécie de bravura."

Parte da ansiedade de Cannon era pura competitividade. Havia sete jornais em Nova York na época, gerando uma briga terrível por liderança, originalidade, furos e detalhes exclusivos. Mas os Esquilos sabiam que lutavam mais contra o poder crescente da televisão do que uns contra os outros. Ao contrário de Cannon, praticamente um autodidata, aqueles jovens (todos eles homens) haviam frequentado a universidade na era de Freud. Interessaram-se pelos aspectos psicológicos dos atletas. ("Os temores ocultos de Kenny Sears" foi um dos artigos mais longos de Milton Gross.) Com o tempo, isso também deixaria de ser uma moda exótica — logo qualquer cretino com um microfone na mão perguntaria ao culpado do dia: "Em que você estava pensando quando errou aquela bola?" —, mas no momento os Esquilos estavam na crista da onda e as frases empoladas de Cannon, antes tão agradáveis, começavam a soar um tanto mornas, quase anacrônicas.

Parte da ansiedade geracional de Cannon tinha origem no fato de ele escrever sobre atletas em tom elegíaco. Ele desprezava profundamente os vigaristas do esporte — Jim Norris, Frankie Carbo, "Fat Tony" Salerno —, contudo ninguém ouviria de Cannon que DiMaggio era provavelmente o sujeito mais arrogante do mundo esportivo, nem que Joe Louis, aposentado, estava ficando louco de tanto se drogar, a ponto de se proteger contra predadores imaginários do imposto de renda e da CIA enchendo as entradas do ar-condicionado de algodão e as janelas de vaselina.

Da nova geração, sujeitos como Pete Hamill e Jack Newfield, Jerry Izenberg e Gay Talese admiravam a capacidade de Cannon para capturar o momento, mas Cannon se ressentia da nova imagem, da formação universitária, da juventude. No final dos anos 1950, Talese escreveu incontáveis matérias encantadoras para o *Times*, e depois séries ainda mais impressionantes de perfis para a *Esquire*, sobre Patterson, Louis, DiMaggio, Frank Sinatra e o diretor teatral Joshua Logan. Nenhum dos artigos foi "feito nas coxas", eram reportagens cheias de carinho pelo personagem e admiração por sua habilidade. Mesmo assim, ele abordou os medos de Patterson, a terrível decadência de Louis, a solidão de DiMaggio, a antipatia de Sinatra e os colapsos nervosos de Logan. Talese combinava as técnicas de reportagem e ficção; enchia os blocos de anotações com fatos, declarações e observações, mas estruturava as matérias como se fossem contos.

Quando Talese ainda estava no *Times* e escrevia a respeito de seu assunto favorito, Patterson e Cus D'Amato, era considerado um excêntrico. Na redação, usava ternos impecáveis, feitos sob medida; era, nas palavras de uma colega, "lindo de morrer". No entanto, apesar de sua juventude e sua elegância transbordantes, ele se dedicava ao trabalho como um repórter, caçando os atletas, procurando conhecê-los melhor. Naquele tempo, isso era malvisto na editoria de esportes do *Times*. Daley, principal colunista esportivo desde os anos 1940, devia seu prestígio ao próprio jornal; quando ganhou o prêmio Pulitzer, muitos colegas torceram o nariz, dizendo que o prêmio deveria ter sido concedido a Red Smith, do *Herald Tribune*, ou a Cannon, do *Post*. O estilo de Daley era maçante, mas era disso que o júri do Pulitzer gostava, se é que alguém lá lia o caderno de esportes. A maioria dos cronistas esportivos do *Times* adotava postura imperial semelhante: comportavam-se como embaixadores do *New York Times* na corte do beisebol ou do basquete. Quando Allison Danzig cobriu o U. S. Open, em Forest Hills, não se rebaixou a abordar um jogador de tênis para pedir uma entrevista; os tenistas procuravam Allison Danzig. Não foram poucos os repórteres e redatores atônitos com a presença pouco ortodoxa de Gay Talese, e eles nunca entendiam por que o editor executivo, Turner Catledge, o soltara no mundo esportivo.

Quando Talese saiu do jornal em 1965, para escrever livros

e artigos longos para revistas, deixou um herdeiro em seu lugar, um repórter de vinte e poucos anos chamado Robert Lipsyte. Como Cannon, Lipsyte havia crescido em Nova York, só que era judeu de classe média, residente na área de Rego Park, em Queens. Ele saiu do colegial na Forest Hills High School direto para a Columbia University, pela qual se formou em 1957. Depois de tentar carreira como roteirista de cinema e como professor de inglês, Lipsyte candidatou-se a uma vaga de redator no *Times* e, para sua imensa surpresa, foi contratado. "Disseram que costumavam contratar universitários da Rhodes na época", ele contou. Como redator, Lipsyte admirava Talese por seu estilo inovador, sua capacidade de passar um toque pessoal às páginas uniformes do *Times*. Lipsyte tornou-se repórter aos 21 anos, quando mostrou iniciativa: certo dia, o colunista de caça e pesca não mandou sua matéria de Cuba, e Lipsyte produziu, no fechamento, uma crônica estranha e divertida sobre peixes e aves que atacavam pescadores e caçadores. Lipsyte escreveu sobre jogadores de beisebol colegial como Connie Hawkins e Roger Brown. Ajudou a cobrir os Mets em 1962, com Louis Effrat, repórter que perdera a cobertura dos Dodgers quando o time se mudou do Brooklyn. A admiração de Effrat pelo jovem colega era contida, para dizer o mínimo. "Rapaz, comentam em Nova York que você sabe escrever bem, embora não faça a menor ideia do que está dizendo."

Lipsyte fez questão de estudar direito um assunto, a questão racial. Em 1963, conheceu Dick Gregory, um dos comediantes mais engraçados do país, presença marcante no movimento pelos direitos civis. Os dois se tornaram amigos íntimos, e Lipsyte acabou ajudando Gregory a escrever *Nigger*, sua autobiografia. Mesmo sendo repórter esportivo, Lipsyte dava um jeito de escrever a respeito da questão. Ele falou na gangue Blaskstone Rangers e conseguiu conhecer Malcolm X e Elijah Muhammad. Cobriu manifestações nas quais os negros expressavam sua revolta contra um país que só aplaudia negros que jogavam futebol ou lutavam num ringue.

No inverno de 1963-4, o cronista de boxe do *Times*, Joe Nichols, declarou que a luta Liston-Clay era uma palhaçada e que ele preferia passar a temporada cobrindo as corridas em Hialeah. A cobertura passou para Lipsyte.

Ao contrário de Jimmy Cannon e outros veteranos, Lipsyte ficou deslumbrado com Clay. Viu nele um jovem espirituoso, bonito, hábil e capaz de encher um bloco de anotações em quinze minutos. "Clay era único, mas não parecia uma criatura do outro mundo, para mim", Lipsyte disse. "Para Jimmy Cannon, ele não passava de um preto metido, com o perdão da expressão, e Cannon não suportava isso. Ele admirava os negros dos anos 1930 e 1940, que conheciam seu lugar. Joe Louis chamou Jimmy Cannon de 'sr. Cannon' por muito tempo. Era um cara humilde. Aí chega Cassius Clay falando alto e contando vantagem. Foi um choque para muitos cronistas esportivos como Cannon. Vivíamos um período de transição. Coube a Clay obrigar as pessoas a se levantar e decidir em que lado da cerca queriam ficar.

"Clay perturbou a ordem normal das coisas em dois níveis. A ideia de que ele era um fanfarrão espalhafatoso ameaçava o respeito existente naquele nobre esporte. Pelo menos, Cannon e a turma dele diziam isso. Pouco importava que Rocky Marciano fosse desleixado e aparecesse nas coletivas de camiseta, para ganhar dos locais uma roupa nova. Eles diziam que 'faltava dignidade' a Clay. Clay misturava Little Richard com Gorgeous George. Não era o tipo de mascote servil com que os cronistas estavam acostumados. Tampouco precisava da imprensa para abrir caminho. Ele transcendia a crônica esportiva. Jimmy Cannon, Red Smith e muitos outros ficaram chocados. Não entendiam qual era a graça. E, acima de tudo, aquilo era muito engraçado."

Uma semana antes da luta, Clay se deitou numa maca de massagem no Fifth Street Gym e disse aos repórteres reunidos em torno dele: "Estou ganhando dinheiro, o vendedor de pipoca está ganhando dinheiro, e o vendedor de cerveja também. E vocês têm assunto de sobra".

No dia seguinte, Lipsyte ouviu dizer que os Beatles iriam até o

Fifth Street Gym. A visita fora arranjada, claro, por Harold Conrad, um sujeito sempre antenado, contratado por MacDonald para divulgar a luta. Os Beatles estavam em Miami para uma aparição no *Ed Sullivan Show*. Liston foi ao show deles, mas não se impressionou muito. Quando os Beatles tocaram o sucesso mais recente, o campeão se virou para Conrad e disse: "Essa gente toda está gritando por causa desses caras? Meu cachorro toca bateria melhor do que o narigudo ali". Conrad calculou que Clay pegaria o espírito da coisa.

Lipsyte tinha 26 anos, era membro de carteirinha da geração do rock and roll e viu que, apesar de pura armação, o encontro entre os Beatles e Clay era uma celebração do Novo, dois símbolos que marcariam os anos 1960. Os colunistas veteranos ignoraram o evento, mas ele quis fazer a reportagem.

Os Beatles chegaram. Ainda estavam na fase de ascensão, mas já tinham uma boa noção de seu apelo. Clay não estava à vista, e Ringo Starr ficou furioso.

"Onde está o Clay, porra?", disse.

Para matar o tempo, Ringo começou a apresentar os membros da banda a Lipsyte e aos outros repórteres, embora dizendo que George Harrison era Paul e que Lennon era Harrison. Finalmente, Lennon perdeu a paciência.

"Vamos cair fora daqui", disse. Mas dois policiais militares da Flórida bloqueavam a porta e conseguiram mantê-los no ginásio o tempo suficiente para que Clay aparecesse.

"Oi, Beatles", Cassius Clay os saudou. "Nós devíamos fazer uma excursão juntos. Ficaríamos ricos."

Os fotógrafos alinharam os Beatles no ringue e Clay fingiu que derrubava os quatro com o soco dominó.

O futuro da música e o futuro do esporte começaram a conversar sobre o dinheiro que estavam ganhando e o dinheiro que pretendiam ganhar.

"Você não é tão estúpido quanto parece", Clay disse.

"Não", Lennon retrucou. "Mas você é."

Clay olhou para ver se Lennon ria e se tranquilizou quando viu que sim.

Os repórteres mais jovens, como Lipsyte, realmente viam Clay como o quinto Beatle, pois os músicos eram personagens equivalentes na grande mudança social e geracional da sociedade norte-americana. O país passava por uma tremenda transformação, um terremoto. O boxeador de Louisville e o grupo de Liverpool eram parte da história, eram *líderes*, soubessem disso ou não. A mistura de R&B negro e pop Liverpool dos Beatles e a mistura de desafio e humor de Clay estavam mudando o ritmo da época. Ao lado da marcha sobre Washington e do atoleiro do Vietnã, eles se tornariam, cada um a seu modo, peças fundamentais da cena alucinante dos anos 1960.

Para a maioria dos colunistas da velha guarda, porém, um evento armado pela divulgação da luta no Fifth Street Gym era apenas mais uma demonstração do que estava errado no mundo. Mais barulho, mais desrespeito, mais descaramento de jovens que eles jamais compreenderiam. "Clay faz parte do movimento Beatle", Jimmy Cannon escreveria anos depois, num texto famoso. "Ele tem tudo a ver com os famosos cantores que ninguém aguenta ouvir, com os motoqueiros que usam cruz de ferro nas jaquetas de couro, com Batman, com rapazes de cabelo comprido sujo, com moças com cara de quem não toma banho, com colegiais que dançam pelados em festas secretas de formatura em apartamentos, com a revolta dos estudantes que recebem um cheque do papai todo dia primeiro, com pintores que copiam rótulos de lata de sopa, com surfistas vagabundos que não querem trabalhar e com o culto estiloso dos jovens mimados entediados em geral."

Parte três

9. A Cruz e o Crescente

Clay compreendeu que proclamar seu interesse pela Nação do Islã poderia prejudicar a chance de disputar o título com Liston, mas não conseguiu se conter muito. Ocultar, disfarçar, mentir não combinavam com seu temperamento. Como consequência, sua nova fé começou a vazar na imprensa, embora não surgisse como uma revelação bombástica, e sim passo a passo, de artigo em artigo. Em 30 de setembro de 1963, o *Philadelphia Daily News* revelou que Clay havia comparecido a uma manifestação muçulmana na cidade, na qual Elijah Muhammad proferiu seu costumeiro discurso de três horas contra o movimento dos direitos civis e a raça branca. "Embora afirmasse que não era muçulmano", dizia o artigo, "Clay disse que Maomé era 'grande', em sua opinião."

O que o *Daily News* ignorava era que Elijah Muhammad ainda mantinha certa distância de Clay, enquanto seu mais eloquente e conhecido pregador, Malcolm X, se aproximava do boxeador. A exemplo de muitos recrutas da Nação nos anos 1950, Malcolm chegara à seita vindo da pobreza, do crime e da prisão. Como "Detroit Red", Malcolm Little estivera envolvido com bebida ilegal, loteria de números e tráfico de drogas; dançava em boates como a Rhythm Red. Finalmente, cumpriu pena na prisão de Charlestown e no reformatório Concord, onde se converteu em 1948 à Nação do Islã. Quando Malcolm saiu da penitenciária, em 1952, conheceu Elijah Muhammad e rapidamente ascendeu entre os ministros muçulmanos. Nenhum dos seguidores de Muhammad havia demonstrado tanta inteligência e segurança ao pregar. Nas comemorações anuais do Dia do Salvador, Malcolm frequentemente falava antes de Elijah Muhammad, e o protegido costumava roubar o espetáculo do próprio salvador. Devido a sua juventude, sua vida nas ruas e sua redenção, devido a sua disciplina, sua sagacidade e sua linguagem clara e envolvente, Malcolm provou ser um atrativo poderoso para os jovens. Tornou-se um símbolo de força inflexível, autenticidade e virilidade. Malcolm também ousou desafiar Muhammad (sutilmente, no início), exortando-o a abandonar o tradicional isolamento da Nação em prol de um engajamento mais direto na ação política. Não foi, absolutamente, o primeiro nacionalista negro — chegou depois de Hubert Harrison, Henry McNeal Turner, Martin Delany e muitos outros —, mas ninguém, nem mesmo Elijah Muhammad, foi capaz de popularizar o conceito de identidade africana dos negros norte-americanos com tanta energia. "Enquanto as ideias nacionalistas negras e separatistas vindas de Elijah Muhammad pareciam malucas, retrógradas, sectárias e marginais", escreveu Gerald Early, "as mesmas ideias, quando defendidas por Malcolm, pareciam revolucionárias, modernas e vibrantes."

Elijah Muhammad reconheceu em Malcolm X um rival potencial, mas também viu seu valor como orador e como organizador, como proselitista e como ponte com a mídia e o mundo em geral. No final dos anos 1950 e início dos 1960, Malcolm X, na condição de chefe da mesquita número 7 de Nova York, tornou-se uma figura constante na imprensa; apesar da posição favorável à violência contra os "demônios de olhos azuis" da seita, ele conseguiu encantar incontáveis repórteres brancos, de Murray Kempton, do *New York Post*, a Dick Schaap, que se transferira da *Newsweek* para o *Herald Tribune*. "O mais curioso em Malcolm era que ele chamava o homem branco de demônio nos discursos, claro, mas tratava a pessoa, frente a frente, com respeito e senso de humor, e isso nunca parecia desonesto", Schaap disse. "Por que eu gostava de um homem que me considerava um demônio? Realmente, não sei. Mas gostava. Talvez parte de mim pressentisse que ele ia mudar. E ele mudou." Elijah Muhammad era mais exótico e distante da mídia branca. Usando seu fez, proferindo longos discursos obscuros sobre a Nave-Mãe e a cosmologia muçulmana, Elijah não tinha a objetividade de Malcolm e não atraía os jovens com facilidade. O mesmo valia para Clay. Ele aprendeu as primeiras lições sobre os muçulmanos com os representantes em Miami e no centro regional de Atlanta, mas ficou deslumbrado com Malcolm. Clay reverenciava Elijah Muhammad como a presença divina de sua nova religião, porém se relacionava com Malcolm como um sujeito que admira o irmão mais velho. Malcolm tornou-se seu conselheiro, amigo e mentor espiritual.

"Malcolm X e Ali eram como dois irmãos muito próximos", disse Ferdie Pacheco. "Quase parecia que estavam apaixonados um pelo outro. Malcolm achava que Ali era o maior sujeito que já conhecera, e Ali via no outro o negro mais inteligente do planeta, pois tudo o que ele dizia fazia sentido. Malcolm X era brilhante, convincente, carismático, como só ocorre com grandes líderes e mártires. Sem dúvida, isso influenciou Ali. O único problema de Ali com a história toda era a ideia de que todos os brancos eram ruins. Bastava olhar em volta de Ali: eu, Angelo, Chris, Morty Rothstein, o advogado, o pessoal do Grupo de Louisville, que investira um bocado de dinheiro e não deixava faltar nada a ele. Não havia demônios brancos à vista. Entretanto, como sempre, ele pegava dos muçulmanos o que precisava. Os muçulmanos preencheram um grande vazio dentro dele, especialmente Malcolm X."

Os dois se encontraram pela primeira vez em Detroit, em 1962. Cassius e o irmão Rudy estavam na cidade para participar de um encontro na mesquita local. Antes do início, os irmãos Clay viram Malcolm X na lanchonete dos estudantes, vizinha da mesquita. Clay imediatamente estendeu a mão e disse: "Sou Cassius Clay".

Malcolm não fazia a menor ideia de quem era aquele rapaz distinto. Na juventude ele lutara boxe — interessava-se por todos os tipos de esporte —, mas nos últimos anos andara ocupado demais para prestar atenção ao caderno de esportes dos jornais. Acabaram explicando a ele que Cassius Clay era um dos principais candidatos ao título dos pesos-pesados. Apesar de Elijah Muhammad condenar o boxe, Malcolm interessou-se por aquele rapaz seguro que aparecia nas manifestações realizadas em várias regiões do país. Malcolm procurou Clay e conversou com ele sobre o Islã e a raça negra. Clay começou a fazer confidências a Malcolm — chegou a contar a ele alguns segredos profissionais.

"Cassius era um jovem agradável, simpático, distinto, razoável", Malcolm disse a Alex Haley em sua autobiografia. "Notei que ele prestava atenção aos mínimos detalhes. Desconfio que havia um plano em suas palhaçadas públicas. Eu suspeitava, e ele me confirmou isso, que ele estava fazendo o possível para enganar e 'manipular' Sonny Liston para que este subisse ao ringue com raiva, destreinado e excessivamente confiante, contando com mais um de seus temidos nocautes no primeiro round."

No início de 1963, Malcolm X já estava desiludido com Elijah Muhammad. Viu que, apesar de todas as exortações de Muhammad em prol da retidão moral e da disciplina, ele havia engravidado pelo menos duas secretárias. Para facilitar a sedução, Elijah Muhammad dizia às secretárias que a esposa estava morta para ele — assim como a mulher do profeta Maomé estava morta para ele — e que ele tinha sanção divina para procurar virgens e disseminar sua sagrada semente. Agentes da intensa operação de contrainteligência para neutralizar a Nação do Islã sabiam desde 1959 que Elijah Muhammad tinha vários filhos ilegítimos e espalharam a história por meio de cartas anônimas. Mas os muçulmanos negros eram leais ao mensageiro, e a campanha de difamação surtiu pouco efeito. Malcolm, um abstêmio convicto, também via a corrupção financeira da Nação, a compra de imóveis, joias e carros luxuosos. Ele tinha dúvidas sobre a declaração de Muhammad, que fazia de Fard o salvador Alá reencarnado, uma alegação incompatível com o Islã ortodoxo. Começava a duvidar inclusive da feroz denúncia que colocava o homem branco na condição de demônio. Com o tempo, ele passaria a falar menos de supremacia e mais da necessidade de união entre os irmãos.

Na segunda quinzena de novembro de 1963, Malcolm desafiou a proibição pela Nação de ativismo político secular no mundo branco e apoiou um boicote contra os lojistas de Queens que se recusavam a contratar funcionários negros. A liderança da Nação passou a considerá-lo fora de controle; ele precisava ser silenciado. Poucas semanas depois, após o assassinato de John Kennedy, Elijah Muhammad enviou ordens escritas a seus principais ministros, proibindo-os de comentar o fato diretamente. Preocupou-se em alertar Malcolm pelo telefone, o que foi incomum. Elijah Muhammad normalmente não costumava agir com tanto tato em relação aos líderes brancos dos Estados Unidos, mas tinha plena consciência de que, no momento, o país estava de luto e de que um comentário errado, um tom equivocado, poderia prejudicar a Nação do Islã.

Poucos dias depois, no Harlem, Malcolm fez um discurso no Manhattan Center, descrevendo como, na época de Noé e na época de Lot, o moderno homem branco só poderia esperar calamidades e punição para seus pecados. Depois do discurso formal, uma mulher na plateia se levantou e fez uma pergunta a respeito do assassinato de Kennedy. Malcolm se soltou, dizendo que o crime representava "as galinhas voltando para casa, para o poleiro". A América branca, afirmou, usara todos os recursos, durante muitos anos, para oprimir os negros no país e no estrangeiro. Agora, isso estava voltando para assombrar seus líderes. A multidão no Harlem aplaudiu, e Malcolm acrescentou que crescera numa fazenda, e "as galinhas a caminho de casa, para o poleiro, nunca me deixaram triste. Elas sempre me deixaram contente".

As citações saíram no *New York Times*, no dia seguinte, e Elijah Muhammad imediatamente convocou Malcolm X para ir a Chicago.

"Você viu os jornais de hoje?", Muhammad perguntou.

"Sim, senhor."

"Foi uma declaração muito infeliz", ele disse. "O país amava o sujeito. O país inteiro está de luto. Você falou numa hora imprópria. Uma declaração dessas pode despertar a ira contra os muçulmanos em geral. Sou forçado a silenciá-lo pelos próximos noventa dias — para que os muçulmanos de todas as partes se distanciem do seu erro."

"Sim, senhor. Concordo totalmente e obedecerei."

Elijah Muhammad estava ainda mais decidido a isolar Malcolm do que deixou transparecer no encontro. Imediatamente ordenou ao jornal da seita, *Muhammad Speaks*, que publicasse uma foto de Kennedy na primeira página, como homenagem póstuma. "A nação lamenta a perda de nosso presidente", Muhammad declarou aos repórteres. Ele também disse aos líderes que impedissem Malcolm de pregar na mesquita número 7 em Nova York; caso ele tentasse pregar lá, deveria ser impedido fisicamente.

"Vou tirar tudo dele", Muhammad confidenciou a seu ministro de Boston, Louis X, que futuramente acrescentaria o nome Farrakhan.

De volta a Nova York, Malcolm encarou a censura como uma facada nas costas, um ataque violento. Quando ouviu rumores de que não apenas caíra em desgraça junto a Muhammad, como corria perigo real, pois poderia ser assassinado a qualquer momento, ele resolveu levar os boatos a sério. "Parecia que minha cabeça sangrava por dentro", ele declarou a Alex Haley. "Senti que meu cérebro havia sido danificado." A médica da família, Leona Turner, disse que ele passava por uma fase de muita tensão e precisava de descanso.

Malcolm estava dividido entre a lealdade a Muhammad e a vontade de criticá-lo. Pediu desculpas a dois assessores importantes de Muhammad, Louis X e Lonni X, prometendo que iria se emendar. Malcolm também gravou suas desculpas a Elijah Muhammad, mas quando o mensageiro ouviu a fita percebeu as acusações insinuadas em certas palavras de Malcolm. "Por vezes, ele fala bem, corretamente", Muhammad disse. "Outras vezes, porém, é muito diferente." Muhammad estendeu a proibição a Malcolm indefinidamente.

Apesar da batalha entre as lideranças da Nação, Clay convidou Malcolm e a mulher dele, Betty, além das três filhas, para visitá-lo em Miami. O convite seria presente de sexto aniversário de casamento. Desde que se casaram, Malcolm e Betty nunca tinham tirado férias. Malcolm precisava descansar, sem dúvida, e calculou que seria bom passar um tempo longe de Chicago e Nova York. Aceitou o convite aliviado. No dia 14 de janeiro, Clay foi buscar Malcolm no aeroporto — um acontecimento devidamente relatado ao FBI por um informante. Mas o escritório local do FBI achou a história tão estranha, tão improvável, que só a repassou a Washington no dia 21 de janeiro, quando os dois homens pegaram o avião para Nova York.

Para qualquer outro boxeador, abandonar o treinamento um mês antes da luta seria uma séria quebra da rotina, mas Clay disse a Dundee que precisava de uns dias de folga do treinamento e Dundee mal deu de ombros. Clay, na verdade, não estava pedindo permissão para nada, nem deu detalhes a respeito de aonde ia.

Em Nova York, os dois jantaram juntos e depois Clay foi para a manifestação dos muçulmanos negros em Rockland Palace Ballroom, perto do antigo Polo Grounds. Malcolm ficou afastado da manifestação, para evitar despertar a raiva de alguém. Dois dias mais tarde, numa matéria de primeira página para o *Herald Tribune*, o velho amigo de Clay, Dick Schaap, descreveu como conheceu Clay em 1960, quando tinha dezoito anos, e como no Harlem, para espanto de Clay, eles viram um pregador em cima de um caixote de sabão falando sobre solidariedade entre os negros e preferência pelas lojas de negros; agora, Schaap escreveu, lá estava Clay, candidato ao título dos pesos-pesados, no meio de 15 mil pessoas que aplaudiam Elijah Muhammad. Schaap disse que Clay, embora este se recusasse a confirmar isso, era um seguidor entusiasmado da Nação do Islã. (Na verdade, quando a reportagem foi publicada Clay deixou de falar com Schaap por algum tempo.) Schaap, no entanto, conseguiu entrevistar Sonny Liston, que declarou: "Ouvi falar nessa história de Clay e dos muçulmanos faz um mês. Para mim, não faz diferença. Não me meto na vida pessoal dele, e ele não devia se meter na minha. Mas pode dizer a ele que eu mandei pôr no contrato que a luta não pode ser exibida em cinemas que barram a entrada de negros".

Quando Clay e Malcolm retornaram a Miami, a notícia começou a se espalhar. No dia 3 de fevereiro o *Courier-Journal* de Louisville, cidade natal de Clay, publicou uma entrevista na qual ele deixou de lado qualquer tentativa de distanciamento dos muçulmanos. "Claro que eu converso com os muçulmanos, e vou continuar fazendo isso", ele disse. "Gosto dos muçulmanos. Não quero morrer tentando forçar gente que não me quer a me aturar. Gosto de minha vida. A integração é errada. Os brancos não querem a integração. Não acredito em fazer isso à força, e os muçulmanos também não. Afinal, o que há de errado com os muçulmanos?"

Em seguida saiu a notícia de maior impacto. Pat Putnam, colunista de boxe do *Miami Herald*, procurou Cassius Clay pai e o entrevistou sobre os rumores da conversão do filho à Nação do Islã — uma conversão que seria anunciada logo após a luta. Num artigo publicado em 8 de fevereiro, dezessete dias antes do confronto, Clay pai confirmou furioso os boatos e falou longamente sobre a desgraça que se abatera sobre seu filho. Ele alegava que os muçulmanos estavam roubando dinheiro do filho e explorando seu nome.

A matéria de Putnam foi um furo, e assim que saiu ele passou a receber telefonemas ameaçando sua vida e a de sua mulher. "Depois do serviço, certa noite", Putnam disse, "fui até a parte negra da cidade, onde Clay morava, e lhe contei o que estava acontecendo. Já o conhecia muito bem, naquela época. Ele disse: 'Pat, não se preocupe com isso. Você não vai mais receber essas ligações'. E tinha razão. Foi o fim do caso."

Durante algum tempo, Clay, Malcolm e a família de Malcolm se divertiram juntos. Clay hospedou a família de Malcolm no Hotel Hampton House e eles se encontravam quase todos os dias. Por vezes, à noite, os dois caminhavam pelos bairros negros de Miami. Malcolm levava uma máquina fotográfica pendurada no pescoço e tirou dúzias de fotos de Clay. Clay brincava com as pessoas, falava de política e boxe, beijava crianças como se fosse candidato. As três meninas pulavam em volta do lutador; Betty, grávida, pôde descansar um pouco; Malcolm por sua vez evitava falar ao telefone. Mas não podia evitar seu próprio desespero pelo relacionamento rompido com a Nação. "Eu estava em estado de choque emocional", confidenciou a Alex Haley. "Era como um sujeito que teve doze anos de um casamento magnífico, unido — e de repente a mulher chega para ele no café da manhã e joga os papéis do divórcio sobre a mesa. Senti como se algo na *natureza* tivesse falhado, o sol ou as estrelas." Malcolm ficava assustado, às vezes, com os rumores de assassinato, mas era ainda pior a sensação de ter sido traído, o choque com a ideia de que o homem que ele sempre considerara o mensageiro, uma pessoa íntegra, tivesse encoberto suas fraquezas e erros, em vez de confessá-los.

A fé de Malcolm em Elijah Muhammad desmoronava, porém ele continuava convicto da necessidade de haver um movimento nacionalista negro forte. No café da manhã, mostrou a Clay as fotos dos padres católicos que se aproximaram tanto de Floyd Patterson como de Sonny Liston. Ele tentou instilar na cabeça de Clay a ideia de que a luta era uma batalha religiosa, e não um mero evento esportivo.

"Esta luta é a verdade", disse. "É o confronto entre a Cruz e o Crescente em cima do ringue — pela primeira vez. São os cruzados modernos — um cristão e um muçulmano se enfrentando na frente das câmeras, para a televisão mandar a imagem para o Telstar e o mundo inteiro ver o que acontecerá. Acha que Alá fez tudo isso acontecer para você sair do ringue sem o cinturão de campeão?"

A presença de Malcolm em Miami serviu de inspiração ao boxeador. No dia da pesagem ele gritou: "Foi profetizado que serei bem-sucedido!", mas prejudicou a bilheteria. O promotor, Bill MacDonald, precisava de uma receita bruta de 800 mil dólares para cobrir os gastos, e estava ficando cada vez mais claro que isso não ia acontecer. A luta de Davi contra Golias que ele imaginava estar promovendo perdia rapidamente o equilíbrio, no aspecto do confronto moral, em especial para os brancos da Flórida, que não sentiam vontade de ver um jovem negro debochado, e ainda por cima muçulmano negro, no papel de Davi. O

Miami Convention Hall tinha 15744 lugares, e não era segredo que MacDonald daria sorte se conseguisse ver metade deles ocupados.

Finalmente, três dias antes da luta, MacDonald confrontou Clay, citando as notícias dos jornais, dizendo que as reportagens lhe custariam a disputa pelo título. Declarou-se disposto a cancelar a luta. Era verdade? Cassius realmente fazia parte da Nação do Islã? MacDonald disse a Clay que ele dificilmente teria uma nova chance de disputar o título, se aquela luta fosse cancelada.

Clay sabia que MacDonald tinha razão, mas o enfrentou assim mesmo. A disputa do título era seu sonho desde os doze anos, contudo ele se recusou a negar o vínculo com a Nação. Se MacDonald quisesse cancelar a luta, problema dele.

"Minha religião é mais importante para mim do que a luta", Clay se lembra de ter dito.

Depois da reunião, o assessor de imprensa Harold Conrad correu para o Fifth Street Gym para dizer aos Dundee que a luta fora cancelada e que Clay havia ido para casa fazer as malas. Depois, Conrad procurou MacDonald e disse que seria impossível cancelar a luta: ele precisava levar em conta os ingressos que já haviam sido vendidos e os contratos para exibição em circuito fechado, no país inteiro.

"Você vai ver se eu não posso cancelar a luta", MacDonald disse, segundo Conrad. "Você é do Norte. Não entende nada. Não percebe que Miami faz parte do Sul, e é tão segregada quanto qualquer cidade do Mississippi. Como posso promover uma luta aqui com um sujeito que acha que nós somos demônios brancos?"

"Você tem ideia do que está fazendo?", Conrad disse. "Neste país existe liberdade religiosa."

"Papo furado", MacDonald retrucou. "Não adianta vir com essa conversa de Constituição para cima de mim."

"Bill, pense bem no que você vai fazer. Vai entrar para a história como o promotor que negou a um lutador o direito de disputar o título por causa de sua religião."

"Meu Deus, o que você espera que eu faça? É culpa do Malcolm X. Ele é responsável pela confusão toda, passou a comandar a equipe do rapaz, praticamente. Isso não é legal."

"Suponha que Malcolm X suma de cena imediatamente", Conrad sugeriu. "Isso o faria mudar de ideia?"

MacDonald disse que provavelmente.

Conrad localizou Malcolm e disse: "Sabe, do jeito que as coisas estão agora, a luta será cancelada. Cassius vai perder a chance de ganhar o campeonato dos pesos-pesados, a não ser que você resolva o caso para ele".

Como? Malcolm quis saber.

"Você precisa sair da cidade. É o pivô da briga. A imprensa o conhece demais."

Malcolm disse que iria embora, e todos concordaram que poderia voltar na noite da luta, quando a atenção da mídia estaria voltada para o ringue. Malcolm ganhou uma cadeira de ringue, número 7, perto do corner de Clay.

Quando a reunião terminou, Conrad estendeu a mão para Malcolm X.

Malcolm se recusou a apertá-la. Em vez disso, tocou o pulso de Conrad com o dedo indicador e foi para o aeroporto.

10. Caça ao urso

25 DE FEVEREIRO DE 1964

Clay não tinha ilusões quanto aos dotes físicos de Liston. Sonny era um pegador de primeira que sabia se movimentar no ringue. Clay percebeu que seus sentimentos podiam ser feridos facilmente, que ele poderia se sentir confuso e vulnerável. Liston era capaz de comentários bem-humorados, era sem dúvida mais inteligente do que se poderia perceber por seu histórico escolar deplorável, mas era vulnerável. Mostrara repetidamente que se incomodava com a idade, ressentia-se por ser considerado capanga da Máfia, um assassino de short e luvas. Liston exigia respeito, a solenidade com que se tratava um rei. Portanto, respeito era exatamente o que Clay lhe negaria. Bancaria o doido, enfurecendo Liston enquanto o empurrava sutilmente para os perigos da complacência.

A estratégia de Clay estava montada no momento em que Liston chegou a Miami para treinar. Clay esperou o avião de Liston e, no momento em que o campeão começou a descer a escada até a pista, o recebeu aos gritos: "Idiota! Urso feio! Vou dar um pau em você agora mesmo!".

Liston aproximou-se de Clay e disse: "Chega de palhaçada, isso não tem a menor graça. Estou falando sério".

"Sério?", Clay repetiu. "Sai pra lá, seu bobo. Vou te dar um pau aqui mesmo."

Liston mediu Clay da cabeça aos pés. Não pôde deixar de notar que Clay, apesar de sua ligeireza de peso-pena, era um sujeito grande, mais alto do que ele. Estava acompanhado de Jack Nilon, seu empresário, e Joe Louis, que fora contratado para andar ao lado do campeão, dizer à imprensa que ele era um sujeito legal e marcar presença em seu corner. Liston, Louis e Nilon subiram na limusine VIP e partiram em direção à casa alugada por Liston à beira-mar.

Mas Clay não desistiu. Foi atrás do carro de Liston, depois que ele saiu do aeroporto.

Liston parou o automóvel repentinamente na beira da pista, desceu espumando e seguiu na direção de Clay. "Já chega, seu moleque. Vou fechar sua boca com um soco. Isso já foi longe demais!"

Clay começou a tirar o paletó, gritando: "Pode vir, campeão de araque! Quero ver!".

Os dois foram separados antes que ocorresse algo sério, mas Liston teve uma amostra da provocação que estava por vir. Clay e sua equipe espalharam boatos de que promoveriam um "ataque fulminante" contra Liston quando ele estivesse treinando no Surfside Auditorium, e de vez em quando mandavam um emissário para garantir que Liston continuasse pensando neles. Um dia, Clay pegou o carro e foi até a residência de Liston, invadindo o gramado, sabendo que o campeão podia vê-lo através da janela. "Liston foi humilhado", disse Mort Sharnik, enviado a Miami pela *Sports Illustrated*. "Já enfrentara dificuldades para alugar aquela casa num bairro branco. No começo, costumava se instalar no gramado com a família, feito um fazendeiro rico. Depois que Clay começou a caça ao urso, porém, ele não saiu mais. Tornou-se prisioneiro numa mansão luxuosa. Aquilo acabou com o prazer que Liston sentia em ser rei e com seu senso de domínio." Liston, que ansiava por ser aceito, recebia exatamente o oposto de Clay. Era campeão mundial, e um moleque de 22 anos que suara para derrotar Doug Jones e Henry Cooper aparecia no seu jardim, invadia seu campo de treinamento, comparecia a programas de televisão e dava entrevista aos jornais zombando dele. Revoltante!

Nesse meio-tempo, Clay treinava com mais afinco do que nunca. Além disso, depois de ter estudado os filmes das lutas de Liston contra Cleveland Williams, Eddie Machen, Patterson e outros adversários, ele planejou sua estratégia com cuidado.

"Sabe, um boxeador pode condicionar o corpo para pegar firme em determinado round, depois reduzir o ritmo em outros", Clay disse à *Playboy* depois do combate. "Ninguém aguenta quinze assaltos. Por isso, treinei para lutar os dois primeiros rounds, e para me proteger, evitando que Liston me acertasse. Eu sabia que ele ia começar a se cansar no terceiro, e que só ia piorar a cada round. Então, treinei para diminuir o ritmo no terceiro, no quarto e no quinto assaltos. Eu tinha dois motivos para isso. Primeiro, queria provar minha capacidade de aguentar uma luta contra Liston. Segundo, pretendia fazer com que ele se cansasse e se desesperasse. Assim, ele soltaria os golpes ao acaso e erraria. Se eu conseguisse levar a luta assim, mesmo que ele ficasse de pé até o final, eu ganharia por pontos. E me preparei para lutar com toda a energia do sexto ao nono assaltos, caso a luta demorasse a acabar. Nunca imaginei que passaria do nono. Por isso avisei que o derrubaria no oitavo. Calculei que comandaria a situação a partir do sexto round. Precisava me cuidar, evitar que ele me acertasse enquanto eu o cansava e castigava para que Liston virasse um touro cego e soltasse os golpes e errasse até ficar quase louco. Eu pretendia atacar durante o oitavo, depois que ele errasse alguns socos e estivesse no ponto para ser nocauteado. Sabe, cara, eu sabia que ia bagunçar o mundo!"

Liston, por sua vez, treinava para um nocaute rápido. Passou pelas etapas costumeiras — pular corda, esmurrar o saco de areia ao som de "Night train". Mas ele corria menos do que deveria — um ou dois quilômetros, em alguns dias da semana — e treinava com sparrings medíocres. Desde o primeiro combate contra Patterson ele passara a acreditar que bastava subir no ringue, tirar o roupão e ver o adversário cair para o árbitro iniciar a contagem.

"Não creio que Sonny estivesse em sua melhor forma", disse Hank Kaplan, um dos frequentadores assíduos do Fifth Street Gym. "Eu mesmo o vi comer cachorro-quente e pipoca, tomando cerveja, no Surfside, pouco antes da luta."

A recreação de Clay era conversar com Malcolm X. A diversão de Liston não era tão intelectual, uma vez que seu conselheiro nas horas vagas era Ash Resnik, que viera de Las Vegas para ver a luta. Um dos segundos de Liston contou a Jack McKinney que Resnik havia arranjado prostitutas para Liston. "Nilon tem uma responsabilidade imensa pela destruição de

Sonny Liston", McKinney disse. "Ele era um tremendo frouxo e não sabia se impor. Queria bancar o empresário bem-sucedido, um grande incentivador do boxe, mas não valia nada... Em Miami Beach, Joe Pollino mostrou duas prostitutas óbvias que Resnik arranjara para Sonny — o que não livra a cara de Sonny — transar no hotel da Vinte e Três com a Collins. Foi isso que Ash Resnik providenciou, em termos de enriquecimento cultural e intelectual. Não interessa quem é o adversário, o boxeador precisa de gente em volta dele dizendo o tempo inteiro que tudo pode acontecer. Precisa treinar — mesmo para enfrentar os mais fracos."

"Sonny só começou a treinar para valer um mês antes da luta", disse Foneda Cox, um dos sparrings. "E quando ele chegou a Miami acreditava piamente que ia matar Clay. Estou falando sério. Matar, mesmo. Para que se esforçar tanto?"

Quando alguém da equipe questionava o treinamento, Liston apenas dava de ombros. Harold Conrad disse a Liston que andava preocupado: Clay estava em boa forma e era um bom lutador. Liston sorriu.

"Não se preocupe, Hal", ele disse. "Vou pôr o olho gordo naquela bicha logo na pesagem e acabar com a panca dele."

Não há motivos reais para a pesagem de pesos-pesados antes da luta. Diferentemente dos boxeadores das outras divisões, não se exige que eles mantenham o peso dentro de um intervalo determinado. Ocasionalmente, no momento em que um peso-pesado tira o roupão, há um toque dramático: "Minha nossa! Como ele está gordo!" ou "Puxa vida! É de dar medo!". Mesmo assim, isso é raro. Os repórteres geralmente acompanham o treinamento dos lutadores e conhecem bem a condição física do campeão e do desafiante. A razão para pesar um boxeador da categoria máxima provavelmente está ligada ao reforço do ritual, como no caso dos lutadores de sumô, que batem o pé e atiram punhados de sal antes do combate. Como ocorre na guerra de verdade, os rituais são importantes. A pompa dos pesos e medidas, a presença de homens gigantescos posando de cueca em cima da balança, tudo é crucial. Acima de tudo, o momento é importante para os jornalistas, ansiosos para ter uma matéria e fotos feitas no dia do evento, que pode começar tarde, até as onze da noite. A pesagem permite a avaliação do "olhar assassino"; o repórter pode julgar se o lutador está "preparado" ou "nervoso"; o repórter de tevê pode dizer com convicção que "obviamente, os dois sujeitos se detestam". O promotor tenta vender mais ingressos e, se for generoso, badalar um pouco os lutadores.

A pesagem de Liston e Clay fora marcada para a manhã do combate; seria realizada na área de carga do Miami Beach Conventional Hall. Clay chegou ao local usando uma jaqueta jeans azul com as palavras "Caça ao Urso" bordadas em vermelho nas costas. Compunham sua equipe Dundee, Sugar Ray Robinson, William Faversham, do Grupo de Louisville, e Bundini. Não havia quase ninguém na arena, mas Clay começou o aquecimento; ele e Bundini gritavam: "Voe feito uma borboleta! Pique como uma abelha!". E Clay batia no chão com uma bengala.

"Sou o campeão. Estou pronto para lutar! Digam a Sonny que já cheguei! Ele não é campeão de nada! O oitavo está próximo, vai provar que eu sou o máximo! Mandem entrar aquele ursão medonho!"

O grupo seguiu para o vestiário, e Clay vestiu um roupão branco felpudo. Robinson e Dundee tentaram acalmá-lo.

"Você precisa se comportar", Dundee disse. "Está disputando o título. A imprensa comparecerá em peso." A possibilidade de Clay armar uma cena durante a pesagem não surpreenderia quem tivesse acompanhado as coletivas de imprensa e as entrevistas em Miami. Um membro da Comissão de Boxe de Miami Beach entrou no vestiário para ensinar boas maneiras a Clay.

"Depois que ele saiu, Clay ficou alucinado", Dundee disse. "O problema era que havíamos chegado cedo demais. Ninguém mais estava lá. Por isso, acabamos fazendo tudo duas vezes. Foi incrível: pensamos que já estava na hora e eu calculei que haveria uma entrada triunfal. Muhammad chegou dizendo: 'Sou o lutador mais lindo do mundo!'. Ele começou a gritar, pular, pintar o sete. Ainda faltava uma hora, porém. Fomos forçados a voltar, esperar um pouco no escritório de Chris e repetir tudo uma hora mais tarde.

"Eu sabia que ia ser caótico. Muhammad me disse no ginásio: 'Angie, vou trazer Drew Brown aqui'. E eu falei: 'O que você está pensando? Ficou louco? Não faça isso. O sujeito é maluco. O que você está tentando aprontar para mim?'. Mas ele gostava de Drew, o sujeito o estimulava. Gostava de gente daquele tipo. Eles recarregavam as baterias dele."

Clay e Bundini entraram gritando e pulando às 11h09. Ainda gritavam quando Liston entrou, dois minutos depois.

"Estou pronto para lutar agora!", Clay gritou. "Posso acabar com você a qualquer hora, campeão de araque! Alguém vai morrer no ringue esta noite! Você está ferrado, panaca! Você não é de nada. Vou comer você vivo!"

Clay avançou contra Liston. Bundini agarrou o cinto do roupão e Faversham, Robinson e Dundee o seguraram. Robinson tentou empurrar Clay para a parede, mas Clay o empurrou de volta, gritando: "Sou um grande artista! Sou um grande artista!".

Anos depois, quando esse tipo de histeria já era considerado uma piada velha, como Emmet Kelly escorregando numa casca de banana ou Don Rickles chamando alguém da plateia de bunda-mole, os jornalistas só balançavam a cabeça. Ali era assim mesmo. No entanto, ninguém ainda havia visto nada no gênero. Tradicionalmente, qualquer comportamento, com exceção da postura mais estoica possível, era interpretado como puro pavor por parte do lutador. Clay pretendia que Liston pensasse exatamente isso.

"Ali sussurrou no meu ouvido: 'Me segure' e piscou para mim", contou Mort Sharnik, repórter da *Sports Illustrated*. "Ali tinha uma capacidade que beirava a auto-hipnose ou a histeria autoinduzida e conseguia chegar a um ponto inacreditável."

"No oitavo assalto vou provar que sou o maioral!", Clay gritou, mostrando oito dedos. "Oitavo assalto!"

Liston sorriu sem graça e ergueu dois dedos.

Quando chegou a hora de pesar os lutadores, Clay insistiu

em que Bundini e Robinson subissem à plataforma. Ele se recusou a subir na balança até que os funcionários da comissão desobedecessem ao regulamento.

"Este é o meu show, este é o meu show", dizia.

"Eu vou dar um jeito nele", Bundini disse aos policiais. "Preciso subir lá para acalmá-lo." Finalmente, a comissão cedeu e a polícia permitiu a subida dos três. Clay pesou 95,3 quilos.

Em seguida, Liston subiu na balança.

"Liston, 99 quilos", gritou Morris Klein, da Comissão de Boxe de Miami Beach. Liston desceu.

"Ei, panaca!", Clay gritou para ele. "Você é um banana! Você está ferrado, cara!"

Liston olhou para Clay com um sorriso condescendente, paternal.

"Não deixe ninguém saber", ele disse. "Não espalhe para todo mundo."

"Você é muito feio!", Clay gritou. "Você é um urso! Vou bater muuuuuito em você. Você é um panaca, panaca..." A voz de Clay era aguda, os olhos saltavam do rosto, ele pulava feito um louco furioso.

"Ninguém que tivesse visto Clay na manhã da pesagem acreditaria que ele fosse capaz de permanecer em pé mais de três minutos, à noite", escreveu Murray Kempton, tempos depois, no *New Republic*.

"De repente, todos no local estavam odiando Cassius Clay", Kempton prosseguiu. "Sonny Liston apenas o encarou. Liston tinha sido bandido; agora, era nosso guarda; o negrão que pagávamos para manter os negros metidos na linha, e esperava apenas que o patrão desse a ordem para botar aquele moleque para fora... Os jornalistas do Norte da Itália ficaram contentes ao ver no rosto de Liston o olhar que os mafiosos usavam para controlar os camponeses na Sicília; promotores e empresários consideraram Clay um animal completamente descontrolado e se consolaram pensando que ele não só aprenderia uma lição como também seria expulso do esporte... Até Norman Mailer tomou o partido da sociedade organizada, neste caso. Suponhamos que Clay conquiste o título dos pesos-pesados, ele cogitou. Isso significa que qualquer valentão da esquina pode sair por aí se gabando e ser levado a sério."

A performance de Clay lembrava os delírios de um louco, o canto apavorado de um rapaz que vivia aterrorizado desde o confronto com Liston no cassino de Las Vegas mais de um ano antes. Mas ninguém percebeu o quanto aquele teatro era deliberado e eficaz, nem o quanto enervava Liston. "Liston ficou convencido pelo resto da vida de que Ali era maluco", disse Ferdie Pacheco, segundo de Clay. "Ali não dava chance de resposta aos oponentes. Anos depois, quando Ernie Shavers quase o nocauteou no Garden, Ali estava caindo nas cordas e Shavers se afastou, pensando que era brincadeira dele. A mesma coisa aconteceu com Joe Frazier, na terceira luta, em Manila. Ele viu que Ali ia cair, que recuava cambaleando, e em vez de atacá-lo Frazier ficou parado, olhando, pois não acreditava que Ali tinha sentido os golpes. George Foreman também não sabia se Ali estava tonto ou brincando. As pessoas sempre o consideraram meio doido. Graças a sua tremenda reputação, ele levava a fama por coisas que não havia feito. E tudo começou em Miami, na pesagem com Liston."

Clay continuava vociferando, sem dar ouvidos aos seguidos alertas. Klein subiu à plataforma e gritou: "Clay está multado em 2 500 dólares por seu comportamento na plataforma. O valor será deduzido de sua bolsa".

O médico da comissão, Alexander Robbins, tirou a pressão e mediu o pulso dos dois boxeadores. Os valores para Liston estavam um pouco acima do normal. Levando-se em consideração toda a comoção, o resultado dos exames não chegava a ser surpreendente. Robbins teve dificuldade em se aproximar de Clay, que continuava a pular e gritar como se o tivessem atingido com uma aguilhada. Robbins aproximou-se dele várias vezes, estendendo a mão com o estetoscópio, mas Clay não parava de se debater e Robbins recuava, assustado, atônito. Finalmente, o médico conseguiu fazer a medição: o pulso de Clay, que normalmente era 54 batidas por minuto, saltara para 120, e a pressão sanguínea também disparara para 20 por 10.

Jimmy Cannon, que circulava com tanta desenvoltura que mais parecia chefe do serviço médico do que colunista do *World-Telegram*, sentou-se na cadeira ao lado do dr. Robbins e perguntou: "O senhor acha que o rapaz está morto de medo, doutor?".

"Sim, isso mesmo, senhor Cannon", o médico disse. "Este boxeador está morrendo de medo e, se a pressão sanguínea dele estiver assim na hora da luta, estará tudo acabado."

Os dois lutadores finalmente desceram e retornaram aos vestiários improvisados. Clay já se acalmara.

"O que vocês acham?", ele perguntou, sentado na maca. "Creio que Liston ficou abalado. Ele é menor e mais baixo, embora tenham dito que era enorme. Acho que ficou abalado."

Quando saía do local, Clay cruzou com um personagem folclórico de Miami, chamado King Levinsky. O sujeito havia sido um dos "fregueses do mês" de Joe Louis, um peso-pesado medíocre com apenas uma noite memorável em sua carreira, que o deixara mentalmente abalado e pobre. Levinsky vivia de vender gravatas medonhas numa mala de papelão de aparência ainda pior. "King costumava agarrar as pessoas pelo pescoço e perguntar: 'Quer comprar uma gravata de King Levinsky?'", George Plimpton se recorda. "Ele estava em tudo quanto é lugar, e depois de comprar algumas gravatas a gente aprendia a fugir dele."

Quando Clay deixava o ginásio, Levinsky foi correndo atrás dele. Não queria vender gravatas, e sim oferecer-lhe um emprego.

"Ele vai acabar com você, moleque!", King gritou. "Você pode ser meu sócio, cara. Você pode ser meu sócio, depois!"

A comissão instruiu Pacheco a medir a pressão de Clay periodicamente e avisar se os valores ainda estivessem altos. Clay voltou para o vestiário e saiu com a jaqueta de "Caça ao Urso". Ele e a equipe retornaram para sua casa.

"Foi a coisa mais incrível do mundo", disse Pacheco. "Uma hora depois daquela confusão, tirei a pressão dele e o pulso estava em 54, o valor normal para ele. A pressão voltara ao normal também. Era pura encenação."

"Por que você fez aquilo?", Pacheco perguntou a Clay. "Por que você bancou o maluco na frente de tanta gente?"

Clay debruçou-se um pouco e respondeu: "Porque Liston acha que eu sou maluco. Ele não teme homem nenhum, mas tem medo de um louco. Agora, ele não sabe o que sou capaz de fazer".

Os apostadores da cidade também tinham certeza de que Clay agira como um lutador apavorado. Sammy Davis Jr., Joe Louis e Ash Resnik ligaram para um amigo de Las Vegas, o jogador Lem Banker. Eles haviam feito uma vaquinha e queriam apostar uma fortuna em Liston.

"Eles tinham certeza da vitória de Liston, pois pensavam que Clay fosse maluco", Banker disse. "Mas Sonny realizara a etapa inicial do treinamento em Vegas, no Thunderbird, e havia acompanhado as lutas com os sparrings Foneda Cox e Jesse Bowdry. Para mim, ele parecia fora de forma. Nunca levou aquela luta a sério. Havia uma pista de corrida atrás do Thunderbird, e ele dava duas voltas nela. De todo modo, Ash, Louis e Sammy Davis queriam saber a cotação das apostas para a luta e eu expliquei que não havia cotação por causa da pesagem. Só poderiam apostar em Clay. Porém, havia a alternativa do quarto assalto. A luta passaria do quarto assalto? Ash queria apostar 50 mil. No entanto, Ash demorava a pagar e Sammy nunca acertava as contas, por isso joguei 10 mil numa aposta na duração da luta em quatro assaltos. Eu sabia que Sonny não estava em forma. Sonny era meu amigo, mas eu tinha de gostar de Clay."

No início da noite surgiram notícias pelo rádio de que Clay ia fugir, de tão apavorado. Corria que ele fora visto no aeroporto de Miami, comprando passagem para fora do país.

A caminho do local da luta, naquela noite, Mort Sharnik encontrou Geraldine.

"Sonny acha que o menino é maluco!", Geraldine Liston disse.

"Quem?", Sharnik perguntou.

“Aquele menino, Cassius Clay. Ele perdeu a cabeça.”

“Quer dizer que ele considera Cassius doido?”

“Completamente pirado”, ela disse. “E a gente nunca sabe o que esperar de um sujeito assim. A gente nunca sabe o que um louco é capaz de aprontar.”

11. *Eat your words!*

25 DE FEVEREIRO DE 1964

Depois que a questão da sanidade de Clay foi resolvida, ele tirou uma soneca. Enquanto dormia, seu médico, Ferdie Pacheco, contatou as autoridades locais do pugilismo e avisou que o sistema do desafiante voltara ao normal. A luta poderia ser realizada sem problemas.

Então, Pacheco pensou na noite que o esperava e no que *poderia* acontecer. Ao contrário de Geraldine Liston, Jack McKinney e mais alguns poucos que estavam próximos o suficiente para entender o quanto Liston era complicado — uma mistura explosiva de privação e fúria com a necessidade permanente de provar seu valor —, Pacheco via Liston como um sujeito ameaçador e poderoso. Frequentava academias de boxe da Flórida havia anos e não conhecera ninguém tão forte e implacável, dentro ou fora do ringue. Pacheco era um pintor amador competente — gostava de pintar cenas da história do México e operários da indústria de charutos de Tampa — e quando pensava em Liston as tonalidades que surgiam em sua mente eram ferrugem e azul-da-prússia. "Nunca tive a impressão de que havia áreas cinzentas em Sonny", disse. Como muitos outros da equipe de Clay, Pacheco temia que a noite terminasse não apenas em derrota, mas em lesões sérias.

Dundee era um sujeito de espírito diferente, sempre animado, sempre otimista; ele realmente acreditava que o "estilo faz o boxeador", e que o estilo de Clay bastaria para derrotar Liston. "Achei que ele poderia ser mais rápido e inteligente a ponto de cansá-lo em onze ou doze assaltos", Dundee disse. Pacheco, porém, imaginava que Liston, um grande campeão, estava tão bravo com Clay por todas as humilhações acumuladas — provocações na imprensa, versos zombeteiros e finalmente o escândalo na pesagem — que não queria apenas nocautear Clay, mas castigá-lo, machucá-lo. Por isso, deixou tudo em ordem. Preocupou-se especialmente com os caminhos mais rápidos para os diversos hospitais locais. Qual era o mais próximo? Qual deles tinha o melhor atendimento de emergência? Quem estaria de plantão? Os médicos eram conhecidos? Finalmente, optou pelo Mount Sinai, onde havia sido interno em 1958.

No final da tarde, Clay comeu uma salada e um filé com legumes. Ao anoitecer, vestiu o smoking e seguiu para o ginásio com Dundee, Pacheco, o massagista Luis Sarria, Bundini e outros. Chegou mais cedo do que o necessário para ver o irmão Rudy lutar numa das preliminares contra Chip Johnson, um sólido e tarimbado peso-pesado.

O ginásio que comportava 15 744 pessoas estava praticamente vazio quando Rudy subiu ao ringue. Numa disputa pelo título é considerado mau gosto assistir a todas as preliminares, portanto os lugares vazios não constituíam surpresa. Para tristeza do promotor da luta, Bill MacDonald, o ginásio permaneceria assim. Só 8297 ingressos foram vendidos. Os lugares caros se esgotaram, mas as fileiras intermediárias e o fundo estavam vazios. Clay e seus financiadores ganhariam 630 mil dólares e Liston dividiria 1,3 milhão com seus empresários. MacDonald contabilizava um prejuízo superior a 300 mil dólares. Era difícil dizer o que prejudicara mais a bilheteria: o favoritismo absoluto de Liston, os rumores da conversão de Clay à Nação do Islã ou a tempestade que desabou em Miami. Por mais que Harold Conrad tentasse, os organizadores jamais conseguiram colocar o chapéu branco na cabeça de Clay; não conseguiriam repetir o espetáculo promocional da luta Patterson-Liston, o Negro Bom contra o Negro Ruim. Para muitos caucasianos da Flórida (e quem mais teria dinheiro para comprar os ingressos?), aquela era uma luta entre um muçulmano maluco e um bandido assustador.

Clay ficou no fundo do corredor, distante do ringue, vendo o irmão lutar. Rudy não era um boxeador muito habilidoso e se arrastou pelo primeiro assalto, não caindo por pouco. Os cronistas que se deram ao trabalho de assistir à luta de Rudy passaram mais tempo acompanhando os gritos de encorajamento de Clay do que vendo o combate. Rudy conseguiu ficar de pé até o final, ganhando por pontos, mas não convenceu ninguém. Apanhara muito e sofreria mais ainda contra um adversário mais duro. Desolado, Clay viu o irmão levar uma surra no ringue.

"Depois desta noite, Rudy", ele disse, "você não vai precisar lutar nunca mais."

Lentamente, a multidão, ou melhor, o pouco público, foi ocupando os lugares no ginásio. Malcolm X, que voltara a Miami na véspera, chegou e sentou-se. Como sempre, usava um terno escuro clássico, gravata escura e camisa branca. Apesar de toda a comoção em torno dele, do conflito com a Nação e do problema de relacionamento com Bill MacDonald, Malcolm estava de bom humor, batendo papo com os repórteres que o abordavam. Provavelmente, não havia ninguém no ginásio tão certo do desfecho. Na noite anterior, Malcolm se encontrara com Murray Kempton, que na época tinha uma coluna no *New York World-Telegram*. Kempton afirmou torcer para que o medo não imobilizasse Clay quando ele subisse ao ringue para enfrentar Liston.

"Ser muçulmano", Malcolm explicou a Kempton, "é desconhecer o medo."

Kempton, porém, que era entre os jornalistas o observador mais atento do caráter, viu outra coisa em Clay, naquela noite. Observou-o quando Clay olhava para a plateia e achou que seus olhos estavam "inexpressivos" e inquietos. "Tive uma impressão súbita terrível", Kempton escreveu, "pouco antes da luta principal, quando os nomes dos convidados ilustres foram anunciados, que Cassius Clay, de smoking e tudo, iria pular para dentro do ringue, gritar novamente que ele era o maior e descer a escada para sair do ginásio e das vistas da humanidade para sempre. As pessoas gritavam insultos, sua equipe o empurrava para o vestiário, rígido, em passos hesitantes. Ele fora considerado histérico pela manhã. Agora, estava catatônico."

No vestiário, Clay se preparava lentamente. Esperou até que enrolassem as faixas nas mãos para se soltar, dando socos no ar. Ele havia pensado em tudo: começar se mexendo muito, soltando alguns jabs nos três primeiros rounds, fazer com que Liston se cansasse e depois reduzir o ritmo até que o oponente estivesse exausto. Lá pelo oitavo ou nono assalto, atacaria em busca do nocaute. Normalmente, Dundee precisava insistir para evitar que Clay se cansasse demais no vestiário, antes da luta; ele tinha tanta energia, tanta disposição para lutar, que costumava desferir uma série de golpes e dançar até ficar coberto de suor. Naquele momento, contudo, seus movimentos eram sérios, ponderados. Aquilo não era um show, mas uma luta.

"Apesar de todas as brincadeiras e palhaçadas da manhã", Dundee disse, "ele sabia que o negócio era sério. Para alcançar tudo o que sempre sonhara, precisava remover um obstáculo poderoso de seu caminho."

"Ele estava visivelmente nervoso", Pacheco disse. "Eu estive com ele nas três lutas contra Joe Frazier, depois contra George Foreman no Zaire, estive sempre a seu lado, e aquela foi a única vez em que o vi realmente nervoso. Pela primeira e última vez. Depois disso, bem, foi como numa noite dessas: eu estava vendo *The Benny Goodman Story*, e numa cena alguém pergunta à mãe de Benny: 'Benny vai tocar o concerto para clarinete de Mozart esta noite — ele não está nervoso?'. E ela diz: 'Você está brincando! O clarinete é a vida dele. Ele põe a música em primeiro lugar e dá conta de tudo. Nunca fica nervoso. O resto da vida é que pode ser um problema'. Assim era Ali. Lutar boxe era o que ele sabia fazer direito. O resto da vida é que podia ser confuso. Uma exceção foi a luta contra Liston. Ele ainda era muito jovem, e naquela noite não tinha ideia de se realmente seria capaz de fazer tudo o que vinha prometendo."

Clay não estava nervoso só por causa de Liston e da possibilidade de se machucar e passar vergonha — ele também ficou abalado com os boatos que chegaram a seus ouvidos.

"Tome cuidado", disse Capitão Sam Saxon. "A estrutura branca de poder quer sua cabeça."

"Tome cuidado", outros muçulmanos alertaram. "Dundee é da Máfia. Você não pode confiar nele, nem em Pacheco ou nos outros brancos."

Clay estava no vestiário, esperando. "O plano era chegar, trancar a porta e não permitir a entrada de ninguém", Pacheco disse. "Um dos boatos mais malucos era que a Máfia ia envenenar nossa água. A ideia era ridícula, mas Muhammad se preocupou. Por isso, enchemos uma garrafa e a fechamos com fita adesiva. Muhammad pedia aos muçulmanos que enchessem a garrafa, não a nós. Passamos mais de uma hora lá dentro. Estávamos só nós, Luis Sarria e Bundini, dois negros, Angelo e eu, dois brancos, e Rudy. Se tirássemos os olhos da água, Muhammad dizia: 'Joguem fora esta água e peguem outra'. Isso aconteceu três ou quatro vezes. Finalmente, falei: 'Quem vai envenená-lo, Angelo ou eu? Sou seu médico. Se eu quisesse envenená-lo, usaria uma seringa'. No caso de Angelo, ele nunca superou as coisas que os muçulmanos repetiam constantemente, que Angelo era italiano, que tinha ligações com Frankie Carbo e o mesmo pessoal que rodeava Liston. É possível instilar a paranoia num boxeador mais depressa do que em qualquer outra pessoa. Basta uma insinuação. O fato é que todos no boxe tinham vínculos com Frankie Carbo nos anos 1940 e 1950. Se o sujeito conhecia o boxe, sabia isso, pelo menos. Mas os muçulmanos eram de Chicago e não sabiam nada a respeito do boxe. Eles nem sequer achavam que esporte era uma coisa boa, até que Ali começou a lhes dar boa vida. Por isso a garrafa de água era esvaziada e enchida sem parar."

Conforme se aproximava a hora da luta, Cassius e Rudy tentaram descobrir para qual lado ficava o leste e, quando conseguiram, se ajoelharam e oraram a Alá, junto com Malcolm X. Nos anos seguintes, Muhammad Ali rezaria em seu corner antes de soar o gongo, com a cabeça baixa e as luvas próximas ao rosto. Mas, naquela noite, ele ainda era Cassius Clay e procurava manter seu segredo de polichinelo o máximo possível.

No vestiário de Liston o clima era de confiança e calma. "Por mais que Clay tivesse conseguido irritar Sonny, todos nós acreditávamos que a noite seria um sucesso", disse um dos segundos de Liston. Willie Reddish e Joe Pollino vestiram camisetas com propaganda do Hotel Thunderbird de Ash Resnik em Las Vegas. Liston vestiu o calção de cetim branco e listas pretas, antes que os segundos cobrissem o tórax e os ombros com toalhas, embrulhando-o como a uma múmia. Depois ele vestiu o roupão e levantou o capuz. "A roupa do carrasco", nas palavras de Willie Reddish.

Os lutadores entraram no ringue às dez da noite. Primeiro Clay, depois o campeão. Clay pulava e desferia jabs em seu canto, enquanto Liston se espreguiçava, acordando lentamente para a luta. O árbitro, um sujeito anguloso chamado Barney Felix, aguardava no corner neutro, apoiando-se nas cordas com seus braços curtos. Dundee mantinha-se de costas para o corner de Liston e olhava apenas para Clay, sempre lembrando que ele deveria assumir uma posição ereta e altiva quando fosse ao centro do ringue ouvir a preleção de Felix.

"Ele vai encará-lo, tentar intimidar você", Dundee disse. "Mostre que você é maior que ele."

Na arena, Steve Ellis e Joe Louis iniciaram a transmissão nacional para circuito fechado.

O locutor da luta, Frank Waymon, puxou o microfone do alto.

"Boa noite, senhoras e senhores! Bem-vindos a Miami Beach, na Flórida. Miami Beach Convention Hall! Enquanto estamos aqui, gostaria de apresentar alguns boxeadores que vocês viram no passado e provavelmente verão outra vez no... futuuuuuro!" E eles desfilaram: os velhos amigos de Clay, o ex-campeão dos pesos meio-médios Luiz Rodriguez e o campeão mundial dos pesos meio-pesados — o "mestre da dança" Willie Pastrano. Depois subiu Sugar Ray Robinson, de paletó xadrez elegante. Clay cumprimentou seu inspirador baixando duas vezes a cabeça.

"E agora... o desafiante de Louisville, Kentucky, usando calção branco com listas vermelhas, pesando 95,3 quilos, o campeão olímpico dos pesos meios-pesados... Cassius Clay!"

A plateia, mesmo pequena, conseguiu gritar e dar uma vaia impressionante. Clay permaneceu impassível, ajeitando o protetor bucal e saltando, saltando nas pontas dos pés.

"... E seu oponente de Denver, Colorado, pesando 99 quilos,

usando calção branco com listas pretas, o campeão mundial dos pesos-pesados, Charles... Sonny... Liston!"

Barney Felix chamou os dois lutadores para o centro do ringue, para o ritual de recitar as "instruções". Numa disputa de título, as advertências do árbitro contra golpes após ter soado o gongo ou desferidos abaixo da cintura são como dizer aos maiores advogados do país que vão ouvir instruções sobre os procedimentos antes da audiência; o ritual é puramente psicológico. Liston encarou Clay e, por mais relaxado que tivesse sido nos treinos, estava na cara que ele pretendia fazer um estrago. Seu olhar não poderia significar outra coisa senão disposição para bater de verdade. O medo ainda não abandonara Clay — "Para dizer a verdade, eu estava *apavorado*!" —, mas ele não deixou transparecer nada. Revidou o olhar, encarando Liston de cima para baixo. Isso foi fundamental. Ele olhou para baixo ao encarar Liston e reforçou um detalhe físico: além de mais rápido, ele também era maior. Pouco antes do término da litania de instruções ("Compreenderam tudo, senhores?"), Clay abriu a boca para falar com Liston pela primeira vez naquela noite.

Ele disse: "Você está no papo, otário!".

Liston, retornando ao corner, ouviu de Willie Reddish o conselho de ir com calma. *Não force o nocaute. Você vai pegá-lo, mais cedo ou mais tarde.*

Se Liston tinha uma certeza, contudo, era de que não dispunha de tempo ilimitado para se livrar de Clay. Tinha de ser mais cedo, e não mais tarde. Treinara para seis rounds, sete no máximo; depois disso, Liston se cansaria, sentiria o peso nas pernas e nos ombros, a acidez da bile na garganta. Acima de tudo, sentiria a idade — fosse qual fosse.

O gongo soou, marcando o início do primeiro assalto.

Clay começou tentando marcar pontos e mostrar do que era capaz. Ele queria mostrar a Liston que não poderia ser atingido, ou pelo menos que isso não seria fácil. Queria mostrar a Liston, logo de cara, como aquela noite prometia ser longa. Queria que ele antecipasse pelo menos um pouco da fadiga que o aguardava.

Clay se movia pelo ringue em sentido horário, num saltitar maçante que interrompia periodicamente, parando para balancear a parte superior do corpo de um lado para outro, num movimento de limpador de para-brisa que complicava qualquer tentativa de ataque do oponente. Liston andava atrás dele e em pouco tempo deve ter percebido o quanto o outro era mais rápido, visto de perto, e o quanto seria difícil acertá-lo. Liston tentou um golpe simulado de direita — poderia acabar com tudo agora mesmo! —, mas Clay desviou antes que o braço fosse estendido. Liston errou um jab, depois outro. Eles passavam a trinta, cinquenta centímetros.

"Eu só corria e observava os olhos dele", Clay contou depois. "Os olhos de Liston indicam quando ele vai soltar um golpe forte. De algum modo, eles tremelicam."

Liston finalmente acertou Clay com um soco decente, uma esquerda abaixo das costelas. A luva quase desapareceu, foi um golpe doloroso, mas ele não conseguiu emendar uma sequência. Clay afastou-se do alcance de Liston e fez com que ele parecesse desajeitado de um modo como jamais alguém havia sido capaz. "Sonny estava descobrindo os reflexos incríveis de Clay", Jack McKinney disse. "Ele desviava de Sonny e retrocedia, ou mantinha os pés no mesmo lugar mas recuava o corpo, de modo a faltar um milímetro para o jab acertar o alvo. Sonny possuía o jab mais devastador da história do pugilismo, um jab que parecia um tiro de escopeta — era capaz de tirar alguém do chão com seu jab —, no entanto Clay conseguia desviar. Liston era um atleta excepcional, com ótimos reflexos, firmeza e agilidade nos pés. Mas, quando revemos aquele primeiro round, dá vontade de rir. Surpreendentemente, Clay escapava e Liston ia atrás dele para soltar os jabs — cada soco quase tocava Clay." Liston enfrentara pugilistas ágeis antes — Marty Marshall, Eddie Machen, Zora Folley —, porém, como todo mundo, nunca tinha visto nada parecido.

Quando faltava um minuto para terminar o primeiro round,

Clay passou a acrescentar seus próprios golpes ao esquema. Começou com jabs de esquerda na região do supercílio de Liston, primeiro um de cada vez, depois em rápidas sequências de dois, três, quatro, depois jabs seguidos de um direto de direita ou gancho de esquerda. Era como se Clay estivesse mostrando uma arma de cada vez, para desmoralizar Liston gradualmente, fazendo com que ele pensasse que o arsenal de golpes e as artimanhas eram infinitos.

Faltavam quarenta segundos para o encerramento do primeiro assalto e Liston já estava se protegendo, atônito com o fato de que Clay o surrava, tonto pelos golpes em si. No final do round Clay acertou Liston com oito jabs consecutivos, e quando Liston endireitou o corpo, saindo da posição abaixada para atingir o adversário, Clay já estava longe.

O gongo soou, marcando o final do round, mas os dois continuaram a lutar, até que finalmente Felix os separou.

"Lembro-me de ter voltado para o corner pensando: 'Disseram que ele ia me matar; bem, ainda estou vivo'", Clay disse a Alex Haley poucos dias depois da luta. "Angelo Dundee me massageava e disparou a falar sem parar. Mas eu só observava Liston, que nem se sentou de tão furioso. Pensei: 'Ele vai se arrepender de não ter descansado enquanto podia, quando chegar o sexto assalto'. Eu escutava a voz de um comentarista de rádio ou televisão, muito excitado, sabe como eles falam. A grande notícia era que eu ainda não tinha sido nocauteado."

Na beira do ringue, Joe Louis não podia acreditar no que estava vendo. Partidário de Liston por afinidade espiritual e financeira, sua tendência era desconsiderar a lentidão inicial do campeão e dizer que ele melhoraria quando se aquecesse. Mas Louis não poupou elogios a Clay. Sabia que algo importante estava ocorrendo no ringue, uma coisa que nunca vira, como boxeador ou comentarista. "Acho que vimos um dos melhores rounds iniciais dos últimos tempos", disse aos espectadores da transmissão em circuito fechado. "Na minha opinião, Clay superou Sonny Liston com categoria, neste round..."

"Quem venceu o round?", Clay perguntou em seu corner.

"Você ganhou!", Bundini gritou.

"Você venceu este round", Dundee disse, "e vai ganhar a luta."

O medo foi passando. Clay abriu a boca o mais que pôde, formando um oval escuro, e olhou para os cronistas. *Calar a minha boca? Nada disso!*

Liston entrou no segundo assalto desesperado, soltando golpes fortes, um por vez. Errava feio. Tentou encurralar Clay nas cordas, onde poderia anular os movimentos que o desconcertavam, mirar e disparar. Por um momento, parecia que a estratégia ia funcionar, mas Clay, depois de ter absorvido alguns golpes e desviado outros com a luva, escapou das cordas dançando e prosseguiu com seu movimento circular que desorientava Liston. Este mais parecia um sujeito que tomara meia dúzia de cervejas e tentava sobreviver aos passeios na montanha-russa e em outros brinquedos especialmente construídos para dar náuseas nos parques de diversões. A certa altura, o gancho de esquerda de Liston passou tão longe que acabou acertando uma corda. A corda balançou, como se zombasse dele, e Liston ficou sem graça. O que poderia fazer? Cadê a previsão de que Clay, apesar de jovem e bem preparado, ia reduzir o ritmo? Cadê a previsão de que Liston ia *melhorar* a cada round?

Clay passou a concentrar os jabs de esquerda nas bolsas sob os olhos de Liston, e de repente, para espanto de quem estava perto o suficiente para notar, um inchaço surgiu debaixo do olho esquerdo de Liston. A protuberância deu ao campeão uma aparência exagerada de cansaço e velhice, não de sofrimento. Clay não escapava de todos os golpes, mas já se via que o primeiro round não fora uma aberração, resultado do excesso de energia de um desafiante afoito. "Ele me acertou, mas eu me esquivava ou abaixava, na maioria dos golpes", Clay disse à *Playboy*. "Lembro-me de ter sentido, a certa altura, seu braço roçar na minha nuca. Foi quando pensei — como se gritasse comigo mesmo — : 'Agora só preciso manter a pressão mais um pouco'. Em seguida, ergui o corpo e soltei alguns socos de esquerda e de direita. Aí vi o primeiro corte, na parte superior da maçã do rosto. Quando o sujeito sofre um corte, normalmente a carne é rosada, brilhante. Depois vi o sangue e percebi que o olho era meu alvo dali em diante. Quando me concentrei no corte, levei o soco mais forte da noite, um golpe longo de esquerda. Ele me empurrou para trás. Mas Liston não percebeu que acertara um soco forte, ou já estava começando a se cansar e não aproveitou a chance. Ouvi os sinos tocarem naquele momento, sem dúvida. Precisava voltar ao meu corner e desanuviar a mente."

"No segundo assalto", Dundee disse, "Liston tentou encaixar uns golpes em sequência, mas meu pupilo não estava ali para apanhar. Saiba que Liston teria derrotado Tyson no auge da carreira. Era um sujeito enorme e forte, seus ombros cobriam a extensão do ringue e ele era mais rápido do que Tyson. Só que ele deparou com um sujeito intricado. Muhammad se mostrava até mais forte do que ele, empurrando-o nos clinches, para depois pular, contorná-lo e socar."

"Minhas dúvidas desapareceram no decorrer dos dois primeiros assaltos, quando vi o modo como Ali lidava com Liston", Pacheco disse. "*Pá, pá*, e saía do alcance. Liston não tinha saída. Assim que acabou o primeiro round, estava na cara que ele voltara ao corner pensando: 'E agora, o que eu vou fazer, cacete?'. Sonny era um boxeador do tipo que só jabeia, um-dois e pronto, como Joe Louis. Mas Sonny não tinha nada para acertar, batia e só achava ar."

No canto de Liston, Joe Pollino tratava do corte em seu rosto, mas no terceiro round ele já estava completamente aberto. Clay começou com os pés inteiros no chão, para dar mais potência aos golpes, e durante trinta segundos, como um escultor trabalhando o mármore, ele golpeou o olho. Quase sempre, ao soltar o jab, arrematava com uma direita que batia no alto da cabeça de Liston — o tipo de soco que, segundo Archie Moore, "confundiu minha mente". Depois de uma sequência, os joelhos de Liston cederam e ele quase caiu. Conseguiu se segurar nas cordas, recuperar o equilíbrio e se levantar. Naquela altura, porém, não poderia mais haver uma alma presente ao ginásio ou assistindo à luta nos cinemas que não tivesse pensado que Clay dominava totalmente o combate.

"Pode vir, panaca!", Clay disse num grito, abafado por causa do protetor bucal.

Quanta audácia! Segundos depois do desafio, Liston avançou direto contra Clay, mas este aparou todos os golpes destinados ao corpo com os cotovelos e as luvas, exatamente como fizera nos treinos com "Shotgun" Sheldon, durante várias semanas. O sangue escorria do nariz de Liston, além de sair pelo corte sob o olho.

"A partir do terceiro round, vi em sua fisionomia como ele estava chocado, pois ainda estávamos no ringue e era ele quem estava cortado e sangrando", Clay disse depois. "Ele não sabia mais o que fazer. Mas eu não pretendia me descuidar, como fez Conn contra Joe Louis. Imaginara que aquele seria um dos assaltos reservados ao descanso, para que eu pudesse recuperar as forças. No entanto, não dava para perder tempo. Precisava acertar mais um soco forte, para garantir o estrago no olho. Por isso, quando o gongo soou, resolvi testá-lo para ver se estava cansado; vi que sim e foi então que consegui encurralá-lo nas cordas. Obtive apenas uma boa sequência. Minha esquerda entrava bem no olho direito e uma direita sob o esquerdo abriu o corte. Percebi que era fundo, pelo modo como o sangue esguichava. Vi o rosto dele de perto quando ele passou a luva no corte e olhou para o sangue. Naquele momento, pode acreditar, ele tinha a aparência que terá daqui a vinte anos."

O gongo soou, encerrando o terceiro assalto, e Liston se arrastou de volta ao corner. Andava feito um sujeito perdido no meio de uma nevasca. O sangue escorria por seu rosto. Estava cansado, não apenas de caçar Clay, mas de tanto desferir golpes fortes, todos eles inúteis, passando longe do alvo.

"Os socos que o lutador erra são os que mais cansam", Dundee disse. "Se você errar muito, isso afeta sua cabeça e seu corpo." Jack Nilon olhou para Liston, através das cordas. Liston, sentado na banqueta, ofegava tanto que não conseguia pronunciar mais do que duas palavras seguidas. Seus pulmões pareciam dois foles. Ele olhou para as luzes do alto. Joe Pollino aproximou-se. Os dois trocaram algumas palavras. Ninguém conseguiu escutá-las.

Há inúmeras maneiras de obter vantagens durante uma luta, e os técnicos conhecem todas. Um dos grandes mitos do boxe, jamais provado, é que os segundos de Jack Dempsey puseram gesso nas ataduras, enrolaram os punhos do lutador e lhe disseram para cerrá-los. Depois, mergulharam as mãos na água, esperaram até secar e puseram as luvas. Graças ao estratagema, Dempsey fraturou metade dos ossos da face de Jess Willard. Outros técnicos preferem artifícios menos dramáticos e tentam puxar o estofamento das luvas na direção do punho, de modo a tornar o soco mais duro.

De todo modo, depois de um terceiro round frustrante e brutal, Liston disse a Pollino, seu segundo, para usar o truque que tinham reservado. As evidências são de segunda mão (Liston, Pollino e Reddish já morreram), mas confiáveis, nos termos possíveis do boxe. "Foi muito simples", disse Jack McKinney, repórter do *Philadelphia Daily News* e amigo íntimo de Liston e Pollino. "Imediatamente após a luta, Joe, que era meu amigo, resolveu se abrir. Disse que Sonny lhe dera ordens para molhar as luvas, e que ele obedeceu. E não foi só, Pollino contou que eles estavam sempre prontos a fazer isso, em caso de perigo, o que ocorrera nas lutas contra Eddie Machen e Cleveland Williams." Pollino nunca revelou a McKinney qual foi a substância esfregada nas luvas de Liston — óleo de gaultéria, um linimento, ou cloreto férrico, usado para estancar o sangue dos cortes —, mas afirmou que se tratava de uma solução irritante, destinada a cegar Clay tempo suficiente para Liston varar a guarda e nocauteá-lo. "Pollino me disse que colocou o material nas luvas por instrução expressa de Sonny e depois jogou o frasco debaixo do ringue, o mais longe possível", McKinney revelou. "Joe viveu um conflito enorme por causa disso. Ele foi forçado a agir assim, mas sabia que nunca mais trabalharia se fosse descoberto."

No quarto round, Clay voltou ao plano original. Reduziu o ritmo. Manteve a movimentação no ringue, mas foi lento, tranquilo, o bastante para forçar Liston a persegui-lo e soltar golpes no ar. Não fez muito estrago naquele assalto, apenas o bastante para manter Liston acuado, cansá-lo mais ainda. Pensara em cansá-lo até que chegasse novamente o momento de atacar. No entanto, perto do final do round, os olhos de Clay começaram a arder, e, quando o assalto terminou e ele se sentou na banqueta, parecia que estavam cheios de areia. Clay fora atingido antes, no ringue — Banks e Cooper o haviam derrubado, Jones o confundira —, mas aquela dor ele desconhecia. De repente o ardor piorou e Clay ficou praticamente cego. Ele esfregava o rosto, tentando limpar os olhos. Entrou em pânico.

"Não consigo enxergar nada! Tirem minhas luvas!", Clay gritou no vazio, e sua voz se perdeu no alarido da multidão. "Não vejo nada! Tirem minhas luvas!"

Aquele seria o minuto mais importante das duas décadas de Dundee com Clay. Se não fosse por aquele minuto, se não fosse a reação instintiva de Dundee, talvez jamais houvesse um Muhammad Ali. Sonny Liston dificilmente concederia uma revanche ao sujeito que o humilhou, obrigando-o a molhar a luva; tampouco a opinião pública se manifestaria para exigir justiça a um membro de uma seita religiosa que pregava o ódio à América branca.

Enquanto o boxeador gritava com ele, exigindo que o deixasse desistir, Dundee mantinha a calma. "Já tive esse problema antes", disse. "Não é uma experiência maravilhosa? Faço isso há 48 anos, apenas. A gente não pode perder a calma e ficar histérico. Assim, não ajuda o boxeador em nada." Dundee percebeu que a substância era muito irritante. Levou o dedo mínimo ao canto do olho de Clay e depois tocou seu próprio olho. Queimava feito pimenta. Mas ele não cedeu.

"Este é o grande momento, cara!", Dundee gritou no ouvido de Clay. "Chega de onda! Você não vai desistir agora!"

Com a esponja, Dundee tentou lavar os olhos de Clay com água limpa. Não tinha ideia do que ocorrera — até hoje ele descarta a possibilidade do pessoal de Liston ter posto algo na luva; talvez fosse uma pessoa boa demais para acreditar nisso — e não se importava. Só se preocupava com a luta, com um meio de superar o assalto seguinte.

"Você precisa ir lá e correr!"

Naqueles segundos tensos, Dundee também tinha de lidar com os muçulmanos negros sentados atrás do corner. O irmão de Dundee aproximou-se para dizer que os muçulmanos estavam convencidos de que o próprio Angelo cegara Clay, por ordem dos gângsteres italianos que controlavam Liston.

Pacheco e Dundee ouviram os gritos dos muçulmanos. "Aquele homem branco está tentando cegar Clay! É uma conspiração! É uma conspiração!"

Dundee achou que o único jeito de provar sua inocência era pegar a esponja e jogar água em seu próprio olho.

Barney Felix notou a agitação no corner de Clay e aproximou-se. Dundee não queria que Felix ouvisse as queixas de Clay e se levantou para ficar entre o árbitro e o pugilista.

O gongo soou para o quinto assalto.

"Levante-se, vá lá e corra!", Dundee gritou.

"Bloqueio nele, campeão!" Bundini gritou. "Bloqueio nele!"

A ideia era fazer com que Clay se movesse, mantendo Liston afastado com jabs de esquerda tempo suficiente para que o efeito da substância desaparecesse. Clay levantou-se, empertigou o corpo e avançou lentamente.

"Daquela vez, Angelo fez realmente jus ao seu salário", Pacheco disse. "Ele ordenou: 'Vá lá e corra'. Era perigoso, mas quando o gongo soou ele já não estava completamente cego. Não é preciso ver com os dois olhos para fugir de Sonny Liston. Basta um olho e um bom par de pernas. Sonny já estava cansado."

Isso é fácil de dizer, para Pacheco. Clay iniciou o quinto assalto piscando muito, com os olhos ardendo. Só conseguia ver de seu oponente uma sombra disforme. Liston avançou contra Clay imediatamente. Por mais cansado que estivesse, sabia que aquela era sua chance. A única esperança de Clay era se movimentar e usar a "trena" — esticar o braço esquerdo e mantê-lo próximo ao rosto de Liston, como um tipo de medida e como uma forma de distraí-lo.

"Eu estava torcendo para que ele não percebesse qual era o problema", Clay disse a Alex Haley. "Mas ele não podia deixar de me ver piscando, e aí ele me abalou com uma esquerda na cabeça e uma série de golpes no corpo." No início do round Liston procurou acertar Clay principalmente no corpo, com ganchos potentes nas costelas e na barriga. Acertou vários. "Eu tentava continuar vivo, esperando que as lágrimas lavassem meus olhos. Conseguia abri-los apenas o bastante para ver Liston, aí eles ardiam tanto que eu era obrigado a fechá-los de novo. Liston ofegava feito um cavalo. Tentava me acertar em cheio, e eu me mexia o quanto podia, pois sabia que tudo terminaria ali se ele encaixasse um bom golpe."

Liston castigava Clay e sem dúvida ganhava o round. Mas ele já se cansara muito, e Clay era muito habilidoso — Liston não conseguiu desferir o golpe decisivo. Meses depois, Clay relembrou o doloroso quinto assalto e explicou como é ser atingido por um peso-pesado: "Pegue um galho de árvore bem duro e bata com ele no chão, até sua mão fazer *boingggg*. Bem, ser golpeado dá o mesmo tipo de sensação no corpo inteiro, e a gente precisa de pelo menos uns dez a vinte segundos até que passe. Se for golpeado novamente antes disso, vem outro *boingggg*... e você fica tonto de não saber mais onde está. Não há *dor*, só aquela sensação de vibração. Mas eu sei automaticamente como devo agir quando isso acontece comigo, como um sistema de jatos d'água que dispara quando começa o incêndio. Quando fico tonto e não sei direito onde estou nem o que está acontecendo, sempre digo a mim mesmo para dançar, correr, agarrar o sujeito ou manter a cabeça baixa".

Clay agiu assim, exatamente. Não parou, esticando o braço, e quando Liston atacava abria os braços enormes e o abraçava de modo que ele não conseguia mais desferir socos potentes. A estratégia não funcionaria por muito tempo — Liston era muito forte —, mas deu a Clay os dois ou três minutos de que precisava. Quando faltavam trinta segundos para o final do round, os olhos de Clay clarearam. Aquele foi o momento decisivo da luta, o instante em que Liston se deu conta de ter perdido a oportunidade dada pela cegueira do oponente. Liston era um valentão. No ringue ou trabalhando para a Máfia, ele sempre se valera da intimidação, apavorando o outro. Clay não se intimidou, porém. E sujeitos como ele, valentões ou boxeadores que só esperam de seus adversários a capitulação, desistem quando encontram resistência. Muitos anos depois, no ringue com Sugar Ray Leonard, Roberto Duran parou no meio da luta e disse "*No más*", em vez de prosseguir sendo humilhado.

No sexto assalto, Clay voltou com a visão recuperada e a energia renovada. Dispensou a coreografia e passou o round praticamente inteiro com os pés no chão, castigando Liston, soltando os jabs, encaixando combinações de golpes, com ganchos de esquerda, uppercuts de direita nos clinches — e acertando tudo. Liston não tinha mais nada a dizer. Pagava naquele momento cada cachorro-quente e cada dose de uísque, cada tarde com as prostitutas da avenida Collins, cada corrida abreviada por arrogância. Ele sabia que até as trapaças seriam inúteis. Clay pensava que seriam necessários oito assaltos para cansar Liston, deixá-lo exausto como estava, mas percebeu que não precisava mais esperar.

A certa altura, Clay se recorda, "eu acertei oito socos em série, até que ele dobrou o corpo. Eu me lembro de ter pensado algo do tipo 'Pronto, seu velho otário! Quero ver se você é mesmo grande e mau!'. Ele estava acabado. Eu sabia que não aguentaria muito tempo... Errei um direto que poderia ter nocauteado Liston. Mas continuei jabeando sem parar, acertando o corte abaixo do olho, até que ele se abriu e sangrou mais do que antes. Eu sabia que a luta não ia longe". Pouco antes do final do round, Clay encaixou dois ganchos de esquerda na cabeça de Liston e ficou surpreso ao ver que o campeão não caiu.

"Mesmo o mais inveterado dos detratores de Clay já tinha percebido que algo muito especial estava acontecendo ali", Robert Lipsyte disse. "O rosto de Sonny fora deformado e ele não podia fazer nada para interromper o terrível castigo que sofria."

O gongo soou, encerrando o sexto assalto. Liston voltou para o corner, com o olhar perdido.

"Chega", disse, e sentou-se.

Pela primeira vez naquela noite, Pollino e Reddish sentiram uma onda de confiança. *Chega*. Sonny finalmente ia entrar na briga, pensaram. Agora sim, ensinaria aquele moleque a não bancar o engraçadinho. Finalmente, estava furioso o suficiente para ganhar. Os dois homens começaram a massagear Liston. Ele se queixara de dores nos ombros, e eles massagearam os ombros e as costas, ofereceram água e passaram vaselina no supercílio. Pollino recolocou o protetor bucal.

Mas Liston o cuspiu.

"Já... disse... *Chega!*"

Pollino e Reddish finalmente compreenderam o significado da palavra dita por Liston. Ele desistira. Discutiram com ele, disseram que não podia perder o título sentado na banqueta, que precisava ir lá e lutar contra Clay, recuperar o domínio da luta e vencer. Desistir seria impensável, especialmente numa disputa pelo título mundial dos pesos-pesados. Liston jamais fora nocauteado, por que desistir agora? A última vez em que um peso-pesado desistira do título fora em 4 de julho de 1919, em Toledo, quando Willard não atendeu ao chamado do gongo para o quarto assalto da luta contra Dempsey. Willard, porém, não tinha um ombro dolorido e uns cortinhos; seu maxilar estava fraturado, as costelas trincadas e dois dentes haviam caído na lona.

Liston pelo jeito não se importava. Olhava fixo para a frente, através de seus segundos.

"Chega."

Reddish soltou um longo suspiro e disse: "Está bem. Quem sabe da próxima vez".

Reddish ergueu a mão e acenou. Barney Felix entendeu o sinal imediatamente.

Sentado na banqueta, esperando o início do sétimo round, Clay ouviu o alarido dos repórteres. Pegava fragmentos de conversas, a noção de que ele, um moleque arrogante, estava castigando Sonny Liston para valer, dava para acreditar? Clay virou-se, abaixou-se e gritou: "Vou incomodar o mundo inteiro!".

"Jamais me esquecerei de seus rostos voltados para cima, como se não acreditassem no que estavam vendo", ele disse depois a Haley. "Eu estava olhando para Liston quando o gongo soou e fiquei espantado quando ele cuspiu o protetor bucal. Não dava para acreditar — mas lá estava ele, parado. Aí me deu um negócio e eu entendi que ele não ia mais voltar! Soltei um grito e pulei da banqueta como se estivesse pegando fogo. Foi gozado, nem pensei em Liston — não pensava em nada, só na hipocrisia da imprensa. Todos eles, lá embaixo, haviam dito tantas vezes que eu seria esmagado pelos punhos poderosos."

Clay já estava em pé, erguendo as mãos acima da cabeça. Ele entendeu imediatamente o significado do gesto de Reddish.

"Eu sou o rei!" gritou. "Sou o rei! O rei do mundo! Engulam suas palavras! Engulam suas palavras!"

Eat your words!

Clay fingira a histeria daquela manhã, mas sua exuberância no momento da vitória não poderia ser mais genuína. Steve Ellis, da televisão, e Howard Cosell, do rádio, enfiaram os microfones na cara dele, e Clay gritava sem parar: "Deus todo-poderoso estava comigo! Quero que todos sejam testemunhas! Sou o maior! Abalei o mundo! Sou o maior de todos! Não tenho nem uma marca sequer em meu rosto. Acabei com Sonny Liston, e tenho apenas 22 anos. Só posso ser o maior! Mostrei isso ao mundo! Eu falo com Deus todos os dias! Sou o rei do mundo!".

Ao lado do ringue, Red Smith, do *Herald Tribune*, que havia escrito uma coluna atrás da outra desprezando Clay e zombando dele, ouvia claramente o desafio do campeão. *Eat your words*. Depois de ter ouvido aquilo, Smith começou a escrever: "Ninguém jamais teve tanto direito de dizer algo. Numa boca ainda seca da excitação da luta mais espantosa dos últimos anos, o sabor das palavras não é bom, mas ainda é melhor do que seu significado. As palavras, ditas aqui e praticamente em todos os lugares até que o impossível se tornou a incrível verdade, diziam que Sonny Liston esmagaria Cassius Clay como se ele fosse um inseto...".

Smith deu uma vitória esmagadora a Clay, atribuindo-lhe vantagem no primeiro, no terceiro, no quarto e no sexto assaltos. Acreditava que o segundo havia sido discutível e que Clay perdera o quinto, claro, praticamente cego.

Entretanto, outros detratores de Clay mal conseguiram admitir que erraram a seu respeito. A coluna de Dick Young no *Daily News* transbordava de ressentimento, como se o desfecho tivesse sido um complô especificamente destinado a ofendê-lo. "Se Cassius quer que eu diga que ele é o maior, tudo bem, eu digo", Young resmungou em letras de imprensa, "mas também digo que ele obteve a maior vitória por retirada desde que os russos fizeram Napoleão atolar na neve. Nunca vi Joe Louis fugir e ganhar, nem Rocky Marciano, e tenho certeza de que meu pai nunca viu Jack Dempsey fugir e ganhar, e meu avô nunca viu John L. Sullivam fugir e ganhar. Portanto, se Cassius quer ser valorizado, acho melhor ficar parado durante tempo suficiente para isso."

Clay não estava a fim de ficar parado para ninguém. Ele pulava pelo ringue, com Bundini e Dundee a seu lado. Não cessava de gritar e apontar. O êxtase! "Lâmpadas pareciam se acender atrás dos lagos imensos de seus olhos, como a lua brilha na água", Jimmy Cannon escreveu.

Rocky Marciano, sentado ao lado de Cannon, bateu com a palma da mão na testa e disse: "Mas que diabo é isso?". Cannon usou a frase como título de sua coluna no dia seguinte. Ele admitiu que Clay havia lutado com uma "dignidade" que ele não esperava, mas a emoção real de sua crônica era a decepção, o desprezo. Liston o deixara na mão, e ao fazer isso abrira caminho para algo estranho e desconhecido. Quando a equipe de Liston anunciou que ele desistira por causa do ombro, Cannon, entre outros jornalistas, não aceitou a desculpa: "O velho valentão, que cobrira Clay de ridículo ao desprezá-lo, considerando o oponente uma boneca tagarela, explicou que deslocara o ombro esquerdo no primeiro round de uma luta que só pode ser chamada de peculiar, mesmo para os padrões limitados do boxe".

Em cinemas por todo o país, as multidões aceitavam a vitória de um iniciante, mas não a visão do campeão, o sujeito reverenciado como o homem mais rijo do planeta, sentado na banqueta depois de ter desistido da luta. Na penitenciária de Jefferson City, onde Liston aprendera a lutar, o diretor havia distribuído uma série de aparelhos de televisão e pago para que o combate fosse transmitido para lá também. Quando os presidiários viram que Liston desistira do título sentado, os gritos de escárnio foram tão altos que puderam ser ouvidos do outro lado das muralhas, na noite escura e fria. Os ombros de Liston estavam doloridos, sem dúvida. ("Um sujeito forte como ele não pode soltar os golpes e errar sempre sem sentir dor", McKinney disse.) Porém, embora Nilon, Pollino e os outros segundos usassem o ombro como desculpa, contavam uma história que sabiam ser apenas parcialmente verdadeira.

Liston chorou quando Pollino o acompanhou na caminhada do vestiário até o carro. Tinha o braço na tipoia e um curativo sob o olho. No caminho, disse que perder fez com que se sentisse como no dia em que Kennedy fora assassinado, mas depois falou que foi apenas "uma dessas coisinhas que acontecem com a gente". Surpreendentemente, ele agradeceu aos repórteres e sumiu.

"Por mais antipático que fosse, Sonny era uma gracinha quando perdia", Robert Lipsyte declarou.

Liston foi levado ao Hospital St. Francis. Mort Sharnik foi o único repórter que o seguiu até lá. "No hospital, Sonny ficou deitado numa maca; de uma hora para outra, tornou-se um homem de meia-idade", Sharnik disse. "Ele parecia um motorista de caminhão envelhecido depois de um engavetamento. Estava todo inchado: olhos, o rosto todo, o corpo inteiro. Ficou lá deitado, enquanto Nilon batia em seu ombro e dizia: 'Vamos pegá-lo na próxima'. Enquanto os médicos cuidavam de Liston, Nilon falou em arranjar um emprego para Sonny na Nilon Brothers, a empresa de alimentação que vendia cachorro-quente nos estádios. Sonny parecia um monte de argila. Estava todo inchado."

O dr. Alexander Robbins, médico da comissão, anunciou que Liston havia deslocado o ombro esquerdo e sofrido uma distensão. Contudo, a questão que todos os repórteres formulavam era se o deslocamento no ombro havia sido decisivo. A resposta era não. "Foi tudo mentira", admitiu um dos segundos de Liston que ainda vive. "Tínhamos uma cláusula de revanche contra Clay e, se disséssemos que o nosso boxeador havia simplesmente desistido, quem ia querer saber de uma revanche? Improvisamos a história do ombro ali, na hora." O ombro estava realmente machucado, como meia dúzia de médicos confirmaram posteriormente, mas Liston lidava bem com a dor física; o que não aguentou em Miami foi continuar sendo humilhado.

Liston, deitado no leito do hospital, virou-se para Nilon e Sharnik e disse em voz tão baixa que os outros mal o escutaram: "Aquele não era o sujeito que eu ia enfrentar. Aquele cara sabia bater".

Todos fizeram silêncio por algum tempo. Depois Nilon perguntou: "O que vamos fazer com Sonny?".

Qualquer pessoa que conhecesse Liston estaria preocupada, temendo que ele sofresse uma recaída nos hábitos mais perniciosos e destrutivos. Tudo por que ele batalhara, qualquer vestígio de orgulho que conseguira juntar, ficara enterrado em Miami.

No início da manhã, quando terminou de escrever a coluna, Jimmy Cannon voltou para o Fontainebleau e encontrou o grande peso leve Beau Jack, que trabalhava como engraxate no hotel.

"Sonny deveria ter morrido", Beau Jack disse a Cannon. "Como alguém pode se olhar no espelho depois daquilo? E o que ele vai dizer para a mulher e os filhos?"

Clay levou sua obsessão pela imprensa do ringue para a coletiva.

"... E agora, o que vocês vão dizer? Que eu não aguento nem um round? Que ele vai me pegar no segundo? Quantos ataques do coração aconteceram? Ah, eu sou lindo. Bati nele para valer, e isso foi óóóótimo. O urso nem tocou em mim, não conseguiu nem me dar uma boa lambida..."

A ladainha prosseguiu, até que finalmente Clay disse esperar justiça dos repórteres reunidos para ouvi-lo.

"Vou mostrar a vocês que droga de repórteres vocês são", ele disse. "Quem é o maior?"

Ninguém respondeu.

"Injustiça. Não consigo justiça aqui. Ninguém quer ser justo comigo. Vou dar mais uma chance a vocês. Quem é o maior?"

Seguiu-se uma pausa. Depois, alguns repórteres murmuraram: "É você".

Jackie Gleason, bancando o repórter para encher sua coluna no *New York Post*, foi o único membro verdadeiramente contrito da imprensa. Na crônica do dia seguinte ele escreveu: "Pois é, aqui estou eu, engolindo um sapo, que não é a melhor refeição do mundo, principalmente a pele. Não importa tanto a perda de seiscentos dólares que apostei (quando aposto num sujeito, vou até o fim), o pior foi a outra aposta... na qual prometi tomar cinco goles de Old Overshoe para cada round que o Boca Mole aguentasse em pé. Bem, nem preciso explicar o estado em que fiquei no final. Cassius se vingou de mim sem mover uma palha".

Enquanto Clay se preparava para deixar o local, Gordon Davidson, advogado do Grupo de Louisville, que desejava apenas ver o boxeador sair vivo da luta, viu-se na obrigação de improvisar uma inesperada festa da vitória. "Ninguém tinha pensado nisso", ele disse. "E de repente estávamos ao telefone, falando com o Roney Plaza, por volta da meia-noite, tentando arranjar comida e champanhe e outras coisas. Um monte de gente seguiu para lá — nosso grupo, alguns repórteres, Budd Schulberg, George Plimpton, Norman Mailer etc. —, mas Cassius preferiu não se juntar a nós."

Clay seguiu para o Hotel Hampton House, ficou algum tempo conversando com Malcolm X e Jim Brown, o formidável jogador dos Cleveland Browns, e tomou um sorvete de baunilha enorme. Tirou uma soneca na cama de Malcolm e foi para casa, finalmente. Pretendia mudar algumas coisas, revelou aos amigos. "Fiz todo o barulho de que precisava quando estava em campanha para me eleger", disse. "Bem, a votação já se encerrou, e eu ganhei. Agora vou ficar na minha por um tempo."

12. O desafio

Clay chegou para a coletiva de imprensa no Veterans Room do Convention Hall. Respondeu às perguntas tradicionais, dizendo como se sentia, com quem gostaria de lutar no futuro, se Liston tinha sido mais duro do que esperava. O evento foi, para os padrões de Clay, notavelmente discreto: nada de versos, monólogos ou provocações. "Agora, só quero ser um cavalheiro, gentil, cordial e simpático", disse. "Já provei meu valor. Agora quero servir de exemplo para todos os rapazes e moças distintos. Chega de falação."

Aplausos ruidosos, irônicos, seguiram-se à declaração, e até Clay riu. Mas o importante em Clay é que ele nunca mentiu para a imprensa, realmente; acreditava no que dizia no momento em que falava. E naquele instante ele via a sua carreira como uma atividade limitada.

"Eu só luto para ganhar a vida, e quando tiver dinheiro suficiente deixarei de lutar", prosseguiu. "Não gosto de lutar. Não gosto de apanhar. Não gosto de machucar ninguém... Lamento muito por Liston. Ele está arrebentado." Clay disse que seria o campeão do povo e que voltaria a Louisville, para "passear pela rua, conversar com os pobres, bêbados e vagabundos. Só quero deixar o povo feliz".

Finalmente, um repórter o interrompeu com uma pergunta espinhosa. Não era verdade, ele quis saber, que Clay era um "membro de carteirinha dos muçulmanos negros?".

Clay não se incomodava com a ideia de assumir suas posições — presumia que, naquela altura, todos já sabiam que ele se convertera à Nação do Islã —, mas a terminologia o ofendeu. "Membro de carteirinha" cheirava a macarthismo, e "muçulmano negro" era uma expressão repugnante para a Nação.

"Membro de carteirinha. O que isso significa?", Clay disse. "Creio em Alá e na paz. Não tento impor minha presença morando em bairros brancos. Não quero me casar com uma branca. Fui batizado aos doze anos, mas não sabia o que estava fazendo. Não sou mais cristão. Sei para onde estou indo e sei a verdade. Não quero ser o que vocês desejam que eu seja. Sou livre para ser o que bem entender."

Foi o bastante para confirmar todas as histórias veiculadas pela imprensa: Clay era membro da Nação do Islã. Quer a imprensa entendesse, quer não, ele discretamente abandonou a imagem do boxeador negro inofensivo consagrada por Joe Louis e mais tarde imitada por Jersey Joe Walcott, Floyd Patterson e dúzias de outros. Clay estava declarando que não se encaixava nos estereótipos vigentes, que não seguiria nenhum modelo comportamental determinado. Embora Liston também se declarasse independente das convenções (por meio da truculência pura, do estilo que-se-dane), a mensagem de Clay era política. Ele, e não Jimmy Cannon ou a Associação Nacional para o Progresso das Pessoas de Cor, definiria sua negritude, sua religião e sua história. Ele era membro de um grupo marginalizado nos Estados Unidos, mas tinha voz e o país logo ouviria falar nele.

A imprensa esportiva, que praticamente desconhecia a Nação do Islã, pediu mais detalhes, e na manhã seguinte os repórteres abordaram Clay e Malcolm X quando eles tomavam café da manhã no Hotel Hampton House. Se algum dos repórteres achava que Clay ia desmentir as declarações da véspera, enganava-se redondamente. Ele deixou tudo mais claro ainda.

"Um galo só canta quando vê a luz", Clay disse. "Prenda-o num lugar escuro, e ele jamais cantará. Eu vi a luz, e estou cantando."

Malcolm declarou: "Clay é o melhor atleta negro que já vi, um homem que significará mais para seu povo do que qualquer atleta antes dele. Ele significa mais do que Jackie Robinson, pois Robinson era um herói dos brancos. A imprensa branca queria que Clay perdesse. Eles queriam que ele perdesse por ser muçulmano. Vocês sabem que ninguém se importa com a religião dos outros atletas. Mas o preconceito contra Clay os cegou, impedindo que vissem suas qualidades".

Clay passou o resto do dia enchendo os blocos dos jornalistas. Os repórteres o rodearam, e Clay acabou dando uma aula.

"'Muçulmanos negros' é uma expressão inventada pela imprensa", disse. "Não é um nome legítimo. O nome real é 'Islã'. Quer dizer paz. Islã é uma religião e há 750 milhões de pessoas que acreditam nela, no mundo inteiro, e eu sou uma delas. Não sou cristão. Nem poderia ser, vendo tanta gente de cor que luta pela integração compulsória sofrer. Eles levam pedradas e mordidas dos cães, e quando uma igreja dos negros vai pelos ares os culpados não são encontrados. Recebo telefonemas diariamente. Querem que eu carregue cartazes. Que eu faça piquetes. Dizem que seria maravilhoso se eu me casasse com uma mulher branca, que isso traria benefícios aos irmãos. Não quero ir pelos ares. Não quero ser atirado na sarjeta e pisoteado. Só quero ser feliz com minha gente.

"Sou campeão dos pesos-pesados, mas não posso entrar em muitos bairros. Aprendi a evitar armadilhas e mordidas de cachorros. Faço isso ficando no meu bairro. Não quero encrenca. Não acredito em integração forçada. Sei qual é o meu lugar. Não pretendo impor minha presença na casa de ninguém...

"As pessoas dizem que somos um grupo cheio de ódio. Dizem que pretendemos tomar o poder no país. Dizem que somos comunistas. Nada disso é verdade. Os seguidores de Alá são as pessoas mais pacatas do mundo. Não usam facas. Não aprovam armas. Rezam cinco vezes por dia. As mulheres usam vestidos até o chão e não cometem adultério. O que eles querem é apenas viver em paz.

"Sou um bom rapaz. Nunca fiz nada de errado. Nunca fui preso... Gosto dos brancos. Gosto do meu povo. Todos podem viver juntos, sem impor a presença uns aos outros. Vocês não podem condenar um homem por querer a paz. Se fizerem isso, estarão condenando a própria paz..."

No dia em que Clay anunciou sua conversão, num evento do Dia do Salvador, no Coliseum de Chicago, Elijah Muhammad encerrou sua ambivalência pública em relação a Clay e o saudou como membro da seita. Até então, Muhammad mantivera distância, pensando que Clay ia perder e desgraçar a Nação, mas depois da vitória ele se mostrou muito receptivo, dando-lhe as boas-vindas. Elijah Muhammad foi além, na verdade, declarando que Clay vencera a luta graças a Alá e a seu mensageiro. Ao se mostrar amigo e orientador espiritual de Clay, Elijah Muhammad também se preparava para combater Malcolm X.

Praticamente, os únicos a reagir à conversão de Clay com indiferença foram os membros de sua equipe. "O que há num nome?", Dundee disse, parafraseando Shakespeare. "Para mim, ele é o mesmo indivíduo, a mesma pessoa. Na verdade, eu nem sabia direito o que significava ser muçulmano." Nenhum outro treinador teria sido tolo a ponto de se afastar do campeão — havia muito dinheiro envolvido. Mas Dundee não se importava mesmo com a religião de um boxeador, desde que ele aparecesse no vestiário para treinar. "Aprendi uma coisa quando eu era jovem", Dundee disse, anos depois. "Uma coisa com a qual a gente não deve se meter é a religião do lutador. E com sua vida amorosa. Também nisso a gente não pode se meter. Como soltar um direto de esquerda — é melhor ficar restrito a coisas do gênero."

No entanto, fora de seu pequeno círculo profissional, a conversão de Clay foi um choque. Inclusive para a família. O pai, apesar de nunca ter sido cristão fervoroso, deixou bem claro sua contrariedade, pessoalmente e pela imprensa. Clay pai declarou aos repórteres que seu filho fora "enganado" pelos muçulmanos gananciosos. "Não vou mudar meu nome", disse. "Se ele quiser fazer isso, tudo bem. Eu não. Na verdade, pretendo fazer bom uso do nome Cassius Clay. Vou ganhar dinheiro com meu nome. Vou tirar proveito da situação." O relacionamento entre pai e filho deteriorou-se de tal maneira que Clay, na visita seguinte a Louisville, preferiu se hospedar num hotel do centro. "Ele veio visitar a gente", a mãe, Odessa, contou. "Mas só ficou vinte minutos, enquanto o táxi esperava na porta. Ordenaram-lhe manter distância do pai por causa da religião, e acho que pediram que se afastasse de mim também. Os muçulmanos não gostam de mim porque tenho a pele muito clara."

Os principais jornalistas reagiram com uma indignação semelhante à de Cassius Clay pai.

"O mundo do boxe, desde seu condenável nascimento, tem sido o prostíbulo do esporte. Foi a primeira vez, porém, que o transformaram num instrumento do ódio", escreveu Jimmy Cannon. "O boxe aleijou os corpos de inúmeros homens e arruinou as mentes de outros tantos, mas agora, como um dos missionários de Elijah Muhammad, Clay está usando o esporte como uma arma traiçoeira para atacar o espírito. Tenho pena de Clay e abomino o que ele representa. Nos anos de fome, durante a Depressão, os comunistas usavam gente famosa da maneira como os muçulmanos negros estão explorando Clay. Essa seita deforma o nobre propósito da religião." O modelo de comportamento racial de Cannon seria sempre Joe Louis. O vínculo de Clay com a Nação do Islã, Cannon declarou, era "um símbolo de ódio mais pernicioso do que Schmeling e o nazismo".

O tom da cobertura de Lipsyte para o *Times* foi totalmente diferente, em parte porque o jornal não dava muito espaço para opiniões e também porque ele pertencia a uma geração diferente, que vivera outro tipo de experiência, além de ser amigo de Dick Gregory. "Na verdade, não me apavorei com a conversão, como ocorreu a Cannon ou Smith", ele disse, "mas é preciso lembrar que Malcolm X assustava muita gente, e não apenas os brancos. O *New York Times*, por exemplo, nunca soube quanta gente ele realmente seria capaz de pôr na rua para começar uma revolução."

Malcolm reconheceu a profundidade e a discrição da cobertura de Lipsyte, dizendo isso a ele. De volta à redação na West Forty-third Street, Lipsyte comentou o elogio com um dos editores.

"Bem, isso é ótimo", disse o editor. "Acho melhor colocar anúncios enormes na rua e na lateral dos caminhões dizendo: 'Malcolm X gosta de Bob Lipsyte!'."

A Associação Mundial de Boxe suspendeu o novo campeão por "conduta incompatível com os interesses do boxe". Contudo, a suspensão não teve efeitos práticos, uma vez que as comissões estaduais de Nova York, Califórnia e Pensilvânia deixaram bem claro que pretendiam ignorá-la. Membros do Grupo de Louisville reagiram inicialmente com um choque visceral. Calcularam, com razão, que a conversão de Clay custaria ao lutador, e a eles, centenas de milhares de dólares. Ademais, perceberam logo que Clay não renovaria o contrato com eles, que expirava em 1966. "Deduzimos que os muçulmanos iam preferir controlar tudo diretamente", disse Gordon Davidson. "E foi uma dedução acertada."

Talvez o único político a manifestar publicamente seu apoio ao novo campeão dos pesos-pesados tenha sido Richard Russell, senador pela Geórgia e segregacionista. Russell considerava esplêndido que o objetivo da Nação do Islã, separar as raças, coincidisse com o seu. (De fato, em 1961 Elijah Muhammad iniciara contatos com a liderança da Ku Klux Klan, uma vez que os dois grupos apoiavam a separação entre brancos e negros.)

As reações mais problemáticas vieram dos comentaristas e políticos negros. Os jornais dirigidos por negros estavam profundamente comprometidos com o apoio ao movimento dos direitos civis, e em sua maioria desconfiavam da Nação do Islã. Era fevereiro de 1964, e nos últimos dez anos o país já testemunhara uma série de marcos no movimento dos direitos civis: o assassinato de Emmett Till em 1955, o boicote de ônibus em Montgomery em 1955-6, a crise escolar de Little Rock em 1957-8, as manifestações estudantis em Nashville em 1960, as Viagens pela Liberdade em 1961, a integração de Ole Miss de James Meredith em 1962, o confronto de Birmingham e a bomba na igreja da Sixteenth Street em 1963, a marcha sobre Washington. Muitos negros de classe média, em especial, admiravam silenciosamente alguns aspectos da Nação — a maneira como homens saídos da prisão se reabilitavam, o moralismo doméstico e a segurança nas ruas que eles defendiam. Mas temiam que a retórica veemente da confrontação e o estilo religioso, tão estranhos para a maioria dos norte-americanos, pudessem prejudicar o movimento.

No jornal negro da cidade natal de Clay, o *Louisville Defender*, Frank Stanley escreveu, de modo até delicado: "Não nos opomos à escolha de um grupo religioso por parte de Clay, embora tenhamos reservas no que diz respeito à motivação dessa seita em particular. O que nos desanima é o distanciamento dos jovens de Louisville do movimento antissegregacionista". King, na época no auge do poder e do prestígio do movimento, não se preocupou em ser delicado. "Quando Cassius Clay entrou para os muçulmanos negros e passou a se chamar Cassius X, tornou-se campeão da segregação racial, e é contra isso que estamos lutando", disse. "Creio que Cassius deveria passar mais tempo provando sua capacidade como boxeador do que falando." No futuro, King ligaria para Clay, congratulando-o pelos triunfos no boxe — uma ligação ouvida pelo FBI. De acordo com o registro do grampo feito pelo órgão, Clay garantiu a King que estava "acompanhando MLK, que MLK era seu irmão, que [Clay estava] cem [por cento] a seu lado, mas que não podia se arriscar". Clay disse a King para "se cuidar" e "tomar cuidado com os brancos".

Um mês após a luta, Jackie Robinson escreveu um artigo para o *Chicago Defender*, o mais proeminente dos jornais negros, no qual insistia na importância da vitória do novo campeão no ringue e na aceitação desapaixonada de sua conversão à Nação do Islã. Embora os cronistas brancos supostos admiradores de Robinson esbravejassem de raiva contra o novo campeão que escolhia seu próprio rumo, Robinson não precisava de seu endosso paternalista e via virtudes na decisão do rapaz, mesmo que não a aprovasse.

"Não creio que os negros vão aderir em massa aos muçulmanos negros, assim como não aderiram aos comunistas", Robinson escreveu. "Moços e velhos, os negros saíram às ruas da América, dezenas de milhares deles, provando sua disposição para sofrer, lutar e até morrer pela liberdade. Essa gente quer mais democracia — e não menos. Querem se integrar ao modo de vida majoritário dos norte-americanos, e não viver num cubículo desta terra em esplêndido isolamento. Se os negros aderirem ao movimento dos muçulmanos negros, em qualquer número, não será por causa de Cassius, nem mesmo de Malcolm X. Será apenas porque a América se recusou a aceitar as lideranças responsáveis do povo negro e a nos dar os mesmos direitos que qualquer cidadão desfruta nesta terra."

No final dos anos 1960, quando assumiu sua posição contra o recrutamento e foi para o exílio, muitas vozes, radicais ou não, elogiaram a coragem e o desafio de Ali. Eldridge Cleaver o chamou de "revolucionário genuíno", o "primeiro campeão negro 'livre' a enfrentar a América branca". Atletas como Lew Alcindor radicalizariam sua posição, chegando a converter-se. Até Red Smith se aproximaria. Na época, porém, em 1964, poucos negros ou brancos aclamaram abertamente a transformação de Clay. "Eu me lembro de como nos sentíamos a respeito de Ali no início dos anos 1960", disse o escritor Jill Nelson, criado no Harlem e no Upper West Side. "Não estávamos dispostos a entrar para a Nação, mas adorávamos Ali pelo ato supremo de desafio. Era um desafio contra a postura de negro bonzinho, o bom cristão esperando recompensa do branco magnânimo, poderoso e certo. Amávamos Ali porque ele era lindo e forte, e porque falava muito, contava vantagem. E ele verbalizou as emoções de muitos negros na época, mostrou nossa raiva, nossa noção de direito, a necessidade de ser o melhor só para receber o médio, a sensação de nos erguermos para enfrentar as fúrias."

Clay seguiu para Nova York, de carro, e se instalou no Hotel Theresa, no Harlem. Ele chegou num Cadillac com motorista, mas logo descreveu aos repórteres como havia sido barrado em muitos restaurantes, na viagem de dois dias, desde Miami. ("Cara, foi mesmo uma dureza/ Viajar quilômetros sem comer na mesa.")

O Theresa, um marco no Harlem, o recebeu bem melhor. Joe Louis hospedara-se lá, assim como dúzias de celebridades negras que visitavam Manhattan. Fidel Castro ficou lá também. Quase todas as manifestações no Harlem começam na frente do Hotel Theresa.

Nos primeiros dias de março, Clay se estabeleceu no hotel e passou a frequentar todos os lugares em companhia de Malcolm X — caminhadas pelo Harlem, em Times Square, visita ao prédio das Nações Unidas, para uma entrevista coletiva. Um repórter escreveu que o boxeador e o líder político causaram a maior comoção na ONU desde o dia em que Nikita Kruschev bateu com o sapato na mesa. Malcolm, ansioso por conquistar o apoio de Clay para o movimento que pretendia formar, chegou a levá-lo até Long Island, com a ideia de persuadir Clay a comprar uma casa perto da sua, em Queens. Mas Clay não conseguiria dividir sua lealdade por muito tempo. A rixa entre Elijah Muhammad e Malcolm X era séria; a liderança da Nação não pretendia permitir que Clay desfrutasse simultaneamente a participação na seita e a amizade com o inimigo. Mesmo que em público declarasse lealdade a Muhammad, Malcolm já havia dito que tentaria formar um novo grupo independente — um grupo que a Nação considerou imediatamente uma ameaça.

No dia 6 de março, Elijah Muhammad fez um discurso no rádio declarando que o nome Cassius Clay não tinha "significado divino", e que deveria ser trocado por um nome muçulmano. "'Muhammad Ali' é o nome que darei a ele, enquanto acreditar em Alá e me seguir." No passado, o lutador sempre admirara a sonoridade e a carga histórica de seu nome. "Ele faz a gente pensar no Coliseu e nos gladiadores romanos. Cassius Marcellus Clay. Repita. É um lindo nome." No entanto, agora lhe haviam dito outra coisa. "Muhammad" significava digno de elogio, e "Ali" era o nome do primo do profeta. A maioria dos membros da Nação usava X como sobrenome; Elijah Muhammad dava nomes islâmicos sagrados "completos" principalmente como homenagem a líderes dos muçulmanos de longa data, que haviam militado no movimento durante décadas. Elijah precisava de Clay não apenas como cofre ambulante, mas também como garoto-propaganda para o recrutamento e como arma na guerra contra Malcolm X.

Malcolm ouviu o discurso no rádio do carro e ficou revoltado. "Foi uma jogada política", disse. "Ele fez isso para evitar que Clay me apoiasse."

Claro, Malcolm tinha razão. Emissários de Chicago chegaram ao Hotel Theresa para apelar ao novo campeão, a Muhammad Ali. Eles usaram a fé e a lealdade de Ali, dizendo-lhe para distinguir quem era o "mensageiro" de verdade e quem era apenas um dissidente. Chegaram a prometer dar uma esposa a Ali, se ele quisesse, uma das netas de Elijah Muhammad.

Poucos dias depois, Alex Haley foi ao hotel para fazer uma entrevista para a revista *Playboy*. Ele já havia se aproximado bastante de Malcolm; uma ou duas vezes por semana Malcolm visitava Haley em seu apartamento, para ser entrevistado longamente para o livro que se tornaria sua autobiografia. Haley descobriu rapidamente que Ali já havia feito sua escolha.

"Ninguém ofende o senhor Muhammad e se dá bem", Ali disse. "E não quero mais falar nisso."

Seria difícil exagerar a profundidade do rompimento de Ali, que cortou totalmente os laços com Malcolm X. Em maio, Ali partiu para uma viagem de um mês pelo Egito, Nigéria e Gana, com seu grande amigo, o fotógrafo Howard Bingham, e dois membros da Nação do Islã, Osman Karreim (antes conhecido como Archie Robinson) e Herbert Muhammad (o terceiro dos seis filhos de Elijah e futuro empresário de Ali). Nos anos seguintes, as emoções da viagem à África — demonstrações de afeto, gritos incessantes de "Ali! Ali!" nos vilarejos mais remotos — se repetiriam muitas vezes em muitos países. Mas aquela foi a primeira viagem do gênero e Ali se emocionou. Estar entre africanos, "meu verdadeiro povo", como dizia, o entusiasmou. Ele gostou muito de conhecer líderes mundiais, como Kwame Nkrumah, de ser reconhecido em lugares nos quais as pessoas nunca tinham ouvido falar e tampouco se importavam com Joe Louis e muito menos com Rocky Marciano. Foi, em resumo, a primeira amostra de como seria a vida de Muhammad Ali, símbolo internacional, um boxeador mais importante do que o título de campeão dos pesos-pesados, a pessoa mais famosa do mundo. Aquele foi o começo de tudo, o começo da transfiguração de Ali.

Ao mesmo tempo, os repórteres, quase tão atônitos com Ali quanto este estava consigo, aprendiam aos poucos que ele era um sujeito complicado, uma alma gentil e cordial capaz de momentos de rejeição cruel. Malcolm X, que adotara o nome sunita de El-Hajj Malik El-Shabazz, também viajava pela África, após a peregrinação a Meca. Usava barbicha e os trajes brancos esvoaçantes dos peregrinos, além de andar com cajado. Na jornada, Malcolm conhecera muitos muçulmanos de pele clara, concluindo que a pregação contra os "demônios de olhos azuis" não passava de uma "generalização que causava problemas a muitos brancos que não mereciam isso". A viagem de Malcolm alterou sua vida a tal ponto que, quando um repórter indagou se ele havia deixado de odiar os brancos, ele respondeu: "Isso mesmo! A peregrinação a Meca abriu meus olhos". No momento em que Martin Luther King ampliava a crítica da sociedade americana para incluir a guerra do Vietnã e a injustiça econômica, Malcolm se tornava um universalista moderado em seu posicionamento moral. Os dois vetores da liderança negra convergiam, e a jornada de Malcolm pelo Oriente Médio e pela África o ajudou nesse sentido. No Hotel Ambassador, em Acra, quando estava saindo para ir ao aeroporto, Malcolm encontrou-se com Ali.

"Irmão Muhammad!", Malcolm gritou. "Irmão Muhammad!"

Ali olhou para Malcolm, mas não o cumprimentou como amigo.

"Você se afastou do venerável Elijah Muhammad", Ali disse, sério. "Foi uma atitude errada, irmão Malcolm."

Malcolm não queria piorar as coisas aproximando-se, e Ali deu-lhe as costas e se afastou.

Para Malcolm, foi um momento terrível. Apesar da aparência forte e resistente, Malcolm sofrera muitas perdas durante a vida. "Perdi muita coisa", ele disse depois do encontro casual. "Quase demais." Na infância, ele viu o pai, Earl Little, pregador partidário de Garvey, sofrer ameaças de morte dos racistas brancos; jamais se esqueceu da morte misteriosa do pai, debaixo das rodas de um bonde, e da loucura da mãe em consequência da perda; lembrava-se bem de sua intenção de ser advogado e das palavras da professora: "Você precisa ser realista e entender que é negro"; e agora, expulso da Nação do Islã, sofrendo ameaças do Fruto do Islã, fora rejeitado em termos muito duros por Muhammad Ali, seu grande amigo e discípulo.

Pouco depois de ter deixado a África, Malcolm mandou um telegrama a Ali que ainda conservava o tom da antiga amizade. "Uma vez que um bilhão de pessoas de nosso povo o ama cegamente, na África, na Arábia e na Ásia", Malcolm escreveu a Ali, "você precisa estar sempre consciente da tremenda responsabilidade que tem em relação a elas." No telegrama, publicado em seguida pelo *New York Times*, Malcolm alertava Ali para não permitir que seus inimigos explorassem sua reputação; Malcolm foi vago, mas era claro que os exploradores imaginados por ele estavam na Nação do Islã.

Ali não estava disposto a ouvir conselhos. Ele brincou com os repórteres, dizendo que fora à África para arranjar quatro esposas: uma para lustrar seus sapatos, outra para lhe dar uvas, outra para massagear seus músculos com azeite de oliva e outra chamada "Pêssegos". Não pretendia aceitar as lições de moral de um mestre desacreditado.

"Cara, você viu o Malcolm?", ele perguntou a Herbert Muhammad. "Usando aquela túnica branca esquisita, de barba, andando com um pau que parecia o cajado do profeta? Cara, ele pirou. Foi longe demais, perdeu o rumo. Ninguém mais dá ouvidos a Malcolm."

A maior parte do país, e em especial a América branca, não dava a mínima para as diferenças entre Malcolm e Elijah Muhammad, nem para a posição ocupada na história por um boxeador de 22 anos de Louisville. O rompimento parecia irrelevante em comparação com a épica batalha entre os manifestantes a favor dos direitos civis e seus oponentes, travada nas ruas, no Congresso e nos tribunais. Só algumas pessoas (além do FBI, claro) dedicavam seu tempo a tentar entender as diferenças. Contudo, alguns nacionalistas negros que admiravam Ali como boxeador e como uma cabeça independente começavam a questionar sua maturidade e sua capacidade de optar. O poeta e nacionalista negro LeRoi Jones, que depois mudou o nome para Imamu Amiri Baraka, disse que Ali, embora tivesse se tornado "um dos meus", ao escolher Elijah Muhammad e não Malcolm X, "mostrou ser um 'rapaz simplório', preferindo a ala pitoresca nascida diretamente do espiritualismo radical dos negros pobres, ou seja, no momento ele é apenas um sujeito com raiva, e não um militante intelectualmente (sociopoliticamente) motivado".

Sonia Sanchez, conhecida poeta e ativista do Congresso para Igualdade Racial, achou que Baraka foi inflexível e insensível, principalmente levando em consideração a idade e a posição de Ali. "Ali não teve tempo para análises", ela disse. "Ele precisou tomar uma decisão imediata e escolher entre Malcolm e Elijah Muhammad, sem que houvesse ecletismo ou meio-termo. Ele vivia cercado por gente poderosa da Nação, capaz de convencê-lo de que Malcolm era seu amigo, mas que o verdadeiro líder era Elijah Muhammad. Não se deve esquecer também que o racha foi incentivado por forças externas, entre elas o FBI, infiltradas na Nação e outros grupos negros com o objetivo de enfraquecê-los. O *establishment* percebeu que até a classe média caminhava para uma posição mais radical — a posição de Malcolm — e queria anulá-la. Ali foi um grande homem, mas não era um filósofo, um analista. Não se poderia esperar dele nem de ninguém uma decisão acertada assim, de repente."

Robert Lipsyte, do *Times*, ficou desapontado com Ali, não tanto pelo rompimento com Malcolm, mas sim pela fácil aceitação do modo como o reduzido núcleo central de membros da Nação do Islã passou a atacar os dissidentes. Lipsyte conhecia um muçulmano chamado Leon 4X Ameer, que servia de assessor de imprensa improvisado para Ali. Ameer havia sido guarda-costas e assessor de Malcolm X antes de ele ter sido suspenso pela Nação. O relacionamento de Ameer com Malcolm o tornou suspeito aos olhos dos muçulmanos. Certo dia, no saguão do Hotel Sherry Biltmore, em Boston, o chefe da mesquita da Nação em Boston e outros três muçulmanos negros atacaram Ameer, espancando-o com porretes. Ameer teve sorte e foi salvo por um segurança. Naquela noite, contudo, outro grupo de muçulmanos da mesquita de Boston invadiu o quarto de Ameer e o espancou até quase matá-lo. Ele foi encontrado na manhã seguinte, na banheira, com o rosto feito um hambúrguer; os tímpanos estavam rompidos e várias costelas fraturadas.

Lipsyte pretendia colaborar com Ameer num artigo de revista sobre os muçulmanos. Quando Ali chegou a Nova York para assinar o contrato dos direitos de radiodifusão da revanche de Sonny Liston, Lipsyte perguntou ao campeão a respeito do espancamento do amigo.

"Ameer? Aquele sujeitinho?", Ali disse, zombeteiro. "Acho que me lembro de um cara que rondava o ginásio, um nanico que ia lá embaixo buscar o jornal para mim. Agora anda por aí contando mentiras, dizendo que era meu assessor de imprensa."

Lipsyte insistiu, e Ali explodiu.

"Qualquer negro idiota que tenta nos prejudicar vira astro para vocês. Jim Brown falou bobagens sobre os muçulmanos e fizeram dele um astro do cinema. Ameer foi apanhado com uma moça. Ele tem mulher e nove filhos. O sujeito roubou oitocentos dólares, lutava caratê, atacou três pessoas e teve o que merecia."

Lipsyte perguntou se a vida de Ameer corria perigo.

"Eles acham que todo mundo quer matá-los, pois sabem que merecem a morte pelo que fizeram."

Malcolm X, por sua vez, não mostrava nenhuma disposição para parar com a oposição à seita "pseudoislâmica" de Elijah Muhammad. Graças à descoberta da Nação do Islã, na penitenciária, Malcolm se transformara; passara de malandro de rua a figura de projeção nacional. Agora, porém, estava mudando tão radicalmente quanto nos anos 1950. Defendeu a validade de uma lei de direitos civis. Apertou a mão de Martin Luther King no corredor do Senado norte-americano. Passou a relacionar a luta dos negros norte-americanos com a dos africanos e outros "irmãos do Terceiro Mundo", e dentro desse novo espírito organizou dois grupos, a Mesquita Muçulmana e a Organização pela Unidade Afro-Americana.

Elijah Muhammad estava de olho nele, sem dúvida. No dia 30 de novembro de 1964, um informante do FBI infiltrado na Mesquita Número 4, de Washington, disse ao serviço que uma proclamação geral fora transmitida ao Fruto do Islã: Malcolm deveria ser atacado onde estivesse. Uma semana depois, Louis X (que em breve se tornaria Louis Farrakhan) escreveu em *Muhammad Speaks* que Malcolm não escaparia à vingança. Ele convidou Malcolm a imaginar sua cabeça rolando na calçada. Em janeiro, outro artigo no *Muhammad Speaks* previa que 1965 seria "um ano no qual os oponentes mais atrevidos do venerável Elijah Muhammad afundariam no silêncio ignóbil".

Parte quatro

13. "Salve-me, Joe Louis..."

Nos Estados Unidos o boxe nasceu da escravidão. Como imperadores romanos que se reuniam no coliseu para observar os combates entre seus escravos, os latifundiários do Sul promoviam lutas entre os escravos mais fortes, para se divertir e apostar. Os escravos usavam pescoceiras de ferro e lutavam quase até a morte. Frederick Douglass se opunha ao boxe e à luta livre não só pela crueldade, pois eles também abafavam o espírito de insurreição.

Até Ali, que ganharia milhões de dólares no ringue e se tornaria famoso e adorado por sua habilidade em bater nos outros, mostrou-se ambivalente a respeito do espetáculo de dois negros trocando socos: "Eles ficam em volta do ringue e dizem: 'Muito bem, rapaz; você é grande; bela luta'", Ali disse, em 1970. "Eles não querem que lutadores tenham cérebro. Não querem que se tornem empresários, sejam humanos ou inteligentes. Boxeadores não passam de brutamontes que divertem os brancos ricos. Batem uns nos outros, quebram narizes, sangram e se exibem como dois macacos para a multidão. Eles se matam para o público. E metade do público é branco. Somos apenas dois escravos no ringue. Os donos pegam dois escravos negros bem grandes e nos mandam lutar, enquanto eles apostam: 'Meu escravo vai esmagar o seu'. É isso que vejo quando assisto a dois negros lutando."

O primeiro campeão norte-americano reconhecido foi um escravo nascido na Virgínia chamado Tom Molineaux. Muitos cavalheiros da Virgínia aprendiam a gostar do esporte nas viagens à Inglaterra, onde o boxe era extremamente popular. Depois que Molineaux derrotou todos os oponentes da Virgínia, foi para Nova York como liberto e passou a surrar todos os adversários, fossem americanos ou estrangeiros. Eles lutavam no cais do rio Hudson. Molineaux foi mandado à Inglaterra para desafiar o grande Tom Cribb, um branco, suposto campeão do Império Britânico. Eles se enfrentaram em Capthall Common, em Sussex, no ano de 1810. Em todos os assaltos Molineaux castigou Cribb, mas os fãs do inglês não aceitavam a derrota para um negro. Eles levantavam seu campeão à força — literalmente — e provocavam longos intervalos na luta, para permitir que Cribb se recuperasse dos golpes. Alguns espectadores atacaram Molineaux, quebraram-lhe alguns dedos e o socaram. Finalmente, Cribb recuperou-se o bastante para ser declarado vencedor no quadragésimo round.

A marca da escravidão, dos ricos impiedosos que exploravam os fortes e desesperados, não desapareceu com a Proclamação de Emancipação. John L. Sullivan, o primeiro campeão da era moderna, inventou a segregação no boxe, recusando-se a enfrentar desafiantes negros. "Não lutarei contra um negro", Sullivan declarou. "Nunca lutei e nunca vou lutar." O sucessor de Sullivan, Jim Jeffries, também disse que se aposentaria quando "não houvesse mais brancos para derrubar". E fez isso mesmo. Mas Jeffries foi tirado de seu descanso para enfrentar Jack Johnson, que conquistara o título derrotando um branco, Tommy Burns.

Jeffries admitiu que estava voltando ao ringue para redimir a raça branca, e não pelo cinturão. "Vou entrar na luta com o único propósito de provar que o homem branco é melhor que o negro", disse. Naturalmente, recebeu apoio incondicional da imprensa, inclusive do cronista de boxe esporádico do *New York Herald*, Jack London. Embora se considerasse radical e amigo dos operários, London deixou bem claro seu racismo. "Jeff precisa abandonar a plantação de alfafa e tirar aquele sorriso da cara de Johnson", escreveu. "Jeff, agora é com você." Os editores da revista popular *Collier's* declararam que Jeffries venceria certamente, por causa de sua longa história de valor; o homem branco, afinal de contas, "tinha trinta séculos de tradição atrás de si — todos os esforços grandiosos, as invenções e conquistas da humanidade e, quer soubesse disso, quer não, Bunker Hill e as Termópilas, Hastings e Agincourt". Jeffries simplesmente não podia perder. Uma mulher chamada Dorothy Forrester compôs uma canção em louvor a Jeffries, chamada "Jim-a-da-Jeff", instruindo Jeffries assim:

Inicie imediatamente o condicionamento,
E soque o saco de areia dia e noite,
E logo mais, quando você encontrar o negão,
Vai fazer com que suma depois do nocaute.

Quem dará em Jack Jonce uma surra?
Quem vai fazer com que tire uma longa soneca?
Quem vai fazer a África sumir do mapa?
*É o Jim-a-da-Jeff.**

Quando Johnson finalmente galgou os degraus da arena para enfrentar Jeffries em Reno, Nevada, no dia 4 de julho de 1910, a multidão começou a gritar: "Mate o negro!". A banda tocou "All coons look alike to me". Se aquilo tudo incomodou Johnson, ele não o demonstrou no ringue. Johnson arrebentou com Jeffries, humilhou-o física e verbalmente, provocando-o durante a luta inteira, zombando até dos segundos. "Mal havíamos trocado os primeiros golpes e eu soube que mandaria na luta. Era dono de Jeffries", Johnson disse em sua autobiografia.

Assim que o triunfo de Johnson foi anunciado pelo país, ocorreram distúrbios em Illinois, Missouri, Nova York, Ohio, Pensilvânia, Colorado e no Distrito de Columbia. Em Houston, um branco cortou a garganta de um negro chamado Charles Williams, que estava comemorando a vitória de Johnson com muito entusiasmo. Em Washington, D. C, um grupo de negros esfa-

* Commence right away to get into condish,/ An'you punch-a da bag-a day and night,/ An'-a din pretty soon, when you meet-a da coon,/ You knock-a him clear-a out-a sight.// Who give-a Jack Jonce one-a little-a tap?/ Who make-a him take-a one big-a long nap?/ Who wipe-a da Africa off-a da map?/ It's Jim-a-da-Jeff.

queou e matou dois brancos. Na cidade de Uvalda, na Geórgia, uma gangue de brancos abriu fogo contra um grupo de negros que comemorava a vitória de Johnson; três negros morreram e cinco ficaram feridos. Em Manhattan, a polícia evitou por pouco que um negro fosse linchado. Milhares de brancos se reuniram na Oitava Avenida, ameaçando espancar qualquer negro que saísse na rua. Nenhum evento racial, até o assassinato de Martin Luther King Jr., em 1968, provocaria uma reação tão violenta. Aterrorizado, o Congresso aprovou uma lei proibindo a distribuição interestadual de filmagens de lutas. Vários grupos religiosos e políticos de direita que nunca haviam mostrado o menor interesse pelo boxe agora queriam banir o esporte.

Johnson, claro, era perseguido aonde quer que fosse, com gritos de "Linchem o sujeito! Matem o negro!". Naquela época, marcada por Booker T. Washington e pelas estratégias de conciliação e gradualismo, Johnson era um rebelde. Foi, provavelmente, o negro mais atacado de seu tempo e tentava mostrar que não se importava com isso. Chegou a zombar do subtexto sexual do ódio contra sua pessoa. Tinha casos com jovens brancas e saía com prostitutas; sua mulher, uma branca chamada Etta Duryea, suicidou-se com um tiro em 1912, um ano após o casamento. Johnson convidou os repórteres para vê-lo treinar e apareceu com o pênis envolto em gaze, vestindo calção justo. Ele era magnificamente contestador. Possuía carros caríssimos e tomava vinhos caros de canudinho. Lia muito, em inglês, francês e espanhol (apreciava principalmente os romances de Dumas), e tocava viola de gamba. Quando inaugurou o Cabaret de Champion, em Chicago, fez questão de cuspidores de prata no local.

O poder branco acabou dando um jeito em Johnson, obrigando-o a um prolongado exílio. Ele foi processado com base no Mann Act, uma lei que visava reprimir a prostituição e o transporte de mulheres através das fronteiras estaduais com propósitos imorais. Johnson evitou a prisão viajando para o Canadá e para a Europa. Finalmente, retornou aos Estados Unidos e cumpriu pena em Leavenworth; em 1915, perdeu o título para Jess Willard, em Havana, alegando depois que havia entregado a luta. Encerrou a carreira como divulgador de seu próprio legado, contando sua história num museu improvisado. Muhammad Ali tinha plena consciência das semelhanças com sua própria vida. Anos depois, quando conversava com James Earl Jones, que representou Johnson no filme *A grande esperança branca*, Ali disse que seu exílio, depois de ter se recusado a prestar serviço militar, fora "a mesma história de novo".

"Cresci admirando a imagem de Jack Johnson", ele disse. "Eu queria ser duro, forte, arrogante, o tipo de negro do qual os brancos não gostavam."

Depois do ocaso de Johnson, os campeões brancos mantiveram o título até o início dos anos 1930. Evitavam os boxeadores negros sistematicamente, levando os desafiantes negros pesos-pesados a lutarem entre si para determinar quem ficaria com o título de campeão da raça. Quando Jack Dempsey tomou o título de Jess Willard em 1919, ele assegurou rapidamente ao país, influenciado por Tex Rickard, que não aceitaria o desafio dos boxeadores negros de sua época, como Sam McVey, Sam Langford e Harry Wills. Wills e Langford lutaram dezoito vezes entre si, enquanto o título de campeão mundial permanecia com uma série de caucasianos por duas décadas: Willard, Dempsey, Gene Tunney, Max Schmeling, Jack Sharkey, Primo "the Ambling Alp" Carnera, Max Baer e Jim Braddock.

A era da brancura absoluta acabou finalmente quando Joe Louis derrotou Braddock em 1937, conquistando o título de campeão dos pesos-pesados. Louis manteve o título até sua primeira aposentadoria, em 1948. Alguns órgãos da imprensa esportiva ficaram tão chocados com a situação que atribuíram a vitória de Louis a sua raça, como se isso fosse uma espécie de vantagem injusta. Um editorial do *Daily Mirror* de Nova York afirmou que "na África há dezenas de milhares de selvagens jovens e fortes que podem aniquilar o sr. Joe Louis, desde que recebam o treinamento básico". Paul Gallico, do *Daily News* de Nova York, outro cronista esportivo lendário, admirado por sua visão liberal, só conseguia ver Louis como um bruto ignorante, embora magistral, uma besta que "vive como um animal, luta feito um animal e tem a crueldade e a ferocidade de um bicho do mato".

"Fui tomado pela forte impressão de que estava na frente de um sujeito mau", Gallico escreveu, "um sujeito realmente selvagem, um homem sobre o qual a civilização se equilibrava com a precariedade de um xale atirado sobre os ombros de uma dama. Em resumo, ali estava, pela primeira vez em muitas gerações talvez, o boxeador perfeito. Minha impressão era estar numa sala com um animal selvagem."

Louis, filho de um lavrador meeiro do Alabama, foi com a família para Detroit em 1926. Na escola, não passou da sexta série — um fato que levou a maioria dos jornalistas esportivos a presumir que ele era ignorante e limitado. Louis falava pouco em público, mas, na verdade, isso se devia aos cuidados de seus empresários negros. O grupo formado por Jack "Chappie" Blackburn, técnico e confessor de Louis, e pelos empresários John Roxborough e Julian Black cuidava tanto do boxeador como de sua imagem pública. Eles não queriam que Louis afugentasse a América branca — o racismo vigente na década de 1930 chegava a tal ponto que a imprensa do Norte ainda se referia aos negros como "escuros" e "animais". Para conquistar as simpatias, criaram um conjunto de regras para Louis:

1. Nunca tirar fotografia ao lado de uma mulher branca.
2. Nunca frequentar casas noturnas sozinho.
3. Nunca facilitar uma luta.
4. Nunca aceitar lutas arranjadas.
5. Nunca desprezar um oponente na lona.
6. Permanecer impassível diante das câmeras.
7. Viver e lutar de maneira limpa.

Louis, em outras palavras, foi instruído a ser um anti-Jack Johnson. Seu talento era inegável e seu comportamento tão obsequioso que acabou conquistando a imprensa sulista. Passaram a chamá-lo, com bastante condescendência, de "negro bom" e "grande negrinho". Ao contrário de Johnson, Louis demonstrava saber qual era o seu lugar. Não ofendia ninguém. Não fugiu do país, como Johnson, serviu à pátria. Alistou-se no exército durante a Segunda Guerra Mundial e doou dinheiro ganho nas lutas ao governo. Claro, na primeira oportunidade a imprensa sulista se mostrou ansiosa para encerrar seu tipo peculiar de apoio. Quando Louis perdeu para o alemão Max Schmeling, em junho de 1936, William McG. Keefe, do *Times-Picayune* de New Orleans, escreveu que o resultado provava a supremacia branca. Keefe sentiu alívio ao verificar que "o reinado do terror no pugilismo peso-pesado acabou com Schmeling".

A revanche de Louis contra Schmeling em 22 de junho de 1938 — por nocaute no primeiro round — foi uma metáfora ainda mais complicada do que a derrota de Jeffries por Johnson. Para os americanos, Louis derrotara o espectro ariano, o autodenominado super-homem nazista; uma vez mais, foi digno da admiração dos brancos, da famosa tirada de Jimmy Cannon, "um motivo de orgulho para sua raça — a raça humana". Para os negros norte-americanos, a comemoração foi mais intensa, quase subversiva. Em primeiro lugar, havia a satisfação de ver pelo menos um negro sendo aclamado pelo país inteiro, inclusive pelos racistas mais furiosos. O mundo dos que não eram atletas e sim militantes políticos ou estudiosos respeitados, como A. Philip Randolph e W. E. B. Du Bois, era invisível a quase todos os norte-americanos brancos, mas Louis conseguira algo que nem o Grande Dragão da Ku Klux Klan poderia ignorar. A imprensa branca continuava obcecada pela cor de Louis — ele era chamado de "tornado tenebroso", "martelo de ébano", "esfinge de açafrão", "Davi negro de Detroit", "sombra fugaz", "rei-café", "ciclone noturno", "Tarzan africano", "matador chocolate", "assassino marrom", "monstro sépia" e, o mais famoso de todos, "bomba marrom" —, mas não se podia atacá-lo como faziam com Jack Johnson. Seu comportamento, ou melhor, sua ausência absoluta de má conduta, era inatacável.

Louis era um deus para as comunidades negras, inclusive do West End de Louisville. Era um redentor e um exemplo. "Nossa família o amava", disse certa vez Cassius Clay pai. "Ninguém superou Joe Louis." Em 1940, Franklin Frazier escreveu que Louis permitia aos negros "desferir vicariamente os socos que gostariam de dar nos brancos por causa da discriminação e dos insultos sofridos". Da mesma forma, a poeta Maya Angelou se recorda de que, na infância, ela admirava "o único negro invencível, aquele que se ergueu contra o homem branco e o derrotou com os punhos. Em certo sentido, ele representava nossas esperanças, e quem sabe até nossos sonhos de vingança".

Os admiradores de Joe Louis iam de Count Basie, que compôs uma canção em sua homenagem ("Joe Louis blues"), a Richard Wright, que cobriu as lutas para *The New Masses* ("Joe Louis é pura dinamite"). Em *Why we can't wait*, Martin Luther King relembra: "Há mais de 25 anos os estados do Sul adotaram um novo tipo de pena capital. A câmara de gás substituiu a forca. No estágio inicial, um microfone era colocado dentro da câmara da morte, para que os cientistas observadores pudessem ouvir as palavras do prisioneiro ao morrer e julgar o modo como a vítima reagia a essa nova situação. A primeira vítima foi um jovem negro. Quando a cápsula de gás foi jogada no recipiente e o gás se espalhou pelo local, as seguintes palavras foram conduzidas pelo microfone: 'Salve-me, Joe Louis. Salve-me, Joe Louis. Salve-me, Joe Louis...'".

No início dos anos 1960, tendo em vista que o movimento dos direitos civis gerou várias tendências de militância política, muitos negros acreditavam que os norte-americanos prestavam atenção excessiva aos heróis esportivos e pouca ao sofrimento de milhões de pessoas comuns. No dia do primeiro confronto entre Patterson e Liston, em 1962, Bob Lipsyte cobriu uma passeata contra a discriminação residencial em Nova York, para o *Times*. Um dos jovens afro-americanos que fazia piquete lhe disse: "Passamos do ponto em que nos excitávamos com um negro que conseguia um *home run* ou conquistava um título".

Mas a excitação com os esportes foi uma constante nos Estados Unidos, durante o século XX. A metáfora racial do boxe intensificou-se na década de 1960. Embora não tenha lido todos os artigos escritos a seu respeito, Ali tinha plena noção de sua posição em relação a Jack Johnson e a Joe Louis. Ele suportava os insultos previsíveis: os jornais continuavam a chamá-lo de Clay, seguindo o exemplo de Jimmy Cannon e Dick Young. O que mais o incomodava, porém, era a desaprovação de seu herói de infância, Joe Louis.

"Clay atrairá o ódio do público por causa de suas ligações com os muçulmanos negros", Louis disse aos repórteres. "As coisas que eles pregam são o oposto daquilo em que nós acreditamos. O campeão dos pesos-pesados deveria ser o campeão de seu povo inteiro. Ele tem responsabilidades perante seu povo."

"Clay tem um milhão de dólares em confiança e um dólar em coragem", Louis prosseguiu. "Ele não sabe socar. Ele não consegue machucar ninguém, e duvido que aguente um murro forte. Ele tem sorte, pois faltam bons lutadores no momento. Eu o classificaria no mesmo nível de Johnny Paycheck, Abe Simon e Buddy Baer... Eu o teria esmagado. Ele não sabe nada sobre táticas de luta nas cordas, e seria lá que ele estaria, se lutasse comigo. Eu me dedicaria a superá-lo nos golpes, e não na movimentação. Eu o pressionaria, agarraria, empurraria com toda a força, acabaria com sua agilidade, atingindo-o nas costelas. Castigaria o corpo, onde a dor é muito pior. Clay sentiria o corpo pesado. Sentiria dor. A boca se fecharia por causa da dor, e as lágrimas queimariam seus olhos."

Ali poderia ter ignorado Louis. No início dos anos 1960, Louis estava viciado em cocaína, sofrera com romances desastrados, deterioração mental e problemas terríveis com o imposto de renda. Para pagar as dívidas, tentou se tornar lutador profissional de luta livre, uma carreira encerrada no dia em que uma fera de 150 quilos chamada Rocky Lee aterrissou em cima de seu peito, quebrando duas costelas e afetando a musculatura do coração. Ash Resnik, o grande amigo de Sonny Liston, levou Louis para o Caesars Palace, onde ele trabalharia como "relações-públicas". Louis recebia salário, comia e jogava por conta da casa em troca de circular pelo local desempenhando o papel de Joe Louis.

Para qualquer pessoa que tivesse coração e memória, Joe Louis era um sujeito acabado, que jamais fora capaz de reconhecer sua contribuição. "Por vezes", ele costumava dizer, "eu gostaria de ter o entusiasmo de um Jackie Robinson, para pôr a boca no mundo e contar a história do negro." Quando Louis morreu, em 1981, aos 66 anos, foi velado no Caesars Palace.

Era duro para Ali, jovem e orgulhoso, perdoar as críticas ferinas de Louis. Por isso, ele respondeu à altura. Chamou Louis de Pai Tomás e declarou abertamente que "jamais acabaria como Joe Louis". Num documentário, Ali respondeu ao desafio de Louis, dizendo: "Joe Louis, o lerdo, ia me derrotar arrastando os pés daquele jeito? Mesmo sendo um pegador, isso não quer dizer nada se você não conseguir pegar o adversário. Não luto com os pés plantados no chão... Joe Louis tinha seus fregueses do mês. Aqueles sujeitos com os quais Joe Louis lutava seriam expulsos pelas vaias, se subissem no ringue do Madison Square Garden para me enfrentar, hoje".

Com o tempo, Ali não precisou mais de Joe Louis para confirmar sua grandeza, e conforme Louis decaía o relacionamento mudava. Louis reconheceu a habilidade de Ali como boxeador, lembrando que ainda seria capaz de derrotá-lo, mas não com a facilidade com que vencera Johnny Paycheck. Na metade dos anos 1970, Ali o convidou a ir até seu campo de treinamento e lhe deu 30 mil dólares de presente.

Quando Louis morreu, um repórter lembrou a Ali suas dificuldades antigas com o grande campeão. Ele não quis saber. "Eu nunca disse isso, ou, pelo menos, não tive essa intenção", Ali rebateu. "Seria deselegante. Veja a vida de Joe. Todos o amavam. Dos negros comuns aos racistas radicais do Mississippi, todos o amavam. Todos choram sua morte. Isso diz tudo. Howard Hughes faleceu, tendo tantos bilhões, e nem uma lágrima. Joe Louis morreu, todo mundo chora."

Por mais que o boxe seja pernicioso para os pugilistas, é inegável que parte do encanto de Ali vinha do esporte, de ser um homem sozinho no ringue, lutando nu da cintura para cima. É perfeitamente admissível que ele seria igualmente hábil, famoso e loquaz, se tivesse escolhido o basquete ou o futebol americano. Entretanto, o boxe representa uma forma mais imediata de afirmação da masculinidade, por mais retrógrada que ela seja. Apesar de seus dons verbais, Ali era antes de tudo um atleta capaz de proezas físicas e uma presença sexual. "Não sou bonito?", ele perguntava seguidamente, incansável. Claro, ele era. Ali era afortunado. Se tivesse o rosto de Sonny Liston, boa parte de seu encanto se perderia.

Quando Ali se tornou campeão, aos 22 anos, e anunciou a filiação à Nação do Islã, seu magnetismo sexual chegou ao máximo. Na noite da luta, Gloria Guinness, um mito do mundo da moda que cobriu a primeira luta contra Liston para o *Harper's Bazaar*, disse depois a George Plimpton: "Ele era simplesmente de matar".

Mesmo assim, ao contrário de Jack Johnson, Ali no início foi muito cauteloso como símbolo sexual. Antes de ganhar o título, suas experiências com mulheres haviam sido extremamente limitadas, segundo todos os relatos, inclusive o seu. Ironicamente, foi exatamente quando ele começou a se identificar com os muçulmanos negros que descobriu sua energia sexual.

"Tenho vergonha de mim, pois às vezes me surpreendo desejando que tivesse encontrado o Islã daqui a cinco anos, mais ou menos", ele confessou a Alex Haley. "Tenho de resistir a muitas tentações. Nem chego a beijar, pois, se me aproximar demais, torna-se quase impossível parar. Sou um jovem, no auge da potência. Todos os tipos de mulheres, inclusive brancas, me passam cantadas. As moças descobrem onde moro e batem à minha porta à uma ou às duas da madrugada. Mandam fotos com seus telefones, pedindo 'Por favor, ligue para mim...'. Houve até moças que vieram aqui, usando véus, sem maquiagem, tentando passar por irmãs muçulmanas. O único problema é que uma muçulmana jamais faria uma coisa dessas."

A vida social de Ali era tão restrita, antes da conquista do título, que alguns cronistas esportivos suspeitaram que ele fosse homossexual enrustido. ("Bem, a gente desconfia do sujeito que não sai com mulheres e vive falando que é lindo", disse um deles.) Mas era evidente para todos que mantinham contato mais próximo com ele que Ali preferia as mulheres. Na autobiografia meio fictícia *The greatest*, Ali (ou melhor, o redator) descreve como perdeu a virgindade com uma prostituta e acabou derrotado numa luta por ter passado a noite anterior com uma mulher, irresponsavelmente.

Talvez. Talvez não. Mas é certo que Herbert Muhammad apresentou Ali a seu primeiro amor de verdade, uma mulher mais velha e experiente chamada Sonji Roi.

Quando Ali estava viajando pelo Egito, na primavera de 1964, Muhammad divertiu-se observando o novo campeão apaixonar-se mais uma vez por uma garçonete bonita. "Conheço uma moça nos Estados Unidos que é muito melhor que ela", Muhammad disse. Antes de ir à África, Muhammad havia tirado algumas fotos de Roi em seu estúdio. Tinha uma cópia na mala e a mostrou a Ali. O campeão se impressionou e esperava que Herbert o apresentasse a Roi quando voltasse para casa.

Sonji Roi foi uma escolha estranha para Muhammad, filho do mensageiro. Era sensacional e, nas palavras do primeiro mestre islâmico de Ali, Jeremiah Shabazz, "meio malandra". Gostava de se divertir e passava as noites em bares e boates. Ali não seria o primeiro atleta a sair com ela. O comportamento sexual de Elijah Muhammad era hipócrita, mas é de estranhar que Herbert tenha escolhido uma mulher cujo comportamento contrastava tanto com o puritanismo da Nação. O pai de Sonji morrera assassinado durante um jogo de baralho quando ela tinha dois anos, e a mãe falecera quanto tinha oito. Os padrinhos a criaram. Ela teve um filho na adolescência e abandonou a escola para trabalhar em casas noturnas e participar de concursos de beleza. Depois do encontro com Muhammad no estúdio fotográfico, ela foi contratada para vender assinaturas de *Muhammad Speaks* pelo telefone.

Ali saiu com Roi pela primeira vez no dia 3 de julho de 1964, cinco meses após a conquista do título. "Ele me pediu em casamento naquela noite", Sonji disse a Thomas Hauser. "Fiquei sem saber se ele falava sério ou não. Eu pouco sabia a seu respeito. Mas estava sozinha no mundo. Não tinha mãe em casa para me aconselhar. Precisava tomar a decisão sozinha. Passamos algum tempo juntos, e senti que ele precisava de mim. Ele era forte, mas ignorava muitas coisas. Precisava de uma amiga, e será que havia alguém melhor do que eu? Eu disse a mim mesma, você não está fazendo nada de sua vida mesmo. Posso dar conta do recado. Posso ser uma boa esposa para este homem. Alguém precisa ficar a seu lado, e vi nisso uma chance real de ajudar alguém. Queria ser sua mulher e sua melhor amiga. Não fiz isso pelo dinheiro."

Depois do primeiro encontro, Ali e Roi passavam o tempo todo juntos, o que preocupava os muçulmanos e divertia as outras pessoas. Muitos anos depois, casado pela quarta vez, Ali admitiria que sua maior fraqueza e sua traição mais flagrante à ideologia islâmica fora a necessidade insaciável de mulheres. Casado ou não, ele teve tantos casos que Ferdie Pacheco o chamava de "missionário pélvico". O ponto baixo da história ocorreria em Manila, antes da terceira luta contra Joe Frazier, quando Ali, na época casado com Belinda Ali, apresentou a amante, Veronica Porsche, como sendo sua esposa. Belinda pegou o avião para Manila e a confusão subsequente acabou em divórcio e casamento com Veronica. Diz a lenda que em matéria de sexo Ali aprendeu quase tudo com Sonji. "As pessoas sempre comentaram", Pacheco revelou, "que Sonji era uma artista capaz de demonstrar o *Kama Sutra* em todo o seu magnífico esplendor."

"Fui considerada uma espécie de objeto sexual, e as pessoas ainda acreditam nisso", Sonji disse a Hauser. "Há poucos anos, uma amiga me ligou da Universidade do Texas. Ela cursava Psicologia e ligou para dizer que eu fora citada num livro... O livro dizia que Ali vivia em conflito, pois acreditava na religião e me amava por minha beleza e sensualidade, e eu me comportava de modo incompatível com a religião. Porém, ele vivia hipnotizado pela minha sensualidade e precisava transar comigo. Quando a gente lê essas coisas, imagina alguém que fica andando pela casa só de calcinha. Mas, se você quer saber de uma coisa, eu não ensinei nada sobre sexo a ele, que já sabia muito bem como fazer as coisas quando o conheci. Talvez, apenas, ele tenha sentido mais vontade, por minha causa."

No dia 14 de agosto de 1964, Ali e Sonji se casaram; ela adotou o nome Clay, concordando entretanto em ser uma boa esposa islâmica. Ali também fechou o contrato com Sonny Liston, concedendo a revanche para o dia 16 de novembro do mesmo ano, no Boston Garden.

14. Tiroteio

Ali jamais duvidou da legitimidade de sua vitória em Miami, nem de sua capacidade para repetir a dose. "Em Miami, fui um Colombo", disse. "Viajava rumo ao desconhecido. Precisava tomar cuidado, pois não sabia o que me esperava. Agora eu sei."

Mesmo seus parceiros mais constantes sentiam um arrepio de dúvida, porém. Liston ainda era forte e ameaçador, e Ali, muito jovem e difícil de entender. A luta anterior, vista em retrospectiva, mais parecia uma fantasia. Os segundos e outros membros da equipe de Ali repassaram os detalhes do confronto — o fácil domínio nos primeiros assaltos, a superação do quinto round, mesmo cego, a desistência de Liston antes do sétimo, sem nem ter sequer sofrido um knockdown —, que ainda era difícil de digerir. "A gente não achava que tinha visto o que tinha visto", Ferdie Pacheco disse. "A primeira luta ficou no ar, pois Liston desistiu. Aquilo tirou um bocado de brilho do espetáculo. Embaçou a vitória. Só tínhamos certeza de uma coisa: o rapaz sobreviveu. Mas não houve o regozijo de quando Joe Louis recuperou o título e o país inteiro celebrou junto com o Harlem. Restavam dúvidas."

As dúvidas se estendiam até o Senado norte-americano. Foi divulgado que os empresários de Ali tinham um acordo com os empresários de Liston para uma revanche, em caso de derrota do campeão. A Intercontinental Promotions, responsável pelos contratos de Liston, pagara a Ali 50 mil dólares pelo direito de promover a luta seguinte, fosse contra Liston, fosse contra outro oponente. Várias dúvidas surgiram na mente dos senadores. Primeiro, a lei proibia tais acordos, pois eram incentivos para a derrota do campeão e depois para uma revanche que garantiria uma bolsa bem maior. Segundo, Liston, o Invencível, abandonara a luta sem sofrer nem um knockdown. Os senadores consideraram isso inaceitável. Terceiro, Liston não se dera ao trabalho de seguir o conselho paternal de Estes Kefauver e escolher seus empresários com mais cuidado. Carbo estava preso, mas Liston continuava sendo propriedade de sujeitos como Pep Barone e Sam Margolis, além de amigo de Ash Resnik.

Por isso, o subcomitê do Senado contra trustes e monopólios, presidido pelo democrata de Michigan Philip A. Hart, convocou uma audiência para março de 1964. Não revelou nada que os leitores do caderno de esportes já não soubessem. Jack Nilon testemunhou que Liston era realmente um "sujeito difícil" de lidar, um "neurótico" que se recusava a treinar com afinco e seguir instruções. Se pegava um resfriado, Nilon disse, Liston "agia como se estivesse morrendo" e ficava na cama. Também era verdade, Nilon admitiu, que Liston andava em má companhia, em Miami. "Sonny tem muita consideração pelo sr. Barone", declarou. "Ele acha que Pep Barone lhe dá sorte. Sonny é muito supersticioso. Não permite que ninguém ponha um chapéu de palha em cima de sua cama."

O irmão de Nilon, Bob, por sua vez, testemunhou que Liston, apesar de toda a rebeldia, apesar da recusa em treinar direito e seguir os conselhos edificantes de seus segundos e empresários, não podia imaginar que uma revanche contra Muhammad Ali pudesse ser necessária. "Eu também nunca, em momento algum, cogitei a remota possibilidade de Cassius Clay derrotar Sonny Liston", Bob Nilon testemunhou. "Juro por Deus, eu não podia imaginar que ele tinha chance de vencer Sonny Liston, por menor que fosse. Para mim, Clay era uma atração do show business, a maior armação desde Jenny Lind."

O subcomitê de Hart foi duro, contudo não tomou nenhuma medida restritiva. Os senadores não conseguiram nenhuma prova de acordo indevido, muito menos de que o desfecho da luta fora combinado previamente. Portanto, não se opuseram a um segundo confronto entre Ali e Liston. O único resultado foi a conhecida lista de recomendações para melhorar os regulamentos — não imediatamente, claro, mas num futuro próximo.

Liston treinou para a revanche num clube de caratê e judô, no sul de Denver. Pela primeira vez, desde o início de sua carreira, ele se mostrava decidido a treinar para uma luta longa. De manhã bem cedo, costumava ir de carro até as montanhas e correr até o santuário de madre Cabrini. Galgava os 350 degraus até o santuário do Sagrado Coração e praticava boxe olhando sua sombra, sozinho, respirando o ar frio da montanha. Quando chegou o momento de se transferir para o campo de treinamento da Nova Inglaterra, Liston se instalou em White Cliffs, um tradicional clube de campo próximo a Plymouth Rock cujo campo de golfe dava vista para o Atlântico. Liston corria pelo menos oito quilômetros todas as manhãs, subindo e descendo as dunas, e passava as tardes no ginásio, fazendo os exercícios de rotina e praticando com um sparring. Chegou a ter aulas com um instrutor de artes marciais para aumentar a agilidade. Willie Reddish, seu técnico, ficara furioso com Liston em Miami; não tolerava a maneira como o lutador dissipava o talento com uísque e prostitutas. Mas agora Liston entrara na fase monástica, estava bravo, queria arrasar Ali. Reddish viu um novo Liston, ou pelo menos o velho Liston, um lutador feroz que demolira Floyd Patterson duas vezes, em menos de cinco minutos de luta, no total.

Num final de tarde de outubro, Liston treinou com tanto empenho com um sparring chamado Lee Williams que o deixou cambaleante, com um corte enorme entre os olhos que precisou de oito pontos. Williams não deve ter gostado nada, mas Liston exultou. "O sangue é como champanhe para o boxeador", comentou o veterano treinador Al Lacey. "Faz o ego borbulhar. Estimula a alma do lutador. Lutadores famosos em fim de carreira costumavam ser empregados no final do treinamento de Dempsey, para que ele os nocauteasse, pois isso sempre o animava." Outros sparrings da equipe de Liston desistiram, pois, segundo um deles, Dorsey Lay, "tem gente que não vê a menor graça em arriscar a pele por cinquenta paus por dia".

Ali também treinava para valer. Rapidamente, livrou-se do peso extra ganho durante a viagem à África. Iniciou um programa de corrida ainda mais severo que o anterior. Ele também parecia mais forte e encorpado do que em Miami; seu corpo amadurecia e, embora a força aumentasse, a agilidade não diminuía. Dundee, claro, soube que Liston treinava com mais disciplina, mas isso aparentemente não o perturbava. Liston não rejuvenesceria em Boston, Dundee pensava. Além disso, as diferenças de estilo entre os dois boxeadores — sem mencionar a diferença de idade — tampouco mudaram, e Dundee acreditava que o desfecho se repetiria: "Liston aceita tudo. Ele é um lutador de sentido único. Não dá conta de um boxeador de dois sentidos, muito menos de um de quatro, alguém capaz de se mover para a frente, para trás e para os dois lados".

Os banqueiros de apostas acreditavam que a luta de Miami fora uma aberração. O mundo, calculavam, em breve entraria de novo nos eixos. Uma semana antes da data marcada para a luta de Boston, os banqueiros em Vegas davam nove a um a favor de Liston.

Os promotores também andavam animados. Ao contrário do desastre econômico de Miami, aquela luta prometia ser lucrativa. Os fãs estavam curiosos para ver a revanche do furioso Liston contra um lutador rápido e esfuziante como Ali. Os responsáveis pelo Boston Garden previam lotação esgotada e um faturamento bruto de 5 milhões de dólares com os direitos de transmissão em circuito fechado e rádio. Boas novas para todos.

Três dias antes da luta, em 13 de novembro, Ali estava na suíte 611 do Sherry Biltmore, descansando. Pela manhã, fizera os oito quilômetros de corrida, e mais nada. Não treinava mais com sparrings. Em geral, ficava no hotel com sua equipe inchada — o irmão, que agora se chamava Rahaman Ali, Bundini, Dundee, Capitão Sam e vários novos amigos muçulmanos. De tempos em tempos, ministros e curiosos como Clarence X, Louis X, Thomas J., Irmão John e ministro George passavam lá para dar um alô. Era dia de jejum para os muçulmanos, mas, como a luta estava próxima, Ali jantou moderadamente — filé com salada e batata assada. Depois, ligou o projetor 16 milímetros e viu um filme alugado: *Little Caesar*, com Edward G. Robinson.

De repente, pouco depois das seis e meia da tarde, Ali saltou da cama, correu para o banheiro e começou a vomitar. Sofria dores terríveis.

"Tem alguma coisa errada", Ali disse, enfraquecido, ao sair do banheiro. "Acho melhor tomar alguma providência."

"Vou chamar um médico, para a imprensa não descobrir!", Rahaman disse.

"Que se dane a imprensa!", Ali retrucou. "Me leve para o hospital, cara. Estou muito mal."

Capitão Sam, Rudy e outros ajudaram a carregar Ali de maca pelo corredor do hotel. Desceram pelo elevador de serviço, cobrindo o rosto dele com uma toalha para não atrair a atenção dos repórteres. Saíram pelos fundos, depois de passar pela lavanderia. Em poucos minutos Ali estava a caminho do Boston City Hospital, numa ambulância que mais parecia uma perua de sorvete. Quando a ambulância chegou ao hospital, o fotógrafo do *Boston Herald* já estava a postos, pronto para tirar fotos. Um membro do Fruto do Islã o dissuadiu.

"Afaste-se", Louis X gritou. "Ninguém passa desta porta. Se passar, vai sair machucado."

Os médicos descobriram rapidamente a origem da dor de Ali: um inchaço do tamanho de um ovo no intestino, do lado direito, um problema sério conhecido como hérnia inguinal encarcerada. Se Ali esperasse mais para chamar a ambulância, a hérnia ameaçaria sua vida; graças ao atendimento rápido, bastaria operá-la imediatamente.

Enquanto o preparava para a cirurgia, uma enfermeira disse a Ali, tentando ao máximo tranquilizá-lo: "Lembre-se, você é o maior".

"Não esta noite", Ali reconheceu.

O cirurgião lamentou ter de cortar um corpo tão esplêndido, mas não havia escolha. Naquela altura, uma multidão já se formara na frente do hospital. A equipe inteira de Ali também estava lá. Dundee encontrava-se num cinema, assistindo a um jogo de futebol americano em circuito fechado, quando lhe deram a notícia. Ele correu para o hospital e chorou quando estava sendo entrevistado por uma emissora de televisão local. Bundini olhou para Dundee e disse a um repórter: "Eu queria que os muçulmanos negros vissem o Angelo agora. Suas lágrimas são reais, são lágrimas de amor de um branco por um negro. Eles acham que coisas assim não acontecem. Isso é uma lição para eles".

Quando as agências de notícias espalharam a notícia da doença de Ali e o inevitável adiamento da luta, correram boatos de que Ali havia sido envenenado. Tudo fazia parte da guerra entre a Nação do Islã e os seguidores de Malcolm X. Ali fingia estar doente, ou seguia instruções de H. L. Hunt, Robert Kennedy ou Elijah Muhammad. Obra da Máfia. Ali provocara a hérnia em si mesmo, de tanto medo que sentia de Liston.

Geraldine Liston ouviu a notícia na televisão, e todos no campo escutaram seu grito: "Chaaaaarles! Venha cá! Sabia que o moleque já era?".

Depois que absorveu os novos fatos, Sonny abriu uma garrafa de vodca e preparou um Screwdriver. O treinamento estava oficialmente encerrado. "Se Clay não corresse daquele jeito na rua", Liston disse, "não haveria nada de errado. Ele abre demais a boca, e o vento vai entrando. Foi isso que lhe deu a hérnia. Lamento, mas poderia ter sido pior. Poderia ter sido comigo." Apesar das piadas, Liston ficou arrasado. Condicionara-se fisicamente, chegando ao pico, e ninguém sabia se ele teria disciplina ou forças para recomeçar tudo. Liston passou a noite resmungando para si mesmo: "Aquele idiota. Aquele idiota".

O promotor, Sam Silverman, acabaria perdendo centenas de milhares de dólares. Sua reação à notícia da hérnia de Ali foi quase a mesma de Liston. Ele encheu um copo de bourbon.

A revanche foi adiada para 25 de março de 1965.

No final de 1964, Malcolm X tinha todos os motivos para crer que não sobreviveria mais um ano. A Nação do Islã declarara guerra contra ele; diversos ministros afirmaram isso nos púlpitos de Chicago e de Boston e nas páginas de *Muhammad Speaks*. Malcolm tomou as precauções possíveis. Quando ia a um estúdio de televisão em Nova York para dar entrevista, a porta era guardada por homens armados com escopetas. Antes de entrar no ar, ele ligava para casa em Queens e dizia à mulher: "Encoste tudo contra a porta e não permita que ninguém entre até eu voltar". Seis semanas depois, no dia 14 de fevereiro de 1965, atiraram uma bomba incendiária na casa de Malcolm. A família inteira estava lá: Malcolm, Betty e as quatro filhas, mas todos escaparam sem ferimentos sérios. Enquanto o fogo avançava pela casa, Malcolm saiu na rua descalço, de pijama, com uma pistola calibre 25. Estava furioso, mas não surpreso. Nos últimos meses, ele ouvira diversos comentários sobre os esquadrões da morte enviados pela Nação para matá-lo. Correram boatos de carros-bomba e pistoleiros profissionais; os artigos de *Muhammad Speaks* só confirmavam o que ele já sabia. Malcolm acreditava até que os seguidores de Elijah Muhammad agiam em comum acordo com a Klan e o Partido Nazista Americano para se livrar dele. No dia 18 de fevereiro, ele chamou o FBI — a mesma instituição que acompanhara seus passos e o incomodara por tanto tempo — e afirmou que havia um complô para matá-lo.

"Estamos na época dos mártires, agora", ele declarou ao fotógrafo Gordon Parks. "E se eu for um deles, será pela causa da fraternidade."

Em 21 de fevereiro, Malcolm deveria discursar no salão Audubon, na região de Washington Heights, em Manhattan. Depois de ter mostrado nervosismo e contrariedade nos bastidores, usando como justificativa a falta de oradores preliminares, Malcolm subiu à tribuna e iniciou sua fala com as saudações islâmicas tradicionais. Quando a plateia respondeu, um motorista da Mesquita Número 25 acendeu uma bomba de fumaça e gritou: "Tire a mão do meu bolso!". A maioria das pessoas se voltou para o lado do espetáculo diversionista, enquanto três atiradores se posicionaram na frente do palco.

"Esperem!", Malcolm gritou.

Tiros foram disparados. Malcolm foi atingido pelo menos uma vez por um disparo de escopeta e morreu quase instantaneamente. Tinha 39 anos. Um dos pistoleiros, Talmadge X Hayer, foi detido. Os outros dois fugiram.

Poucas horas depois do crime, houve um princípio de incêndio no apartamento de Ali, na região sul de Chicago. Alegaram que foi um acidente. "As cobertas de alguém estavam no chão e pegaram fogo", Ali relatou à imprensa. "Elijah alertou que haveria publicidade ruim, e que isso seria um teste para os seguidores mais fracos. Outros testes virão, e os verdadeiros crentes sobreviverão. Os brancos têm aviões e armas, mas eu não tenho medo. Por que deveria temer o homem negro?" Dois dias depois uma bomba explodiu na mesquita da Nação em Nova York, e o incêndio que se seguiu praticamente destruiu o prédio.

Nem Elijah Muhammad nem Muhammad Ali comemoraram a morte de Malcolm, tampouco expressaram qualquer solidariedade. "Malcolm X foi meu amigo e amigo de todos, enquanto era membro do Islã", Ali disse. "Mas eu não quero falar nele. Todos nós ficamos chocados pelo modo como ele foi morto. Elijah Muhammad negou que os muçulmanos sejam responsáveis. Não somos violentos. Não usamos armas."

"Malcolm morreu conforme o que pregava", Elijah Muhammad proferiu numa manifestação em Chicago, no dia 26 de fevereiro. "Ele pregava a violência e a violência tirou sua vida."

Depois de ter se recuperado da cirurgia, Ali iniciou os treinos preliminares em Miami. Em seguida, resolveu ir para a Nova Inglaterra, no dia 1º de abril. Planejava seguir em seu ônibus de Miami até o centro de treinamento de Chicopee Falls, em Massachussetts. Além da equipe de doze pessoas, na qual se incluíam os sparrings Cody Jones e Jimmy Ellis, Sonji e vários amigos, cozinheiros e ajudantes, Ali convidou também alguns jornalistas: Edwin Pope, do *Miami Herald*, Mort Sharnik e George Plimpton, da *Sports Illustrated*, e Bud Collins, do *Boston Globe*. Todos se reuniram na casa de Ali, na região Noroeste de Miami, e esperaram até que o campeão se aprontasse.

"Não precisamos de mapa", Ali disse ao grupo. "Vamos apontar o ônibus para o norte e chegar a Boston sem problemas."

Sonji saiu da casa e interrompeu o monólogo do marido.

"Ali", ela disse, "você mandou minha roupa para a lavanderia?"

"Mandei tudo."

"E pegou meu sapato na loja?"

"Já peguei."

"Então ponha o lixo para fora."

Ali pôs o dedo na boca.

"Campeões não põem o lixo para fora", protestou, mas obedeceu assim mesmo.

Assim que o ônibus foi abastecido com água, refrigerante e frango, todos subiram a bordo e seguiram para a via expressa. O ônibus ainda estava pintado com os slogans que Ali criara para si: "O boxeador mais colorido do mundo" e outras frases. Dentro, porém, não havia nada de especial. Metade dos bancos estavam quebrados. "Desde o momento em que saímos", Pope disse, "o clima era de um circo mambembe ao estilo antigo. E, claro, Muhammad era o artista principal." Ali assumia a direção com frequência (uma experiência aterrorizante, principalmente quando ele acelerava o ônibus até cem ou 120 quilômetros por hora, virando-se para trás quando queria falar com os passageiros). Às vezes, Ali deixava um dos membros da equipe guiar e se exibia sem as restrições do volante. No começo da viagem ele subiu ao teto do ônibus e dançou de bota, lutando para manter o equilíbrio, enquanto Howard Bingham cantava "The darktown strutter's ball".

"Devo admitir que antes daquela viagem de ônibus", Ed Pope confessou, "eu ainda não compreendia Ali, mesmo tendo convivido bastante com ele em Miami. Ele me parecia hostil e estranho. Mas no ônibus percebi o quanto era gentil e complicado. E engraçado. Era sempre muito engraçado."

Quando anoiteceu, o grupo parou em Sanford, na Flórida, cidade natal de Bundini. Ele contou a todos que, em sua juventude, as pessoas de Goose Hollow, o bairro negro da cidade, instalavam alto-falantes nos pinheiros para ouvir a transmissão das lutas de Joe Louis.

E logo eles seguiram viagem para o Norte, no meio da noite, até que Bundini anunciou, lá pelas onze, que sentia uma fome feroz. "Vamos parar e comer alguma coisa", disse. "Estou faminto." Eles pararam na cidade de Yulee, não muito distante da divisa com a Geórgia, numa lanchonete de beira de estrada velha e malcuidada. Bundini e quatro jornalistas brancos desceram do ônibus. Os outros esperaram.

"Você vai ver um homem enfrentar a realidade, é isso o que você vai ver", Rahaman disse.

"Talvez eu não seja bem-vindo", Ali disse a Bundini. "Além disso, não acredito em integração forçada. Vá em frente, Jackie Robinson."

Bundini fora criado na Flórida, mas passara muitos anos no Norte e pensou que poderia evitar um incidente. Na lanchonete, porém, o gerente deixou bem claro que havia uma janela "nos fundos", onde poderiam comprar comida se quisessem comer juntos.

"Quer dizer que o campeão do mundo não pode comer como as outras pessoas, se vier aqui?", Bundini perguntou.

"Isso mesmo."

"Essa discriminação não é ilegal?", Bud Collins perguntou.

"Na comarca de Nassau não é", o gerente respondeu.

"Mas essa comarca não pertence aos Estados Unidos?"

"Ainda não."

Ali entrou, agarrou Bundini pelo colarinho e começou a gritar: "O que está havendo com você, seu idiota! Já lhe disse para se comportar como muçulmano. Não entre em lugares onde não é bem-vindo. Saia já daqui, seu negro! Ninguém quer você aqui!".

A bronca de Ali continuou até chegarem ao ônibus. Os jornalistas ficaram atônitos. Bundini quase chorava.

"Pronto, Bundini, você já viu como é. Agora você viu."

O ônibus seguiu em frente, enquanto Ali continuava a atormentar Bundini. Ele exigiu que Bundini admitisse que finalmente enfrentara a realidade, e gritava: "Pai Tomás! Pai Tomás!", enquanto batia nele com o travesseiro.

Bundini só conseguia responder, debilmente: "Sou um homem livre. Não tenho o coração acorrentado".

Bundini estava chorando. Plimpton pensou que o rosto dele parecia a máscara clássica da tragédia. Finalmente, quando Ali percebeu que Bundini estava muito constrangido, começou a se acalmar e brincar com o amigo, até fazerem as pazes.

O ônibus precário de Ali conseguiu chegar até Fayetteville, na Carolina do Norte, quando quebrou e teve de ser abandonado. O grupo fez o resto da viagem graças à Trailway.

"Coitadinho do meu ônibus vermelho", Ali disse. "Ele foi o ônibus mais famoso da história do mundo."

Cinquenta horas depois eles chegaram a Chicopee Falls.

"Sou Cassius Clay", Muhammad Ali anunciou na recepção do melhor hotel da cidade. "Quero a suíte de sessenta dólares a diária."

"Mas tem gente lá, no momento", o recepcionista disse.

"Bem, ponha para fora. O Maioral chegou."

No início de maio, faltando apenas algumas semanas para a luta, as autoridades de boxe de Massachusetts, num inesperado ataque de moralismo, decidiram que a luta não poderia ocorrer na Commonwealth, por medo de má influência causada por promotores de reputação duvidosa, e talvez até mesmo (quem poderia saber?) com vínculos com o crime organizado. Mas os cartolas do Maine, ansiosos por publicidade e dinheiro, ofereceram St. Dominic, um ginásio de hóquei colegial no humilde centro têxtil de Lewiston. A cidade fica a cerca de cinquenta quilômetros de Portland, e não tinha atrativos. A população de 41 mil pessoas era composta majoritariamente por canadenses de origem francesa. Havia dois pequenos hotéis e uma casa noturna. Henry Hollis, do Hotel Holly's Leopard Room, contratou mais uma moça para fazer striptease em maio. "Elas são chamadas de dançarinas, aqui", disse. "Soa melhor. A cidade é pequena. Até agora, bastava uma dançarina."

O St. Dominic acomodava apenas 5 mil pessoas. Desde o Dia da Independência de 1923, quando Jack Dempsey enfrentara Tommy Gibbons em Shelby, no estado de Montana, não ocorria uma disputa pelo título mundial dos pesos-pesados num lugar tão diminuto. Shelby era uma cidade pecuária com uma população de quinhentos habitantes. O empresário de Dempsey, Jack "Doc" Kearns, convenceu os políticos locais a pagarem 300 mil dólares de garantia a Dempsey, adiantados (e nada para Gibbons). Apenas 7 mil pessoas apareceram para ver a luta, e Dempsey fez uma exibição lamentável, lutando apenas o suficiente para vencer por pontos depois dos quinze assaltos previstos. Quando a luta acabou, Kearns e Dempsey fugiram num trem que os aguardava, a pedido de Kearns, para o caso de um fiasco como aquele.

Enquanto a luta de Dempsey levara Shelby praticamente à falência, Lewiston não estava arriscando muita coisa; a maior parte do dinheiro da revanche Ali-Liston viria dos direitos de transmissão, de todo modo. Havia até uma vantagem em realizar a disputa no Maine. Assim, o estado de Massachusetts não ficaria de fora do circuito fechado.

Robert T. Courturier, prefeito de Lewiston aos 24 anos, considerava o boxe revoltante, mas imaginou que a publicidade seria valiosa. Logo descobriu que sua pacata cidade seria alvo de um tipo mais mórbido de atenção: sérios rumores de assassinato logo surgiram nos principais jornais do país. Boatos de todos os tipos foram divulgados por policiais, repórteres, pessoas da cidade, equipes dos lutadores e, como não podia deixar de ser, pelo incorrigível propagandista Harold Conrad, que adorou dar ao evento uma aura ameaçadora, o que ajudaria a vender ingressos para os cinemas do circuito fechado. Um dos boatos dizia que os seguidores de Malcolm X estavam mandando um grupo de pistoleiros num Cadillac vermelho para matar Ali, provavelmente quando subisse ao ringue, talvez antes. Jimmy Cannon encampou a história depois de ouvi-la de Conrad, dando a ela destaque em sua coluna. Isso, claro, provocou um telefonema do editor de esportes do *New York Post*, Ike Gellis, para Milton Gross, cobrando a matéria sobre os perigos e ameaças da luta. Gross garantiu que estava quase pronta e que nem *metade* das coisas havia sido publicada ainda.

Outro mexerico afirmava que a Nação do Islã ameaçara Liston de morte, para que ele entregasse a luta. O segundo de Liston, Joe Pollino, informou a Jack McKinney que Liston recebera a visita de dois muçulmanos negros e que depois dela ficou praticamente "catatônico". McKinney, que não estava na Nova Inglaterra com a equipe de Liston dessa vez, disse: "Sonny estava treinando com os sparrings Thad Spencer e Amos 'Big Train' Lincoln, castigando os dois violentamente. Mas, depois da tal conversa, Sonny parecia um zumbi e os dois sparrings começaram a surrá-lo. Finalmente, Joe disse que pagaria o dobro caso eles deixassem Sonny mais à vontade, para que ele se sentisse bem". Muitos cronistas, contudo, descartaram a ideia de que Liston poderia ser intimidado pelos muçulmanos. "Sonny está com a Máfia do lado dele, caramba", disse Larry Merchant, na época trabalhando para o *Philadelphia News*. "Por que teria medo de dois caras engravatados? Ele lidava com os sujeitos mais violentos do país."

Os repórteres brancos na cidade se incomodavam com o boato e com a presença óbvia dos muçulmanos em torno de Ali. Cannon e Gross, assim como alguns repórteres mais jovens, consideravam os muçulmanos incompatíveis com a atmosfera festiva e carnavalesca própria de uma disputa pelo título dos pesos-pesados, uma vez que eram dados a olhares fulminantes e teatrais, além de usarem terno escuro e gravata-borboleta. Até Angelo Dundee, sempre tão eclético, andava constrangido. A certa altura, foi agradecer a uma das mulheres muçulmanas da equipe de Ali que costurara sua camisa; ao expressar sua gratidão, tocou levemente o braço da mulher com a mão. Rahaman Ali chamou Dundee de lado, com ar severo.

"Venha cá um minuto", disse. "Nunca mais ponha as mãos numa das irmãs."

"A influência dos muçulmanos negros fora muito sutil em Miami, mas tornou-se avassaladora em Lewiston", recorda Robert Lipsyte. "Havia muitos muçulmanos altos, fortes, sóbrios, de olhos brilhantes. Eles tentavam até extorquir dinheiro dos repórteres em troca de entrevistas com Ali. Muitos eram ex-presidiários, pois o recrutamento para a seita na época era feito na cadeia."

Quanto mais os repórteres enviavam histórias citando seguidamente o clima pesado, mais as autoridades de Lewiston reagiam aumentando a segurança. Havia revista rigorosa antes das entrevistas coletivas, o que se repetiu no dia da luta. Melvin Durslag, do *Los Angeles Herald-Examiner*, contou que a polícia confiscou as agulhas de tricô de sua mulher. O chefe de polícia de Lewiston, Joseph Farrand, pôs 250 homens na rua, incluindo os guardas voluntários, policiais rodoviários e noventa reforços das cidades vizinhas. Para a noite da luta, conseguiu mais 45 soldados. Uma equipe especializada em homicídios veio de Nova York. Nenhuma precaução parecia ser excessiva. "Não queremos entrar na história como a cidade em que o campeão mundial dos pesos-pesados foi assassinado", disse o chefe Farrand.

Houve estranhos momentos de comédia, também. Em Chicopee Falls, Ali treinava num salão de baile do Schine Inn. O ginásio improvisado ficava em cima da pista de boliche, e durante os treinos o ruído das bolas e dos pinos abafava o som da voz de Ali. Sua equipe ia dos membros dos muçulmanos negros ao veterano cômico de vaudeville Stepin Fetchit. Ali chamava Fetchit de seu "estrategista secreto", segundo consta, porque Fetchit, de 73 anos, era suficientemente velho para ter conhecido o herói de Ali, Jack Johnson. Fetchit, cujo nome de batismo era Lincoln Theodore Monroe Andrew Perry, pois o pai quis lhe dar o nome de quatro presidentes, encarregava-se de animar o local e servia de mestre de cerimônias. Ele trabalhara em dezenas de filmes, dos anos 1920 aos anos 1950, inclusive *Steamboat 'round the bend* e *The sun shines bright*. Fetchit tirara seu nome do cavalo que vencera o animal no qual apostara tudo o que tinha no mundo, quando vivia no Texas, no início dos anos 1920. Amealhou uma fortuna razoável no cinema ("Eu tinha uma mansão tão grande que, quando eram três horas na cozinha, já eram cinco horas na sala"), mas no início dos anos 1960 vivia de caridade em Chicago. Nos dias que antecederam a luta, os repórteres desesperados por pautas percorriam os campos em busca de novos ângulos. Ao contrário dos taciturnos muçulmanos, Fetchit enchia seus blocos com declarações. Talvez por ter um conhecimento avançado da arte de representar, Fetchit compreendia a capacidade de Ali de se transformar. "As pessoas não entendem o campeão, mas dentro de algum tempo ele será um dos maiores heróis do país", declarou a um repórter. "Ele é como uma peça na qual o sujeito é o vilão no primeiro ato e depois se descobre, no último ato, que na verdade ele é o herói. Vai ser assim, com o campeão. E é assim que Ali quer que seja, pois é melhor para a bilheteria que ele confunda as pessoas, em vez de ser facilmente compreendido."

Aos olhos tarimbados dos repórteres brancos encarregados da cobertura, Fetchit era também o típico negro Pai Tomás, sempre a dizer: "Sim, senhor. É pra já, doutor!". Numa entrevista coletiva, quando a expressão "Pai Tomás" foi pronunciada, Fetchit interrompeu Ali e disse: "O Pai Tomás não era um negro inferior. Ele era mascote dos brancos. Seu nome real era MacPherson e ele morava perto de Harriet Beecher Stowe. Tom foi o primeiro negro reformista e militante da integração. O negro inferior era Sambo".

Os repórteres se espantaram.

"Qual é o problema?", Ali gritou. "Podem anotar. Suas canetas estão sofrendo de paralisia?"

"Falou e disse, irmão!", gritaram os muçulmanos, surpreendentemente. "Explique tudo!"

"A verdade é que Stepin Fetchit era muito engraçado", lembra Robert Lipsyte, "e insistia em que seu modo de coçar a cabeça e arrastar os pés era apenas um modo de sobreviver, como a cortesia astuta dos indianos sob domínio britânico, na Índia." Fetchit, vale lembrar, converteu-se à Nação do Islã poucos anos depois.

A maior parte dos jornais referia-se a Ali como Clay. Muitos repórteres concordavam com os editores e nem pensariam em desafiá-los nessa questão. Lipsyte, contudo, embaraçava-se quando o *Times* insistia em chamar o campeão de Clay ("também chamado de Muhammad Ali") e procurou Ali para tentar explicar. Ali passou a mão em sua cabeça e lhe disse para não se preocupar.

"Você é apenas o irmãozinho da estrutura branca de poder", falou.

Ali, como sempre, recebia todos os repórteres e visitantes. Certo dia, um jovem campeão olímpico apareceu no ginásio.

"Você pode me dar algum conselho?", Joe Frazier perguntou a Muhammad Ali.

"Posso", ele respondeu. "Perca uns quilos e torne-se um peso meio-pesado."

Quando Ali se mudou de Chicopee Falls para um Holiday Inn próximo a Lewiston, dias antes da luta, vários guardas fardados e policiais à paisana o receberam na divisa, para escoltá-lo no Maine. Ali aceitou a proteção, rindo. "Não temo nada, exceto Alá", ele disse. "Alá me protegerá. Brancos, negros e amarelos me amam. Ninguém quer me matar. Se alguém atirar, a arma explodirá em sua mão. As balas se voltarão contra ele. Alá me protegerá." Para o campeão, estava tudo bem. Mas os editores do *Boston Globe* fizeram um seguro extra para os cinco jornalistas destacados para Lewiston.

Em comparação com seu desempenho espalhafatoso em Miami, Ali mostrou-se relativamente contido. Para seus padrões, pelo menos. Ele prometeu invadir o campo de Liston em Poland Springs, mas desistiu quando descobriu que o dono do hotel havia conseguido dois ursos pretos de uma reserva estadual e os acorrentara perto da entrada.

Embora tivesse perdido o peso adquirido na África, Ali fazia questão de treinar intensamente, sofrendo castigos impressionantes, principalmente de Jimmy Ellis. Mas isso era proposital. Durante sua carreira, Ali sempre se preparara para lutas importantes deixando que os sparrings o surrassem, como se isso ajudasse a melhorar sua capacidade de se defender e de absorver os golpes.

Em casa, porém, Ali sofria de verdade. Seu relacionamento com Sonji se deteriorava. Ela fizera várias concessões aos muçulmanos, mas continuava usando maquiagem e roupas consideradas impróprias pelo bando de membros da Nação que rodeavam Ali dia e noite. Ali não aguentava o constrangimento. A certa altura, queixou-se em voz alta de que Sonji estava usando uma calça jeans muito justa. E exigiu que ela entrasse novamente e vestisse algo mais recatado.

Anos depois, Ali admitiria que estava perdidamente apaixonado por Sonji e que seu casamento era feliz, principalmente quando estavam sozinhos e longe dos olhares de censura dos outros muçulmanos. De noite, costumava cantar para ela sua canção favorita, "Stand by me", de Ben E. King. Em várias ocasiões, no entanto, Ali não conseguia suportar as diferenças existentes entre eles. Ficava bravo quando ela questionava as restrições e mitologias dos muçulmanos ou as diferenças no comportamento dele quando estavam sozinhos ou na companhia de Herbert Muhammad e outros muçulmanos. Certa vez, Ali chegou a esbofetear Sonji, algo que depois de trinta e tantos anos ainda lamentava e lembrava. "Foi errado", disse a Thomas Hauser. "Foi a única vez que fiz aquilo, e depois de ter batido me senti pior do que ela. Doeu mais em mim do que nela. Eu era jovem, tinha 22 anos, e ela desobedecia aos preceitos da minha religião, mas nada disso serve como desculpa. Um homem nunca deve bater numa mulher."

Apesar de toda a pressão, dos boatos de violência e das desavenças domésticas, Ali permanecia calmo, embora tivesse pela frente uma revanche de Liston. Reduziu o ritmo dos treinos pouco antes da luta, passando apenas a correr de manhã cedo com Howard Bingham. Passava boa parte do dia em sua suíte no segundo andar do Holiday Inn. Certa tarde, Bundini e Pat Putnam, do *Miami Herald*, estavam na sala com Ali e Sonji. Bundini foi ao banheiro e Ali estava na cama. Sonji, sentada na frente do espelho da penteadeira, escovava o cabelo. Os policiais ocupavam um quarto vizinho, um pouco adiante, no mesmo corredor, na direção da saída. De repente, ouviu-se um disparo de arma de fogo. "Foi tudo culpa do Bundini, que era um porra-louca. Brincava com a pistola no banheiro, e ela disparou",

Putnam contou. "Todos se apavoraram, exceto Ali. Ele deu uma tremenda bronca em Bundini, claro. Mas foi só isso. Sua mente estava na luta, não em atentados."

Liston treinava na estância de Poland Spring. Entre os hóspedes do hotel havia mais de cem padres católicos, participantes de uma convenção na cidade, além de competidores de um concurso de corneta e tambor. Os cronistas de boxe, que achavam que o sol nascia às dez, ficaram profundamente contrariados quando foram acordados às sete com toques de corneta e rufar de tambores. No café da manhã, assustaram-se com a invasão dos homens de preto. Além disso, tiveram uma péssima impressão do Hotel Poland Spring, que em matéria de conforto se equiparava às estalagens empoeiradas dos westerns de John Ford. A "saída de incêndio" era uma corda em cada quarto. Os banheiros eram coletivos.

Na equipe de Liston, a vontade de vencer estava dando lugar ao desleixo e às desavenças. Liston discutia com Jack Nilon aos berros, não só em particular, mas também no saguão do hotel. Normalmente, brigavam por causa de dinheiro. Geraldine Liston disse, anos depois, que Sonny recebeu 250 mil dólares pela segunda luta contra Ali, mas que nunca recebeu os 150 mil prometidos pelo combate em Miami. Liston estava péssimo em Lewiston.

"Foi uma decepção", Geraldine disse, anos depois. "O treinamento foi horrível. O lugar era úmido. O ginásio onde fariam a luta, terrível. Sonny ficou muito desapontado, e eu... acho que ele chegou ao ponto de pensar, que se dane, ganhando ou perdendo, que se dane tudo. O moral dele estava lá embaixo."

Caso Liston tenha recebido uma visita dos membros da Nação do Islã, ele não criou caso por isso e fez questão de tratar Ali com desprezo. Mais uma vez, os tradicionais pesos-pesados veteranos o cercavam — Louis, Marciano, Walcott, Braddock e Patterson —, e ele treinava do modo convencional. Sob um candelabro espetacular, iluminado pela luz que entrava por vidros esverdeados, Liston pulava corda ao som de "Railroad nº 2", de

Lionel Hampton, que era mais rápida do que "Night train". Ao olhar não tarimbado, ele continuava arrasando os sparrings, que aguentaram o tranco até o fim. "Não me venham com essa história de que tenho medo de Clay", Liston disse aos repórteres certo dia, quando se exercitava. "Só tenho medo de perder um braço, se ele abrir demais aquela boca enorme. Vou me redimir por ter permitido que Clay tomasse meu título... Vou convertê-lo, sabem... isso mesmo, vou convertê-lo num defunto." Seis dias antes da luta, um médico da Comissão Atlética do Maine declarou que Liston era "o sujeito mais saudável que já examinei".

Os médicos do Maine talvez estivessem acostumados a gente muito doente. A verdade era outra. O adiamento quebrara o ritmo de Liston. Em consequência da mente instável e da idade, descartar o avanço obtido no treinamento inicial e repetir tudo depois que Ali se recuperou da hérnia era intolerável. Liston bebia, em geral J&B, e passava noites em claro. Para os repórteres e observadores mais experientes, ele envelhecia visivelmente. Quando um sparring, Wendell Newton, subiu ao ringue imitando a velocidade de Ali, Liston reforçou a impressão de cansaço. Como se comportaria perante o verdadeiro Ali? Amos "Big Train" Lincoln fez o que pôde para ressuscitar a disposição de Liston, permitindo que ele o acertasse à vontade, mas nem isso adiantou. Conforme decaía, Liston mostrava seu mau humor aos repórteres que o rodeavam, levando Mark Kram, da *Sports Illustrated*, a escrever: "Liston continua sendo Liston, um sujeito eternamente imaturo, socialmente primitivo e lamentavelmente desconfiado".

Um padre que esteve no campo de Liston o chamou de "sujeito humilhado, magoado". Gil Rogin, que acabaria assumindo a editoria da *Sports Illustrated*, escrevera um artigo premonitório para a revista, descrevendo a desintegração do espírito e da capacidade de Liston quando ele ainda treinava em Massachusetts.

"A gente vê isso nos olhos dele", um dos sparrings de Liston comentou com Rogin. "Eles não assustam mais a gente."

"Um dia, você é o campeão e seus amigos dizem: 'É isso aí, campeão, ninguém no mundo consegue vencê-lo'", Liston falou um dia, quando ele e Geraldine voltavam do armazém. "Quando você não é mais o campeão, está sozinho. Seus amigos e as pessoas que ganharam uma fortuna à sua custa não falam mais com você, e sim sobre você, e o que eles dizem não é o que diziam antes."

Liston parecia mais pensativo, mais triste do que antes. Em Poland Springs, estava abertamente melancólico. Ele e Geraldine visitaram um cemitério do século XIX perto do hotel. Pararam no túmulo de um homem chamado Richard Pottle e leram a lápide:

A ti, então, adeus
Por que devo chorar
Ao ver-te aí
*A dormir tão altivo?**

Geraldine disse: "Charles, precisamos tirar fotos destas lápides".

"Para quê?", Liston quis saber. "A gente vai para lá logo, e vai ficar muito tempo."

* Then fare thee well/ Why should I weep/ To see thee thus/ So proudly sleep?

15. O soco âncora

25 DE MAIO DE 1965

A multidão, ou melhor, o público, aglomerou-se na entrada de St. Dominic ao cair da tarde. Oficialmente, havia 4280 pessoas, mas qualquer um presente ao ginásio naquela noite saberia que o total verdadeiro não passava de 3 mil, se tanto. Os cidadãos de Lewiston e das cidades vizinhas estavam mais preocupados com o concurso de corneta e tambor. Os promotores praticamente davam ingressos, porém ninguém se interessava. A luta se destinava às câmeras e à imprensa. Técnicos montaram torres de transmissão no estacionamento para enviar o sinal da disputa do título dos pesos-pesados para a África e a União Soviética pela primeira vez na história. A Western Union estacionou uma fila de trailers para transmitir as notícias. A UPI contratou os quatro melhores corredores da Bates College para levar os despachos do ringue até os trailers; naquela noite eles iam correr muito, mas por pouco tempo.

A paranoia em Lewiston crescera. Seguranças revistavam bolsas, pastas e bolsos. Quando Kate, mulher de Red Smith, entrou no ginásio, um policial examinou seu livro de bolso.

"Você não vai achar nada aí", ela disse. "Escondi a metralhadora na cinta-liga."

Jimmy Cannon, ainda envolvido no clima de crise, relatou ofegante que dois policiais do Departamento de Homicídios de Nova York ainda não haviam terminado a busca de explosivos em St. Dominic. "Eles procuram bombas de gás venenoso, que... um capanga da mesquita de Boston que tem passagem pela polícia alegou terem sido colocadas sob os degraus da arquibancada", Cannon relatou. "Eles não encontraram nada, mas posicionaram-se na entrada principal para deter qualquer nacionalista negro que aparecesse. Todos são conhecidos."

Cannon prosseguiu: "O prédio de blocos foi ocupado por duzentos policiais de todas as forças e patentes do Maine. Havia guardas de Lewiston, voluntários de toda a comarca, policiais rodoviários. Movendo-se silenciosamente entre eles, agentes do FBI. Até inspetores de bebidas alcoólicas do estado receberam armas de fogo, que usavam em coldres na cintura. A bolsa de qualquer mulher que entrasse no ginásio era revistada, e todas as sacolas, pacotes e pastas tinham de ser abertos para busca. Eles foram auxiliados na vigilância pelos seguranças dos muçulmanos negros, que se aliaram às forças da lei para proteger o único negro famoso que apoiava publicamente sua cruzada pela supremacia negra". Cannon deixou de mencionar que entre as razões para a presença da polícia e dos agentes especiais no local destacavam-se suas reportagens — e, portanto, os boatos astutamente espalhados por Harold Conrad.

Ali esperou até nove horas para deixar o hotel e seguir de carro para o ginásio. Usava jeans e camiseta. Mort Sharnik, da *Sports Illustrated*, o acompanhou e percebeu que o humor de Ali estava sombrio.

"Diga qual é sua previsão para a luta", Sharnik pediu.

Normalmente, Ali faria um show em três atos, com direito a imitação dos modos do oponente e dos apresentadores. Naquele momento, porém, ele estava quieto e sério, dizendo que seria uma luta estranha. "Talvez comece sem que eu solte nenhum golpe. Só vou recuar, Liston me perseguirá e, de repente, *Bam!* — vou acertá-lo com uma direita e tudo terminará."

"Será uma luta curta", Sharnik disse.

"Será uma luta curta", Ali repetiu. "As lutas são assim mesmo. Não há plano. É diferente de qualquer outro esporte. Mas eu acho que posso pegá-lo. Eu o teria nocauteado da outra vez, nos rounds previstos."

Ali não improvisava aquela previsão feita a Sharnik. Três semanas antes ele relatara a um repórter um sonho recorrente no qual atravessava o ringue correndo ao soar o gongo e acertava Liston com uma direita veloz. "O grande Archie Moore me ensinou esse truque psicológico", disse. "Assim eu mostro logo para o urso quem manda. Não vejo no sonho se ele foi nocauteado, mas ele não consegue se recuperar e eu ganho por nocaute, logo no começo."

De volta ao vestiário, Liston recebeu uma visita breve de José Torres, campeão dos meios-pesados, que estava em Lewiston para fazer a transmissão em espanhol. Torres perguntou a Liston se ele assistira a sua luta contra Willie Pastrano, que lhe dera o título. Liston respondeu que sim.

"Bem, você precisa fazer a mesma coisa", Torres disse. "Cercar o ringue. Você tem de diminuir o espaço de Ali."

Os cartolas do boxe do Maine não enviaram uma equipe de destaque para conduzir a luta. O árbitro, Jersey Joe Walcott, fora campeão dos pesos-pesados, mas não chegava a ser um especialista no novo papel. Era um "árbitro-celebridade", contratado de acordo com o pressuposto de que não é preciso ser um gênio para ordenar que dois pesos-pesados lutem e depois, se for o caso, contar até dez. O encarregado de conferir o tempo de knockdown era Francis McDonough, impressor aposentado de 63 anos. O árbitro sempre coordena a contagem com o conferente do knockdown, mas Walcott nem sabia onde McDonough estava sentado. O cronometrista era um professor primário de 55 anos chamado Russell Carroll, que cronometrava lutas havia trinta e tantos anos, inclusive a luta mais rápida da história do boxe, um espantoso final a dez e meio segundos no qual o boxeador chamado Al Couture atravessou correndo o ringue uma fração de segundo antes do gongo e acertou o oponente que se virava em sua direção. Normalmente, há um relógio perto do ringue, ou acima dele; não havia, em Lewiston. Todas as questões referentes ao tempo seriam determinadas pelos cronômetros nas mãos de McDonough e Carroll.

A honra de cantar o hino nacional coube a Robert Goulet, um cantor meloso adequado a Las Vegas e a eventos pugilísticos. Mas aquela não seria sua grande noite no ringue. Ao sair do vestiário, Goulet enfiou a mão no bolso e descobriu ter perdido suas "anotações", a letra do "Star-Spangled Banner".

* * *

"O que vou fazer agora?", Goulet murmurou para si mesmo, enquanto passava através das cordas e chegava ao ringue. Para piorar tudo, ele mal podia ouvir o órgão destacado para acompanhá-lo. Improvisou a letra e lutou para manter o andamento; parecia uma criança correndo para acompanhar o pai com pressa. Nas fileiras reservadas à imprensa e nos assentos das celebridades abriram-se sorrisos: Elizabeth Taylor, Jackie Gleason e Frank Sinatra estavam lá.

Em seu corner, Ali parecia mais confiante do que em Miami. Não havia nervosismo em seus movimentos nem em seu olhar. Poderia um dia ser mais magnífico? Usava calção branco com borda preta. Pesava 93,5 quilos e parecia mais musculoso, no tórax e nos braços.

Liston, por sua vez, tinha o olhar perdido, desatento. Tirou o roupão e começou o aquecimento, movimentando o torso para a frente, para trás e para os lados. Liston pesou 97,5 quilos e vestia calção preto com borda branca.

Quando soou o gongo, um repórter da UPI passou um boletim ao corredor da Bates College de plantão que dizia: "A luta Clay-Liston começou, e a seguir temos um relato do combate, round por round...".

Quando o rapaz da Bates chegou ao trailer de transmissão com a notícia, o funcionário da Western Union, que via a luta pelo monitor, tinha novidades para ele.

Os entusiastas do boxe estudaram os filmes daquele minuto de ação fatídico com a mesma atenção fanática com que os estudiosos do assassinato de Kennedy examinaram o filme de Zapruder. Mas, ao contrário do filme de Zapruder, com suas cores exageradas e nuvens vermelhas, os filmes da luta Ali-Liston acabam com parte do mistério que supostamente envolvia o evento.

É melhor ver o filme em câmera lenta, claro.

Como em seu sonho, Ali atravessa o ringue e inicia a luta

com um golpe de direita. Mas Liston absorve facilmente o soco e logo se inicia o minuto de dança. Ali movimentava-se em sentido horário, com as luvas na altura da cintura, e Liston o perseguia, pesadão. Vinte segundos transcorreram sem que um soco fosse desferido, nem sequer esboçado. Então Liston resolve lutar e solta quatro golpes de esquerda. Todos eles acertam o alvo de raspão, perdendo a força devido ao recuo de Ali e à proteção das luvas e dos antebraços. Liston solta vários jabs, mas não consegue acertar Ali em cheio nem uma única vez.

Então chega o momento que surpreenderá todos os presentes na arena. Ali corre paralelamente às cordas e Liston avança com uma esquerda. Ali recua o queixo apenas o bastante para evitar danos e faz o pivô para a frente, soltando uma direita curta, que pega em cheio a têmpora de Liston. A cabeça de Liston salta para o lado e ele tomba na lona. É possível que, no decorrer da luta, o soco não tivesse sido suficiente para derrubar Liston, mas ele estava desequilibrado por causa do jab errado, frustrado e, como só transcorrera um minuto de luta, ainda frio.

Tudo isso, claro, pode ser visto com a ajuda do projetor, que reduz a velocidade dos dois boxeadores do mesmo jeito que Eadweard Muybridge reduz o galope dos cavalos a imagens estáticas, cuidadosas, abrangentes. Com a sequência repetida em tempo real, em "câmera rápida", vemos um minuto saltitante sem grandes novidades e uma troca de socos, seguida de um momento no qual Ali obviamente faz *alguma coisa* — seu braço torna-se de repente um borrão —, mas não fica claro o que ocorreu, exceto que afetou profundamente Sonny Liston, que cai deitado no chão. O momento é tão confuso, a queda de Liston tão rápida, que é possível imaginar que algumas pessoas em St. Dominic devem ter pensado, aterrorizadas, que Liston levara um tiro. Contudo, alguns observadores que estavam lá e não tiveram a facilidade da câmera lenta, pelo menos no momento, disseram que viram o soco claramente.

"Foi bem como Ali havia previsto no ônibus", disse Mort Sharnik, sentado na primeira fila. "Liston preparou um golpe de esquerda, soltou, Ali recuou para desviar e ergueu a mão direita, pegando Liston em cheio quando este caía para a frente. Liston nem chegou a ver o golpe em seu rosto, e é o soco que a gente não vê que causa problemas. Dizem que foi um 'soco fantasma'. A gente ouviu a expressão logo em seguida. Bem, eu estava sentado com Floyd Patterson e Cus D'Amato. E havia um policial rodoviário do Maine que gritou: 'Puxa vida, ele acertou uma em cheio no queixo!'. E todos nós vimos o que aconteceu. Não havia dúvida em nossas cabeças. Depois, não sei. Na hora, não."

Em câmera lenta, pode-se ver que a força do golpe para baixo não só faz girar o pescoço de Liston, como tira seu pé esquerdo do chão antes de sua queda na lona. "Eu ensinei aquele soco a ele", disse Angelo Dundee, vendo a fita trinta e tantos anos depois. "Avance, deslize para a direita, solte a direita. Liston nem chegou a ver — esse é o soco que põe alguém fora de combate." Quando Liston caiu, Ali tentou emendar com um gancho de esquerda, mas errou. Liston já estava na lona.

"Aquele golpe abalou Liston", Chicky Ferrara disse na época. Ferrara era um treinador experiente, e Dundee o colocara perto do corner de Liston para desestimular a repetição do incidente que cegara Ali na luta anterior. "Ele piscou três vezes, como se tentasse desanuviar a mente, e eu olhei para Willie Reddish. Percebi que Reddish estava mal, pois vira que seu lutador enfrentava problemas."

Liston caiu e rolou até ficar com as costas no chão e os braços estendidos acima da cabeça. As regras do esporte exigem que o boxeador se afaste antes que o árbitro inicie a contagem, mas Ali não se retirou. Jersey Joe Walcott foi cordial demais. Deveria ter obrigado Ali a se afastar, mas não fez isso.

Ali ficou parado, bem em cima de Liston. Manteve a mão direita cerrada e começou a gritar com Liston: "Levante-se e lute, seu vagabundo! Você não é tão malvado? Ninguém vai acreditar nisso!".

Naquele momento, um jovem fotógrafo da *Sports Illustrated* chamado Neil Leifer apertou o botão da câmera. A fotografia — Ali em cima de Liston, feroz e belo — foi a imagem que ficou do combate; talvez seja a imagem definitiva de Ali no ringue, e ponto final. Leifer idolatrava os grandes fotógrafos esportivos da geração anterior: Mark Kaufman, John Zimmerman e Hy Peskin, da *Sports Illustrated*, além de George Silk, da *Life*. No início dos anos 1960, os fotógrafos já não usavam mais as corpulentas Speed Graphics preferidas de WeeGee; preferiam câmeras reflex de lentes gêmeas ou 35 milímetros. "O boxe, para o fotógrafo, é uma questão de antecipação", Leifer disse. "Com a Rolleiflex e luzes estroboscópicas, a gente tem uma imagem e depois gira o filme e espera de três a cinco segundos, até a luz estar pronta novamente. Não havia a supertecnologia, mas no início da época de Ali era melhor para o fotógrafo do que nos anos seguintes. Havia três cordas, em vez de quatro. Menos luz, o que nos dava um fundo escuro. Não havia anúncios da MGM Grand ou da Bud Lite na lateral do ringue. As pessoas fumavam, o que criava uma névoa dramática. Isso foi antes de a tevê acabar com as luzes estroboscópicas para usar refletores mais potentes. As imagens eram mais poéticas naquele tempo."

Leifer teve a vantagem da poesia e da sorte. "Eu estava no local exato", disse ele. "Uma imagem limpa, sem a figura do árbitro para bloquear a visão. Tínhamos passado três dias iluminando o ringue e ajudando os eletricistas locais. Pegamos refletores da Roosevelt Raceway de Long Island — quarenta refletores de quarenta quilos cada um — e os despachamos para o Maine de caminhão, para iluminar o local no momento do knockdown. Tudo estava perfeito. No instante em que tirei a foto, já vi que saíra perfeita. Exceto por um detalhe. Eles usaram uma das fotos de soco de George Silk na capa e a minha nas páginas internas."

Ali finalmente recuou, afastando-se do corpo caído de Liston, e permitiu que Walcott o empurrasse na direção do canto neutro. Naquela altura, porém, a coisa já estava fora de controle. A multidão gritava: "Marmelada!". Liston se mexia um pouco na lona e Walcott se mostrava totalmente perdido. "O motivo para eu ficar com Clay e empurrá-lo para longe foi temer que ele chutasse a cabeça de Liston", Walcott disse aos repórteres. "Clay parecia um selvagem. Corria pelo ringue, gritando com Sonny para que ele se levantasse. Dá para imaginar o que diriam de mim se Clay chutasse a cabeça de Liston? E ele poderia ter atingido Sonny quando ele estivesse levantando... Como todos os árbitros, eu estava lá para proteger o lutador que caísse. Liston fora batido. Dava para ver isso pelo olhar vidrado. Não faria diferença se eu contasse ou não, eu poderia ter contado até 24, Liston estava no mundo dos sonhos, e a única coisa que poderia acontecer a ele seria sofrer um trauma sério." Walcott não realizou a contagem para Liston, disse, pois Ali não lhe deu chance de começar. Ele não pegou a contagem do cronometrista, tampouco. "Eles deveriam ter posto um alto-falante", Walcott queixou-se.

Quem teve presença de espírito para pensar historicamente lembrou-se imediatamente da luta entre Tunney e Dempsey em 1927, na qual Dempsey não foi para o corner neutro quando Tunney estava na lona; Tunney se levantou no que teria sido o "catorze" da contagem e acabou ganhando.

Francis McDonough, cronometrista do knockdown, seria perseguido durante anos por repórteres desconfiados, até que finalmente parou de dar entrevistas. Ele morreu em 1968. "Se alguém pode ser culpado pelo fiasco, esse alguém é aquele pilantra do Clay", disse. "Se Clay tivesse ido para o canto neutro em vez de sair correndo feito um louco, o problema todo teria sido evitado. Acionei o cronômetro quando vi Liston cair no chão e fiz a contagem até o relógio indicar a passagem de doze segundos. Em seguida, desliguei-o. Quando o árbitro se aproximou de mim, falei que havia parado o cronômetro em doze segundos e que Liston passara pelo menos vinte segundos caído no chão."

Depois que Ali foi para o canto neutro, Liston finalmente se levantou. Walcott limpou as luvas de Liston com a camisa e chamou os lutadores para recomeçar a luta, no centro. Ali avançou contra Liston, ansioso para derrubá-lo de vez. Começou a golpear Liston imediatamente, sem pensar muito em coreografia ou defesa. Queria o nocaute.

Naquele momento, porém, enquanto os dois boxeadores retomavam a luta, Walcott começou a se afastar dos dois e seguir para a beira do ringue. Ele foi atender ao chamado do decano dos cronistas de boxe, Nat Fleischer, editor da revista *Ring*, que gritava seu nome.

"Joe! Joe, a luta acabou! A luta acabou!"

"Como é?"

"A luta acabou!" Fleischer estava sentado do lado de McDonough e informou a Walcott que Liston permanecera muito mais de dez segundos na lona. Ao saber disso, Walcott deu meia-volta e acenou para os lutadores. Acabou, disse a eles, declarando Ali vencedor e campeão dos pesos-pesados.

Liston estava confuso e grogue. Willie Reddish precisou levá-lo pelo braço até a banqueta.

Dundee atravessou o ringue para consolar Liston e sua equipe. "Olhei para Sonny e disse: 'Foi uma luta dura, Sonny', mas Sonny olhou através de mim", Dundee contou.

"A coisa toda foi um desastre", Ferdie Pacheco declarou. "Estávamos num estado onde ninguém entendia nada de boxe. Houve uma comédia de erros. Mas não se deve pensar nem por um minuto que o resultado poderia ter sido diferente. Liston treinara como os lutadores de mais idade, até um determinado ponto. A partir daí, os velhos boxeadores não aguentam mais. É como um tanque de gasolina cheio, não cabe mais nada. Depois que Ali teve a hérnia, Sonny não pôde manter a forma. Por ser mais velho, os músculos não aguentaram. Seus músculos não eram mais jovens. Quem treina demais está acabado. Nesse meio-tempo, Ali descansou. Foi a mesma coisa no Zaire, uma década depois. Ali não estava pronto, Foreman se cortou nos treinos, a luta foi adiada. Ali ficou no ponto e venceu. Quando se analisa a carreira de Ali, um fator não deve ser desprezado, a boa sorte. Pelo menos até a hora em que insistiu em continuar, depois de passada sua vez, ele foi realmente abençoado."

Entretanto, não foram apenas os segundos de Ali que perceberam a confusão mental de Liston. Liston voltou para o vestiário e pediu ao segundo que cuidava de seus cortes, Milt Bailey, que lhe desse sais para cheirar. "Os sais de cheiro são horríveis — ninguém pede para cheirá-los se não tiver sido atingido com muita força", Bailey disse. "Fiquei mal, por causa dele. Uma pena, pois Sonny estava realmente em forma para a luta marcada para Boston, mas na segunda data ele não estava bem. E perdeu."

Floyd Patterson, que entendia um pouco de perder e de sentir vergonha, foi ao vestiário de Liston, num gesto incrível, levando-se em conta quanto suas derrotas para Liston haviam sido humilhantes. Patterson ficou chocado com uma derrota tão rápida de Liston. Vira-o subir no ringue para enfrentar boxeadores duros — Machen, Williams, muitos outros —, e ele nunca dava a impressão de sentir os golpes. De repente, ele caía com uma direita inesperada. Liston estava sozinho, sentado na mesa de massagem.

"Sei como você se sente", Patterson disse, com seu jeito suave e deferente. "Já passei por isso também."

Liston não respondeu, demorou um pouco a reagir, e Patterson achou que Liston ainda conservava sua terrível expressão, o "olhar maldoso". Patterson pronunciou mais algumas palavras de consolo, mas concluiu logo que não conseguiria ajudá-lo. Seria bobagem continuar tentando.

"Tudo bem, depois a gente se fala", Patterson disse, dirigindo-se para a porta.

Liston levantou-se e foi atrás de Patterson, pondo o braço em volta de seu ombro.

"Obrigado", Liston disse, e Patterson sentiu-se melhor.

No ringue, Ali seguiu para seu corner. O irmão, Rahaman, tirou o protetor bucal.

"Ele se deitou", Ali disse, em voz baixa.

"Não, você o acertou", Rahaman afirmou.

"Acho que ele..."

"Não, cara, você o acertou", Rahaman insistiu.

Em seguida, Ali foi levado até o monitor da televisão e assistiu ao assalto em câmera lenta. Então pôde ver o estrago causado pelos reflexos e pela força que possuía. Logo, começou a chamar o soco de "soco caratê" e a atribuir a Stepin Fetchit os ensinamentos que permitiram que reproduzisse o "famoso soco âncora" de Jack Johnson. Nat Fleischer diria mais tarde que, após a realização de uma pesquisa detalhada e séria, determinara que Johnson jamais tivera um soco com esse nome. Fleischer comparou o golpe a um similar usado pelo campeão dos médios da virada do século, Charles "Kid" McCoy, o "soco saca-rolha".

Qualquer que fosse o nome, Ali declarou depois que o soco fora "preciso em termos de ritmo e equilíbrio. Teve a força de dois carros que batem de frente, o que torna a colisão duas vezes mais forte do que seria se um deles estivesse parado". Liston confessou mais tarde que ficou um pouco mais na lona do que seria necessário, pois Ali ainda estava por perto e era "maluco". Ele temia que Ali o atacasse antes que ele se levantasse. Ademais, antes do knockdown ele não conseguira acertar Ali. Como Jerry Izenberg do *Star-Ledger* de Newark disse, "se Ali não tivesse dado aquele soco e a luta prosseguisse por mais dois ou três rounds, no mesmo ritmo, [Liston] não teria conseguido se aproximar dele. Sonny não acertaria Muhammad na bunda com um remo".

Liston nunca negou que Ali o acertara com um murro forte, poderoso. "Não imaginei que ele tivesse uma pegada daquelas", disse. "Mas não desisti. Fui atingido, e senti o golpe. A mão direita de Clay me pegou na face esquerda e eu vi tudo preto. Achei que conseguiria me levantar antes do final da contagem, mas a gente não pensa direito quando está grogue. Não foi o soco mais forte que já levei, mas foi bem forte."

As dúvidas sobre a segunda luta Ali-Liston provavelmente permanecerão enquanto as pessoas se preocuparem com o pugilismo. Mesmo se se levar em conta que Ali realmente acertou Liston com um soco forte e inesperado, e mesmo deixando de lado a confusão no ringue para aceitar a disposição de Liston de continuar a luta quando se levantou, seria arriscado negar completamente a possibilidade de Liston ter facilitado — ou pensado em facilitar a luta.

Johnny Tocco, técnico de boxe que trabalhou com Liston tanto em St. Louis como em Las Vegas, mais tarde, disse aos jornalistas antes de morrer, em 1997, que ele também ouvira o rumor de que os muçulmanos negros haviam tentado intimidar Liston. "Eu perguntei isso a ele", Tocco disse, "e Sonny só me falou 'Vamos deixar isso pra lá — a luta foi como devia ser e pronto'." Tocco alegou que John Vitale lhe dissera que a disputa duraria apenas um assalto. Mas, seja lá como for, um boato vindo da boca de um mafioso de St. Louis, passado por um rato de ringue de Las Vegas, não pode ser levado muito a sério.

Na velhice, Geraldine Liston passou a cobrar por entrevistas, uma proposta que preferi recusar. Contudo, na última entrevista gratuita que concedeu, para a produção do canal HBO em 1996, ela negou que o desfecho tenha sido arranjado.

"Ele disse: 'A gente ganha e a gente perde... Há um vencedor em tudo, sabe'. Ele era assim... Disse que foi uma dessas coisas que acontecem... Se ele entregou a luta, levou isso para o túmulo, sem me dizer. E, se entregou, eu não vi a cor do dinheiro."

Ali nunca acreditou num resultado combinado, e sua descrença não foi apenas um modo de preservar sua reputação. O que ele alegou faz sentido. "Sonny é burro e lento demais para entregar uma luta", disse. Além disso, Liston teria deixado passar mais de um minuto, para "não dar na vista... eu o acertei em cheio, com todo meu peso de 93 quilos, mas odiaram ter de me dar o crédito por isso... Vocês ouviram as pessoas gritarem marmelada? Não perceberam que começaram a gritar assim que ele caiu? Eu queria que o mundo soubesse que não fiquei satisfeito ao vê-lo cair. Eu queria que o mundo soubesse que não tive nada a ver com a ideia de algumas pessoas de que houve um arranjo... Deixem que eu aproveite a vitória, pois, quando algo acontecer comigo, vocês vão poder deitar e rolar... Sejam justos, porque as pessoas ainda acham que houve arranjo. Minha boca obscureceu minha habilidade".

A maioria dos repórteres não se dispunha a dar a Ali o benefício da dúvida, principalmente depois de uma semana de boatos de complô e de uma luta que durou cerca de um minuto. Gene Ward, do *Daily News*, abriu sua matéria assim: "Um soco de direita, desferido com força fantasmagórica, atingiu o alvo com o estrondo de uma maria-mole, nocauteando Sonny Liston no primeiro minuto do primeiro assalto, enquanto o público que lotava o minúsculo ginásio de St. Dominic gritava 'Marmelada' e 'Roubalheira'".

Jimmy Cannon culpou Liston. Escreveu que a luta Ali-Liston

— "essa charada vigarista" — pode ter sido o golpe de misericórdia, o "assassinato" do boxe. "O criminoso foi Liston, que já trabalhou para a Máfia em St. Louis, quebrando cabeças. Que se dane. Deixa pra lá. Ele ganhou seu passaporte para o esquecimento. Não há razão para sua existência."

As vozes augustas do *New York Times* aproveitaram o evento para atacar o próprio boxe.

Com o título de "Um ringue oco", o *Times* publicou um editorial em que se lia: "A partir do princípio de que seria desleal atacar um adversário caído, vamos adiar nossa reivindicação costumeira na manhã seguinte à luta, para a abolição do pugilismo profissional. Quem, entre os que deploram a brutalidade bestial, poderia encontrar qualquer defeito no breve e delicado confronto Clay-Liston, no qual apenas os pagantes sofreram danos? Há muitos anos não tínhamos tão poucos viajando tanto para ver tão pouco. Cassius Clay e Sonny Liston, em vez de 'se matarem', como se diz na curiosa linguagem do ringue, comandaram o início do fim do boxe comercial — esperamos. Um esporte doentio como esse certamente não poderá sobreviver por muito tempo".

Russell Baker escreveu em sua coluna que a luta "fizera pelo boxe o que Paris havia feito pela moda feminina. Conseguiram fazer o público pagar uma fortuna pelo charme de ser enganado... Essa crítica se intensifica pelo fato de os lutadores geralmente saírem das classes mais famintas e arriscarem seus cérebros para divertir os que comem demais. Ser alimentado em excesso pode ser tão pernicioso que as pessoas acabam pagando dois rapazes famintos para se espancarem, evitando assim que os outros bocejem. Muhammad e Sonny pouparam o público de tudo isso. Alguns críticos do encontro consideraram o show uma farsa. Enganam-se. Não havia nada de engraçado nos principais protagonistas. Vimos uma lição de moral na qual dois derrotados pela vida — dois explorados — viram a mesa para explorar seus exploradores.

"O mais engraçado foi a fúria da multidão magoada, que acredita em Papai Noel. Cabeças cheias de noções infantis de confronto entre o bem e o mal. Enganados por um par de malandros excêntricos que, não fora pela musculatura desenvolvida e pelos reflexos rápidos, estariam condenados a trabalhar por migalhas engraxando sapatos ou agitando em piquetes."

Durante alguns dias, pelo menos, enquanto a indignação era recente, Cannon e Ward estavam em maioria. Contudo, depois de alguns dias vendo as fitas, outros membros da imprensa se dispuseram a acreditar em seus olhos. Houve discussões na *Sports Illustrated* a respeito do que ocorrera em Lewiston — Bud Schrake foi o mais veemente na defesa da ideia de que a luta havia sido uma fraude —, mas a matéria principal, assinada por Tex Maule, refletiu a opinião majoritária da redação: a luta e o soco foram legítimos. Até Arthur Daley, do *New York Times*, que raramente escrevia uma palavra em favor de Ali, concordou: "A dinâmica é o ramo da física que estuda os efeitos das forças. No entanto, não há método capaz de aplicar a dinâmica ao boxe, de modo a medir a força de um soco".

O FBI não conduziu uma investigação completa da luta de Lewiston, mas por solicitação do procurador federal do Maine os agentes interrogaram diversos informantes para descobrir um possível arranjo. O órgão preparou um relatório vago, que, para o promotor estadual, não justificava o prosseguimento das investigações. "Ele achou que não levantamos dados suficientes", declarou pouco antes de morrer William Roemer, do FBI, ao produtor do HBO. O relatório, para o procurador federal, não tinha "elementos suficientes para abertura de processo".

Três anos depois da luta, porém, Roemer e seu companheiro John Bassett interrogaram um membro da Máfia de Chicago, Bernard Glickman, que se tornara testemunha da promotoria em troca de imunidade. Glickman conhecia Liston muito bem, do tempo em que o crime organizado de St. Louis o controlava, e disse ter escutado Liston revelar à esposa que ia entregar a luta. Geraldine, por sua vez, segundo Roemer relata, "disse que Liston não deveria correr o risco de se machucar, já que ia mesmo entregar a luta. Como você vai ter de perder, o melhor é cair logo no começo". O problema para o FBI é que o testemunho de Glickman, sem corroboração, tinha pouco valor como base para novas investigações. Glickman já cometera perjúrio em outros assuntos que envolviam a Máfia. Além do mais, os agentes do FBI suspeitavam da luta de Lewiston, assim como muitos colunistas, mas no final ninguém descobriu apostas milionárias que sugerissem uma trapaça. Tampouco eles conseguiram explicar a razão para a Máfia descartar o campeão mundial dos pesos-pesados, o título mais rentável no mundo esportivo, em troca de lucros imediatos.

Anos depois, quando morava em Las Vegas, Liston encontrou-se por acaso com Jerry Izenberg, do *Star-Ledger* de Newark, um dos raros repórteres em quem confiava e de quem parecia gostar. Trocaram amenidades e combinaram tomar o café da manhã juntos. Pediram a comida e começaram a conversar. A primeira coisa que saiu da boca de Liston foi: "Eu não quero falar em Lewiston".

"Tudo bem", Izenberg concordou. "Então vamos falar de outras coisas."

E foi o que fizeram, por algum tempo. Mas Izenberg resolveu pôr o dever na frente da cortesia e disse: "Temos de falar daquela luta. Como foi? Diga uma frase, e nunca mais eu pergunto nada".

"Em Lewiston, eu perdi o título de campeão mundial dos pesos-pesados", Liston disse. "Perdi porque Nat Fleischer disse que eu perdi."

"O que o torna um árbitro da conduta no boxe? Quem lhe deu tal autoridade?"

"É que ele consegue contar até dez mais depressa do que Joe Walcott", disse Liston.

16. O que há num nome?

No dia 23 de junho, um mês após a luta, Ali entrou com uma ação na comarca de Dade, na Flórida, solicitando ao juiz que seu casamento com Sonji fosse anulado. Os muçulmanos lhe disseram que ele precisava escolher: ser membro da Nação do Islã ou ser casado com uma infiel. Pouco importava que Herbert Muhammad tivesse apresentado Ali a ela. O plano não incluía casamento. Quando Ali e Sonji começaram a sair juntos, e foram de carro a um encontro muçulmano no Arizona, Capitão Sam os casou "à moda islâmica", virando-se no banco dianteiro do carro para o casal que estava atrás e dizendo: "Eu os declaro casados, eu os declaro casados, eu os declaro casados". Depois eles receberam a bênção do estado de Indiana, na pessoa do juiz de paz de Gary.

A ação de Ali citava o compromisso de Sonji de cumprir os mandamentos da Nação do Islã e sua recusa posterior. O pedido detalhava principalmente o fato de ela se negar a adotar a indumentária muçulmana. Ali citava, como prova, a discussão sobre o traje que ela usara numa entrevista coletiva no campo de treinamento, antes da luta de Lewiston.

"Dava para ver tudo! A costura da roupa de baixo!", Ali diria no tribunal. "Usar vestido justo no meio de tantos homens é errado!"

Os advogados de Sonji apresentaram a roupa na audiência e perguntaram ao juiz: "Haveria objeção desta corte se ela pusesse o vestido durante o recesso?".

"Não creio que seja necessário", o juiz falou. "Esta corte tem imaginação suficiente."

Sonji pusera um vestido vermelho até o joelho, para a audiência, e o advogado perguntou a Ali: "O vestido que a senhora Clay está usando hoje seria aceitável para os muçulmanos?"

"Não, é justo demais", Ali respondeu. "Os joelhos estão aparecendo, e as pernas também. Ela pôs cílios postiços e passou batom. Estimula a luxúria e me envergonha."

Soube-se que a irreverência de Sonji irritava Ali. Quando ele contou a ela a história da cosmologia dos muçulmanos negros, com o imenso disco voador que despejaria bombas no mundo, ela o espicaçou, perguntando como a casa de Elijah Muhammad em Chicago sobreviveria ao apocalipse, enquanto o resto do South Side mergulharia nas chamas. E, como Cassius Clay pai, ela tinha pouco respeito pelos muçulmanos de cara amarrada. Especulava, em alto e bom som, se eles não pregavam uma ética puritana enquanto corriam atrás das mulheres e roubavam o dinheiro do campeão dos pesos-pesados.

Sonji foi embora de Lewiston furiosa, logo depois da luta, e não viu Ali até o dia 11 de junho, quando os dois se encontraram em Chicago. Naquele dia, Ali tentou levá-la a uma costureira, para comprar vestidos longos, "simples e modestos". Sonji explodiu e exigiu que ele parasse o carro e a deixasse ir embora. Nunca mais viveriam juntos.

Ali afirmou em seu pedido que a questão da falta de recato fora um problema constante no ano em que eles estiveram casados. Certa vez, depois que ele passou um pano no rosto dela para remover o batom, Sonji saiu de casa. "Eu não aguento mais", dizia o recado deixado para ele. "Não estou feliz. Nunca fui realmente feliz aqui."

"Amo meu marido e quero estar com ele", Sonji declarou aos repórteres. "Mas a religião não dá. Tentei aceitá-la, expliquei isso a ele, que não quis entender. É muito difícil mudar e ser do jeito que eles querem que eu seja... Sempre brigamos por causa das minhas roupas. Eu disse que ficaria fora de cena, se estivesse causando constrangimento. Eu só queria ser a mulher dele e não pretendo deixar que o tirem de mim desse jeito... Cassius contou que Elijah Muhammad lhe disse que eu envergonhava toda a nação muçulmana, por não usar os vestidos brancos compridos que as muçulmanas devem usar. Eu não fumo nem bebo, compareço aos encontros e serviços religiosos, obedeço às leis alimentares. Fui batizada na religião dele. Faço tudo, menos mudar a roupa. Nunca aceitei essa parte. Não estou acostumada a usar aquelas coisas. Sou normal, como as outras mulheres. Não gosto de usar aqueles negócios."

Ali declarou em juízo que o casamento enfrentara problemas desde o início, no dia seguinte à troca dos votos. Disse que a promessa de adotar sua fé não passara de "um golpe" de Sonji, um ardil para ajudá-la a pôr as mãos nos bens materiais disponíveis para um campeão. "Qualquer moça sonha em encontrar um Príncipe Encantado que possa comprar tudo o que ela deseja", disse ela certa vez. "Ergui os olhos um dia e lá estava o meu." Contudo, de acordo com todos os não muçulmanos que os rodeavam, Ali e Sonji pareciam ter um casamento amoroso, que só deu errado por causa da pressão que os líderes da Nação exerceram sobre Ali. Eles eram carinhosos um com o outro; Sonji se entendia bem com os pais de Ali. Com o tempo, Ali se tornaria um conquistador internacional — o "missionário pélvico"—, porém, enquanto esteve casado com Sonji, foi fiel.

Quando a sentença do divórcio por fim saiu, Sonji ficou afetivamente desolada e apenas moderadamente abastada. O juiz ordenou a Ali que pagasse a ela 15 mil dólares por ano, durante dez anos, além de um pagamento de 22 500 dólares para cobrir as despesas dela com advogado. Quando tudo terminou, Ali deixou a Sonji um bilhete amargo, dizendo: "Você trocou o céu pelo inferno". Mas ele também ficou abalado. Vivia rodeado por oportunidades sexuais — aduladores que se ofereciam para lhe arranjar mulheres e moças que se ofereciam a ele. Entretanto, Ali se manteve distante por vários meses. Certa vez disse que ficava no quarto, sentindo o perfume de Sonji. Só quando o ar perdeu o perfume dela é que voltou ao mundo das mulheres.

"Claro, quando Muhammad voltou para as mulheres, ele pensava em bater recordes mundiais", Pacheco disse. Ao contrário de Jack Johnson, contudo, ele jamais se envolveu com mulheres brancas. A obediência séria às leis islâmicas excluiria sexo fora do casamento, mas Ali, como sempre, fez seu próprio arranjo. Para ele, evitar mulheres brancas era uma necessidade moral e política, uma forma de mostrar pureza e força. Raramente ele se mostrava tão veemente em relação a um assunto como no caso do sexo e do casamento entre raças.

"Estive em Chicago, há alguns meses, e vi um branco levando uma negra para um hotel", ele disse ao entrevistador da *Playboy*. "Ele passou duas ou três horas com ela e depois saiu — e um bando de irmãos viu aquilo e nem disse nada. Eles deveriam ter atirado pedras no carro dele ou posto a porta abaixo quando ele estava lá trepando com ela — deveriam ter feito alguma coisa para mostrar que não aprovavam aquilo. Como você quer se considerar homem se outro sujeito pode vir e pegar sua mulher, sua mãe ou sua filha — e levá-la para um hotel e fodê-la — enquanto você, negro, nem reclama? Mas ninguém toca em nossas mulheres — seja branco ou seja negro. Ponha a mão numa irmã muçulmana e você morre. Pode ser branco ou negro, se estiver com uma irmã muçulmana no elevador e passar a mão no traseiro dela, você vai morrer ali mesmo."

"Você está parecendo uma cópia em carbono de um racista branco", concluiu o entrevistador. "Vamos dar o nome aos bois: você acha que o linchamento é a saída para evitar sexo entre as raças?"

"Um negro deve ser morto, caso se envolva com uma mulher branca", Ali disse. "E os brancos sempre fizeram isso. Eles linchavam negros que apenas olhavam para uma branca; eles consideravam isso abuso visual e já pegavam a corda. Estupro, bolinação, sedução, abuso, desrespeito contra nossas mulheres — um sujeito deve morrer por isso. Vamos matá-lo, e se os irmãos não o matarem levarão chicotadas no traseiro e provavelmente acabarão sendo mortos por ter deixado algo assim acontecer sem reagir. Diga isso ao presidente — ele não fará nada a respeito. Conte ao FBI: vamos matar quem se meter com nossas mulheres. Assim, *ninguém* vai mexer com elas."

"E se uma mulher muçulmana quiser sair com homens não muçulmanos — negros ou brancos?", perguntou o repórter da *Playboy*.

"Aí ela morre", Ali retrucou. "Vamos matá-la também."

* * *

Como lutador, Ali ficou repentinamente sozinho. A categoria dos pesos-pesados não estava na lona, mas quase. Liston fora completamente desmoralizado. Ninguém nem sequer pensava numa terceira luta. Quem teria estômago para tanto? E quem mais poderia desafiar Ali? Cleveland Williams? Eddie Machen? Liston os arrasara. Ali brincava, dizendo que adoraria encontrar uma Grande Esperança Branca para enfrentar; um desafiante branco ameaçador elevaria a bolsa a alturas que nenhum oponente negro poderia elevar. Na verdade, em 1966 ele enfrentaria e derrotaria quatro boxeadores brancos em ascensão: George Chuvalo (o mais forte do lote), Henry Cooper, Brian London e Karl Mildenberger.

Ali, contudo, tinha um desafiante mais sério para encarar primeiro, um boxeador que o enfurecera de verdade — Floyd Patterson. Depois de suportar suas humilhantes derrotas para Liston e as vitórias de Ali, Patterson se nomeara vingador, sempre em nome do boxe e da cristandade. O antagonismo vinha crescendo havia mais de um ano. Quando Ali deu a entrevista a Alex Haley, para a *Playboy*, dias depois da primeira luta contra Liston, deixou seu bom humor de lado só por um momento. "Pela primeira vez, treinarei para desenvolver meu instinto assassino mais brutal", Ali disse. "Nunca me senti assim em relação a ninguém. O pugilismo não passa de um esporte, um jogo, para mim. Mas pretendo fazer Patterson beijar a lona, pelo modo como ele saiu do esconderijo depois da última surra, anunciando querer lutar comigo porque nenhum muçulmano merecia ser campeão. Não me incomodo por ele ser da religião católica. Mas ele vai ter de se virar para lutar comigo e se tornar o campeão dos brancos."

Para Ali, que aprendera a lição de Malcolm X, Patterson representava o servilismo da política negra tradicional. Era o integracionista, o conciliador, o símbolo das passeatas e casamentos mistos. Aproximava-se o final de 1965, pouco depois dos distúrbios no gueto de Watts, em Los Angeles — um acontecimento que marcou a profunda insatisfação com as políticas reformistas de integração, que parecia endossar o apelo de Malcolm para a tomada do poder "por quaisquer meios necessários". Para muitos negros, jovens principalmente, o exemplo de Patterson era digno de piedade. Ali zombava de Patterson por ele ter comprado uma casa num bairro branco e descoberto que os vizinhos não o queriam por lá, obrigando-o a mudar em seguida. "Nunca li nada mais lamentável do que as declarações de Patterson aos jornais: 'Tentei me integrar — infelizmente, não deu certo'", disse.

Enquanto se recuperava da cirurgia da hérnia e aguardava a data da segunda luta contra Liston, Ali foi até o campo de treinamento de Patterson no Norte do estado de Nova York, com os braços cheios de alface e cenoura, gritando que só queria uma coisa, mandar "o coelho" de volta para a toca. "Você não passa de um negro Pai Tomás, um negro de alma branca, um negro amarelo", Ali provocou. "Você perdeu para Liston duas vezes. Suba no ringue e vou esmagá-lo."

Como sempre ocorria com Ali, seu senso de humor salvava os insultos do mau gosto. Ali repetiu performances do gênero muitas vezes. Para promover a luta e levantar seu astral, ele se valia de um antagonismo histriônico em relação ao oponente, dando um jeito de colocá-lo na posição de lacaio do sistema branco de poder. Os espetáculos se ritualizaram: a visita "surpresa" ao ginásio do adversário; os apelidos e as provocações; a cena do "Me segurem que eu vou dar nele agora mesmo"; a vendeta imaginária. Alguns, como Joe Frazier, se mostrariam ressentidos com tais performances por muitos anos; Frazier se ofendeu quando Ali o chamou de Pai Tomás ignorante e o considerou o paladino da "estrutura branca de poder". Outros, mais seguros de si, ou simplesmente contentes por lutar contra o atleta mais famoso do planeta, até colaboravam na brincadeira; estavam felizes e eram bem pagos para fazer o papel de inimigos.

No entanto, a raiva de Ali contra Patterson, embora adotasse uma forma humorística, era genuína, visceral até. Patterson realmente passara a se considerar o paladino cristão do pugilismo. Ali marcou a luta contra ele para o dia 22 de novembro de 1965, em Las Vegas, mas bem antes disso Patterson já se mostrava ansioso para representar o papel de redentor. Na edição de 19 de outubro de 1964 da *Sports Illustrated*, ele colaborou com seu amigo Milton Gross, do *New York Post*, no primeiro dos três artigos que definiam sua posição. Ele escreveu:

> Sou negro e tenho orgulho disso, mas também sou norte-americano. Não sou estúpido a ponto de ignorar que os negros não têm todos os direitos que os norte-americanos deveriam ter. Sei que um dia vamos consegui-los. Deus fez todos nós, e tudo o que Ele fez é bom. Todas as pessoas — brancas, negras e amarelas — são irmãos e irmãs. Isso será reconhecido. Levará algum tempo, e só não acontecerá se pensarmos do jeito que os muçulmanos negros pensam. Eles pregam o ódio e a segregação, em vez de pregarem o amor e a integração. Eles pregam a desconfiança quando deveria haver compreensão. Clay é tão jovem e foi seduzido pelas pessoas erradas, a ponto de não perceber quanto já progredimos e o dano que causou ao se filiar aos muçulmanos negros. Daria na mesma se ele entrasse para a Ku Klux Klan...
>
> Sempre me recordarei de uma carta, pois ela me mostrou como o mal pode se transformar em bem e como a incompreensão pode dar lugar à compreensão, quando se vive corretamente. Foi escrita por um homem que tinha um restaurante no Sul. Ele me escreveu para dizer que nunca gostara dos negros, mas que, depois de ler sobre o modo como eu me portava como campeão, havia mudado de ideia. Ele disse que eu poderia ir a seu restaurante com quem eu quisesse, e me sentar para tomar um café, que ele se sentaria conosco. A partir daí, atenderia a qualquer pessoa. Claro, isso é uma coisa pequena, e pode parecer condescendência da parte dele, mas acho que é importante... Esse homem escreveria a Clay, um membro dos muçulmanos negros? Duvido muito.

A Ali, a ânsia de aceitação de Patterson por parte de seus inferiores parecia patética. Era como se Patterson sentisse gratidão pelo tratamento mais paternalista possível. Ele era o rapaz problemático de Bedford-Stuyvesant que fora salvo e protegido por liberais brancos piedosos: pela escola Wiltwyck de Eleanor Roosevelt, por Cus D'Amato, pelo presidente Kennedy. A recusa de Ali em suplicar a aceitação refletia a nova atitude popularizada por Malcolm X. Mas, ao mesmo tempo, humilhar Patterson seria adotar uma atitude pior do que a condescendência. Seu impulso, como o de Bundini no restaurante de Yulee, na Flórida, era insistir em sua condição de ser humano, exigir ser atendido e manifestar sua contrariedade caso isso não ocorresse. Considerar Patterson apenas um sujeito servil seria desprezar o movimento dos direitos civis nos termos propostos por King. No final, a não violência militante foi mais eficaz do que qualquer tentativa da Nação do Islã e de outros grupos nacionalistas — e tão perigosa quanto. Parte da genialidade do livro que James Baldwin lançou em 1962, *The fire next time*, era identificar a Nação não como um grupo político particularmente eficiente, mas como um sintoma da opressão contínua e um aviso de que as mudanças limitadas na sociedade levariam ao confronto — o que ocorreria, de fato, em pouco tempo.

No que diz respeito a Patterson, foi notável como ele sentiu que derrotar Ali era sua missão, não somente para provar sua superioridade como pugilista a um público cético, mas também para mostrar a superioridade de uma religião e da retórica liberal das oportunidades iguais. Sem dúvida, Patterson ansiava por se livrar do embaraço de ter perdido duas vezes para Liston depois de passar menos de cinco minutos no ringue. Ele só poderia fazer isso recuperando o título, ou pelo menos mostrando valentia em sua missão sagrada. Normalmente, os cronistas de boxe tentam atribuir um sentido maior à disputa atlética, entre outras coisas para alargar seu horizonte de cobertura. Mas Patterson tornou essa tarefa mais fácil e real. Ele chegou a se oferecer para lutar de graça contra Ali, doando a bolsa para a Associação Nacional para o Progresso das Pessoas de Cor. Ficou a impressão de que a oferta era apenas parcialmente retórica. Patterson disse que derrotar Ali — derrotar *Clay*, como insistia em chamá-lo — "será minha contribuição para os direitos civis".

Patterson nunca duvidou que Liston tivesse sido atingido com muita força em Lewiston; o que ele não conseguia engolir era o abandono de um lutador tão poderoso — que enfrentava um pagão! — em Miami. "Para mim, foi um golpe quase tão duro quanto ter sido nocauteado por ele", Patterson escreveu. "Logo ele! O invencível, como dizia a imprensa, desistindo da luta sentado na banqueta... Se Liston não podia socar com um braço, por que não usou o outro?... Não posso deixar tudo por isso mesmo. Não posso permitir que as pessoas guardem na lembrança que eu perdi para um sujeito que desistiu à toa, ao enfrentar um usurpador que pegou o título pertencente ao mundo inteiro e o entregou aos muçulmanos negros, que não querem fazer parte do nosso mundo."

Seis semanas antes da luta, na edição de 11 de outubro da *Sports Illustrated*, Patterson lançou um ataque ainda mais dramático pela revista. O artigo começava com a fotocópia de uma declaração de intenções manuscrita e assinada por Patterson: "Amo o boxe. A imagem de um muçulmano negro como campeão mundial desgraça o esporte e a nação. Portanto, CASSIUS CLAY PRECISA SER DERROTADO por Floyd Patterson".

Patterson começa discretamente, mas logo se inflama:

> Pode-se ter a impressão de que o esporte depende de mim, e de que se eu, como uma espécie de Sir Galaad doméstico, não conseguir derrotar o vilão Clay, o pugilismo certamente morrerá. Isso é bobagem. Por outro lado, eu me sinto profundamente envolvido com isso, e o boxe seguramente precisa melhorar sua imagem neste momento. Digo, e digo sem rodeios, que a imagem de um muçulmano negro como campeão mundial dos pesos-pesados é uma desgraça para o esporte e para a nação. Cassius Clay precisa ser derrotado, e a praga dos muçulmanos negros, escorraçada do boxe.
>
> Ao me chamar de "Negra Esperança Branca", além de outros nomes impróprios e indelicados, ele provocou danos seguidos à imagem dos negros americanos e aos grupos defensores dos direitos civis que lutam por eles. Nenhuma pessoa decente pode

admirar um campeão cuja crença é "ódio aos brancos". Não sinto nada exceto desprezo pelos muçulmanos negros e tudo o que eles defendem... Sou católico apostólico romano. Não creio que Deus nos colocou no mundo para odiarmos uns aos outros. Creio que os muçulmanos pregam segregação, ódio, rebelião e violência, o que é errado. Que religião ensina isso? Ao pregar tais ideias e se recusar a condenar claramente o assassinato de Malcolm X, que abandonou os muçulmanos, Cassius Clay atraiu a desgraça para si e para a raça negra.

Não havia limite para a carolice de Patterson. Mas, ao contrário de Ali, que sempre sublinhava seus desafios com um sorriso e uma piscada, Patterson nunca deixou transparecer que estava metido numa espécie de brincadeira política, um "é a sua mãe" retórico. Ele acreditava em cada palavra, desde o razoável ataque ao tratamento dado a Malcolm X por Ali até a previsão bizarra do que poderia ocorrer no ringue.

"Para ser franco", Patterson prosseguiu, "eu cheguei a pensar numa tentativa de assassinato contra Clay durante o combate. Se conseguiram assassinar o falecido presidente Kennedy, não deve ser muito difícil matar Clay, pois ele não é nem de longe tão importante quanto nosso presidente. Suponhamos que alguém tente mesmo matar Clay enquanto estivermos lutando. Não estou brincando. Dois boxeadores se movem rapidamente, e, se um tiro for disparado, talvez eu me posicione exatamente no lugar da vítima e seja morto no lugar de Clay. Se a possibilidade de assassinato me ocorreu, creio que Clay também pensou nisso."

Patterson achava que tinha uma excelente chance de vencer, pois considerava Ali inexperiente, fraco no combate a curta distância e incapaz de socar com força ("Tenho certeza de que meu soco é mais forte que o dele").

"Trata-se de uma meta pessoal e de uma cruzada moral", Patterson declarou. "Como Clay quer se livrar da esposa porque ela se recusa a adotar a fé muçulmana, convenci-me de que ele é um seguidor dedicado dos muçulmanos negros e que não tem a menor intenção de deixar a seita." Embora Ali tivesse o direito de escolher sua religião, "eu também tenho direitos. Tenho o direito de considerar os muçulmanos negros uma ameaça aos Estados Unidos e à raça negra. Tenho o direito de dizer que os muçulmanos negros fedem. Se eu fosse apoiá-los, poderia muito bem apoiar a Ku Klux Klan".

Ali leu os textos na *Sports Illustrated* e respondeu furiosamente. "Quero vê-lo todo cortado, machucado, com as costelas afundadas, e depois nocauteado", disse. "Sou norte-americano, mas ele é um negro de araque, surdo, cego e mudo. Precisa levar uma surra. Podem apostar que a luta vai ser boa. Pretendo fazer dele um exemplo para o mundo. Vou puni-lo pelas coisas que ele disse a meu respeito nas revistas."

Como Ali desempenhava o papel desafiador de Jack Johnson, Patterson invocava a memória de Peter Jackson. Quando John L. Sullivan era campeão, ele usou a segregação para fugir da luta contra Jackson, considerado um dos melhores boxeadores de sua época. Nascido no Caribe, ele se mudou com a família para a Austrália, conquistando o título nacional dos pesos-pesados em 1880. Observadores daquele tempo acreditavam que Jackson teria ganhado o título mundial dos pesos-pesados, não fosse a recusa a permitir que ele o disputasse. Um dos momentos mais marcantes de sua carreira ocorreu quando ele tinha trinta anos e lutou contra "Gentleman Jim" Corbett, derrotando-o depois de 61 assaltos. Para ganhar dinheiro, Jackson chegou a fazer o papel de Pai Tomás numa versão teatral do romance de Harriet Beecher Stowe; quando a apresentação terminava, Jackson se despia da cintura para cima e lutava três rounds, como uma "atração extra".

Frederick Douglass, e depois o escritor James Weldon Johnson, estavam entre os líderes negros que admiravam Peter Jackson pela paciência, pela dignidade com que suportou o racismo de sua época. "Peter Jackson foi o primeiro exemplo, nos Estados Unidos, de um homem que se comportava de acordo com a crença de que era possível ser um boxeador e ao mesmo tempo um cavalheiro culto", Johnson escreveu em seu livro *Black Manhattan*. "Seu cavalheirismo no ringue era tão grande que os cronistas até hoje lhe aplicam o duvidoso elogio de 'negro de alma branca'. Ele era muito popular em Nova York. Se Jack Johnson tivesse tido um comportamento como o de Peter Jackson, a história subsequente do negro no pugilismo teria sido bem diferente."

Em 1965, todavia, os intelectuais negros estavam longe de endossar por unanimidade o cavalheiro culto como modelo. "Chega de Peter Jackson, de patéticos cavalheiros negros a quem os brancos consideravam mulatos espirituais ('pele negra, alma branca')", escreveu Gerald Early. "Por isso, em última análise, [Eldridge] Cleaver e [Amiri] Baraka condenam Floyd Patterson com tanta veemência. Ele dá a impressão de ser alguém que luta para se tornar, finalmente, o moderno Peter Jackson. Os anos 1960 são a era da volta de Jack Johnson (disfarçado de Muhammad Ali), que foi a inevitável revisão histórica de Jackson." Patterson desejava provar que era digno da integração; o homem branco, na retórica de Ali, não merecia a integração, depois de tudo o que havia feito aos negros. Na luta entre Patterson e Ali, a questão do Negro Ruim e do Negro Bom pôde mais uma vez ter ficado clara para o público branco, mas para os próprios negros o caso era bem diferente.

Patterson, ao insinuar que Ali não era mais tão americano por ter se tornado muçulmano, talvez tenha enfurecido o campeão. Embora seja verdade que a viagem à África inspirou Ali, embora seja verdade que ele chamava os africanos de "meu povo" enquanto estava lá e falava dos prazeres de voltar para "casa", Ali era norte-americano dos pés à cabeça, a caminho de se tornar um verdadeiro herói popular americano. Talvez Ali não tenha lido W. E. B. du Bois, mas ele era um exemplo vivo da "dualidade", da "dupla consciência" descrita em *The souls of black folk*.

"Patterson diz que vai trazer o título de volta para a América", Ali comentou com o jornalista e biógrafo John Cottrell. "Se você não acredita que o título já está nos Estados Unidos, veja onde eu pago meus impostos. Sou norte-americano. Mas ele é um negro de araque, surdo-mudo, e está precisando levar um corretivo. Meu objetivo é castigá-lo pelas coisas que disse, fazer com que sofra. O sujeito escolheu a hora errada para atacar o cara errado. Quando Floyd fala de mim, ele se coloca numa posição universal. Não consideramos que os muçulmanos conquistaram o título, assim como os batistas não pensavam que o tinham quando Joe Louis era campeão. Será que ele acha que vou ser ignorante a ponto de atacar sua religião? Tenho muitos amigos católicos de todas as raças. E quem sou eu para me considerar autoridade na religião católica? Por que precisaria agir feito um idiota? Ele disse que vai trazer o título de volta para a América. Eu ajo como americano, muito mais do que ele. Por que iria permitir que um negro como ele fizesse pouco de mim?"

Ali sentia confiança absoluta em sua capacidade de lidar com Patterson no ringue. Era mais jovem e mais forte do que Patterson. Tinha uma vantagem de vinte centímetros de alcance. Em todos os fundamentos nos quais Patterson se destacava — velocidade da mão, mobilidade dos pés — Ali era muito melhor.

Na preparação para a luta, Ali se hospedou no Hotel El Morocco de Las Vegas e treinou com mais empenho do que precisava. Ainda não chegara ao ponto da carreira no qual precisava administrar cuidadosamente o tempo e a energia; o mais importante é que ele queria destruir Patterson. Pediu a um dos sparrings, Cody Jones, que imitasse os movimentos característicos de Patterson — a guarda alta, o soco canguru. Às vezes, só por brincadeira, Ali invertia os papéis, imitando a postura de Patterson e o salto seguido de gancho. O irmão de Ali, Rahaman, castigava-lhe o corpo, muito embora não fosse esse o estilo de Patterson.

Enquanto isso, Bundini e Ali tiveram mais uma de suas brigas. Os muçulmanos da equipe de Ali torciam o nariz para o fato de Bundini beber e sentir atração por mulheres brancas. Quando Bundini admitiu ter penhorado o cinturão de campeão de Ali, o rompimento tornou-se inevitável. Ele só retornaria ao corner de Ali quando este retornasse do exílio. Ali ficou, portanto, sem seu principal torcedor. Não parecia precisar dele, desta vez. Cinco dias antes da luta, Ali tirou o dia de folga para visitar Elijah Muhammad no Arizona, onde ele havia comprado uma casa para ficar durante o tratamento de bronquite.

Desde a derrota para Liston, Patterson vencera um comerciante de café italiano chamado Sante Amonti, Machen, Charlie Powell, George Chuvalo e Tod Herring. A vitória sobre Chuvalo, um pegador forte de Toronto, o animou muito. Achava que havia aperfeiçoado seu estilo e sua mente desde as duas lutas contra Liston. Em sua opinião, estava bem preparado. "Eu não estava pronto para Liston", Patterson disse. "Mas estava pronto para Clay."

Normalmente, Patterson era um sujeito muito disponível para os repórteres, porém, à medida que a semana da luta se aproximava, ele foi se tornando distante, distraído. Começaram a circular boatos na cidade de que Patterson estava sofrendo dos antigos bloqueios. Ele negou tudo.

"Eu pus muita esperança naquela luta, havia muita coisa em jogo, muita gente torcendo por mim", Patterson revelou a Gay Talese depois. "Eu lembro que, na manhã do combate, Frank Sinatra pediu para me encontrar, e eu fui conduzido até sua suíte no Hotel Sands por Al Silvani, um amigo de Sinatra que era um de meus treinadores. Na verdade, eu não conhecia Silvani muito bem antes da luta, mas Sinatra havia me chamado no início do ano, depois da morte de meu treinador, Dan Florio, para dizer que eu poderia chamar Al Silvani para me ajudar, se quisesse. Não respondi afirmativamente, no início. Pensei bem e decidi esperar. Sinatra me chamou de novo e disse que eu podia chamar Silvani, que estava trabalhando na empresa cinematográfica dele, e finalmente eu concordei. Silvani chegou dois dias antes da luta, de Las Vegas, a fim de ajudar a me treinar para enfrentar Cassius Clay, e na manhã da luta me levou até a suíte de Sinatra, que foi muito gentil naquele dia, muito encorajador. Ele me disse que eu poderia vencer, que muita gente nos Estados Unidos contava comigo para recuperar o título de Clay."

Uma vez mais, Floyd Patterson entrou no ringue animado pelo apoio de pessoas importantes.

Na noite da luta, segundo aniversário do assassinato de John Kennedy, choveu no deserto, um temporal que prejudicou a bilheteria no Convention Center. Cerca de 8 mil pessoas compareceram, propiciando uma renda de pouco mais de 250 mil dólares. Os promotores, no entanto, estavam contentes com as vendas nos cinemas, especialmente na Europa. Ali exigiu que um cantor negro interpretasse o hino nacional; os promotores escolheram Eddie Fisher. Patterson usava um luxuoso roupão de veludo vermelho ao subir no ringue, enquanto Ali preferiu um roupão branco felpudo, do tipo que os velhos da Collins Avenue, na Flórida, punham para ir à praia. Ali dava a impressão de não considerar o evento um espetáculo ou um divertimento, e sim um dever penoso. Pretendia provar a Patterson o quanto este se equivocara, cometendo o sério erro de supor que o melhor modo de conquistar os corações da plateia em 1965 era se declarar paladino da conciliação.

"Ali era um guerreiro magnífico e simbolizava a nova postura do negro", disse Toni Morrison. "Não gosto de boxe, mas ele era algo à parte. Sua graça era incrível." Patterson, contudo, não compreendera Ali. Pagaria por isso.

A luta seria dura de assistir, e o primeiro assalto foi o pior de todos. Como um peso-mosca genial, Ali passeou pelo ringue. Parecia uma libélula sobrevoando a lona e as cordas. Por três minutos inteiros ele não soltou nem sequer um golpe de verdade. Sua intenção era humilhar, atlética, psicológica, política e religiosamente. O que poderia desmoralizar Patterson com mais intensidade? Ali dançava, esquivando-se facilmente das patéticas tentativas de Patterson de atacar, e provocava o desafiante: "Vamos, americano! Lute, americano branco!".

Ali era tão ágil e queria tanto atormentar Patterson que circulava pelo ringue *fingindo* desferir golpes, fintando, pulando, ameaçando, mexendo os ombros, forçando Patterson a reagir e revelar seu medo.

No segundo round Ali acrescentou os jabs à receita da humilhação, acertando o rosto de Patterson sempre que este ousava se aproximar.

"Soltei um soco e errei, distendendo um músculo, e depois disso não conseguia me mexer sem sentir muita dor", Patterson disse depois. "Na verdade, mal me aguentava em pé, nunca tinha sentido uma dor como aquela. Nos rounds seguintes, eu torcia para que Clay me nocauteasse. Não é agradável admitir, mas é a verdade."

Patterson não mentiu. Suas costas realmente o incomodavam, e entre os rounds seu pessoal, Buster Watson e Al Silvani, tentava aliviar o sofrimento fazendo massagens no pescoço e nas costas. Patterson se mexia bastante, três quartos do normal, mas isso não bastava para chegar perto de Ali.

Round após round, Ali circulava em volta de Patterson, desferindo ganchos de esquerda na cintura, diretos de direita, fazendo o que bem entendia. Ao mesmo tempo, atormentava Patterson, desafiava-o a bater com mais força, a tentar acertá-lo.

"Chega de papo!", o árbitro Harry Krause ordenou, mas Ali não obedeceu.

Ali castigava Patterson duramente, soltando ganchos na cabeça, e parecia contente com isso, deixando Patterson de pé, fazendo o espetáculo render. Ele não queria, ou não conseguia, terminar o serviço. No sexto round Patterson já estava tão exausto e abatido que, depois de ter absorvido um gancho de esquerda, ele simplesmente se abaixou, apoiando o corpo num joelho por alguns segundos, aceitando um knockdown oficial. Mas não desistia, e Ali não acabava com a luta. No final de cada round, Ali apontava para Patterson com desprezo. Nos clinches, chamava-o de Pai Tomás e de negro de alma branca.

"Isso não é luta!", ele gritou para Patterson. "Arranjem alguém que possa lutar!"

"Ali, acabe com ele, pelo amor de Deus!", Dundee gritou do outro lado das cordas.

Sentado numa cadeira de ringue, Robert Lipsyte, do *Times*, concluiu que Ali tratava Patterson como uma criança cruel trata uma borboleta, arrancando pedaços da asa. Ele usou a metáfora para abrir sua matéria na edição do dia seguinte.

Harry Krause aproximou-se para interromper a luta depois do décimo primeiro assalto, mas Patterson não permitiu. Ele ainda era o único boxeador na história a ter conquistado o título dos pesos-pesados duas vezes, e agora o disputava pela terceira. Krause não podia ignorá-lo. Só no décimo segundo assalto ficou claro que permitir a continuidade da luta significava ser cúmplice da destruição permanente de Patterson.

"Eu queria cair com um soco que fosse digno de nocaute", Patterson admitiu mais tarde a Talese. "Mas, no décimo e no décimo primeiro, Cassius Clay não estava acertando nada que valesse a pena. Só jabeava. Então, no décimo segundo, Clay virou um maníaco. Não corria riscos, mas avançava e soltava golpes em sequência — e eu comecei a sentir os socos na cabeça, e uma coisa estranha, muito estranha, começou a acontecer naquele momento. Uma sensação de felicidade tomou conta de mim. Eu vi que o fim estava próximo. A dor de ficar em pé no ringue, as pontadas nas costas que acompanhavam cada movimento, tudo isso acabaria logo, chegaria ao final quando eu apagasse. E Clay continuou soltando os golpes, e eu me sentia grogue e feliz. Porém, o árbitro entrou no meio para nos separar, para impedir que Clay continuasse socando. E, como você deve se lembrar, se viu o filme da luta, eu me virei para o árbitro, balançando a cabeça. 'Não, não!' Muita gente pensou que eu protestava contra sua decisão de interromper a luta. Mas eu me queixava por causa da interrupção dos socos. Eu queria ser atingido por um golpe muito forte. Queria apagar com um soco monumental, queria cair assim."

Krause interrompeu a luta aos 2min18s do décimo segundo assalto. Os segundos de Patterson praticamente o carregaram para fora do ringue. Como sempre fazia depois de uma derrota, ele quis se desculpar. "Posso lutar muito melhor, muito melhor, tenho certeza", Patterson declarou.

O público não gostou nem um pouco da luta. Quando Ali atravessou as cordas e desceu a escada, a vaia recomeçou. Como muitos cronistas nas cadeiras de ringue, os fãs obviamente viram crueldade em Ali naquela noite. Eles acharam que ele foi levando Patterson, round após round. Ali negou, sem convencer muito, dizendo: "Eu o atingi com tanta regularidade e com tanta força que precisei parar um pouco para não me cansar demais".

Ali foi para a festa da vitória no Hotel Sands acompanhado de vinte membros da Nação e três mulheres muçulmanas do Paquistão. Sua mão direita estava tão machucada que ele só podia cumprimentar com a esquerda.

Num canto, Sonji observava Ali. Ela chorava, e coube a Bundini, seu companheiro de exílio, consolá-la.

"Vá para o quarto e dê um jeito em você", ele disse. "Você não vai querer que toda essa gente a veja chorar. Não é o fim do mundo."

Quando Sonji saiu, Ali a seguiu.

"Ela o ama, e ele a ama", Bundini confidenciou a um amigo de Louisville. "É uma pena que os muçulmanos tenham separado os dois. Ela se agarra à esperança de que Cassius vai acabar renunciando a eles e voltando para ela. Se ele fizer isso, ela será a mulher mais feliz do mundo, e ele também será mais feliz. Eu o conheço melhor do que qualquer outra pessoa."

Sonji fez questão de dar a volta por cima. A mulher de Harold Conrad pediu-lhe que mostrasse o famoso vestido vermelho justo, e ela aceitou. Ali olhou para ela, mas só por um instante. Mais tarde, Ali sentou-se à mesa com os muçulmanos e as moças do Paquistão, enquanto Sonji sentava no colo de Cassius Clay pai. Finalmente, Ali foi para casa dormir e Sonji saiu com Bundini, para ouvir Dean Martin num dos hotéis. "Ele cantou 'Agita'", Bundini disse. "Uma canção perfeita."

Patterson visitou Frank Sinatra na suíte do cantor e desculpou-se pelo vexame. Nenhum campeão dos pesos-pesados pediu tantas desculpas na vida. O cantor não quis saber. "Sinatra parecia outra pessoa depois que eu perdi para Clay", Patterson disse. "Eu estava falando com ele na suíte, e ele fez uma coisa estranha.

Levantou-se, andou até o outro lado da sala e sentou-se lá, tão longe que eu mal conseguia falar com ele. Entendi o recado e fui embora."

Na verdade, coube a Ali consolar o perdedor. Tendo provado sua superioridade no ringue, Ali sentiu-se à vontade para ser magnânimo. Numa sessão de fotos para a edição de abril de 1966 da *Esquire*, ele perguntou como estavam as costas de Patterson e se os tratamentos tinham sido eficazes.

Patterson disse aos repórteres que eles deviam valorizar o campeão. "Ele tem apenas 24 anos", disse, "é um ator, um jovem muito individualista cuja vida não é nada fácil. Vocês precisam dar um desconto para ele."

"Floyd, você deveria ganhar medalhas e recompensas pelo papel que desempenhou, o de bom menino defendendo a América", Ali disse. "Com tantos astros do cinema do seu lado, eles tinham de garantir que você nunca mais precisasse trabalhar na vida. Vai ser uma desgraça para o governo se você acabar esfregando o chão por aí."

Patterson fez ao campeão o maior elogio que era capaz de imaginar. Ele o chamou pelo nome.

Veteranos em volta da lareira

Três meses depois de ter vencido Patterson, Ali iniciou a briga com o governo dos Estados Unidos. A história de seu recrutamento, que já era conturbada, pioraria ainda mais. Em 1960, aos dezoito anos, ele se alistara em Louisville. Em 1962, recebeu a classificação I-A. Dois anos depois, a poucas semanas da primeira luta contra Liston, ele recebeu uma convocação para comparecer a um centro militar de avaliação em Coral Gables, onde se realizavam os exames físicos e teóricos de todos os convocados. Foi reprovado no teste de aptidão de cinquenta minutos, obtendo uma nota tão baixa que o Exército registrou para ele um Q.I. de 78.

Mais tarde, ele explicaria que não só desconhecia as respostas como não conseguia entender as perguntas. Saiu humilhado da experiência, mas, como sempre, tentou superá-la com humor. "Eu falei que era o maior", ele disse a todos. "Não disse que era o mais inteligente." O Exército lhe deu dezesseis pontos, catorze a menos do que o mínimo para aprovação, e o reclassificou como I-Y, incapaz para a prestação do serviço militar ativo. Dois meses depois, já campeão mundial, o Exército quis repetir o teste para verificar se ele não fingira ignorância. O resultado foi semelhante.

Uns dois anos depois, após a luta contra Patterson, Bob Lipsyte foi a Miami fazer um perfil de Ali e cobrir o início dos treinos de primavera. "Eu me lembro de ter acordado no hotel, naquela manhã, para assistir a uma sessão do Comitê de Relações Exteriores do Senado, os primeiros debates realmente acalorados sobre o Vietnã", Lipsyte contou. "William Fulbright presidia a sessão. Ele e o senador Wayne Morse interrogavam com severidade o general Maxwell Taylor. Ele exibia a certeza inabalável própria dos generais. Estávamos no início de 1966. O estado de espírito do país ainda era antipacifista, favorável à guerra. A maré ainda não havia virado. Mas no debate já era possível pressentir que algo estava mudando."

No início da tarde, Lipsyte pegou o carro e foi até a casa de Ali, uma construção baixa de concreto num bairro negro. Os dois se sentaram do lado de fora, no gramado, em cadeiras de plástico. Ali estava treinando, mas já encerrara os exercícios do dia. As aulas haviam acabado e Ali observava as colegiais que passavam, comentando os atrativos de cada uma num tom inofensivo, para matar o tempo naquela tarde calma. Vários amigos muçulmanos de Ali estavam por perto — Capitão Sam e outros — e um deles saiu para pedir a Ali que atendesse o telefone. Era um repórter de uma das agências de notícias. O jornalista disse a Ali que o Exército mudara sua política e estava ampliando a faixa de recrutamento, em função da escalada no Vietnã, para poder mandar mais tropas. Agora, sua nota no exame era suficiente para a convocação. Ali fora reclassificado mais uma vez. Era I-A. Logo receberia o chamado da junta de recrutamento. Poderia fazer algum comentário?

"Ali saiu, e seu estado de espírito havia mudado completamente. Estava espumando", Lipsyte disse. "Até aquele momento, eu pensava em como aquilo tudo era maravilhoso, como se podia vir para aquele santuário, aquele túnel do tempo ao qual a guerra ainda não chegara. Eu havia servido no Exército, em Fort Dix, e escrito a respeito dos corajosos cozinheiros de Nova Jersey. Eu havia sido o primeiro da classe na escola de comércio e datilografia. E já era repórter do *Times*. Minhas reportagens eram tão brilhantes que o *Philadelphia Inquirer* me chamou para oferecer emprego. Eu não entendia a guerra. Acreditava vagamente que Fulbright tinha razão e que a guerra era errada, mas não me envolvera com a questão, ainda. Eu não passava de um repórter esportivo de 28 anos, preocupado com minha carreira.

"Ali sabia ainda menos do que eu a respeito da guerra. Não fazia parte de seu repertório", Lipsyte prosseguiu. "Conforme ele entrava e saía, para atender o telefone, e os veículos das emissoras de tevê começavam a chegar, o grupo de muçulmanos ia ficando alvoroçado. Todos haviam prestado o serviço militar no Exército. Entraram para os muçulmanos depois de ter enfrentado dificuldades na prisão e no Exército e começaram a dizer a Ali: 'Claro, o Homem vai fazer o que quiser com você, cara'. E disseram que algum sargento maluco ia jogar uma granada dentro da calça dele só para ver as bolas voando."

As ligações dispararam. Era uma matéria importante, evocaria o exemplo de outros jovens atletas e artistas recrutados no auge de suas carreiras: Joe Louis, Ted Williams, Elvis Presley. Aquilo, no entanto, era diferente, era o Vietnã, uma situação muito mais ambígua e confusa. No mínimo, era confusa para Muhammad Ali. Naquela altura, ele já se acostumara com as perguntas a respeito de política racial, mas só ouvia coisas novas: Qual sua opinião sobre o recrutamento? O que acha da guerra? E do vietcongue? Durante algum tempo, Ali hesitou.

"De repente, ele achou o tom", Lipsyte recorda.

"Cara", Ali finalmente disse a um repórter, "eu não tenho rixa nenhuma com os vietcongues."

A frase saiu tão rápida que Lipsyte a deixou escapar quando se sentou para escrever sua matéria. "Sem dúvida, pisei na bola naquele dia." Porém, muitos jornais e emissoras de televisão divulgaram a declaração, que entrou imediatamente para a história. O *New York Times* acabou publicando a frase também. Como fora antes, e como seria ainda por muito tempo, Ali ocupou o centro do palco, improvisando seu desempenho naquele drama norte-americano. Talvez nem fosse capaz de localizar o Vietnã no mapa, e não sabia praticamente nada sobre a política da guerra, mas foi jogado no meio de uma comoção nacional e reagiu, como fazia no ringue, com agilidade e presença de espírito: *Eu não tenho rixa nenhuma com os vietcongues.*

"Aquele foi *o* momento para Ali", Lipsyte disse. "Ele seria amado e odiado pelo resto da vida por uma declaração que parecia banal, mas que saiu num instante de inspiração." Como já ocorrera e se repetiria muitas vezes, Ali exibia seu dom para agir intuitivamente, sua agilidade, e naquela hora estava agindo de um modo que caracterizaria sua época, resistindo à autoridade, insistindo em que a lealdade ao país não era automática nem absoluta. Sua rebelião, racial no início, abria o leque.

Nos dias e meses seguintes, o telefone de Ali tocou sem parar. Eram ligações de repórteres e também de pessoas comuns que queriam expressar raiva, dizer que desejavam a morte dele. Outros, porém, telefonavam para dar apoio, entre eles o filósofo e pacifista britânico Bertrand Russell.

"Nos meses seguintes", Russell escreveu a Ali, mais tarde, "não há dúvida de que os homens que mandam em Washington tentarão prejudicá-lo de todas as maneiras ao alcance deles, mas tenho certeza de que você fala por seu povo e pelos oprimidos de todas as partes, desafiando corajosamente o poder norte-americano. Eles tentarão dobrá-lo, pois você simboliza uma força que eles são incapazes de destruir, ou seja, a consciência desperta de um povo inteiro que se recusa a ser massacrado e arrasado pelo medo e pela opressão. Você tem meu apoio total. Ligue para mim, quando vier à Inglaterra."

Mais ou menos na época em que Ali recebeu a carta de Russell, o governo confiscou seu passaporte. A partir daí, Ali assumiu uma postura política militante, indo a um campus universitário atrás do outro, discursando contra a guerra. Aprendeu muito sobre o Vietnã e aprofundou seus conhecimentos sobre o que estava acontecendo com ele e com o país. Ele não mataria vietnamitas para um governo que mal reconhecia a condição de seres humanos em seu povo. A curto prazo, a decisão de não cumprir o serviço militar custaria tudo a Ali: título, popularidade com milhões de pessoas e, indubitavelmente, milhões de dólares. Os membros do Grupo Patrocinador de Louisville sabiam que estavam com os dias contados como empresários de Ali, e mesmo assim se mexeram para ajudá-lo a conseguir rapidamente saídas negociadas, buscando créditos que substituíssem o serviço militar, como serviço na reserva ou na Guarda Nacional. Se o pior acontecesse, eles calculavam, o Exército obrigaria Ali a fazer lutas de exibição para os soldados. Assim, pensavam, Ali poderia melhorar sua imagem pública sem arriscar a vida, como fizera

Joe Louis antes dele. “Num gesto digno, Muhammad recusou tudo isso”, afirmou o advogado do Grupo de Louisville, Gordon Davidson. “Para ele, era realmente uma questão de princípio, e Ali não pretendia aceitar uma saída fácil. Ele criou uma imagem para si e se manteve fiel a ela.”

Ali, claro, foi imediatamente denunciado por Jimmy Cannon, Red Smith, Arthur Daley e outros colunistas cuja noção de como um campeão dos pesos-pesados deveria se comportar fora formada na época de Louis. “Cassius fez de si um triste espetáculo, como o daqueles vagabundos sujos que participam de passeatas contra a guerra”, escreveu Red Smith. Vários senadores e deputados declararam que Ali era um traidor e um pária. Mesmo em sua terra natal, o senado estadual do Kentucky se sentiu na obrigação de emitir uma proclamação comunicando que ele havia trazido “descrédito a todos os leais cidadãos do Kentucky e aos nomes dos milhares que deram suas vidas pelo país, em suas épocas”.

No ano seguinte, Ali enfrentou uma série de adversários — George Chuvalo, Henry Cooper, Brian London, Karl Mildenberger, Cleveland Williams, Ernie Terrell — enquanto a questão da convocação permanecia em aberto. A vitória de Ali sobre Terrell, no dia 6 de fevereiro de 1967, foi especialmente brutal, em parte porque Terrell, como Patterson, se recusava a chamá-lo de “Ali”. Terrell o acusou de golpes baixos nos clinches, o que Ali negou. Enquanto soltava os jabs contra Terrell, ele entoava: “Qual é meu nome? Qual é meu nome?”. Os cronistas furiosos com Ali por sua posição relativa ao Vietnã aproveitaram a luta contra Terrell, uma decisão controvertida, no décimo quinto assalto, como metáfora da maldade do campeão. “Esse aí, segundo alegam os muçulmanos negros, é um de seus ministros. Que tipo de homem religioso ele é?”, escreveu Jimmy Cannon num texto particularmente perverso para o *New York World-Journal & Telegram*. “Ele concorda com as pessoas que são inimigas dos ministros da fé. Os muçulmanos negros exigem que os negros fiquem em seus lugares. Eles seguem a cartilha da Ku Klux Klan em matéria de segregação. Então parece que está tudo bem se Cassius Clay se diverte espancando outro negro. Isso é divertido, como soltar os cães em cima deles ou derrubá-los com jatos d'água."

Enquanto isso, Ali permanecia sob vigilância do FBI. Recebia o mesmo tratamento que Malcolm X e Martin Luther King Jr. receberam durante muitos anos. J. Edgar Hoover recebia relatórios periódicos a respeito dos movimentos de Ali, de telefonemas a aparições em programas de entrevistas na televisão. Ele era agora, aos olhos do FBI, um subversivo maior do que Jack Johnson. Seus conselheiros jurídicos lhe davam poucas esperanças, sem dúvida; cadeia era uma possibilidade concreta, e o final de sua carreira como pugilista, praticamente certo. O advogado de Ali, Hayden Covington, disse a ele: "Você está numa encrenca, campeão. Este caso não se assemelha a nenhum outro que eu já tive. Joe Namath consegue se livrar para jogar futebol e George Hamilton se livra por estar saindo com a filha do presidente, mas você é diferente. Eles querem fazer de você um exemplo".

Conforme o tempo passava e o governo aumentava a pressão, Ali tornava sua posição mais clara e a defendia com mais firmeza. Ele não faria lutas de exibição para o Exército. Preferia mudar para outro país. "Por que eles querem que eu vista um uniforme e vá para um lugar a milhares de quilômetros de casa e jogue bombas e atire contra o povo moreno do Vietnã, enquanto os negros de Louisville são tratados como cães?", ele disse a um repórter da *Sports Illustrated*. "Se eu achasse que ir para a guerra traria liberdade e igualdade para 22 milhões de meu povo, eles não precisariam me convocar. Eu seria voluntário amanhã. Mas devo escolher entre a obediência às leis da terra e a obediência às leis de Alá. Não tenho nada a perder por seguir minha crença. Estamos presos há quatrocentos anos."

Na manhã de 28 de abril de 1967, Ali compareceu à Junta de Recrutamento e Exame das Forças Armadas dos Estados Unidos, na San Jacinto Street, em Houston, para onde fora convocado a se apresentar. Do lado de fora, um grupo de manifestantes, em sua maioria estudantes, embora houvesse algumas pessoas mais velhas também, gritava palavras de ordem: "Não vá! Não vá!", "Deixem Ali aqui!". H. Rap Brown, um dos militantes mais ativos do Comitê de Coordenação Antiviolência dos Estudantes gritava: "Ali! Ali! Não fique aí!". Brown mostrou a Ali o punho cerrado erguido, símbolo do poder negro, e Ali devolveu a saudação. Depois, entrou para enfrentar a exigência da convocação.

"É difícil, hoje em dia, transmitir a emoção daquela época", declarou Sonia Sanchez, poeta e militante dos direitos civis. "Naquele momento, pouca gente conhecida resistia à convocação militar. A guerra estava matando um número desproporcionalmente maior de negros, e lá estava aquele jovem bonito, divertido, poético, erguendo-se para dizer não! Tentem imaginar isso, por um momento! O campeão dos pesos-pesados, um sujeito mágico, levando sua luta para fora do ringue, para a arena política, com muita firmeza. O recado foi dado!"

Ali e outros 25 recrutas potenciais receberam ordens de preencher formulários, passar por exames físicos e depois esperar pelo ônibus que os levaria numa longa viagem até Fort Polk, na Louisiana. No início da tarde, os recrutas se alinharam na frente de um jovem tenente, S. Steven Dunkey, para uma última formalidade. O oficial chamava o nome do sujeito e ordenava que ele desse um passo à frente — entrando assim para o Exército. Finalmente, o nome de Ali foi dito — "Cassius Clay! Exército!". Ali não se moveu. Chamaram "Ali!", e ele permaneceu imóvel. Um outro oficial levou Ali para uma sala e alertou que a pena por recusar o serviço militar era de cinco anos de prisão, mais multa. Ele entendia isso? Sim, entendia. Ali teve outra chance de ouvir seu nome e dar um passo à frente. Mas ficou parado. Não havia medo nele, nada da ansiedade que sentira por alguns minutos no ringue, durante o aquecimento, antes de enfrentar Liston pela primeira vez. Finalmente, um dos oficiais encarregados do recrutamento disse a Ali para redigir uma declaração mencionando suas razões para a recusa.

"Eu me recuso a ser convocado para as Forças Armadas dos Estados Unidos", Ali escreveu, "pois exijo isenção como ministro da religião islâmica."

Ali saiu do prédio e foi ao encontro do enxame de repórteres.

Os manifestantes continuavam lá, gritando palavras de encorajamento. Anos depois, Ali se lembrava de uma mulher que agitava uma bandeirinha dos Estados Unidos e gritava: "Você vai acabar na cadeia! Você vai se ajoelhar e pedir perdão a Deus! Meu filho está no Vietnã, e você não é melhor do que ele. Vai apodrecer na cadeia!".

A recusa de Ali a servir no Vietnã abalou muita gente, especialmente os jovens afro-americanos. Gerald Early, professor de literatura que escrevera muito a respeito da "cultura do choque", recorda aquele momento de 1967 no ensaio "Contos de um rapaz maravilha": "Quando ele se recusou, senti algo maior do que o orgulho: senti que minha honra como negro fora defendida, minha honra como ser humano. Ele era o grande cavaleiro, o matador de dragões. E eu me senti, como menino criado no centro da cidade, um aprendiz da grande imaginação, da grande ousadia. No dia em que Ali recusou o alistamento, chorei em meu quarto. Chorei por ele e por mim, pelo meu futuro e pelo dele, por todas as possibilidades para nós, negros".

Ali foi condenado a cinco anos de prisão e pagamento de uma multa de 10 mil dólares — a pena máxima. Em junho de 1971, a Suprema Corte o inocentaria, numa decisão unânime; porém, depois de nocautear Zora Folley, um mês após a recusa do serviço militar, ele passaria três anos e meio sem lutar, no auge de sua carreira de boxeador. Só recuperaria o título dos pesos-pesados em 1974, quando superou em astúcia George Foreman, nas cordas, em Kinshasa, no Zaire. "Calculo que a decisão tenha custado a ele 10 milhões de dólares em bolsas, direitos e tudo mais", disse Gordon Davidson. Custou-lhe também a simpatia de muitos norte-americanos que o consideravam um jovem rico e perfeitamente saudável que fugiu do serviço militar usando a religião como desculpa. Mas Ali jamais lamentaria o preço pago. Ele viu seu velho amigo de Louisville, Jimmy Ellis, e depois Joe Frazier, conquistarem seu título. *Seu* título, com o qual ele sonhava desde os doze anos. Contudo, mesmo para um jovem apaixonado pela fama, havia prioridades maiores. "Eu estava decidido a ser um negro que o homem branco não ia conseguir pegar", ele declarou à revista

Black Scholar. "Um negro que você não vai conseguir pegar, homem branco. Entendeu? Um negro que você não vai conseguir pegar."

Enquanto Ali lutava no tribunal, seu antigo adversário Sonny Liston caía no esquecimento. Em 1966, Liston comprou uma casa na Ottawa Drive, em Las Vegas. A mansão era verde pastel, em vários níveis, perto do campo de golfe do Stardust Country Club. Kirk Kerkorian, o magnata, morava ali perto. Os Liston tinham dois Cadillacs: verde e preto para Sonny, rosa para Geraldine. Ela mandou banhar o serviço de chá a ouro, que não precisava ser polido com tanta frequência quanto a prata. Havia dois pares de luvas de boxe na sala de estar: um de bronze, de uma das lutas de Liston, outro de mink, em homenagem a Geraldine.

Liston retomou a amizade com Ash Resnik e outros elementos suspeitos. Jogava vinte e um e à noite bebia nos cassinos ou em casa, vendo televisão. Em Las Vegas, a polícia lhe deu um sossego que jamais conhecera em St. Louis, Filadélfia ou Denver. Quando o paravam no Fletwood preto e ele cheirava a J&B, deixavam que fosse para casa.

"Para nós, aqui está ótimo, não posso negar", Liston confidenciou a um repórter da *Sports Illustrated*. "Nunca preciso pagar a conta nos hotéis, é tudo cortesia da casa."

Durante algum tempo, Liston falou em reconquistar o título, mas a verdade é que depois dos confrontos com Ali ele derrotou uma série de boxeadores medíocres e acabou nocauteado por um de seus antigos sparrings, Leotis Martin. Na luta seguinte — a última —, Liston enfrentou Chuck Wepner em Jersey City, um pegador que causara cortes que exigiram 57 pontos em Wepner, o "Sangrador de Bayonne". A bolsa era de 13 mil dólares. "O problema foi que Sonny apostou 10 mil em outra luta — Jerry Quarry contra Mac Foster — e perdeu. Além disso, devia 3 mil a sua equipe", disse o amigo e jogador Lem Banker, que voltou para casa de avião com Sonny. "Ele passou o dinheiro adiante, em sacos de papel pardo, e voltou para Vegas sem um tostão. Sem nada mesmo."

Liston costumava ir de carro até Lake Mead e sair num bote a motor para tomar cerveja e pescar um pouco. Os melhores momentos de seus últimos dias podem ter sido as manhãs, quando saía para longas corridas com o amigo Davey Pearl, um árbitro que trabalhara como seu segundo em Jersey City. "Saíamos para correr, vendo o dia raiar e os aspersores molhando o gramado do campo de golfe deserto, e eu pensava que Sonny estava em boa forma, na época", Pearl disse. "Mas o problema de Sonny era que, por mais próximo que alguém estivesse — e eu era seu amigo íntimo —, sempre tinha a impressão de que havia nele uma tristeza sobre a qual nunca falava." Liston era um sujeito com muitas limitações e plena consciência delas. Quando seu velho amigo, o padre Edward Murphy, perguntou por que ele não participava do movimento dos direitos civis, Liston usou seu famoso sarcasmo ("Porque eu não tenho costas quentes"), dizendo depois: "Se eu me envolvesse e tivesse de liderar uma passeata, na hora de discursar não saberia o que dizer". Principalmente naquela altura, sem o brilho do cinturão de campeão para atrair aproveitadores, Liston era um sujeito solitário. "Muitas vezes eu saía com Sonny Liston e ele dizia: 'Você gosta de mim, não gosta?', como se fosse um menino", contou seu ex-sparring Ray Schoeninger. "E eu dizia: 'Claro, eu adoro você'. E ele retribuía: 'Sabe, eu também gosto de você'. Acho que ele procurava alguém que não o criticasse nem o atacasse com um porrete, pois tivera uma vida terrível."

Segundo amigos que se mantiveram próximos, Liston enfrentava problemas financeiros permanentes e trabalhava esporadicamente em sua antiga função, de cobrador — desta vez para agiotas e possivelmente traficantes. Banker, um dos jogadores mais bem-sucedidos da cidade e amigo de Liston, disse que nas últimas semanas de 1970 ele recebeu um telefonema do delegado de Las Vegas, que o alertou para o envolvimento de Sonny com "pessoas erradas" e que era melhor ele tomar cuidado, para que não fosse preso numa batida policial em pontos de drogas.

No final de dezembro, Geraldine deixou Las Vegas para visitar a mãe em St. Louis. Quando voltou para casa, na tarde de 5 de janeiro de 1971, encontrou um cadáver. Sonny estava morto, de cuecas, aos pés da cama. O corpo inchara e havia sangue seco no nariz. Geraldine não falara com Sonny desde sua partida. Os jornais estavam empilhados na porta da casa. A polícia calculou que Liston estava morto havia seis dias. Fontes da polícia de Las Vegas declararam que Geraldine chamou o advogado deles, mas pode ter esperado até duas horas para avisar a polícia. Foram encontrados um pouco de maconha, uma seringa e um papelote de heroína suficiente para poucas doses, no armário. A polícia encontrou também um revólver 38 e um copo de vodca na mesa ao lado da cama. A autópsia revelou traços de morfina e codeína, do tipo produzido pela quebra da heroína no organismo, mas o relatório deu como causa da morte congestão pulmonar e parada cardíaca.

A principal teoria para a morte de Liston, tanto para os amigos quanto para a polícia, é que ele foi assassinado, recebendo um "hot shot" — dose letal de heroína — de alguém que preferia vê-lo fora do caminho. Gary Beckwith, sargento e investigador de narcóticos que trabalhou disfarçado na cena do crime, revelou que a polícia não ficou satisfeita com o atestado de óbito e começou a investigar a possibilidade de um ex-detetive da polícia de Las Vegas estar envolvido no assassinato de Liston. O detetive em questão, segundo Beckwith, também era acusado de assaltos na área. De acordo com essa teoria, o tal detetive teria matado Liston a mando de Resnik, que estava furioso com Liston por este não ter entregado uma das últimas lutas.

"Tentamos por todos os meios do mundo provar isso", Beckwith disse. "Fomos atrás do ex-detetive por causa dos roubos e tentamos corroborar essa parte da história, mas nunca conseguimos obter uma única prova da teoria. Eu chego a ter dúvidas a respeito."

Harold Conrad conversou com mafiosos e policiais de Las Vegas, nos anos seguintes à morte de Liston, e também ouviu a teoria de que ele tivera o tipo de final esperado por todos, o fim que o próprio Sonny Liston esperava para si. "Conversei com um contato meu na delegacia de Vegas, e ele disse o seguinte: 'Era um negro ruim. Teve o que merecia'", Conrad contou. "Não acreditei. Liston tinha muitas qualidades. Mas acho que ele morreu no dia em que nasceu."

Liston teve um enterro digno de Las Vegas. Geraldine disse que Sonny sempre falava que seu último desejo era percorrer a Strip pela última vez, se "algo lhe acontecesse". O funeral começou com um serviço para quatrocentas pessoas, no Palm Mortuary. Os bancos lotaram com os figurões e as figurinhas de Las Vegas: Nipsy Russell, Ed Sullivan, Ella Fitzgerald, Jerry Vale, Jack E. Leonard, Doris Day. Joe Louis chegou tarde, pois estava jogando dados. "Sonny entenderia", disse, antes de largar os dados. O padre Murphy foi de Denver até lá de avião para o elogio fúnebre. "Devemos falar bem dos mortos", ele disse. "Sonny tinha qualidades que a maioria das pessoas nem sequer imagina." O coro cantou "Just a closer walk with thee". The Ink Spots cantaram "Sunny".

Conforme o cortejo fúnebre percorria a Strip, jogadores saíam dos cassinos piscando, ofuscados pela luz do sol, para ver o campeão dos pesos-pesados passar por ali pela última vez, em seu féretro de ferro. "As pessoas saíam dos hotéis para vê-lo passar", disse o padre Murphy. "Pararam tudo. Eles o usaram a vida inteira. Ainda o usavam, no caminho do cemitério. Foi mais um espetáculo de Las Vegas. Deus nos ajude."

Liston foi enterrado no Paradise Memorial Gardens, um oásis verdejante no deserto, na esquina de Patrick Lane com a Avenida Eastern. O cemitério fica ao lado da pista de pouso do aeroporto. O túmulo situa-se na fileira um da seção "Paz". Uma placa de trinta por trinta centímetros proclama: "Charles 'Sonny' Liston, 1932-1970. Um Homem".

Vinte e seis anos depois, Mike Tyson, outro ex-campeão dos pesos-pesados e ex-presidiário, foi até o Paradise Memorial Gardens pôr um buquê de flores no túmulo de Liston. Eram as únicas flores, e elas murcharam e secaram rapidamente sob o sol do princípio do verão. Tyson lutaria pelo título em poucos dias, contra Evander Holyfield. Quando não assistia a filmes de gângsteres até tarde da noite, Tyson costumava ligar o videocassete para ver Liston treinar ao som de "Night train". Para Tyson, ver Liston se exercitar era "orgásmico".

"Eu me identifico com Sonny Liston, acima de tudo", Tyson disse certa tarde na casa de Don King, na periferia de Las Vegas. "Isso pode soar mórbido e negativo, mas eu me identifico muito com a vida dele. Ele queria que as pessoas o respeitassem ou amassem, mas isso jamais aconteceu. A gente não consegue o respeito ou o amor pedindo isso. É preciso *exigir*.

"As pessoas não gostavam dele por causa de seu passado, creio, mas quem o conheceu melhor, como ser humano, tem uma opinião totalmente diferente. Ele tinha mulher. Tenho certeza de que ela não o considerava um monte de lixo... Todos respeitavam a habilidade de Sonny Liston. A questão é respeitá-lo como homem. Ninguém pode desprezar minha habilidade, tampouco. Mas eu vou ser respeitado. Exijo isso."

Eram incríveis as semelhanças entre Tyson e Liston: os dois foram crianças pobres, nascidos em lares instáveis, transformados em criminosos ainda meninos, que aprenderam ser o boxe a única saída para uma vida de humilhações. Não confiavam em ninguém, nem quando detiveram o título nem depois. Tyson cumpriu pena por estupro, Liston por assalto à mão armada. Como Muhammad Ali, Tyson teve vantagens como facilidade de comunicação e dinheiro (ganhou dezenas de milhões de dólares), no entanto ele não era como Ali em nada. Não havia prazer em sua fala; seu humor era ácido, corrosivo, e se voltava até contra ele. Tyson sentia solidão e caminhava para um final ruim. Sentia-se como Sonny Liston.

"Não tenho amigos, cara", Tyson disse. "Quando saí da cadeia, todos os velhos amigos tiveram de se afastar. Se alguém não tem função na minha vida, cara, pode ir andando... Por que vou querer alguém em minha vida se isso não tem nenhum objetivo? Só para ter um amigo ou companheiro? Tenho mulher. Minha mulher pode ser amiga e companheira. Não estou querendo ser frio, é só uma coisa que aprendi... Se vou ser ferrado, não quero ser ferrado pelas mesmas pessoas que me sacanearam antes. Vou ser ferrado por gente *nova*..."

"As pessoas se aproveitaram de mim a vida inteira", Tyson prosseguiu. "Fui usado, fui tratado que nem bicho, fui humilhado e traído. Essa é a tendência geral da minha vida, e eu fiquei amargo, com raiva de certas pessoas por causa de tudo isso... Todo mundo se dá bem no boxe, menos o pugilista. Ele é o único que sofre, basicamente. Ele é o único na rua da amargura. O único que perde a cabeça. Alguns ficam insanos, outros começam a beber, pois o boxe é muito intenso, um esporte de pressões fortes, e muita gente se perde. Você aguenta até certo ponto, e depois quebra."

Algumas noites depois, Tyson subiu ao ringue com Holyfield, e quando descobriu que não era mais tão poderoso quanto antes, que não poderia superar Holyfield no ringue, ele quebrou. Mordeu a orelha de Holyfield. E mordeu de novo.

"Minha carreira acabou", ele disse no vestiário, após a luta. "Acabou. Eu sei disso."

Depois que seus dias de pugilista acabaram, Floyd Patterson foi morar em New Paltz, estado de Nova York, onde dirigia o Huguenot's Boys' Club e treinava jovens boxeadores de graça. "Era isso que me mantinha fora das ruas quando eu era jovem, e eu queria fazer o mesmo por alguém", disse. Em 1995, o novo governador, George Pataki, nomeou Patterson diretor da Comissão Atlética Estadual de Nova York, encarregada do boxe e da luta livre no estado. O salário anual era de 76 421 dólares, e o emprego não exigia muito. O boxe decaíra muito em Nova York, crescendo em Las Vegas e em Atlantic City. Não havia muito o que fazer, para Patterson. Mesmo assim, estava claro que ele mal dava conta de suas funções e, se as fazia, devia muito à ajuda discreta dos assessores de várias entidades governamentais. Por vários anos correram rumores de que a memória de Patterson estava falhando, de que ele sentia finalmente o efeito de 64 lutas profissionais e incontáveis knockdowns, porém ninguém queria embaraçar um sujeito decente. A condição de Patterson era um segredo de polichinelo entre os repórteres de boxe, entretanto ninguém publicou nada a respeito, por muito tempo. E daí que ele tinha um cargo público? Era uma sinecura paternalista para alguém que pelo menos merecia isso.

Quando entrevistei Patterson, aos 63 anos, ele parecia uma cópia quase perfeita do campeão dos pesos-pesados que fora um dia: o mesmo corpo esguio e vigoroso, os mesmos olhos grandes suplicantes, o mesmo topete. Encontrá-lo significava confirmar como era incrível que ele tivesse sido campeão mundial dos pesos-pesados e enfrentado Liston e Ali no ringue. Ele tinha o tamanho dos mortais. Só as mãos enormes, inchadas e ásperas, insinuavam sua força. Enquanto conversávamos, Patterson se repetia ocasionalmente, esquecia nomes, lugares e datas, mas não parecia "fora do ar", e sim inseguro quanto a sua capacidade de se manter no mesmo assunto ou de lembrar detalhes.

"Você acha que eu falo como alguém que foi afetado pelo boxe?", ele perguntou, a certa altura. "Não estou perfeitamente normal? Adoro o pugilismo. O boxe é lindo. Para mim, é tudo no mundo."

Alguns meses depois, em março de 1998, Patterson foi intimado a depor num caso que envolvia os promotores da "luta final", uma espécie de confusão organizada proibida em Nova York. O depoimento foi um desastre para Patterson. Ele foi interrogado sob juramento por um advogado chamado David Meyrowitz, por mais de três horas.

Pergunta: Contra quem o senhor lutou [na disputa do título em 1956]?

Patterson: Preciso pensar um pouco a respeito disso... Não me lembro de qual foi o oponente, mas eu o venci e me tornei campeão mundial dos pesos-pesados...

Pergunta: Onde foi realizada a luta?

Patterson: Realmente, não sei. Acho que foi em Nova York...

Pergunta: O senhor sabe o nome de seu antecessor?

Patterson: Sim, tenho isso aqui. Só um minuto. (Revira os bolsos.) Está aqui. (Não consegue encontrar.)

Pergunta: Senhor Patterson, o senhor sabe o nome de seu antecessor, diretor da Comissão Atlética Estadual de Nova York?

Patterson: Sim, eu sei, mas... Não dormi bem a noite passada, estou muito cansado, exausto, e é difícil para mim pensar quando estou cansado...

Pergunta: O senhor sabe o nome dos outros dois diretores que ocupavam os cargos quando o senhor foi nomeado?

Patterson: Não...

Pergunta: Sabe o nome dos outros diretores da Comissão Atlética Estadual de Nova York?

Patterson: Bem, sim e não. Sei os nomes, mas tenho dificuldade em pensar. Fui dormir muito tarde ontem...

Pergunta: Os outros dois diretores?

Patterson: Um é homem, o outro é mulher.

Pergunta: Tem o telefone da Comissão [em Poughkeepsie]?

Patterson: Tenho o número lá em casa.

Pergunta: Saberia reconhecê-lo aqui?

Patterson: Não...

Pergunta: Qual é o nome da secretária?

Patterson: Puxa vida... Eu a vejo sempre, conheço bem aquela moça. Só me esqueci do nome...

E assim por diante. A penosa audiência foi realizada no dia 20 de março e chegou aos jornais dez dias depois. Patterson não sabia o nome do advogado da Comissão, não conhecia as regras básicas do boxe (tamanho do ringue, número de assaltos numa luta pelo título) e se mostrou perdido, no geral. O fato de não conseguir se recordar da noite mais importante de sua vida — a vitória sobre Archie Moore em Chicago, em 1956, que lhe deu o título — o arrasou. "Do que vocês estão falando?", perguntou a certa altura. "Estou por fora." Ele confessou que era ruim em matéria de nomes, quando estava cansado. "Por vezes, não consigo nem lembrar o nome da minha mulher, e estamos casados há 32, 33 anos."

Quando o *New York Post* deixou claro que ia publicar a matéria sobre o depoimento, Patterson imediatamente escreveu uma carta ao governador George Pataki, renunciando ao cargo.

"Para mim, é duro pensar quando estou cansado", Patterson disse. "Por vezes, nem consigo lembrar meu próprio nome."

Todos os grandes pesos-pesados da época de Ali e de depois — Patterson, Liston, Joe Frazier, George Foreman, Larry Holmes, Mike Tyson, Evander Holyfield — viveram à sua sombra. Foram bons lutadores, alguns até excelentes, mas nunca puderam nem sequer sonhar em chegar ao brilhantismo de Ali e a sua importância. "Acabei amando Ali", Patterson me contou. "Acabei percebendo que eu era um lutador e ele, um personagem da história."

Ali talvez tenha representado o apogeu do boxe e também seu final. Seus sucessores surgiram num momento em que o pugilismo estava decaindo. Um a um, os ginásios famosos do país foram fechando. O Fifth Street Gym, o Gramercy Gym, o Stillman's, o Times Square Gym. Todos se foram. Locais como o Madison Square Garden realizam apenas algumas lutas por ano. O boxe está se tornando o entretenimento anacrônico de cidades que vivem do jogo, ao lado de Wayne Newton e Siegfried and Roy. Cresce o número de mulheres que participam de esportes como basquetebol, beisebol e até mesmo hóquei, mas elas não gostam de assistir a lutas de boxe; em consequência, as redes praticamente não mostram boxe nas transmissões olímpicas. E, no final das contas, o boxe é indefensável, tendo como objetivo paralisar o cérebro. É um esporte que acabou representando a falta de oportunidade, e não a oportunidade. Há beleza no pugilismo — há uma terrível beleza na batalha, particularmente para os não combatentes —, mas, quando a pessoa conhece muitos boxeadores e tenta decifrar sua fala enrolada, começa a refletir. Que beleza vale isso? Quanto vale a confusão de Floyd Patterson? Quanto valem os danos sofridos por Jerry Quarry depois de tanto apanhar, ou por Wilfred Benitez falando com seus fantasmas? Eles eram lutadores da elite, os homens que bateram mais do que apanharam. E quanto aos fracassados, os oponentes profissionais com cartéis de 47 a 44, as orelhas partidas e as mentes abaladas para sempre? E eles?

Ali, como tantos antes dele, carregava a certeza de que saberia abandonar o boxe a tempo. "Não pretendo sair levando lembranças horríveis de minha carreira", ele disse aos vinte e poucos anos. "Não vou deixar o boxe todo cortado, com a orelha estourada e o nariz achatado. Sairei do boxe fisicamente intacto, como estou agora. Farei isso porque meu estilo de luta me protege de cortes e contusões e me dá supremacia. Derroto meus adversários com gentileza, por assim dizer..."

Ali pensou que seu estilo faria muito por ele, poupando-o das dores e humilhações costumeiras. "Ninguém consegue me tocar!", ele sempre gritava. Mas, ao retornar de seu longo exílio, a agilidade diminuíra; ressurgia apenas em explosões passageiras. Ele teve de aprender outras formas de lutar. Talvez a descoberta mais vexatória de sua segunda carreira tenha sido a capacidade de absorver os golpes. E ele levou centenas de socos, de Frazier, Foreman, Ken Norton, Ernie Shavers, Holmes, Leon Spinks; de uma série de pesos-pesados de segunda linha, como Jean-Pierre Coopman, Alfredo Evangelista e Trevor Berbick; de um pelotão de sparrings que recebiam instruções para bater duro em Ali no ginásio, para prepará-lo melhor para as lutas propriamente ditas. Aprender a levar um soco foi um modo de sobreviver a curto prazo, para Ali — e o segredo de seus grandes triunfos no Zaire e nas Filipinas —, embora um desastre a longo prazo.

Certa tarde de primavera, eu visitei Ferdie Pacheco, que mora num condomínio fechado em Miami. Ele passa a maior parte do tempo pintando, escrevendo e fazendo comentários sobre as raras lutas na televisão local. Pacheco deixou a equipe de Ali depois da luta contra Shavers, em 1977, quando Ali ganhou por pontos depois de ter sofrido um castigo terrível. Pacheco descobriu, depois da luta, que os rins de Ali estavam se deteriorando; na verdade, estava convencido desde a terceira luta contra Frazier, em Manila, em 1975, de que Ali corria sério risco de sofrer danos irreversíveis no cérebro se não largasse o boxe. Pacheco enviou exames médicos para Ali, a esposa Veronica e para Herbert Muhammad. A única reação foi ignorar os avisos. Por isso, Pacheco concluiu que estava na hora de ir embora. O resto da equipe, inclusive Angelo Dundee, continuou. Todos os envolvidos — mesmo Ali — estavam mais preocupados com o dinheiro e com a emoção das lutas.

"Angelo tinha a ideia — equivocada — de que o sujeito que começava com um lutador devia acompanhá-lo até o fim", Pacheco disse. "E se o boxeador não quer escutá-lo, quando você diz que está na hora de parar? Se ele não lhe dá ouvidos, você deve partir. Para todos os grandes atletas, chega o dia em que Babe Ruth não é mais Babe Ruth, em que Joe Louis é nocauteado por um fabricante italiano de salsicha e em que John Barrymore não consegue fazer o solilóquio de *Hamlet*. Chega o dia em que não dá mais, a idade o derruba."

Quando Ali realizou suas últimas lutas, em 1981, contra Larry Holmes em Las Vegas e Trevor Berbick nas Bahamas, é muito provável que a deterioração neurológica já tivesse começado. Ele falava com dificuldade e os reflexos não eram mais os mesmos. Aquelas lutas foram um crime.

"Culpa é uma palavra dura", Pacheco disse. "Não estou acusando ninguém. Eles todos se envolveram com o erro, pois acreditavam que Ali, como sempre, daria um jeito de vencer. Eles não compreendiam o custo daquelas vitórias, fisicamente, não aceitavam os fatos, apesar da fala de bêbado ser comum em qualquer ginásio. Eles não podiam relacionar isso com aquele sujeito enorme e bonito que ainda parecia o mesmo. Esse é o problema. Parecer o mesmo.

"A última vez que vi Ali [como médico] foi em 1977. No entanto, acompanhei seu declínio. Agora, quando eu o vejo, ele diz 'Oi, doutor, como vai?' e me diz que é o responsável pelo meu sucesso, com o que concordo inteiramente. Ele diz que se surpreende com quanto progredimos, ele e eu. Mas não diz nada. Só banalidades, brincadeiras e piadas. Não tento conversar com ele. Já tive todas as conversas que queria com ele. Não há nada que ele possa me dizer ou que eu possa dizer para mudar o que sei que acontecerá a ele.

"Por sorte, ele tem o que todos nós gostaríamos de ter: serenidade espiritual. Ali é o único sujeito que eu conheço que tem isso. Ele conseguiu absoluta paz de espírito, pois se convenceu de que *aqui* não é o lugar. O céu é o lugar. E ele está dando duro para chegar lá e tem absoluta certeza de que vai conseguir. Sabe, Ali é único. Ali e o boxe são duas coisas diferentes. A única coisa que Ali fez que se pode considerar típica do boxe foi o final trágico que castiga todos os lutadores que foram muito bons e não aceitam parar. Joe Louis, Sugar Ray Leonard, Sugar Ray Robinson, George Foreman, Larry Holmes, Tommy Hearns. Eles não conseguem parar! Por isso, seu fim é trágico. Isso é uma coisa, a *única* coisa que torna Ali apenas mais um pugilista."

Em Michigan, Ali se acomoda no escritório da fazenda. O escritório fica no andar superior de uma casinha atrás da casa grande, que serve como sede para uma empresa conhecida como GOAT — The Greatest of All Times [O Maior de Todos os Tempos]. Lá fora, os gansos nadam no lago. Poucos homens lavram a terra. Um deles apara o gramado que vai da casa até a porteira na entrada. Há vários carros de luxo, inclusive um Stutz Bearcat. Há também quadra de tênis, piscina e um playground com equipamento suficiente para uma escola pequena de uma cidade rica. Ali é pai de nove filhos; o mais velho é Maryum, de 28 anos, e o mais novo Assad Ali, um menino de seis anos que Lonnie e Ali adotaram. "Muhammad finalmente arranjou com quem brincar", Lonnie disse. "Ele não teve muito tempo para os outros filhos, mas agora passa o dia brincando com Assad." Os Ali gostavam da vida na fazenda, porém estão procurando um comprador para a propriedade. Conversaram com um grupo que pretendia adquirir o local para instalar um spa; tentaram até anunciar isso num programa de venda pela televisão. A família pretende se mudar de volta para Louisville, segundo Lonnie, onde acreditam que um centro Muhammad Ali será construído. Os pais de Ali já morreram, mas o irmão ainda trabalha em Louisville.

O dia de Ali começa antes das seis, com a primeira das cinco sessões diárias de preces. Ele reza num quiosque no gramado ou na sala de estar. Lonnie também é muçulmana e costuma usar trajes recatados, embora não totalmente convencionais. A postura religiosa de Ali mudou com o passar do tempo. Elijah Muhammad morreu em 1975, e a Nação do Islã se dividiu entre os seguidores do filho de Muhammad, Wallace, que procurou suavizar a doutrina negando o caráter divino do pai e aproximando-se do islamismo tradicional, e Louis X (atualmente Louis Farrakhan), que considera Wallace um herético pusilânime. Ali ficou do lado de Wallace Muhammad, e um dos primeiros gestos de reconciliação de Wallace foi rebatizar a mesquita de Nova York para homenagear o opositor de seu pai, Malcolm X. De várias maneiras, Ali seguiu o caminho de Malcolm. No início, a participação de Ali na Nação do Islã foi principalmente política — um gesto de afirmação e solidariedade racial. Todavia, assim como Malcolm, ele se tornou mais abrangente em sua retórica e mais devoto. Tudo o que um dia foi ameaçador e obscuro na Nação do Islã — a pregação separatista saudada com tanto entusiasmo pela Ku Klux Klan, a história do Yacub de "cabeça grande" e da nave espacial —, tudo foi deixado para trás há muito tempo, por Ali.

Ali sente muito orgulho do seu passado, mas vê com arrependimento a rejeição cruel e apressada a Malcolm. Uma das primeiras coisas que Ali fez quando eu o encontrei em Berrien Springs foi abrir uma maleta enorme e tirar de lá uma foto sua com Malcolm, batida por Howard Bingham em Miami, pouco antes da primeira luta contra Liston.

"Eis aqui Malcolm, um grande homem. Um grande homem", disse em voz baixa, quase sussurrando.

Em casa e quando viaja, Ali cumpre determinadas rotinas com as pessoas que encontra todos os dias. Ele fez a mesma coisa comigo. Gosta de truques de mágica: "levita" num pé; esfrega dois dedos para fazer o outro acreditar que há um grilo barulhento atrás da sua orelha; faz desaparecer uma bolinha. É como se ele lembrasse a você, e a si mesmo, ao realizar aqueles truques simples, dos grandes feitos de sua carreira: o ataque histérico teatral na pesagem, antes da luta contra Liston, os recitais de poesia retumbante, a rapidez de sua mão no ringue. Entretanto, como um muçulmano não pode iludir ninguém, ele desmascara sua própria mágica, explicando como os truques são feitos, e ensina você a se levantar na ponta do dedo para "levitar".

Mas truques são truques, não são grande coisa para ele. Ali leva a fé com seriedade. Uma das maneiras que encontrou para falar da fé e do Islã é provar a "coerência" dos textos islâmicos, em comparação com a Bíblia. Ele faz isso com uma postura séria, de estudioso. Leva consigo uma longa lista de "incoerências" do Velho e do Novo Testamento. Quando estive com ele, passei quase tanto tempo folheando a Bíblia gasta para ver as tais incoerências quanto falando de raça, boxe ou outro assunto. Ele mostrava a diferença entre os evangelhos de Marcos e Mateus, por exemplo, como se num só golpe tivesse derrubado uma era de fé cristã.

"Existem 30 mil contradições como esta", ele dizia. "Alguém já as identificou."

A religião de Ali organiza sua vida e o ajuda a lidar com a doença. Um homem qualquer seria perdoado por momentos de amargura, pois ele era um artista do qual foi tirado o que parecia ser sua essência — a beleza física, a rapidez, a mente aguçada, a voz —, mas Ali nunca dava espaço para a autocomiseração. "Sei por que tudo isso aconteceu", ele disse. "Deus está me mostrando que sou um homem como qualquer outro. E a você, também. Você pode aprender me vendo assim."

De modo algum Ali deixou o passado para trás. Ele ganha a vida autografando fotos que são depois vendidas em leilões e lojas. Tem vários agentes e advogados que cuidam de seus negócios, tudo sob a coordenação de Lonnie.

Por vezes, quando dorme, Ali sonha com lutas antigas, especialmente as três contra Joe Frazier. Ele não está imune à celebração do passado. Quando foi lançado o documentário sobre seu triunfo no Zaire, *When we were kings*, Ali assistiu à fita várias vezes. Estava em Hollywood quando o diretor do filme, Leon Gast, ganhou o prêmio da Academia. Como sempre faz atualmente, Ali se levantou e agradeceu os aplausos sem dizer nada.

Seu maior triunfo na aposentadoria ocorreu numa noite de verão em Atlanta, quando ele surgiu, para surpresa de quase todos, com a tocha na mão para abrir as Olimpíadas de 1996. Ali parou com a pesada tocha à frente. Três bilhões de pessoas o viram tremer na tela da televisão, tanto por causa do mal de Parkinson quanto pelo momento em si. Mas ele a levou até o fim. "Muhammad recusou-se a ir para a cama, naquela noite", Lonnie Ali disse. "Ele passou horas adiando o sono, estava radiante, flutuando no ar. Ficou numa poltrona do hotel, com a tocha na mão. Era como se tivesse conquistado o título dos pesos-pesados pela quarta vez."

Ali é um mito americano que passou a significar muitas coisas para muita gente: um símbolo de fé, um símbolo de convicção e desafio, um símbolo de beleza, habilidade e coragem, um símbolo de orgulho racial e um símbolo de graça e amor. A condição física de Ali é chocante, principalmente por ser uma aceleração do que todos nós tememos — a chegada da velhice, a imprevisibilidade e o perigo da vida. Nele, vemos a fragilidade de um homem cujo trabalho era ser o sujeito mais temível do mundo. Mas sua doença deixou de ser novidade, já não choca tanto, e, mesmo que seus movimentos sejam difíceis, mesmo que mal consiga falar em eventos públicos, Ali ainda consegue servir de inspiração para todas as pessoas em todos os lugares, em todos os estágios e ginásios e lugares aonde vai. Na época em que Ali retornou do exílio e se tornou novamente campeão, quase toda a raiva contra ele já se dissipara. Em parte isso ocorreu porque a maioria das pessoas acabou entendendo o quanto ele era sincero, ainda que não pudessem aceitar a Nação do Islã ou suas razões para se recusar a servir no Exército. Ele fazia as pessoas rirem. E, ademais, os tempos mudaram, as pessoas mudaram, ou pelo menos algumas. Por exemplo, Red Smith, cujas colunas eram tão hostis a Ali no início, tornou-se mais um dos muitos norte-americanos que saíram dos anos 1960 e entraram nos 1970 vendo o mundo de outra maneira, vendo Ali de outra maneira. Depois que Ali reconquistou o título de campeão em 1974, a DC Comics publicou um número especial no qual ele enfrentava o Super-Homem e ganhava. Ali é um símbolo vivo, ambíguo e fugidio como todos os símbolos. Sua importância, porém, é incontestável e duradoura.

"Clay era meu nome de escravo", ele disse para mim em voz baixa, no final da tarde, já um tanto cansado. Estava começando um de seus discursos mais antigos. "Você ouve 'Kruschev' e sabe que é russo. 'Ching' é chinês. 'Goldberg', judeu. O que é 'Cassius Clay'? Tão simples. Tão verdadeiro. George Washington não é nome de negro. Tão simples. Tão verdadeiro. O Islã foi poderoso e forte. Algo que eu posso tocar e sentir. Cresci aprendendo que todo mundo era branco. Jesus Cristo era branco. Todo mundo na última ceia também. Aí os muçulmanos chegaram e questionaram essas coisas. Acho que ajudei. Agora, vemos um comercial na televisão. Há três meninos — dois negros, um branco. Ou o contrário. Não era assim, antes. As coisas mudaram. As coisas mudaram. E eu ajudei. Cassius Clay era meu avô. Cassius Clay foi meu pai, também. Mas eu mudei isso. Mudei isso, também."

Enquanto assistíamos às fitas das lutas contra Liston e Patterson, perguntei a Ali como ele gostaria de ser lembrado. Ele não respondeu. Muito tempo atrás, quando seu corpo ainda lhe permitia falar livremente, Ali respondeu à mesma pergunta:

"Vou lhe dizer como gostaria de ser lembrado: como um homem negro que ganhou o título dos pesos-pesados e era bem-humorado e tratava todo mundo bem. Como um homem que nunca olhou com desprezo para quem o admirava e ajudou seu povo o quanto pôde — financeiramente e também na luta por liberdade, justiça e igualdade. Como um homem que não envergonha sua gente. Como um homem que tentou unir seu povo na fé do Islã, que encontrou ao ouvir o honorável Elijah Muhammad. E, se isso for pedir demais, então acho que me contento em ser lembrado apenas como um grande campeão do boxe que se tornou pregador e paladino de seu povo. E nem me importaria se as pessoas esquecessem que eu era tão lindo."

O telefone tocou. Ali o tirou do gancho e precisou de alguns segundos para levá-lo até o ouvido. Ele mal tinha forças para dizer alô. Muita gente ligou, e Ali sempre pedia que telefonassem mais tarde, amanhã, na semana que vem, Lonnie chegaria mais tarde. Ele levou muito tempo para devolver o fone ao gancho. Precisava de muito tempo para fazer quase tudo.

"A única coisa importante agora é ser um bom muçulmano", ele disse. "Ajudar os outros."

Depois ele parou de falar. Fechou os olhos. Por alguns minutos, deu a impressão de que dormia. Então abriu os olhos e sorriu. Estava brincando.

"Peguei você!", ele disse.

Depois de uma pausa, ele disse: "O sono é um ensaio da morte. Um dia a gente acorda e é o Dia do Juízo Final. Não me preocupo com a doença. Não me preocupo com nada. Alá me protegerá. Ele sempre faz isso". Ele havia repetido isso muitas vezes.

Ali disse então que estava cansado. Era uma maneira gentil de se despedir. Ele desceu a escada comigo e me acompanhou até a porta.

"Este é o seu carro?"

"Bem, hoje ele é meu."

"Nem isso", Ali disse. "A gente não possui nada. Você é apenas um depositário nesta vida. Cuide-se bem."

Despedi-me e peguei o longo caminho até a porteira. Pelo espelho, vi Ali parado na porta. Ele acenou uma vez, devagar, depois deu meia-volta e entrou novamente em casa, para fazer as preces da tarde.

Notas sobre as fontes e agradecimentos

Agradecemos a permissão para reproduzir os seguintes textos:

Espólio James Baldwin: excerto de "The fight: Patterson vs. Liston", de James Baldwin, publicado originalmente em *Nugget*. Copyright © by James Baldwin. Copyright renovado. Reproduzido mediante acordo com o Espólio James Baldwin.

Playboy: excerto de "The Playboy interview: Cassius Clay" (out. 1964). Copyright © 1964 by Playboy; excerto de "The Playboy interview: Muhammad Ali" (nov. 1975). Copyright © by Playboy. Reproduzido mediante autorização especial da revista *Playboy*.

Simon and Schuster: excertos de *Muhammad Ali: his life and times*, de Thomas Hauser. Copyright © 1991 by Thomas Hauser and Muhammad Ali. Reproduzido mediante autorização de Simon and Schuster.

Gay Talese: excerto de "The loser", de Gay Talese. Publicado originalmente na revista *Esquire*. Copyright © 1962 by Gay Talese. Excerto de "In defense of Cassius Clay", de Gay Talese. Publicado originalmente na revista *Esquire*. Copyright © 1966 by Gay Talese. Todos os excertos reproduzidos mediante autorização do autor.

The Wylie Agency: excerto de "Ten thousand words a minute", de Norman Mailer. Copyright © 1963 by Norman Mailer, publicado originalmente na revista *Esquire*. Reproduzido mediante permissão de The Wylie Agency.

As lutas pelo título dos pesos-pesados no início dos anos 1960 ocupam um nicho curioso entre a história e os eventos recentes. Para os leitores de mais de quarenta anos, os primeiros combates de Ali são uma lembrança antiga (ou nem tanto). Para os mais jovens, são algo tão distante quanto Agincourt. Muitos protagonistas ou testemunhas que aparecem na história da ascensão de Muhammad Ali já morreram, entre eles Sonny Liston,

Malcolm X, Elijah Muhammad, Betty Shabazz, Willie Reddish, Jimmy Cannon, Cus D'Amato, Joe Martin, Odessa Clay e Cassius Clay pai. Mas, com exceção de algumas fontes vivas que se recusaram a dar entrevistas, os principais personagens ainda estão vivos e foram muito generosos em ceder seu tempo e suas recordações. Sou especialmente grato a Muhammad e Lonnie Ali, que me convidaram a ir até sua fazenda em Michigan, e a Howard Bingham e Thomas Hauser, por tornarem possível o encontro.

Agradeço pelas entrevistas Maury Allen, Dave Anderson, Teddy Atlas, Milt Bailey, Lem Banker, Gary Beckwith, Jack Bonomi, Kirby Bradley, Dennis Caputo, Gil Clancy, Foneda Cox, Stanley Crouch, Gordon Davidson, Angelo Dundee, Henry Ealy, Gerald Early, Beverly Edwards, Jimmy Ellis, Ralph Ellison, Sam Eveland, Leon Gast, Truman Gibson, Pete Hamill, Tom Hauser, John Horne, Jerry Izenberg, Lamont Johnson, Murray Kempton, Neil Leifer, Robert Lipsyte, Jack McKinney, Larry Merchant, Archie Moore, Toni Morrison, Jill Nelson, Jack Newfield, Gil Noble, Ferdie Pacheco, Floyd Patterson, Davey Pearl, George Plimpton, Ed Pope, Pat Putnam, Gil Rogin, Harold D. Rowe, Jeffrey Sammons, Sonia Sanchez, Dick Schaap, Mort Sharnik, James Silberman, Bert Sugar, Gay Talese, Ernie Terrell, José Torres, Mike Tyson e Dean Weidemann.

Agradeço aos bibliotecários de *Sports Illustrated*, *Courier-Journal* de Louisville e *The New Yorker*, pelo acesso aos arquivos; ao historiador do pugilismo Hank Kaplan, por permitir consultas livres a suas caixas de sapato cheias de recortes sobre Ali, Liston e Patterson; à Biblioteca Pública de Nova York; a Bill Vourvoulias, por me ajudar a localizar material antigo e a realizar algumas entrevistas sobre a morte de Liston; e a Peter Wells, por checar os fatos do original.

O leitor sem dúvida compreende que a passagem do tempo não poderia deixar de marcar a pesquisa. Ali não consegue mais falar como antes e Liston já morreu. As citações do livro foram em sua maior parte tiradas de jornais, revistas e transmissões da época, ou de publicações posteriores. Há vários livros importantes para a compreensão do início da carreira de

Muhammad Ali. Destacam-se a excelente biografia de Thomas Hauser, *Muhammad Ali: his life and times*; *The story of Muhammad Ali, who once was Cassius Clay*, de John Cottrell; *Black is best: the riddle of Cassius Clay*, de Jack Olsen. Cottrell e Olsen são ótimos principalmente no que se refere ao ambiente e às primeiras lutas de Ali, e Hauser apresenta um material único a respeito de vários temas, como a complicada aproximação entre Ali e a Nação do Islã e sua reinvenção. Devo muito e sou grato a Hauser, Cottrell e Olsen.

Outros livros foram úteis: *Shadow box*, com seus relatos inteligentes, de George Plimpton; *Sting like a bee*, de José Torres; *The champ nobody wanted*, de A. S. "Doc" Young, um comovente retrato de Liston; *Sonny boy*, de Rob Steen; *Sportsworld*, de Robert Lipsyte; *Tuxedo junction* e *The culture of bruising*, ensaios incisivos de Gerald Early; *On boxing*, de Joyce Carol Oates; *Victory over myself*, de Floyd Patterson (com Milton Gross); *Letters to Muffo*, de Harold Conrad; *The autobiography of Malcolm X* (com Alex Haley); *A neutral Corner*, de A. J. Liebling; as antologias de Norman Mailer, *The long march* e *The time of our time*, que incluem seu artigo para a *Esquire* "Ten thousand words a minute" e outros textos sobre boxe; o ótimo estudo acadêmico de Jeffrey T. Sammons, *Beyond the ring: the role of boxing in American society*; *Nobody asked me, but... The world of Jimmy Cannon*, compilação das colunas, editado por Jack Cannon e Tom Cannon; *Pillar of fire*, segundo volume da história dos anos King; *Fame and obscurity*, de Gay Talese, que inclui o ótimo perfil de Floyd Patterson para a *Esquire*, "The loser"; *Muhammad Ali*: the people's champ, editado por Elliott J. Gorn; *The Muhammad Ali reader*, editado por Gerald Early; *Home: social essays*, de LeRoi Jones; e *Soul on ice*, de Eldridge Cleaver.

Também foram úteis a biografia de Bruce Perry, *Malcolm*; *message to the blackman in America*, de Elijah Muhammad; *The Black Muslims in America*, de C. Eric Lincoln; *An original man: the life of Elijah Muhammad*, de Claude Andrew Clegg III; o perfil de Liston na edição de fevereiro de 1998 de *Vanity Fair*; *Black Manhattan*, de James Weldon Johnson; *Voices of freedom: an oral history of the civil rights movement from the 1950s through the 1980s*, de Henry

Hampton e Steve Fayer; *Trouble in mind: black southerners in the age of Jim Crow*, de Leon F. Litwack; *The eyes on the prize civil rights reader*, editado por Clayborne Carson *et al*; *The crisis of the negro intellectual*, de Harold Cruse; *Classical black nationalism: from the American revolution to Marcus Garvey*, editado por Wilson Jeremiah Moses; *Champion: Joe Louis, black hero in White America*, de Chris Mead; *The autobiography of Jack Johnson*; e *The fire next time* e *Nobody knows my name*, de James Baldwin.

Sports Illustrated é o guia contemporâneo mais abrangente e acurado do mundo do boxe do início dos anos 1960 até a metade da década. A revista fez seu nome graças à cobertura da história de Ali, em parte. Sou grato aos jornalistas W. C. Heinz, Huston Horn, Robert H. Boyle, Jack Olsen, Mort Sharnik, Gil Rogin, George Plimpton e, depois, Pat Putnam, Gary Smith, Bill Nack e Mark Kram.

Agradeço a Jack Bonomi por ter obtido milhares de páginas de transcrições das audiências do comitê Kefauver sobre o boxe, bem como à HBO pelo documentário *Sonny Liston: the mysterious life and death of a champion*; à Classic Sports Network e à empresa de Bill Cayton, Big Fights, que forneceram gravações de dezenas de lutas.

Tenho uma dívida profunda para com David Halberstam, que me ajudou no projeto do livro e serve como referência em padrões jornalísticos e generosidade, e para com minha amiga e agente Kathy Robbins, por transformar uma vaga noção em realidade. Também sou grato a Jeffrey Frank, Thomas Hauser, Jack Newfield, Michael Shapiro, Jeffrey Toobin, Malcolm Gladwell, Ted Johnson e Robert Lipsyte, que leram os originais com muita atenção, e a Joy de Menil, pelo auxílio constante na Random House.

Sou especialmente grato a Tina Brown, que me deu espaço na *New Yorker*, e a todos os meus colegas da revista, assim como a Jason Epstein, um exemplo de integridade, generosidade e inteligência em termos editoriais há 48 anos.

Meus pais e minha avó foram, como sempre, uma fonte de inspiração. Dedico este livro a meu irmão, que compartilha comigo de tal modo o fascínio pelo assunto que me acompanhou para ver Ali lutar contra um profissional de luta livre, Antonio Inoki, em circuito fechado no Beacon Theater. E o dedico também a meu grande amigo Eric Lewis, que faltou à luta Ali-Inoki, mas foi perdoado.

Como sempre, devo muito mais do que poderia agradecer a meus filhos, Noah e Alex, e a minha esposa, Esther.

POSFÁCIO

A luta das palavras e a arte dos socos

João Gabriel de Lima

Existem semelhanças entre o boxe e o jornalismo? Sim, e elas vão bem além da metáfora gasta segundo a qual o ofício do texto é o combate com as palavras (no tempo em que havia máquinas de escrever, era comum um repórter interpelar um colega, absorto no que Carlos Drummond de Andrade considerava "a luta mais vã", com a velha piada: "batendo ou apanhando?"). Boxe e jornalismo se assemelham, entre outras coisas, pela insistência com que ambos são proclamados, por alguns poucos, como formas de arte — e pela maneira furiosa com que todos os outros rejeitam esse status. Os detratores do boxe veem o esporte como uma troca inútil de socos na cabeça, que tem como consequência não a glória dos vencedores, mas lesões cerebrais irreversíveis. Já os adversários do jornalismo enxergam a atividade como algo feito às pressas, por arremedos de intelectuais que não têm a profundidade necessária para abraçar carreiras mais nobres na área do pensamento, como a literária ou a acadêmica.

Outra semelhança é que ambos, boxe e jornalismo, tiveram sua década de redenção nos anos 1960. Foi nesta época que se disseminou, nos Estados Unidos, a ideia de que uma reportagem era algo tão autoral quanto um romance, e surgiu a expressão "jornalismo literário", criada por um dos expoentes da atividade: Tom Wolfe. Na mesma década, uma geração de ouro de boxeadores se projetou para além das fronteiras do esporte, frequentando os mundos do ativismo político e da cultura pop. No jornalismo, sedimentaram-se as bases daquilo que Virginia Heffner, colunista do *New York Times*, definiu recentemente como o único gênero literário genuinamente americano: a prosa de não ficção.

No boxe, nomes como Muhammad Ali se transformaram em ícones de uma era tanto quanto John Lennon e Mick Jagger.

O livro *O rei do mundo*, de David Remnick, é mais do que uma biografia de Muhammad Ali, como o título talvez leve a supor. Ao narrar o início de carreira do maior boxeador de todos os tempos — justamente durante a década de 1960 —, o livro se esmera em mostrar a relação intensa que boxeadores e jornalistas estabeleceram nessa época, numa simbiose que valorizou as duas atividades. Escritores como Norman Mailer, James Baldwin e George Plimpton são personagens de *O rei do mundo* tanto quanto os três pesos-pesados que conduzem a narrativa do livro: Floyd Patterson, Sonny Liston e o próprio Ali. É como se as vidas — e as lutas — dos três boxeadores só tivessem sentido quando narradas nas páginas dos jornais, e depois nos livros com as versões ampliadas das reportagens. São vários os artistas da pena e das luvas que desfilam pelas páginas de *O rei do mundo*. E é curioso, por exemplo, como Remnick gasta mais tinta para traçar o retrato do cronista Jimmy Cannon, do jornal *The New York Post*, do que do peso-pesado Archie Moore, de quem Floyd Patterson tirou o título em 1956, dando início à era de ouro do boxe.

Para Remnick, jornalismo é arte. Não no sentido grandiloquente da palavra, mas pela maneira como o autor de *O rei do mundo* analisa os estilos de reportagem (para ele, repórteres são como escritores, têm estilo) — e pelo fato de mostrar como esses diferentes gêneros de prosa de não ficção se sucedem, à maneira das escolas literárias ou dos "ismos" da pintura. Jimmy Cannon é importante em seu livro porque representa o mundo antigo, aquele dos cronistas épicos que transformavam os boxeadores em heróis. Sua geração foi sucedida pela dos repórteres que foram à universidade na época em que lá se ensinava Freud. Cannon era o cronista de Joe Louis, o grande herói do boxe antigo — invencível, imperturbável, esculpido em bronze com o cinzel das palavras (ele certamente gostaria de uma expressão assim). Seu sucessor no ringue dos críticos de boxe foi Gay Talese, fascinado por um personagem bem mais afeito aos tempos modernos: Floyd Patterson. O lutador que sentia medo e falava sobre isso em público. O primeiro a ganhar duas vezes o cinturão dos pesos-pesados — mas que passou à história mais por suas derrotas dramáticas do que por seus feitos heroicos. Assim, surgiam, na mesma baciada de revoluções que marcaram os anos 1960, um novo boxe e um novo jornalismo.

O rei do mundo gira em torno de cinco grandes lutas — aquelas em que esses pesos-pesados se enfrentaram. Com sua prosa empolgante, Remnick reproduz a expectativa que as cercava. E mostra como os cronistas que narravam a história dos lutadores ajudaram a criar esse clima. Para Remnick, os dois combates históricos entre Floyd Patterson e Sonny Liston reproduziam de certa forma, no ringue, o duelo entre Norman Mailer e James Baldwin fora dele. Mailer, Baldwin e vários outros cronistas esportivos ajudaram a criar a imagem de Patterson como o negro mais adequado à época da luta pelos direitos civis, por sua postura que ainda hoje seria considerada moderna — "integracionista", como se dizia naquele tempo. Para Patterson, se negros e brancos eram iguais de direito, deveriam sê-lo de fato. Liston, com crimes no passado e ligação com a Máfia no presente (os anos 1960), seria o oposto. Até o presidente John Fitzgerald Kennedy torceu por Patterson nos dois combates que marcaram o início daquela década. No primeiro, Liston venceu por nocaute no assalto inicial — e repetiu a dose na revanche. Comoção no país e também no jornalismo. Menos pelo boxe em si e mais pela crônica que o acompanhou. Afinal, Patterson era o preferido dos jornalistas, e o principal cantor de seus feitos, como foi dito, era ninguém menos do que Gay Talese. Já Liston não tinha, na área das letras, quem simpatizasse com ele. Sua maior (e ainda assim duvidosa) glória jornalística foi ter aparecido com chapéu de Papai Noel na capa da revista *Esquire*, numa provocação do diretor de arte George Lois — que pensava mais em escandalizar o país do que em glorificar o campeão.

Muhammad Ali, o personagem central da década e do livro de Remnick, também tinha seu cronista: Robert Lipsyte, que sucedeu Gay Talese no *New York Times* quando este trocou o jornal pela *Esquire*. O episódio mais impressionante da interação entre jornalistas e boxeadores — e que mostra como uma reportagem foi capaz de mudar radicalmente a vida de um campeão — envolve justamente Lipsyte e Ali. O boxeador que tinha como nome de batismo Cassius Clay roubou o título do então invencível Sonny Liston, confirmou-o na revanche e, depois, venceu Floyd Patterson, para mostrar que ninguém era páreo para ele (são essas as outras três lutas memoráveis em torno das quais gira o livro de Remnick). Mesmo assim, ainda era visto como um falastrão de ideias políticas e religiosas estranhas. Pudera: era adepto de uma seita, "Nação do Islã", que apavorava até os muçulmanos. Defendia uma segregação racial radical e se baseava em lendas esdrúxulas, como a que acreditava que a redenção do planeta viria na forma de um disco voador cheio de próceres negros.

Corria o ano de 1966 e Lipsyte estava na casa de Ali, em Miami, para escrever um perfil dele. Foi quando chegou a notícia de que o boxeador seria convocado para a Guerra do Vietnã. Ali não sabia direito o que significava o conflito nem sequer onde ficava o Vietnã no mapa. Mas saiu, como de costume, com uma frase de efeito: "Por que eu iria lutar? Não tenho nada contra os vietcongues...". No dia seguinte, a frase saiu estampada no *New York Times* e o próprio Lipsyte, segundo conta no livro, achou que teria "pisado na bola" — por reproduzir uma declaração de Ali dita meio a esmo, fora de contexto, e que provavelmente não refletia exatamente o que ele pensava. O que ocorreu a partir daí foi incrível. Como a querer confirmar o que saíra na reportagem e ficar à altura da crônica que saíra sobre ele, Ali passou a estudar o assunto. E se descobriu um pacifista. Passou a fazer discursos em universidades, captando o descontentamento crescente da juventude americana com o conflito. Recebeu solidariedade internacional de gente como o filósofo Bertrand Russell. Por defender algo parecido com uma Ku Klux Klan com sinal invertido, ou por acreditar em discos voadores, Ali não entraria para a história. Ao se tornar um pacifista sincero, perdeu tudo — título dos pesos-pesados, dinheiro de bolsas milionárias, a própria liberdade —, mas se tornou o esportista-símbolo de seu tempo. E tudo isso, em certa medida, por querer fazer jus, na vida real, às palavras escritas sobre ele.

Tom Wolfe criou a expressão "jornalismo literário" nos anos 1960 para nomear algo que já existia há pelo menos duas décadas — e que, se é possível dizer que surgiu em alguma publicação específica, seria na dirigida atualmente por David Remnick, a revista *The New Yorker*. Foi no semanário fundado em 1925 que foram publicadas, nos anos 1940 e 1950, as duas reportagens que elevaram o jornalismo a um novo status e que resultariam mais tarde em dois livros clássicos. O primeiro foi *Hiroshima*, de John Hersey, que mostrou que os japoneses vítimas da bomba atômica não eram um povo fanático, mas cidadãos de classe média — médicos, religiosos, donas de casa — parecidos com os leitores americanos da revista. O segundo foi *Filme*, de Lillian Ross, que disseca a indústria cinematográfica americana a partir da história de um fracasso — a produção *A glória de um covarde*, dirigida por John Huston. Na primeira página do livro, Lillian Ross diz que partira para o campo — no caso, o set de filmagem — com o objetivo de trazer de lá algum tipo de conhecimento sobre o assunto. Essa ambição de gerar "ciência" através dos métodos jornalísticos é que elevou a atividade a um novo patamar. Que pode ser considerado, sim, como "arte". Ou, como queria Tom Wolfe, "literatura".

Remnick é, em muitos sentidos, o herdeiro dessa geração. Ele é apenas o quinto diretor de redação da *New Yorker*, uma publicação que tem 85 anos. Dois de seus antecessores são, respectivamente, o Pelé e o Garrincha da atividade de editor de revista. Harold Ross, o Pelé, era um apóstolo radical da principal característica da boa prosa, seja de ficção ou não ficção: a clareza. James Thurber, escritor e humorista da *New Yorker* na era de Ross, comparava seu estilo de edição ao de um mecânico excepcionalmente habilidoso. Diante de um texto que apresentava um defeito — na narrativa jornalística, o problema que impede o motor de girar é em geral a falta de clareza —, ele apontava, em poucos minutos, o que precisava ser arrumado, sem com isso comprometer o estilo do autor. Tanto que grandes nomes da prosa americana, como F. Scott Fitzgerald ou Dorothy Parker, adoravam ser editados por ele.

Já William Shawn, o Garrincha (o documentarista João Moreira Salles, botafoguense e fã de ambos, gostaria dessa comparação), foi o editor que descobriu que, para atingir o estado da arte, a reportagem precisava de tempo. Ele não se importava em dar a notícia muito depois do fato — desde que o fato fosse apresentado de maneira mais detalhada e sob uma luz nova, instigante, surpreendente. A reportagem sobre Hiroshima, editada por ele e por Ross, saiu na revista mais de um ano depois da tragédia da bomba atômica. Dentro da sequência de diretores da *New Yorker*, David Remnick é considerado aquele que trouxe a revista de volta aos trilhos por onde trafegava o comboio de Ross e Shawn — o das reportagens longas, de fôlego, publicadas não necessariamente no calor dos fatos —, depois das gestões algo problemáticas de Robert Gottlieb e Tina Brown.

Mais do que sucessor de uma dinastia de edição, Remnick é herdeiro de uma escola de reportagem. Em sua obra jornalística, dialoga com pelo menos um antecessor ilustre: Gay Talese. Talese brilhou em todos os gêneros, mais principalmente no perfil, a reportagem que se foca em um único personagem. Remnick, igualmente, é um mestre do estilo, autor de um livro que se tornou clássico do gênero, *Dentro da floresta*. Em seus perfis, Talese fugia do óbvio — retratar personagens em seus momentos de glória — e preferia abordá-los em seus instantes de decadência. Foi assim com o cantor Frank Sinatra e o jogador de beisebol Joe DiMaggio, duas de suas peças clássicas. Remnick, simetricamente, prefere falar de seus personagens antes da fama. Tornou-se best-seller com um livro que conta a juventude do presidente Barack Obama — as inseguranças do período de faculdade, os primeiros passos na política, a corte à bela e inatingível Michelle. *O rei do mundo*, que fala sobre o jovem Muhammad Ali, já seguia a mesma ideia. Gerações posteriores se acostumaram a lembrar de Ali por sua luta mais famosa, contra George Foreman, em 1974 — imortalizada no documentário *Quando éramos reis*, ganhador do Oscar de 1996, e no livro *A luta*, de Norman Mailer (assim mesmo, no singular, como se fosse o maior combate de qualquer esporte, em qualquer tempo). Esta luta, "a luta", é mencionada apenas de passagem no livro de Remnick, que premeditadamente não rompe a barreira dos anos 1960 em sua narrativa.

David Remnick está para Gay Talese assim como Muhammad Ali para Floyd Patterson e Sonny Liston. Só que no boxe a "angústia da influência" de que falava o crítico americano Harold Bloom se resolve no ringue, mediante socos. No jornalismo, tudo é um pouco mais sutil: ela deixa seu rastro no cotejo dos textos. Remnick aprendeu com Talese a sensibilidade para captar cenas-síntese, aquelas que definem a alma do perfilado. Talese mostra esse talento naquela que é talvez sua obra-prima, justamente o perfil do lutador Floyd Patterson. O texto abre com uma cena antológica. Patterson correndo na rua e se negando a dar autógrafo a um fã, fingindo ser seu irmão. Essa negação da identidade resume a vergonha que o boxeador sentia por decepcionar um país.

Discípulo de Talese, Remnick incluiu várias cenas assim em *O rei do mundo*. Numa delas, Mike Tyson aparece depositando flores no túmulo de Sonny Liston, pugilista com quem era frequentemente comparado. Pela pegada forte, por ter passado parte da vida na cadeia — e também por perder o último dos combates "bíblicos" da história do boxe, contra Evander Holyfield. Bíblicos por opor, metaforicamente, Davi a Golias. Liston foi Golias contra Patterson, e nessa ocasião o gigante venceu. Ali, apesar de enorme, foi Davi contra Liston. E Tyson foi Golias contra Holyfield, por ser o mais forte contra um oponente mais técnico. Sem se conformar com a derrota, Tyson arrancou, a dentadas, um pedaço da orelha do adversário. O que configura um placar de dois a um para Davi dentro da seara dos combates bíblicos. E as duas lutas memoráveis entre Tyson e Holyfield foram, de certa maneira, o canto do cisne do boxe como o conhecemos.

Sim, porque depois dos anos 1990 — justamente a época em que Remnick se notabilizou como jornalista de boxe — o esporte entrou em decadência. Como bem observa o autor de *O rei do mundo* no último capítulo da obra, passou-se tempo suficiente para que os titãs da geração dourada dos anos 1960 acusassem os golpes na cabeça. A começar pelo maior de todos — o próprio Muhammad Ali, que no final do livro, em outra cena-síntese, é mostrado em um de seus muitos momentos de alheamento, vítima do mal de Parkinson. É como se o boxe, essa fábrica de lesados cerebrais, tivesse se tornado um esporte indefensável em sociedades politicamente corretas. A modalidade efetivamente perdeu glamour e audiência. Como observa Remnick no livro, o esporte deixou de ser interessante para as emissoras de televisão por não despertar um interesse mínimo em uma parcela importante do público — as mulheres. Dois fatos também contribuíram para isso. A ascensão de outras modalidades, como o vale-tudo, e o fato de os novos campeões virem da Ásia e do leste europeu. Nenhum deles é um ídolo pop ou ativista político. Sobretudo, nenhum deles tem o carisma e a habilidade de frasista de um Muhammad Ali.

Eis, aqui, a última semelhança entre o boxe e o jornalismo. Nos dias de hoje, é comum decretar a morte de ambos. Aberta a contagem, o boxe não dá sinais de que possa se levantar. O esporte, símbolo de um outro tempo, vai empalidecendo junto com os vídeos das lutas de antigamente, hoje veiculadas no YouTube. Melhor dizendo, escondidas no site, com uma audiência que nem de longe se aproxima da obtida pelos clipes de ídolos pop como Lady Gaga — e como Ali, um dia, já foi. Já o jornalismo — mesmo este, o do texto longo, literário, elaborado segundo os princípios rigorosos da *New Yorker* dos anos 1940 — parece que, mesmo grogue, irá se levantar antes de o juiz bradar o número "dez", revigorado pelo Kindle e pelo iPad. Pelo menos é o que vaticina a estudiosa Virginia Heffner, citada no início deste texto, que prevê que o gênero literário da prosa de não ficção vai voltar, em breve, a um grande momento. Eu acrescentaria: pelo menos enquanto jornalistas como David Remnick continuarem produzindo textos com a qualidade de *O rei do mundo*, e independentemente de serem veiculados em papel ou em alguma outra modalidade de leitor eletrônico. Claro que, como no boxe dos bons tempos, é impossível prever o final da luta. Mas, a despeito dos que anunciam seu fim, o jornalismo de qualidade pode ser mais um Davi a derrotar Golias no ringue.

Índice remissivo

DAVID REMNICK nasceu em 1958. Foi repórter do jornal *The Washington Post* de 1982 a 1991 e é editor da revista *The New Yorker*. De sua autoria, a Companhia das Letras publicou *Dentro da floresta*, antologia de perfis e textos diversos, e *A ponte*, biografia do presidente norte-americano Barack Obama.

Esta obra foi composta pela Verba Editorial em Amplitude e NuSwift e impressa em processo sob demanda pela Um Livro sobre papel Offwhite para a Editora Schwarcz a partir de 2025

FSC
www.fsc.org
MISTO
Apoiando o manejo florestal responsável
FSC® C128038

A marca FSC® é a garantia de que a madeira utilizada na fabricação do papel deste livro provém de florestas que foram gerenciadas de maneira ambientalmente correta, socialmente justa e economicamente viável, além de outras fontes de origem controlada.